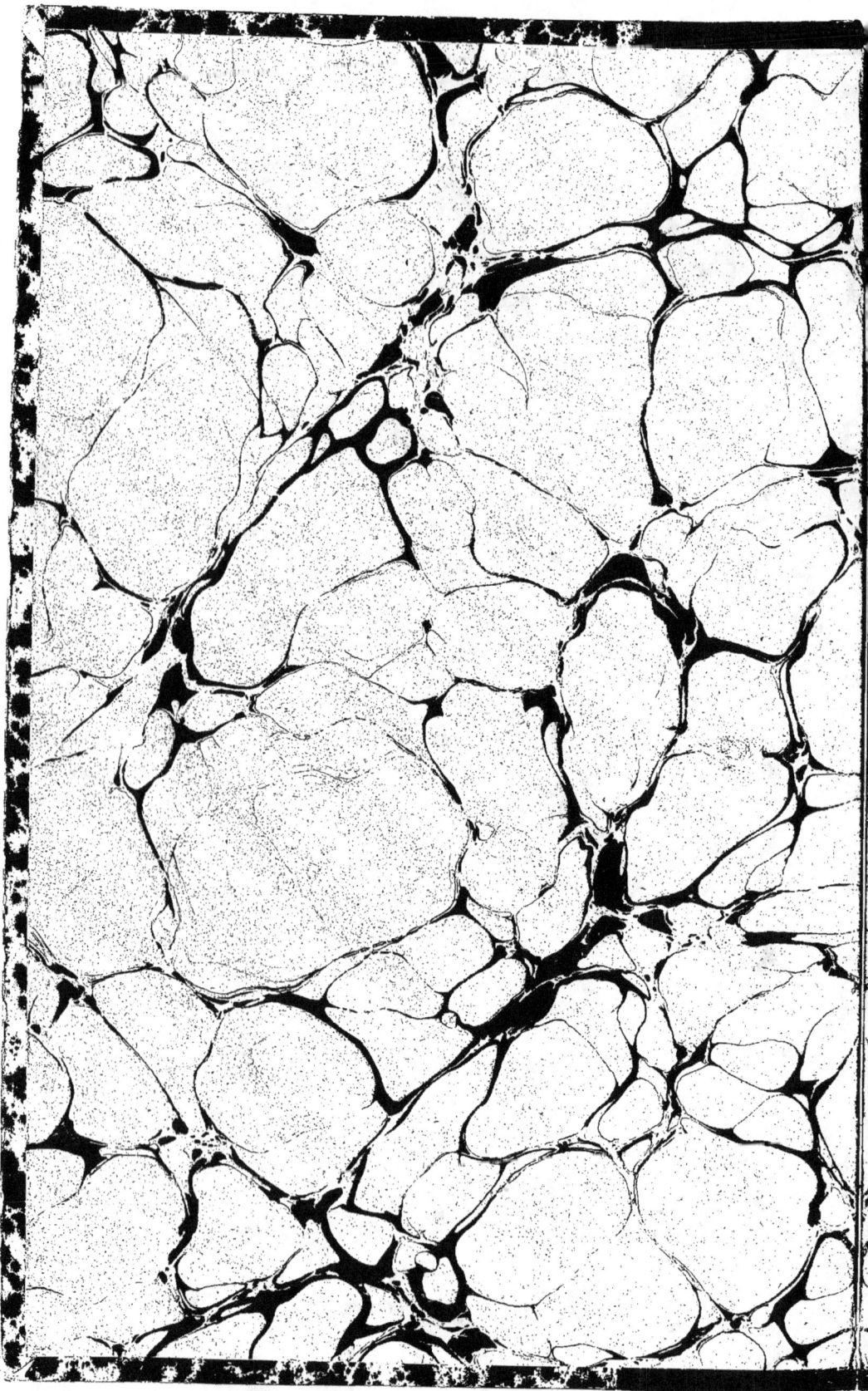

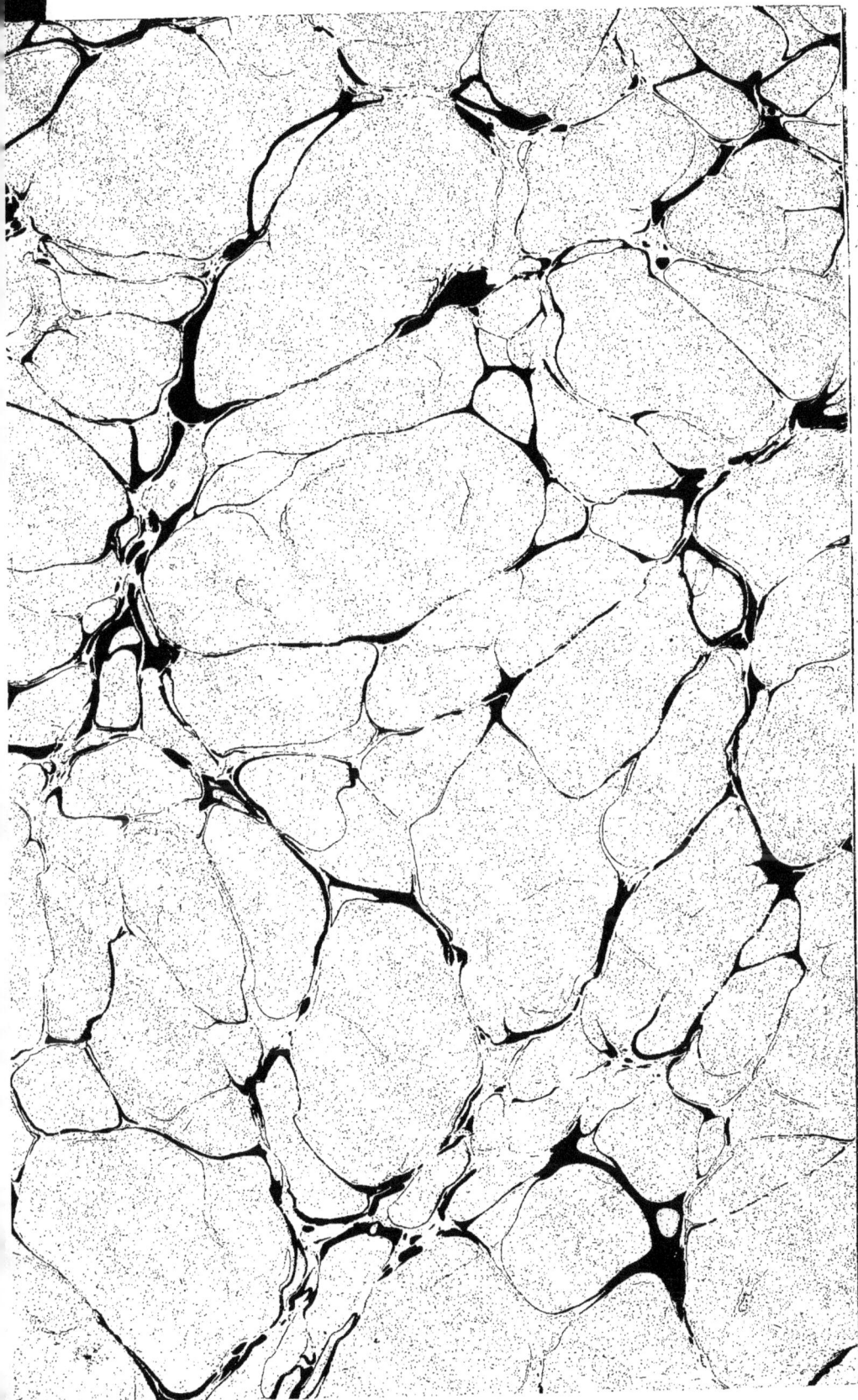

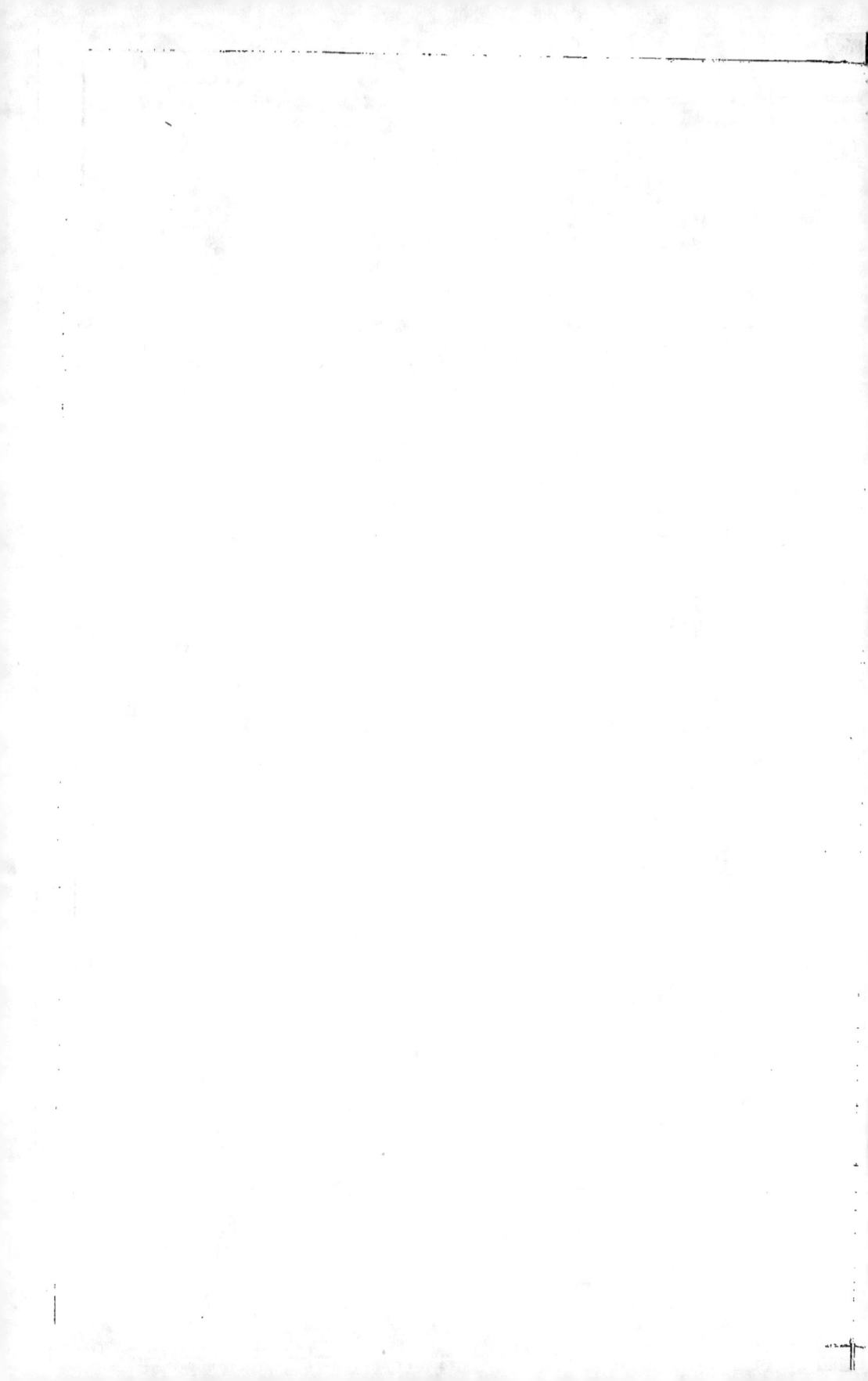

CONGRÈS

INTERNATIONAL

D'ANTHROPOLOGIE

ET D'ARCHÉOLOGIE

PRÉHISTORIQUES

COMPTE RENDU

DE LA TREIZIÈME SESSION

Monaco 1906

TOME II

MONACO

IMPRIMERIE DE MONACO

Place de la Visitation

1908

CONGRÈS

INTERNATIONAL

D'ANTHROPOLOGIE

ET D'ARCHÉOLOGIE

PRÉHISTORIQUES

TREIZIÈME SESSION — MONACO 1906

CONGRÈS

INTERNATIONAL

D'ANTHROPOLOGIE

ET D'ARCHÉOLOGIE

PRÉHISTORIQUES

COMPTE RENDU

DE LA TREIZIÈME SESSION

Monaco 1906

TOME II

MONACO

IMPRIMERIE DE MONACO

Place de la Visitation

—

1908

COMMUNICATIONS
ET
DISCUSSIONS

DEUXIÈME PARTIE

QUESTIONS GÉNÉRALES

(SUITE ET FIN)

Origines de la Civilisation néolithique
(Turdétans et Égéens)

par M. L. SIRET

Depuis une vingtaine d'années, je m'occupe de réunir des documents pour la solution du mystérieux et passionnant problème de l'origine des civilisations néolithiques. L'exploration de centaines de sépultures, dolmens, coupoles, villes et villages, m'a fourni, surtout depuis les derniers mois, une somme de faits nouveaux, d'où jailliront, j'espère, quelques rayons de lumière dans la nuit qui enveloppe les premiers pas de la civilisation en Occident.

L'emploi commun de la pierre établit entre le néo et le paléolithique des ressemblances inévitables. Quelle que soit la façon dont la nouvelle civilisation s'est établie, elle a trouvé une industrie, des coutumes acquises ; elle aura dû se plier à celles-ci, employer les éléments de celle-là, en les perfectionnant.

Nous devons retrouver les traces de ces modifications ; mais il serait imprudent de vouloir y rencontrer les preuves d'une évolution exclusivement locale.

L'Espagne possède de nombreuses stations qui nous montrent à la fois la fin de l'industrie quaternaire et le commencement de la néolithique : leur contemporanéité est démontrée par la juxtaposition des objets dans le sol des maisons, des greniers souterrains, des sépultures et des cachettes. Elle l'est tout autant par la constance de cette association et par les progrès graduels qu'on observe dans les séries de stations. Or, les plus anciennes nous montrent tout le contraire d'une évolution sur place : le contact entre un outillage, qui est bien le dernier terme du magdalénien avec les formes des Kjœkkenmœddings, et la pierre polie dans son plein épanouissement.

Voici l'énumération des caractères les plus saillants de cette époque :

1° L'usage très général des instruments polis de toutes les formes, d'exécution parfaite, et en matériaux bien appropriés, souvent apportés d'une certaine distance.

2° Au milieu de milliers de petits silex de formes magdaléniennes et propres aux Kjœkkenmœddings, l'absence complète de tout instrument de taille perfectionnée. On ne pourrait trop insister sur ce fait : la civilisation qui apporta la pierre polie, déjà complètement développée, ignorait absolument la belle taille du silex. Celle-ci est même beaucoup plus récente, et la comparaison des différentes étapes du néolithique montre que, contrairement au polissage, elle est, sur le sol espagnol, le résultat d'une évolution progressive.

Il y a, entre le perfectionnement de la taille du silex et celui que constitue le polissage, une autre différence : le silex est un legs du quaternaire et son usage a été continu. Mais les objets polis du Sud, comme les plus anciens du Nord, d'après Montélius, ne sont pas en silex, mais en roches dioritiques : or, ces espèces minéralogiques, non utilisées avant le néolithique, constituent une innovation. Ainsi donc le polissage n'est pas le résultat du perfectionnement de nos outils quaternaires, tout en lui est nouveau : la méthode, la matière employée, comme aussi les besoins auxquels il répondait.

3° La céramique. Elle est généralement grossière, mais il ne manque pas de produits d'une bonne fabrication et pourvus d'ornements incisés. Les formes sont d'exécution difficile : ce qui domine, en effet, ce sont des vases pansus, munis de cols, ainsi que le genre « pithos ». Il y a de singuliers récipients en forme de ballon ovale, à goulot latéral.

4° L'agriculture et le tissage ; à propos de ce dernier, il faut citer les fusaïoles en terre cuite, qui sont spéciales à la pierre polie.

5° Les tombeaux et les idoles d'une forme toute particulière.

J'ai déjà signalé les traits de ressemblance de tous ces objets avec ceux des plus anciennes bourgades d'Hissarlik : là aussi, le caractère le plus saillant de l'industrie est l'abondance de l'outillage en pierre polie et sa perfection, contrastant, comme en Espagne, avec l'absence complète de la belle taille du silex. La céramique et son ornementation sont analogues ; les fusaïoles y jouent, comme en Espagne, un rôle beaucoup plus considérable qu'à aucune autre époque. Quant aux idoles, elles sont identiques.

La richesse d'Hissarlik en argent et en or et la pauvreté des bourgades espagnoles constitue une différence importante, mais elle ne s'oppose pas au synchronisme des deux civilisations ni à l'existence de rapports entr'elles : elle peut au contraire servir à déterminer la nature de ces relations. D'ailleurs une caverne sépulcrale, la Cueva de los Murciélagos, a livré un diadème en or.

On a parlé de l'Égypte à propos du néolithique occidental ; mais le néolithique égyptien est l'antipode du nôtre à ses débuts, il est, en effet, caractérisé par la beauté de la taille du silex et l'absence d'instruments polis.

On ne peut séparer l'étude des origines du néolithique de celle de son développement ultérieur : aussi, dans ce qui suit, je me propose de comparer simultanément les différentes phases parallèles de cette époque aux deux extrémités de la Méditerranée, afin de montrer la continuité des rapports.

Passons donc successivement en revue les diverses connaissances du temps.

Architecture civile. — Les demeures de la pierre polie en Espagne sont très primitives et ne nous renseignent guère sur ce que nous cherchons ; il n'en est plus de même pour la dernière période du néolithique : ses maisons sont de deux types : les rectangulaires, groupées et souvent munies d'étages, et les rondes, probablement sans étages. Les murs de ces dernières sont faits de pierres et de terre jusqu'à une hauteur d'un mètre environ ; plus haut j'ai retrouvé l'emploi de briques crues reliées par de l'argile ; au centre se dresse une forte colonne en bois ; près d'elle se trouve généralement un foyer : c'est un espace circulaire, rempli de cendres et limité par un bourrelet d'argile. L'épaisseur des cendres et les fréquentes réfections du bourrelet montrent l'importance de ce foyer : sa disposition est identique à celle retrouvée dans le mégaron du palais de Mycènes. Il ne faut pas exagérer la portée de cette ressemblance, mais je ne puis m'empêcher de constater qu'aux époques suivantes elle n'existe plus, il y en a, du reste, toute une série qui sont dans le même cas. Je trouve en effet des murs crépis d'argile, puis badigeonnés au plâtre dont abondent sur le sol des demeures. Dans les sépulture, qui sont les copies des maisons, les stucs en plâtre sont fréquents, et ils sont couverts de peintures.

L'usage des peintures murales était inconnu à Hissarlik, et très probablement à la pierre polie en Espagne.

Il était courant à Mycènes, comme dans notre néolithique récent.

Il disparaît à l'âge du bronze et réapparaît avec les colonies grecques et carthaginoises.

C'est ce que nous aurons à répéter à satiété pour bien d'autres choses.

J'ai recours aussi à la tombe espagnole pour étudier un autre élément architectural qu'elle a emprunté à la maison : la colonne. Il n'y en a pas à Hissarlik ni à la pierre polie en Espagne. Dans les deux pays elle apparaît et abonde au néolithique récent. Il y a d'abord la colonne en bois dans le palais de Tirynthe comme dans une sépulture d'Almérie : elle reposait sur un dé en pierre, de profil identique dans les deux cas. Quant à la colonne en pierre, elle est imitée de la précédente et sa forme spéciale a permis à MM. Perrot et Chipiez de créer pour elle l'ordre mycénien, caractérisé par la gracilité et par l'amincissement de la partie inférieure : il y en a qui sont en deux pièces assemblées par tenon et mortaise. La colonne lapidaire espagnole est le plus souvent grossière ; elle fournit cependant des exemples bien nets de l'amincissement marqué et voulu de la partie inférieure. D'autres sont entièrement taillées et de section arrondie, faites de deux tronçons assemblés à tenon et mortaise ; leur ornementation consiste en des enduits de plâtre et de couleur rouge, qui a pu former des dessins. D'après cette description, la colonne espagnole est d'ordre mycénien. Tout aussi bien que dans le bassin égéen, elle caractérise une époque déterminée ; mais ici elle disparaît tout à fait à l'âge du bronze pour reparaître, dans les colonies grecques et carthaginoises, avec les transformations qu'elle a subies dans sa patrie pendant son absence.

Architecture militaire, stratégie. — Ici encore, faute de données, il nous faut passer d'emblée au néolithique récent : nous connaissons plusieurs bourgades plus ou moins bien situées pour la défense, mais il est au moins une ville, celle de Los Millares, qui nous dévoile une organisation militaire de premier ordre.

La côte d'Espagne, en face de l'Afrique, est bordée de hautes montagnes formant barrière et ne laissant que de rares et étroits passages vers l'intérieur, vers le centre de la Turdétanie, dont les richesses légendaires ont été successivement convoitées par tous les peuples de l'antiquité. Les quelques passages dont je parle sont les lits, habituellement à sec, des cours d'eau : ce sont des routes naturelles excellentes auxquelles ne peuvent se comparer les rivières pleines d'eau de l'Andalousie occidentale. Pour les expéditions venant de l'Est par la mer, le chemin le plus direct est fourni par un de ces lits de rivière, le Rio Audarax ou d'Almérie. C'est à l'endroit où la vallée se rétrécit, à l'extrémité de la plaine que fertilisent les inondations, qu'est située la place forte néolithique de Los Millares. Perchée sur un conglomérat, à 70 mètres au-dessus du lit de la rivière, elle garde admirablement le défilé. Sa surface, de 5 hectares, est entourée d'une levée de terre et de tranchées : à côté s'étend la nécropole, dont j'ai fouillé une cinquantaine de dolmens et de coupoles ; elle est traversée par un aqueduc qui amène l'eau d'une source distante de 1200 mètres, aujourd'hui tarie. Tout autour, dans un rayon de plus d'un kilomètre, les collines sont munies de tours et de forteresses capables de contenir de fortes garnisons. Cela forme un ensemble imposant et tout à fait hors de proportion avec ce que nous sommes habitués à trouver au néolithique d'Occident. Par sa situation aussi bien que par l'importance des précautions défensives, cette place forte avait une importance régionale. C'est un résultat gros de conséquences, car la route aboutissant, à 3 lieues de là, à la Méditerranée, c'est par la mer que venait l'envahisseur, et de pareilles défenses, au bord d'une grande route, ne se construisent pas contre des poi-gnées de pillards, qui trouvent mille autres chemins : il faut une armée organisée, avec chevaux, chars et approvisionnements, pour avoir besoin d'une voie de communication large et com-mode. Nos Turdétans ont pris soin de se retirer à 15 kilomètres de la mer, obligeant ainsi l'ennemi à se séparer de ses navires, et se ménageant à eux-mêmes le temps d'être prévenus de son arrivée.

Il est intéressant de constater les analogies des villes de Mycènes et de Millares : les deux ont leurs remparts propres, avec des sépultures à l'intérieur, mais la plupart à l'extérieur ; une source couverte les alimentait ; des garnisons occupaient les sommets des alentours pour surveiller le pays ; tandis que l'une et l'autre ont été supplantées par des villes établies plus près de la côte, elles en sont distantes de 15 kilomètres : cela peut indi-quer une certaine identité dans les moyens d'attaque et de dé-fense, une stratégie spéciale à l'époque ou à un état de choses qui ne s'est plus reproduit dans la suite. Les deux capitales doi-vent leur richesse en produits exotiques à l'importance commer-ciale autant que militaire des routes qu'elles gardaient. Il y a

même leurs noms, hasard peut-être, qui font allusion, comme
je l'expliquerai plus loin, à la même industrie pastorale.

Architecture funéraire. — Les sépultures turdétanes sont de
forme variée : grottes artificielles, coupoles, dolmens. Je les ai
depuis longtemps comparées aux chambres à trésor mycéniennes : le thème a été repris avec complaisance par les archéologues
de la péninsule. A propos de la récente découverte d'une nouvelle coupole bien conservée dans la région du célèbre dolmen
d'Antequera, M. Gomez Moreno a publié une savante disserta-
tion sur son caractère mycénien. Les ressemblances des plans
sont telles qu'il suffit de jeter un coup d'œil sur une série de
dessins pour en être pénétré : on retrouve les mêmes chambres
rondes, voûtées par encorbellement, les galeries d'accès, les
portes, les chambres latérales, les parois ornées ; et ce qui, comme
toujours, fait la valeur du rapprochement, c'est que, dans le
monde égéen comme en Occident, cette architecture funéraire
est la propriété exclusive d'une seule période, de celle-là même
qui nous montre un grand nombre d'autres analogies dans les
deux contrées. Comme toujours aussi, les œuvres de l'Ouest
sont beaucoup plus modestes que celles de l'Est : l'aspiration
est la même, l'effort est aussi grand, mais le résultat reste bien
en arrière. L'imperfection des voûtes a obligé nos architectes à
les arrêter à mi-chemin et à les recouvrir d'une dalle plate, qu'ils
ont souvent jugé nécessaire de soutenir par une colonne ; aussi
conçoit-on qu'on ait tellement réduit la voûte, qu'on soit arrivé
à la supprimer pour rentrer dans le système mégalithique.
M. Gomez Moreno croit que les mégalithes sont postérieurs aux
coupoles ; c'est bien là l'évolution naturelle, mais de fait les
deux systèmes ont été employés parallèlement jusqu'à la fin.

L'industrie de la pierre. — Plus haut j'ai montré qu'en
Espagne la pierre polie est le plus ancien outillage néolithique
et pendant longtemps le seul qui ait régné à côté des nombreux
instruments de formes quaternaires et autochtones. Dans une
étape que je suis parvenu à distinguer nettement, ces outils
anciens se perfectionnent, les lames de couteau s'allongent
et le profil des flèches trapézoïdales se modifie : une des pointes

s'allonge, l'autre se racourcit et le côté correspondant devient une base échancrée. Ces formes de passage, qu'on trouve en France, sont nombreuses, et j'y vois aujourd'hui la preuve d'une évolution locale. La dernière étape voit l'apogée de la taille du silex : lames de 35 centimètres, flèches merveilleuses, poignards médiocres. Aucune raison n'empêche d'admettre que l'Occident ait par lui-même atteint cette perfection, stimulé à la vue des armes de bronze d'autres nations. Quant à la pierre polie, grâce à la concurrence du cuivre, elle est en pleine décadence.

Voyons ce qui se passe dans le bassin égéen :

A Hissarlik (premières villes) règne la même pierre polie qu'en Espagne, à côté de silex grossiers de formes différentes des espagnoles. Les métaux apparaissent, le cuivre évince la pierre polie plus tôt que chez nous, et le bronze ne laisse pas à l'industrie du silex (ou de l'obsidienne) l'occasion de se perfectionner comme dans l'Occident et le Nord, à l'exception toutefois des flèches. La grande ressemblance de celles-ci avec les nôtres, permet de se demander si les Mycéniens n'ont pas fait un emprunt aux Turdétans. Lorsqu'on trouve des silex ou des obsidiennes associés à des objets d'art mycénien primitif, on parle de survivance d'un âge plus ancien ; ce n'est pas une solution, puisque cet âge plus ancien, Hissarlik, ne possédait pas de ces silex. Ceux-ci, telles les flèches de la tombe royale de Mycènes, appartiennent en propre à la même civilisation que le reste de la sépulture : l'examen même du mobilier nous en avertit. On sait en effet, par les reproductions sur vases, l'importance de la flèche dans l'armement ; or, toutes les armes de ce tombeau sont en bronze, sauf les flèches dont aucun exemplaire en métal n'a été trouvé : elles sont exclusivement en obsidienne ; peut-on dès lors admettre que ce n'était pas là le type courant, même des armes de choix ? Il serait logique de croire qu'en Espagne la flèche de pierre ait vécu plus longtemps qu'à Mycènes.

Le cuivre et le bronze. — Le cuivre a été pendant longtemps un auxiliaire de la pierre ; mais, s'il l'a supplantée pour les outils

de gros volume, il n'a pu le faire pour les lames minces, coupantes ou perçantes : il a fallu pour cela le bronze ; cela n'est
cependant pas général, car il y a bon nombre de poignards et de
flèches en cuivre.

Les questions relatives à l'emploi du cuivre et du bronze
ont donné lieu à de nombreuses discussions. *Nous avons nous-
même cru que l'usage du bronze était en Espagne aussi antique
que celui du cuivre* ; c'est une erreur, nous connaissons aujour-
d'hui des centaines d'objets en cuivre contemporains de la pierre
et antérieurs au bronze : ils proviennent de sépultures et de
maisons, ont des formes variées et ont été analysés. La longue
période à laquelle ils correspondent pourrait s'appeler âge du
cuivre, mais ce nom n'aurait qu'une valeur locale, car ce cuivre
est contemporain du bronze égéen. On pourrait à ce propos se
demander pourquoi le bronze ne pénétra pas en Espagne. J'au-
rai occasion de montrer la nature des relations qui unissaient
les nations extrêmes de la grande mer intérieure : la mission des
explorateurs et trafiquants consistait à drainer vers la métropole
tout ce qu'ils rencontraient de précieux, et ils s'en acquittaient
avec une âpreté qu'explique l'apport d'un gain énorme. Il serait
aussi étonnant de voir des métaux rares voyager de l'Est à
l'Ouest, que de voir les eaux de la mer remonter aux sources
des rivières.

Par l'exploration d'une bourgade néolithique, j'ai pu reconstituer le procédé métallurgique pour l'obtention du cuivre : le
minerai, cassé en morceaux de la grosseur d'une noisette, était
chauffé avec du charbon de bois ; la température était insuf-
fisante pour fondre la masse, mais le cuivre était réduit partiel-
lement dans les fragments à moitié fondus ; après refroidisse-
ment, on les cassait pour en extraire le métal, partie à la main,
partie par le lavage ; les particules séparées étaient alors fondues
et coulées.

L'argent et le plomb. — Ces deux métaux, l'un par son
abondance, l'autre malgré sa rareté dans les trouvailles préhistoriques, fournissent un des chapitres les plus intéressants des
relations inter-méditerranéennes.

Nous avons découvert, il y a plus de 20 ans, nombre de villes et de sépultures de l'âge du bronze très riches en objets d'argent. Comme il était admis que ce métal était inconnu à cette époque en Occident, nous avons cru nécessaire d'expliquer que notre région faisait exception parce qu'elle possédait un gisement d'argent natif superficiel de très facile exploitation. Nous avions aussi rencontré quelques lingots de plomb, soit seul, soit allié à du cuivre et à de l'étain ; un fragment de litharge provenait du raffinage de l'argent par la coupellation au plomb ; enfin l'argent contenait souvent de fortes quantités de cuivre, de 4 à 7 $^o/_o$, et un peu de plomb. Ces rencontres nous avaient préoccupé, mais nous ne leur avions pas attribué toute leur valeur.

Aujourd'hui, il faut examiner la question à la lumière des faits nouveaux.

Certains minerais de cuivre trouvés dans des maisons néolithiques, contiennent de l'argent en proportions telles, que, pour nous, ce seraient des minerais d'argent ; dans quelques outils en cuivre néolithiques, j'ai constaté également la présence de l'argent. Il existe, dans la Sierra Nevada, des filons de cuivre gris que les Romains et sans doute les Carthaginois ont exploité comme mines d'argent : j'y ai ramassé un échantillon à 6,23 $^o/_o$ de cuivre et 1,75 $^o/_o$ d'argent. Les Turdétans n'ont pu manquer de travailler ces minerais et d'en extraire du cuivre, qui devait naturellement contenir des proportions parfois très considérables d'argent. Nous verrons plus loin que des marchands, que j'appellerai phéniciens tout court, colportaient dans le pays des marchandises de pacotille, en échange desquelles ils enlevaient des produits précieux. Une tradition constante de l'antiquité rapporte qu'ils achetaient à vil prix l'argent, dont les naturels ignoraient l'usage. Il ne peut être question ici d'argent pur, car il y aurait contradiction complète : si les indigènes avaient produit l'argent, ils l'auraient par le fait même employé ; mais la chose change de face, si on admet que l'argent dont parle la tradition était contenu dans du cuivre, car nous savons que les Turdétans en produisaient sans se douter de sa teneur en argent.

Les Phéniciens, aussi adroits métallurgistes qu'habiles commerçants, ne purent tarder à s'en apercevoir, et aussitôt ils accaparèrent ce cuivre précieux et poussèrent à la production : nous comprenons maintenant qu'il y en avait parfois tant sur le marché, que ne pouvant plus en charger sur leurs vaisseaux, ils abandonnaient leurs ancres en plomb pour en forger d'autres en argent ; cette tradition, appliquée à l'argent pur, serait trop fabuleuse. Les Phéniciens ne faisaient pas sur place l'extraction de l'argent, ou parce qu'ils n'avaient pas d'établissements métallurgiques, ou parce qu'ils ne voulaient pas initier les indigènes au secret de la valeur du métal si facilement vendu. Aujourd'hui encore le plomb riche s'exporte à l'étranger où on le désargente, et je sais plus d'une maison qui doit sa fortune à l'achat du plomb (minerai ou métal) contenant de l'argent à l'insu du vendeur : le fait est bien connu.

Si dans la tradition, les anciens ont employé le mot argent à la place de métal argentifère, ils n'ont fait que suivre un usage commercial : actuellement aussi on parle d'argent pour désigner le plomb non désargenté.

Si nous retournons maintenant aux objets en argent de l'âge du bronze, avec leur teneur en cuivre et parfois de petites quantités de plomb, il est difficile de ne pas y voir le résultat du traitement de cuivres argentifères, plus ou moins enrichis par la coupellation au moyen du plomb. Il en est de même des deux seuls objets d'argent d'Hissarlik et de Mycènes que Schliemann a fait analyser et qui ont donné de 3 à 4 % de cuivre et un peu de plomb : un d'entr'eux serait un talent homérique, et représentait par conséquent le métal argent courant du commerce.

De tout cela il semble logiquement se déduire qu'à l'âge du bronze le plomb était largement employé comme ingrédient pour affiner l'argent ; mais, comme métal proprement dit, il ne recevait pas d'application.

Il y a plus : dans les mobiliers funéraires des dolmens de Los Eriales, qui sont du tout premier début de l'âge du bronze, au milieu de bracelets, bagues et pendants d'oreille en

cuivre, en argent et en argent cuivreux, je viens de constater
que deux pendants d'oreille sont en plomb, et mon chimiste,
Don Ramon de Cela, a découvert qu'ils étaient recouverts d'une
mince couche d'or que l'altération du plomb avait rendu invi-
sible.

Enfin, dans plusieurs maisons de la bourgade néolithique
d'Almizaraque, j'ai recueilli bon nombre de fragments de galène,
minerai de plomb, apportés là intentionnellement.

Ainsi donc, les peuples qui visitaient l'Espagne, à la fin du
néolithique, étaient familiers avec les métallurgies du cuivre, de
l'argent et du plomb, et les indigènes le sont devenus vers la
même époque. Du même coup nous supprimons l'anachronisme
apparent entre le néolithique occidental et les civilisations
riches en métaux de l'Est, et nous découvrons, par l'accord de la
tradition et de nos fouilles, un des détails typiques de l'époque :
l'esprit commercial des Phéniciens ; cela nous prévient qu'ils
avaient bien soin de laisser leurs clients dans l'utile ignorance
de plusieurs choses. Sommes-nous maintenant en droit de trouver naturel que ces bons trafiquants n'aient pas sacrifié des
objets ou matières qui se vendaient cher sur les marchés
d'Orient, pour les beaux yeux des Turdétans ?

Une fois le plomb connu, il est à supposer qu'on en a extrait
également l'argent, et peut-être le raisonnement que nous avons
fait pour le cuivre argentifère est-il applicable aux plombs riches ;
rien d'étonnant à ce que, sous l'impulsion des Phéniciens, les
naturels aient traité les minerais de plomb si faciles à fondre,
pour en extraire le métal comme simple article d'échange, sans
autre valeur pour eux.

Il y a quelque temps, on a découvert au fond de la mer, près
de Carthagène, plus de 400 ancres en plomb ; on en a extrait une
trentaine, dont plusieurs portent des inscriptions. La plus
lourde de celles qu'on a recueillies, pèse 750 kilogrammes.

Les parures. — Un diadème en or a été trouvé dans la
Curva de los Murciélagos, grotte sépulcrale de la pierre polie
que nous identifions avec la civilisation d'Hissarlik ; en dehors
de cela, l'Espagne n'a rien qui puisse se comparer aux trésors

déterrés par Schliemann : les parures sont en pierre et en test
de coquilles. Mais l'étude des objets d'Hissarlik dévoile un fait
important. MM. Perrot et Chipiez, après les avoir décrits,
résument leur impression par ces mots : « Dans le foisonnement
et le caractère mal défini des éléments qui les composent, il y a
un je ne sais quoi qui sent encore la barbarie ».

Je voudrais préciser ce je ne sais quoi. En mettant en présence les bijoux troyens et ceux en coquille du néolithique ancien, je suis frappé par certains détails : les petites rondelles de
test présentent souvent des cercles concentriques dus aux différentes couches qui forment l'épaisseur de la coquille ; d'autres,
incomplètement arrondies, sont, sur une partie de leur pourtour, munies de becs, provenant des nervures superficielles des
coquilles du genre *cardium* ; presque toutes ont quelque chose
de décoratif. Si maintenant un néolithique apprend à manier
l'or et l'emploie à se fabriquer des parures, des perles, il ne
songera pas à autre chose qu'à imiter les rondelles auxquelles
il est habitué, et sur les petites plaques d'or il sera tout naturellement tenté de reproduire les lignes qu'il voit sur le test de
ses cardiums, en leur donnant, cela va de soi, une plus grande
régularité, et en pliant la décoration aux exigences de la matière
employée ; le résultat ne peut être que celui que nous trouvons
sur les parures de Schliemann. Les losanges métalliques qui
entrent dans la composition de ces objets, rappellent la forme
et l'aspect des cyprées ; d'autres, ces fragments de test plus ou
moins piriformes fréquents dans nos colliers ; enfin, le type très
caractéristique des boucles d'oreille de Troie semble dériver de
la coquille entière du Cardium ; il y a des exemples frappants.
En dehors de ces ressemblances isolées, on n'est pas moins
impressionné en comparant l'agencement de ces centaines d'éléments en or à celui des parures en coquilles, enfilées l'une
derrière l'autre, ou formant des nattes, bandeaux ou ceintures
comme les fameux diadèmes.

Voilà une explication de l'impression de barbarie éprouvée
par MM. Perrot et Chipiez : ces bijoux appartiennent à l'époque
où le commun des mortels ramassait les coquilles sur la grève

pour en orner son front, ses oreilles et son cou : l'éclat de tout cet or ne nous empêche pas d'y voir les tout premiers pas du sauvage sortant de la barbarie, et son examen attentif diminue la distance entre cette civilisation naissante et les débuts de la pierre polie en Occident.

La comparaison avec les colliers de l'époque suivante n'infirme pas cette conclusion. A l'Est comme à l'Ouest nous constatons une marche parallèle : la recherche de matières rares et variées. De part et d'autre apparaît l'ambre ainsi que l'améthyste ; dans le bassin égéen le verre est abondant ; en Turdétanie, j'ai trouvé quelques petits grains en terre émaillée. Il y a une série de substances qui sont absentes à l'Est ; les unes, comme le jais et la pierre nommée *callais*, paraissent être des produits propres à l'Occident ; mais les rondelles en coquille d'œuf d'autruche sont certainement dues à un commerce avec l'Afrique ou l'Asie, car on ne trouve cette substance en Espagne que sous forme de produits ouvrés : nous verrons plus loin que son commerce a de tout temps été la spécialité des Phéniciens. Il est étonnant qu'on ne la signale pas dans le bassin égéen.

Le peigne existait à Hissarlik, et peut-être à la pierre polie en Espagne ; mais c'est, dans les deux pays, à l'époque suivante qu'un grand luxe caractérise son emploi : ainsi que d'autres objets de toilette, les peignes sont en ivoire et soigneusement ornés. En Grèce et en Turdétanie on retrouve de grandes pièces, assemblées par tenon et mortaise. On sait que le commerce de l'ivoire est également attribué aux Phéniciens.

Les parfums, encore un article de trafic phénicien, inondaient les côtes méditerranéennes : leur présence dans nos sépultures est démontrée par des flacons en albâtre. Les parfums et cosmétiques ont eu le privilège d'avoir été, dès leur découverte jusqu'à nos jours, présentés au public sous la même forme, enfermés dans de petits flacons d'un type qui leur est réservé ; dans l'antiquité ils étaient en albâtre, et les marchands faisaient courir le bruit que cette matière conservait les odeurs ; cela leur faisait un article supplémentaire de commerce.

Pour ne pas être fatigant, je n'ai pas répété, à propos de

chacun de ces produits exotiques, l'observation qui rend si précieuse la comparaison avec l'Est : c'est qu'à l'âge du bronze ils ne se retrouvent pas ou presque pas en Espagne.

La céramique. — Il y a des analogies indéniables entre les *formes des vases à Hissarlik et à l'âge de la pierre polie en Espagne, ainsi que dans les ornementations par dessins incisés. Un autre rapprochement résulte de l'absence de la peinture,* qui dans les deux pays apparaît à l'âge suivant en même temps que les formes anciennes disparaissent. *L'emploi de la peinture est un progrès considérable, mais son importance pour nous réside dans ce fait qu'il pénètre dans notre contrée en compagnie de tous les produits orientaux ; il les suit dans leur exode, reste absent avec eux durant les longs siècles de l'âge du bronze et du premier âge du fer, pour réapparaître avec les Grecs et Carthaginois de l'histoire.*

Mais notre étonnement augmente par l'examen des sujets que les Turdétans ont reproduit sur leurs vases. Le peu que nous en possédons resterait incompris si les poteries mycéniennes ne nous en donnaient l'explication. C'est le fameux vase de Pitané reproduit par MM. Perrot et Chipiez, interprété avec une rare clairvoyance par M. Fréd. Houssay, qui m'a, en effet, révélé que c'est le poulpe, l'*octopus*, que nos artistes ont peint et gravé à profusion sur les vases et d'autres objets. Pour s'en convaincre, il faut nécessairement comparer les dessins en tenant compte du caractère des figures turdétanes. En effet, à Mycènes, les premiers poulpes sont représentés d'une façon réaliste, tandis que celui de Pitané est d'un dessin tout à fait conventionnel, schématique et destiné à faire ressortir la théorie philosophique de la puissance créatrice ou fécondante. Ceux d'Espagne s'éloignent de plus en plus de la nature, à tel point qu'on pourrait supposer que les artistes ne savaient pas eux-mêmes qu'ils dessinaient un poulpe. Peut-être celui-ci avait-il perdu son caractère d'animal pour devenir ou un symbole ou une divinité mystérieuse. Cependant, tout bien considéré, l'ensemble de la figure est bien ce que doit être un dessin rudimentaire en lignes géométriques, du corps de l'animal, des yeux et des

quatre paires de bras. Mais les Mycéniens ont terminé ceux-ci
par des enroulements, motif cher à leur art, et qui s'harmonise
avec le caractère flexible de l'animal, tandis que les Turdétans
les ont agrémentés, fait remarquable, par leur ornement préféré
à eux, le chevron. Nous retrouverons d'ailleurs d'autres motifs
décoratifs se rapprochant plus de l'ancien art des vases phéniciens ou chypriotes que des mycéniens, et je n'ai pas un seul
exemple de spirale dans le néolithique espagnol. Parmi les représentations dérivées de celle du poulpe, il y en a qui n'ont
que les huit bras, d'autres les yeux entourés de lignes concentriques. Nous aurons à y revenir.

Avant d'abandonner les vases à peintures, je dois ouvrir
une parenthèse. M. P. Paris a étudié la série de vases peints à
style mycénien qu'on trouve répandue dans toute la Péninsule
et dont on vient de découvrir des exemples en France. Partout
ils sont associés à des produits grecs des IIIe, IVe et peut-être des
V^e et VIe siècles avant J.-C. Malgré cela on parle de les dater du
XIVe siècle. M. Paris, qui se rend parfaitement compte de leur
âge beaucoup plus récent, se demande s'ils ne sont pas les produits d'une école ibérique formée par les Mycéniens et qui aurait
continué à fabriquer des vases ornés du même style plus ou
moins modifié par le goût local. L'examen des céramiques préhistoriques répond négativement à cette question. Nous venons
d'abord de voir la réalité d'une influence mycénienne : ses
produits sont peu artistiques, et nous constatons qu'ils n'ont
pas eu de lendemain, toute trace en a disparu de la façon la plus
radicale par la civilisation du bronze et du fer ancien. Aussi
n'est-ce pas en Espagne, mais à l'Est, en Phénicie, à Carthage
ou ailleurs que ce style réellement mycénien s'est modifié pour
apparaître en Espagne avec les colons grecs et puniques : il
abonde dans la nécropole de Villaricos, comptoir carthaginois
pour l'exploitation des mines d'argent natif du voisinage.

Revenant aux poteries préhistoriques, nous avons à nous
occuper d'une série bien intéressante, celle des récipients en
plâtre. Le plus remarquable a la forme et à peu près la dimension
d'un œuf d'autruche : il porte une décoration gravée qui, par sa

disposition en méridiens entre deux cercles polaires, et par le motif même, est semblable à celle des œufs d'autruche de la nécropole punique de Villaricos. Cette trouvaille, unie à celle de perles en coquille d'œuf d'autruche, nous autorise à voir dans ces objets les débuts d'une industrie et d'un commerce que les Phéniciens ont continué jusqu'au dernier siècle avant notre ère.

Les godets en marbre sont nombreux dans la Péninsule, et sont de la même famille que les vases en pierre des îles ; comme les vases en plâtre, ils sont inconnus à l'âge du bronze.

Enfin une mention spéciale est nécessaire pour la poterie caliciforme, à ornements en bandes, obtenus par l'impression, et remplis de substance blanche. Elle est si connue dans l'Occident qu'une description est inutile. Je dirai seulement qu'elle est très répandue dans la Péninsule, surtout à l'Ouest, que l'ornementation m'y semble plus riche et plus variée que dans les autres pays d'Europe ; que cette décoration est appliquée, non seulement sur les gobelets en tulipe, mais sur toutes les formes M. Bonsor la retrouve sur des coupes à pied ; enfin, qu'on recueille ces vases dans les sépultures et aussi sur le sol des maisons. Cette abondance, cette richesse et cette variété tendent à faire croire que la Turdétanie était un centre important de la fabrication, et on peut se demander si elle alimentait le marché français et d'autres.

Ce style spécial, sans avoir la variété que le maniement du pinceau procure aux peintres, a fourni, dans les mains des hommes de l'Ouest, tout ce qu'on pouvait en attendre, car réellement il y a des poteries d'un effet très réussi : on se prend à les comparer aux dentelles qui font encore la spécialité des provinces flamandes. On retrouve les décors incisés à Hissarlik et chez les très anciens peuples égyptiens ; mais, à part des ressemblances inévitables dues au procédé technique, qui limite beaucoup les efforts de l'imagination, je ne vois pas un rapport bien direct entre ces divers styles.

Quoiqu'il en soit de la première origine du système, l'Ouest peut réclamer comme sa propriété l'art des poteries caliciformes et autres du même groupe : il va de pair avec le jais, l'ambre et la pierre verte que nous appelons *callaïs*.

La religion, les idoles. — On ne sait pas grand'chose sur les religions des Égéens et des Turdétans primitifs : presque tout le bagage consiste en ces idoles plates en forme de violon qui sont identiques de part et d'autre. De ce type paraît en être dérivé un autre, par l'allongement de ce qui représente les épaules : il en sort comme des bras grossièrement indiqués. Les idoles mycéniennes ont encore à peu près ce profil, et en Espagne je les trouve dans la phase moyenne du néolithique. La fin de cette période est plus riche en données : outre la preuve de la croyance en une seconde vie semblable à l'actuelle, legs des temps précédents, nous trouvons divers objets qui se rapportent à un culte.

Dans des espaces spéciaux, près de l'entrée des sépultures, on plaçait debout de petits piliers, de véritables bétyles, hauts de 10 à 35 centimètres : il y en a jusque 40 à 50 réunis, et il ne serait pas étonnant que chaque mort ait eu son bétyle. A l'intérieur des sépultures et dans les maisons, il y a d'autres pierres plus petites, en cônes tronqués, le plus souvent munis au sommet d'un élargissement : il y en a qui ont des yeux, d'autres une rainure figurant le cou, d'autres des seins ; les phalanges d'animaux fournissent de petites idoles semblables, peintes ou non.

Les plus curieuses des idoles proviennent des maisons de la bourgade d'Almizaraque : une d'elle est une grossière statuette de femme, sans tête ni bras, avec un grand triangle rempli de points représentant les parties sexuelles : elle se range dans le groupe des idoles féminines caractéristiques des îles de l'archipel égéen. Les autres, très nombreuses, sont des os longs d'animaux couverts d'un côté de peintures ; la couleur a disparu, mais à sa place l'os est corrodé et les dessins paraissent gravés. Leur caractère constant est la présence de deux grands yeux, généralement entourés de lignes concentriques ; au-dessus, mais surtout au-dessous des yeux, des champs remplis d'ornements divers formés de lignes droites, des séries de triangles, des lignes en zig-zag. Un motif, reproduit avec soin et avec complaisance, est le damier à cases alternativement vides et pleines : le remplissage de celles-ci est obtenu par un damier à très petites cases toutes vides : c'est une ornementation qui paraît aussi avoir eu les préférences des anciens Phéniciens et Chypriotes.

Il nous reste à examiner l'ensemble de toutes ces figures et de celles des vases peints et gravés.

Je commencerai par admettre la théorie de M. Fréd. Houssay, qui voit dans le poulpe mycénien le symbole du pouvoir créateur et vérificateur des eaux de la mer, ou du moins la preuve d'une philosophie quelconque recherchant le siège de cette puissance. D'une façon plus ou moins directe, ces idées ont fait naître, chez nos Turdétans, une sorte de religion ou de culte, se concentrant autour du poulpe, ou tout au moins d'un être dont les images du poulpe leur donnaient la notion, car nous ne pouvons pas savoir s'ils avaient reconnu l'animal. Sur les poteries il y en a toujours deux, parfois à moitié fondus en un seul. Sur notre pièce principale, le vase de Los Millares, ils sont peints en rouge, l'un à côté de l'autre, et le reste du vase est occupé par deux rangées de triangles formés de points rouges : l'une, en haut, porte tous les sommets vers le bas, comme celui de l'idole d'Almizaraque, et je leur attribue le même sens ; les autres, en dessous, ont le sommet dirigé vers le haut ; s'ils ont un sens, ils doivent signifier la chose complémentaire de l'autre, c'est-à-dire le sexe mâle. Or, si on lit de droite à gauche, comme les Phéniciens, on constate que les deux sortes de triangles sont séparés, sauf les derniers de chaque série qui ont le sommet commun, formant donc la figure d'un sablier ou d'une hache bipenne redressée, et représentant l'union des sexes. Ce vase, provenant d'une sépulture, et à destination probablement plus ou moins religieuse, aurait donc rappelé une théorie, ou une religion, ou un culte faisant allusion à la création et à la conservation de la vie. Les deux images se complètent, s'expliquent. Celle du poulpe conservait peut-être encore certaines prétentions réalistes, mais celle du double triangle n'a plus qu'une valeur conventionnelle. Une fois admis le triangle renversé comme un caractère d'écriture primitive signifiant l'élément féminin dans le mystère de la reproduction, l'élément masculin devait se figurer par le triangle droit, et le couple, par les deux ne faisant qu'un ; il y a donc lieu de traiter ce signe comme l'expression graphique et conventionnelle d'une idée.

Demandons de nouvelles lumières à d'autres tableaux parlants. Sur deux vases gravés se voit reproduite une même scène, un cerf à très haute ramure, entouré de biches. La magnifique ramure qui distingue le mâle, son mystérieux renouvellement annuel et la relation de ce renouvellement avec ses amours, le désignaient aux anciens, entre tous les quadrupèdes, pour servir d'emblème de la puissance procréatrice ; et, en effet, ils ont eu soin d'imprimer la légende, l'explication du tableau, en y apposant, en plein milieu, le signe conventionnel que nous venons de définir, le double triangle.

Jusqu'ici il me semble que je n'ai guère ajouté au langage des objets eux-mêmes ; une fois entraîné dans une direction donnée, je me demande s'il ne faut pas chercher la même idée dans la représentation de deux feuilles de palmier au fond d'une coupe, à côté de deux cercles entourés de rayons. Le palmier est un des rares arbres où la séparation des sexes est apparente : Pline, en un langage pittoresque, nous parle de ses amours ; les Turdétans ont dû le connaître, et il serait bien naturel qu'il ait servi à leur thème favori appliqué au règne végétal. Quant aux cercles rayonnants, ne seraient-ce pas deux astres, le soleil et la lune, l'un mâle, l'autre femelle, d'après Pline ? Leur place à côté des végétaux se justifierait par la grande influence que possède le soleil et que les anciens attribuaient à la lune dans tout ce qui regarde l'agriculture.

Le vase peint de Millares est le seul où le poulpe soit représenté d'une façon complète : sur les autres images il n'y a que les quatre paires de bras, ou les deux yeux, accompagnés ou non de lignes concentriques. Je crois cependant que toutes dérivent de la même figure primitive. Il y a encore d'autres lignes qui paraissent avoir un sens symbolique plutôt qu'un but décoratif : des champs remplis de lignes en zig-zag, identiques à celles qui représentent l'eau chez les Égyptiens : d'autres remplis de points, des lignes verticales ; on soupçonne des allusions sans oser les formuler. Tous ces ornements se juxtaposent sur le pourtour des vases ou le long des os d'animaux.

Un des plus importants de ceux-ci est une côte : elle porte les deux yeux et un grand nombre de triangles, et une ceinture horizontale de losanges ; elle nous sert de transition aux plaques de schiste du Portugal. On sait que ce sont des trapèzes couverts de gravures et percés de un, deux ou trois trous au sommet ; l'ornementation est en rectiligne : chevrons, triangles, losanges, etc. ; au sommet il y a généralement un vide triangulaire, à sommet tourné en bas, entouré de lignes horizontales ou obliques qui doivent avoir un sens déterminé. Il n'y a pas d'yeux dessinés, mais dans deux cas des trous représentent les yeux, et des lignes forment un nez et des sourcils. La bouche manque, mais, en revanche il y a de chaque côté 3 ou 4 lignes : cela nous ramène à notre point de départ : le poulpe. Ici les tendances anthropomorphiques sont évidentes : les lignes géométriques du centre et du bas prennent la forme de colliers, de bras, de jambes, et d'ailleurs la partie qui figure la tête est détachée du reste par un fort épaulement.

Une fois cette orientation constatée, je ne puis m'empêcher de comparer à toutes ces idoles, les statues-menhirs françaises, notamment celle de Saint-Servin : la tête présente une ressemblance frappante avec le poulpe de Millares. On s'est demandé si ce qu'on a pris pour des jambes n'étaient pas un détail du vêtement ; étant donnée la genèse de ces figures, il se peut fort bien que son auteur même ne le sût pas.

Si nous résumons ce qui précède, nous voyons arriver en Espagne le culte d'une divinité sortie de la mer ; une autre est identique à Astaroth ou Aphrodite ; on adorait peut-être les eaux, les astres, le palmier. Les Turdétans ont reproduit les images ou les symboles de leur panthéon sur leurs vases liturgiques, sur des os et des pierres ; la valeur des signes s'est altérée : de nouvelles divinités se sont formées avec les morceaux des vieilles. Les panthéons des autres peuples nous fournissent mille exemples de semblables confusions ; les dieux s'unissent et il en naît de nouveaux.

Dans l'état actuel de nos connaissances, les représentations du poulpe sont exclusivement mycéniennes ; à moins de supposer qu'elles soient nées indépendamment en Espagne, ce qui est contre toutes les vraisemblances, il faut chercher à l'Est de la Méditerranée le courant qui les a importées en Occident. On ne les trouve plus en Espagne après le néolithique.

Etymologies. — La fondation de Cadix par les Phéniciens est attribuée à l'an 1100. Son nom phénicien était Gadir, qui signifie enclos, lieu entouré de murs, ou encore abri pour troupeaux de brebis. On adopte généralement le premier sens ; mais M. Delgado remarque que les noms des rois mythiques de Tartessus font allusion à leurs troupeaux. Un des rois de l'Atlantide, fils de Neptune et de Méduse, portait indistinctement trois noms : Gadiro, nom phénicien que nous traduirons par propriétaire de troupeaux de brebis ; Eumélos qui en grec signifie riche en belles brebis, et Chrysaor, l'homme à l'épée ou à la ceinture d'or. Le nom de ses fils, Géryon, signifie propriétaire de troupeaux de ruminants. La ville même de Gadir a aussi reçu le nom d'Erythea, qui suivant Delgado vient de Hastaroth, que les Grecs prononçaient Asti-Herites, équivalent à troupeaux de brebis. Les pommes d'or des Hespérides pourraient être des brebis ou des toisons d'or, car les frères Hesperus et Atlas avaient des brebis remarquables par leur couleur blonde et dorée ; le mot grec μηλα signifiant brebis et pomme a pu amener la confusion. Chaque peuple donnant aux villes et aux choses des noms pris dans sa langue, il en est résulté des confusions et d'interminables discussions.

Mais de tout cela on déduit que des peuples grecs et phéniciens sont arrivés très anciennement dans ces régions ; qu'ils ont donné aux rois et aux villes des noms faisant allusion à l'industrie pastorale : celui de Gador doit avoir été appliqué à un établissement préexistant puisque il fait mention d'une circonstance propre au pays, non aux nouveaux colons.

La ville néolithique de Millares que nous avons décrite plus haut et qui avait une si grande importance stratégique régionale, qui était la porte orientale de la Turdétanie, a dû jouer un rôle considérable dans l'histoire des premières incursions grecques et phéniciennes. Elle est située au pied de la Sierra de Gádor, qui doit d'ailleurs son nom à la ville de Gádor ; celle-ci se trouve à 3 kilomètres en aval de Millares, sur la même rive droite du Rio Audarax. Le nom de Gádor paraît bien avoir la même étymologie que Gádir ou Gádur, et remonter par conséquent à la même époque. Il ne serait, d'un autre côté, pas étonnant que ce nom ait été primitivement celui de Millares, et, après l'abandon de cette ville, ait passé à un autre endroit, c'est-à-dire que la ville moderne en ait hérité : on voit de nombreux exemples de ce phénomène. Mais ce qui change cette hypothèse en certitude, c'est que le mot Millares, outre son sens général de milliers, en a deux autres, et l'un deux signifie : endroit où on peut élever deux troupeaux, ou mille brebis !

Ceci me fournit un sérieux argument pour croire que les Phéniciens ont vu la ville de Millares florissante, et lui ont attribué assez d'importance pour lui donner un nom qui pour eux caractérisait l'Espagne, comme ils l'ont fait pour Cadix. Je n'irai pas jusqu'à prétendre que le nom de la Gádir occidentale est un souvenir de son aînée de l'Est, mais il y a une singulière coïncidence : la date historique de l'établissement des Phéniciens à Cadix correspond à l'époque de la chute de Millares, d'après mes comparaisons entre sa civilisation et celle de Mycènes. Elle correspond aussi au commencement de l'âge du bronze en Espagne, à la découverte de l'étain occidental ou au moins de sa route maritime, et à toute une série de profondes révolutions dans les peuples européens, même en Grèce. La porte orientale de la Turdétanie, Millares, par où sortait l'argent néolithique, perdait de son importance pour les Phéniciens, tandis que Cadix, échelle occidentale, entrepôt de l'étain, en acquérait une considérable.

Auteurs anciens. — Il y a 2.000 ans, on discutait déjà la part de vérité historique qu'il fallait attribuer aux poèmes d'Homère. Les érudits avançaient, comme arguments en sa faveur, l'existence des noms grecs que possédaient plusieurs villes d'Espagne : la principale est la ville d'Ulysse, Odyssea, située, d'après

Asclépiade et Artémidore, dans la montagne, au-dessus d'Abdère, avec un temple de Minerve, dont les parois supportaient des boucliers et des éperons de navire qui y furent fixés anciennement en commémoration des erreurs d'Ulysse. Ces espèces d'armoiries et le nom de la ville sont une raison sérieuse pour croire à la réalité d'anciennes expéditions parties du bassin égéen vers l'époque qui nous occupe. La ville est située dans la montagne, et non au bord de la mer, comme le serait un comptoir phénicien. Les anciens croyaient fermement à l'existence d'anciennes migrations, antérieures peut-être à celles des Phéniciens ; on attribue à ceux-ci des découvertes dans lesquelles ils n'ont fait que suivre les autres, mais dont ils ont su tirer meilleur profit et s'assurer même le monopole grâce à leur esprit pratique et commercial. Il n'est pas nécessaire de supposer, avec M. Bérard, qu'Homère a consulté un périple phénicien ; ce savant fait sienne une phrase de Strabon qui n'a pas cette portée : car Strabon répète plusieurs fois qu'Homère a puisé dans l'histoire, dont il attribua autre part le monopole aux Grecs. Aux Phéniciens, il attribue seulement les renseignements sur les conditions climatériques et les richesses de l'intérieur de la Turdétanie, avec laquelle ils trafiquaient à cette époque. L'histoire des anciennes thalassocraties est d'accord avec l'archéologie pour renseigner sur les expéditions antérieures à celles des Phéniciens. Ce sont ces anciens maîtres de la mer qui ont porté la civilisation égéenne dans l'Occident, où elle a acquis ce facies spécial qui lui a valu le nom de néolithique. Les poèmes d'Homère gardent trace de ces expéditions, et quand l'historien désigne certains peuples par le terme de « mangeurs de pain », c'est qu'on avait encore le souvenir de l'introduction de l'agriculture, synonyme de civilisation.

Chronologie. — On peut tirer des renseignements assez précis de deux séries de faits : ceux que j'attribue à l'influence de l'art mycénien, et ceux que j'explique par le commerce phénicien. Les premiers, comme la construction de chambres à coupole, la colonne d'ordre mycénien, les représentations du poulpe, etc., sont contemporains de la civilisation mycénienne proprement dite, et appartiennent aux siècles compris entre le xve et le xie.

Les seconds, présence des œufs d'autruche, peignes en ivoire, parfums et cosmétiques avec leurs récipients en albâtre, témoins du trafic des Phéniciens, ne peuvent guère remonter au delà du milieu du 2e millénaire, ni descendre en dessous de la date admise pour la fondation de Cadix. Ce résultat concorde entièrement avec le précédent.

Pour les périodes antérieures, les archéologues de l'Est nous suggèrent le 3e millénaire; on ne peut préciser.

La civilisation néolithique, en d'autres termes l'agriculture ou l'art de préparer le pain, avec son cortège d'instruments et d'industries accessoires, serait donc venue de l'Est par mer vers le 3e millénaire. C'est le règne de la pierre polie. La beauté du climat et des productions de la Turdétanie ne cessèrent d'attirer les peuples de l'Est méditerranéen. Le milieu du 2e millénaire est signalé parmi ceux-ci par un grand mouvement d'expansion maritime et guerrière ; les expéditions vers l'Espagne prirent une importance considérable, et y amenèrent le développement d'une civilisation qui subit l'influence, d'ailleurs générale aussi à l'Est, de l'art mycénien. A côté, nous voyons cependant la preuve d'une culture propre à l'Occident et d'un art qui lui est très personnel. Vers le XIe siècle, on signale une poussée venue d'Europe. En Grèce, c'est l'invasion dorienne qui interrompt la marche de la civilisation mycénienne : en Espagne, elle produit le même résultat et apporte le bronze : avec celui-ci se développe une culture tout à fait particulière et qui semble prouver un remarquable isolement ; elle a dû persister pendant un temps assez long, quelques siècles. Puis, une seconde invasion amène l'âge du fer avec les urnes cinéraires, qui ressemblent à celles du centre de l'Europe.

Enfin, sur la côte que j'habite, je trouve des colonies carthaginoises du IVe ou du Ve siècle, avec lesquelles réapparaît, dans son plein développement, cet art oriental dont le néolithique nous avait montré les débuts ; et lorsque, sur une stèle funéraire que je ramasse dans les ruines d'une nécropole, je lis le nom phénicien d'un serviteur d'Astaroth, je ne puis m'empêcher de donner ce nom à la grossière statuette à triangle, qu'adoraient, à 2 kilomètres de là, les néolithiques d'Almizaraque.

M. Arthur Evans. — Je ne peux pas comprendre le point de vue de M. Siret. Il parle de certaines influences de la dernière époque minoenne ou mycénienne sur le néolithique d'Espagne et paraît confondre les origines de la civilisation néolithique en Espagne avec les indices plus ou moins superficiels de relations du monde ibérique avec la culture de l'âge de métaux (déjà très avancée) de l'Est du bassin de la Méditerranée. Est-ce qu'on peut vraiment croire que, durant les milliers d'années de civilisation néolithique qui, dans l'égéen, ont précédé l'âge du cuivre et du bronze, il n'y avait aucun art parallèle dans la péninsule ibérique ? Et de quel droit néglige-t-on les relations très anciennes qui existaient entre les peuples de la péninsule ibérique et l'Ouest de la Gaule, la Grande-Bretagne et l'Irlande, relations qui remontent à l'âge néolithique ? Il est probable qu'en Espagne, comme dans l'Ouest entier de l'Europe, les origines même du travail des métaux remontent à une époque plus reculée que la date que M. Siret a voulu imposer pour les débuts du néolithique espagnol.

M. Vasseur demande si M. Siret a donné de nouveaux renseignements au sujet de l'âge de la céramique dite *ibéro-mycénienne* que M. P. Paris a décrite et figurée dans son magistral ouvrage et qu'il a daté du xiie siècle avant notre ère. Il ajoute : « Si mes souvenirs sont précis, M. Pottier a émis l'opinion que ces vases ne pouvaient remonter au delà du viiie ou du xe siècle, et plus récemment encore, M. Camille Jullian les a fait redescendre jusqu'au ve siècle.

« Dans le courant de l'été dernier, j'ai visité Montlaurés, le gisement de cette céramique, signalé par M. Rouzaud dans les environs de Narbonne, et j'ai été frappé de ce fait qu'il n'existait sur l'emplacement de cette antique nécropole aucun vestige de poteries grecques à peintures géométriques.

« Enfin, mes dernières observations faites au Baou-Roux, dans les environs de Marseille, où j'ai signalé la présence de la céramique ibéro-mycénienne (1), me permettent aujourd'hui d'affirmer qu'en cet endroit, cette poterie se rencontre dans les couches archéologiques appartenant au Ve et au IVe siècles avant notre ère. »

M. PIGORINI. — En Italie il n'existe pas de haches polies en silex ; les haches polies y sont toutes en roches vertes. Les populations paléolithiques de l'Italie, comme leurs descendants du commencement de l'âge néolithique, ne travaillaient pas les roches vertes. Ce fait, et cet autre qu'avec les haches polies en roches vertes la poterie déjà développée apparaît d'un seul coup, suffisent à prouver que la civilisation néolithique a été importée en Italie.

(1) G. VASSEUR, *Comptes-rendus de l'Académie des Inscriptions et Belles-Lettres,* uillet 1905.

Sur la chronologie absolue de l'époque néolithique

par M. O. MONTELIUS

Le commencement de la période néolithique dans l'Orient doit remonter très haut. Les ruines de Suse, en Perse, forment une colline de 34 mètres de hauteur. Les couches supérieures, jusqu'à 5 mètres de profondeur, ont été formées pendant les derniers 3ooo ans, c'est-à-dire après le xie siècle avant J.-C.; au-dessous de ces 5 mètres, on n'a jamais trouvé de fer. Les couches suivantes, de 5 jusqu'à 10 mètres de profondeur, contiennent du bronze et du cuivre, tandis que les couches inférieures, de 10 jusqu'à 34 mètres de profondeur, sont néolithiques. Maintenant on a pu constater que le cuivre était connu dans ces régions plus de 4ooo ans avant J.-C. Alors, les 10 premiers mètres correspondant à 6ooo ans, nous pouvons avoir une idée de la durée énorme de la période néolithique, pendant laquelle les 24 mètres de débris ont été formés. Je suis convaincu que la période néolithique a commencé dans ces contrées plus de 20.000 ans avant nos jours.

M. Arthur Evans. — Les fouilles de Knossos ont jeté une nouvelle lumière sur l'antiquité de l'âge néolithique. Sous les couches appartenant aux époques de la civilisation minoenne qui s'étendent à une profondeur d'environ 5 m. 1/2, il y a encore une épaisseur de couches néolithiques atteignant 8 mètres. On y peut suivre le cours entier d'une longue évolution de la civilisation néolithique et y reconnaître des époques successives.

A l'aurore des âges des métaux correspondent l'époque dite minoenne et les premières dynasties d'Égypte. Il faut donc faire remonter ces faits à environ 4000 ans avant notre ère au moins. En admettant pour la formation des assises inférieures une durée proportionnelle, on atteint pour le commencement du néolitique local une antiquité de 14.000 ans au bas mot. Mais nous ne sommes pas là non plus aux premiers débuts de la culture néolithique. La poterie, par exemple, est déjà bien faite.

Les premières Céramiques en Europe centrale

(Essai pour établir deux grandes périodes
de l'âge néolithique
par la distinction de deux styles de l'art décoratif)

par M. le Dr Maurice HOERNES

Professeur à l'Université de Vienne

———

Il y a eu, en Allemagne, dans les dix à douze dernières années, une lutte acharnée — où certaines renommées se trouvèrent compromises — sur la méthode à suivre pour diviser, en âges ou en groupes, la période néolithique à l'aide de ses céramiques. Cette lutte, si peu satisfaisants que fussent les résultats qu'elle donna, marquait néanmoins un progrès dans les idées sur la façon de traiter les antiquités de cet âge.

Les découvertes archéologiques, faites de nos jours dans les couches diverses des deux âges de la pierre, deviennent de plus en plus importantes pour l'histoire de l'art. Plus qu'autrefois on attribue la valeur principale aux représentations de figures et à l'ornementation d'objets d'usage. On commence à les comprendre du point de vue évolutionniste, tandis que le reste des trouvailles sert plutôt à la détermination chronologique et à l'achèvement du tableau de civilisation.

Étant donnée la nature de l'art néolithique, ce sont presque exclusivement les céramiques qui méritent l'attention de l'historien de l'art. Mais l'étude de ces poteries a une autre importance, et plus haute : il ne s'agit pas seulement de connaître les motifs d'ornements de l'âge de la pierre polie, mais aussi de montrer la filiation des céramiques et, en général, des arts décoratifs de l'âge du bronze et du premier âge du fer, — par exemple,

FIG. 1. — Fragments de poteries trouvés à Butmir (Bosnie).
Style périphérique.
(Céramiques « à spirales » et « à chevrons ».)

pour la Grèce, d'analyser les styles prémycénien, mycénien et géométrique — et de dégager l'origine de tout ce qui, par une voie quelconque, est ressortie de la souche néolithique.

Mais la Grèce n'est plus le seul pays de l'Europe dont les antiquités inspirent une haute idée du talent artistique de ses habitants. Nous rencontrons des qualités analogues presque partout, en dehors de l'aire de la Méditerranée orientale où s'accomplit plus tard une si puissante concentration de forces civilisatrices et d'où sortit, dans une extension sans pareille, la

FIG. 2. — Vase de Butmir.
Style périphérique « à chevrons ».

civilisation historique de la race indo-européenne. Je suis pourtant aussi loin d'attribuer au génie de cette race toutes les manifestations de l'art préhistorique que d'attribuer exclusivement le développement de la civilisation des Grecs aux facultés de ce peuple.

Il y avait, si je ne me trompe, à l'âge néolithique en Europe, deux grands groupes de style, profondément différents l'un de l'autre. Dans tous les deux, il ne s'agit pas de figures, pas même de réprésentations schématisées d'êtres vivants, comme on pourrait le supposer, mais d'ornements purement géométriques ; et la différence entre ces deux groupes consiste tout d'abord dans

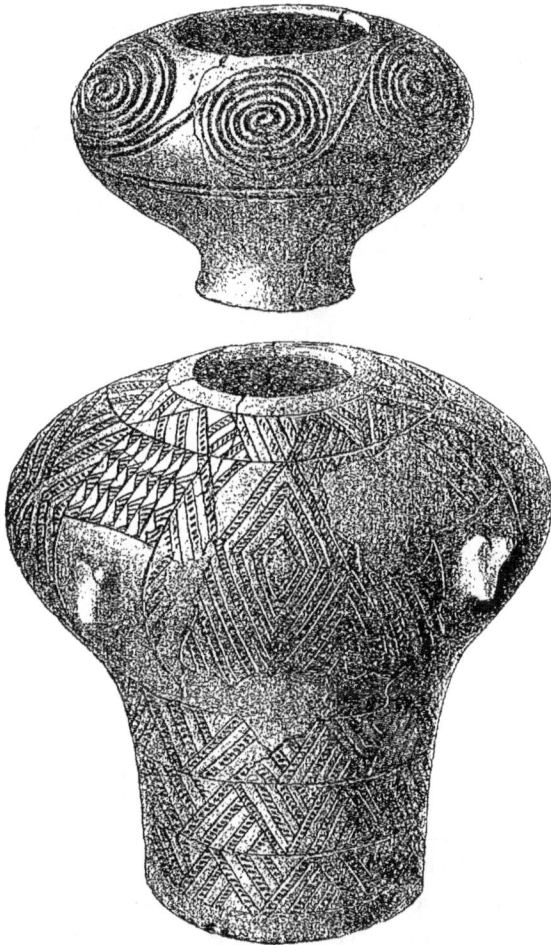

Fig. 3 et 4. — Poteries de Butmir.
Style périphérique « à spirales » et « à chevrons ».

l'emploi et dans la combinaison, ultérieurement dans l'exécution technique, de ces motifs. Ces deux groupes sont :

1° Un style recouvrant des surfaces, qui fait avancer simple-

ment, surtout au sens horizontal, les dessins, mais qui ne les
emploie pas à diviser en champs les surfaces et qui ne laisse pas,
à dessein, certaines parties de la surface d'un vase lisse et sans
ornement, comme c'est le cas par exemple dans la céramique à
ornement dit « cordiforme » et dans beaucoup d'autres groupes.

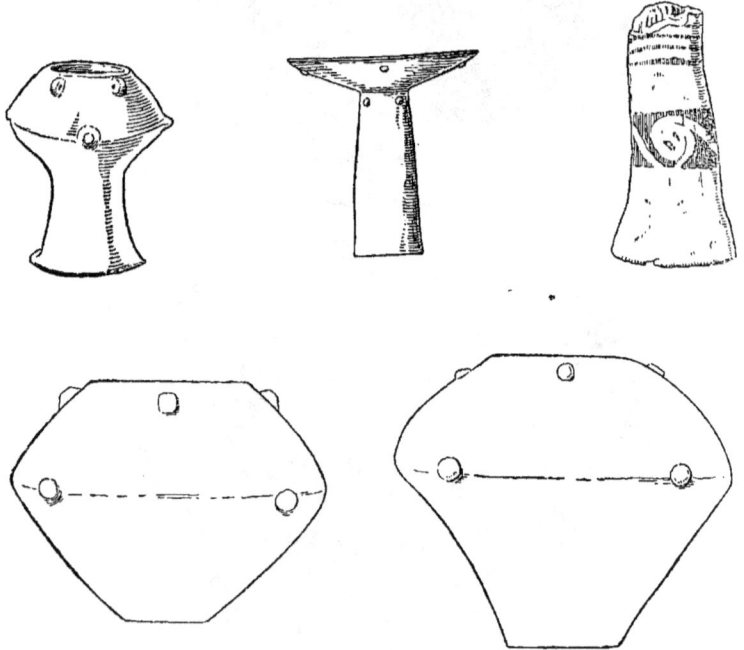

FIG. 5. — Poteries de Lengyel (Hongrie).

La plus grande part de ce qu'on a nommé, en Allemagne, céramique à ornement « rubané » est de ce premier style, qu'on
pourrait aussi nommer style « périphérique », « entourant » ou
« libre ». (Cf. fig. 1 à 15.)

2° Un style divisant des surfaces qui, dans sa phase la plus
parfaite, emploie les motifs géométriques pour faire des surfaces
divisées, pour créer des champs, pour la plupart rectangulaires,
et pour les remplir de figures. Cependant, dans beaucoup d'œuvres de ce style, on ne trouve pas de cadres remplis de figures,

mais, au contraire, des cadres vides ou des figures liosées.
Malgré cela, on pourrait nommer *ce style « encadrant » ou
« tectonique »*. (Cf. fig. 20 etc.)

Ce dernier style n'avait pas encore été, jusqu'ici, déterminé
scientifiquement, parce qu'on comptait, par erreur, les céramiques qui lui appartiennent parmi celles du style « rubané »
qui est, par excellence, entourant ou libre.

Le premier de ces deux styles appartient, pour la plus grande
part, à une période ancienne; le second, exclusivement à une

Fig. 6. — Poterie de Znaim   Fig. 7. — Poterie de Troppau
(Moravie).   (Silésie).

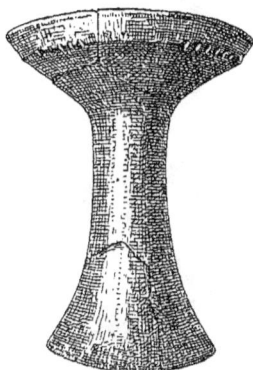

période plus récente de l'âge néolithique. Dans cette dernière
période, le style « tectonique » ou « encadrant » inaugura un
développement de l'art décoratif qui fut extrêmement fructueux,
surtout pendant l'âge des métaux de l'Europe méridionale et
centrale.

Le style « périphérique » ou libre est plus primitif et par là
plus durable, plus persistant. Ce fut lui qui créa les motifs dont
se servit plus tard le style encadrant ou tectonique. Aussi
persiste-t-il, à côté de celui-ci, à travers les âges préhistoriques
et historiques. C'est une de ces choses très simples — qu'elles
soient phénomènes de la nature ou de l'esprit humain — qui ne
prennent jamais de fin. Toutes les formes supérieures de l'art

peuvent se subordonner à ce type, et elles le font en effet. En tout cas, la nature simple de ce style en rend l'exécution aisée et par suite, jusqu'à un certain point, toujours satisfaisante.

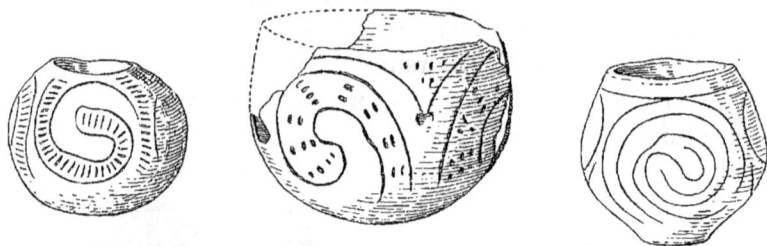

FIG. 8 à 10. — Poteries du Nord de la Bohême.

FIG. 11 à 15. — Poteries de l'Ouest de l'Allemagne.

Les vases en argile de cette sorte (du style périphérique) sont appelés en Allemagne, « céramiques à spirales » et « céramiques à chevrons » (*Spiralkeramik* et *Winkelbandkeramik*).

Par comparaison, le style « encadrant » est — par sa nature, pas toujours par son exécution — plus avancé, plus compliqué, en un mot : architectonique. Par là, il est plus destructible, disposé à la décomposition et à l'emploi rudimentaire de ses

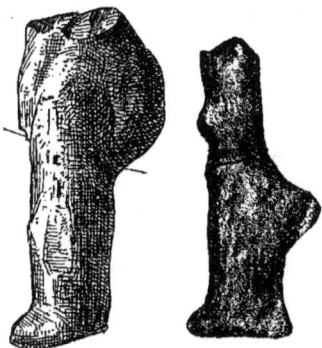

FIG. 16 et 17. — Figurines en terre
cuite de Moravie et de Pologne.

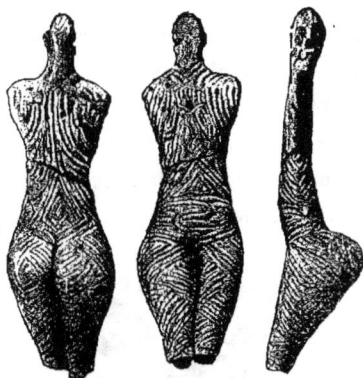

FIG. 18. — Figurines en terre cuite
de Roumanie.

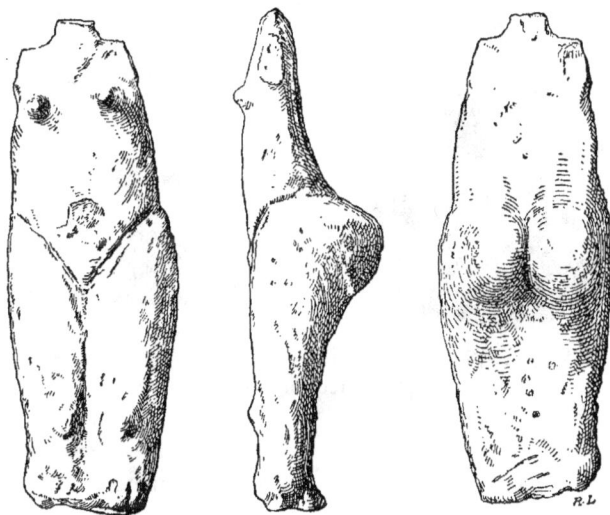

FIG. 19. — Figurines en terre cuite de Transylvanie.

Ces figurines, représentant des femmes stéatopyges, ont été trouvées
avec de la poterie du style périphérique.

éléments, à des mutations et à des mutilations qui ne sont pas même possibles chez l'autre.

Je n'insiste pas davantage sur ce sujet. Les archéologues et les historiens de l'art reconnaîtront le parallélisme de ces deux styles décoratifs dans les âges des métaux et même jusqu'à nos jours. Ici je me borne à le démontrer pour l'âge néolithique.

FIG. 20 à 23. — Fragments de vases trouvés à Attersee (Autriche).
(Style tectonique.)

I. LE STYLE PÉRIPHÉRIQUE OU LIBRE.

Comme exemple classique de ce style, je nomme tout d'abord les céramiques bien connues de Butmir (1) en Bosnie (fig. 1 à 4). Lorsque en 1894, un aéropage de savants de toute l'Europe,

_____

(1) *Die neolithische Station von Butmir bei Sarajevo in Bosnien*, I, 1895, pl. II-IX II, 1898, pl. II-XIV. V. aussi mon œuvre : *Urgeschichte der bildenden Kunst in Europa*, 1898, p. 226-235 et 302 ss.

réuni à Sarajevo, prit pour la première fois connaissance de ces trouvailles, on hésita à les attribuer à l'âge purement néolithique. On se demandait par quel hasard toute trace de métal pouvait faire défaut dans ces couches, épaisses de plusieurs mètres et contenant, outre ces céramiques, des milliers d'instruments de pierre, polis ou seulement taillés, ou en état inachevé. Ce ne fut pas sans peine qu'on se décida à qualifier de néolithiques ces innombrables fragments de vases et de figurines en terre cuite, et M. Oscar Montelius, dans ses

Fig. 24 à 27. — Vases trouves a Grossgartach (Wurtemberg).
(Style tectonique.)

profondes recherches sur la première période de l'âge du bronze au nord de l'Europe, vit la seule raison de ce défaut absolu du cuivre ou du bronze dans la situation écartée de ce centre du nord-ouest de la péninsule des Balkans (1). Par contre, mes études ultérieures m'ont convaincu que ces couches, surtout les plus profondes qui — différentes en ce point des plus hautes — abondaient en figurines de terre cuite et en poterie décorée de spirales, ne sont, ni de l'âge du bronze, ni même de la fin du néolithique, mais plutôt d'une période assez primitive de la pierre polie.

(1) *Archiv für Anthropologie*, Brunswick, XXVI, p. 947 ss. D'après Montelius, la station néolithique de Butmir daterait d'environ 2500 av. J.-C., les tombeaux de Lengyel, que nous allons mentionner à l'instant, d'un peu plus tôt (avant 2500).

Je suis tenté de croire que les tribus qui habitaient cette contrée et qui peut-être, à leur arrivée, l'avaient trouvée tout à fait dépeuplée, ont apporté avec eux cet héritage de formes

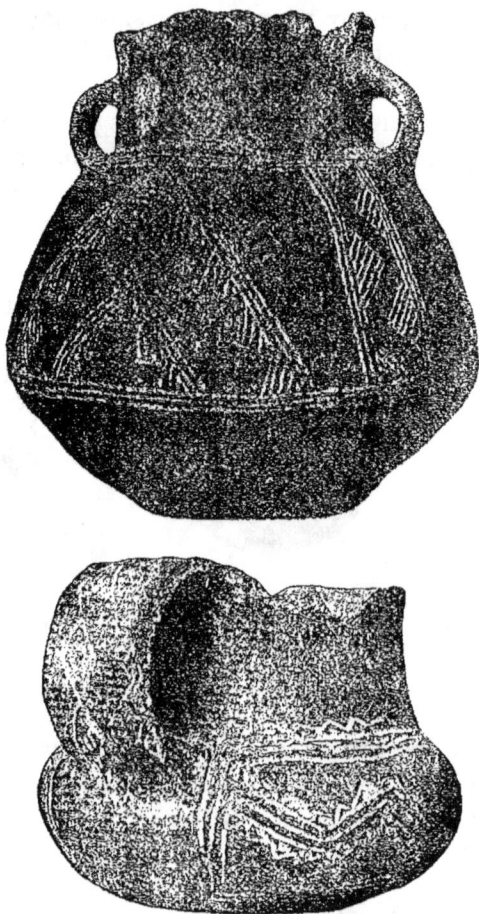

FIG. 28 et 29. — Vases du marais de Laybach.

artistiques qui s'appauvrit de plus en plus dans les périodes suivantes. Comme colons et planteurs, ils vécurent, dans des plaines fertiles, surtout de l'agriculture (peu de traces de l'éle-

vage de bestiaux, presqu'aucune de la chasse) et de la fabrication en gros d'instruments de pierre, occupation dont l'importance nous est attestée par des restes presque innombrables et
de toutes espèces.

Un autre exemple nous est fourni par les poteries de la

FIG. 30 à 34. — Poteries du Nord de la Bohême.

Céramique dite « à bandes pointillées » *(Stichbandkeramik)*. Transition du
style périphérique au style tectonique. Période moyenne de l'âge de la
pierre polie.

même période, provenant des tombeaux à inhumation de
Lengyel, comté de Tolna, en Hongrie (1). Ici les types prédomi-
nants de vases sont les mêmes qu'à Butmir : pot à ventre évasé
et à bord resserré, coupe à pied creux, frappante à Lengyel par

(1) M. WOSINSKY. *Das praehistorische Schanzwerk von Lengyel*. 1888-1891.
Pl. VI, XI, XIII, XV, XXII, XXIII, XXV, XLIII.

son développement en forme de champignon (cf. fig. 5). Il y a
même des formes rares et secondaires qui sont identiques dans
ces deux lieux. A Lengyel, les spirales sont peintes et plus rares
qu'à Butmir. Il y avait, dans ces tombeaux à squelette, des
petits objets de parure en cuivre, mais pas de poignards ou de
haches de ce métal qui, cependant, abondent
en Hongrie. Ce ne sont pourtant que des
différences simplement locales et, malgré la
présence de quelques objets en cuivre, je ne
suis pas d'avis que les tombeaux de Lengyel
appartiennent, comme on l'a supposé, à un
âge du cuivre.

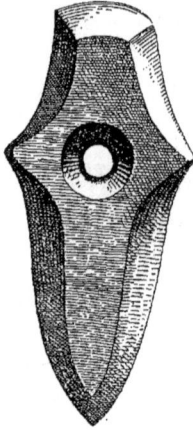

Les deux mêmes types principaux de vases
se retrouvent ensuite, quoique dépourvus de
tout ornement, peint ou en creux, sur une
ligne correspondant à peu près au 18e méri-
dien Est de Greenwich et s'étendant de la
Syrmie (trouvailles de Babska au musée de
Vienne) jusqu'en Silésie autrichienne (fonds
de cabane des environs de Troppau) (1) et en
Silésie prussienne (tombeaux à squelette de
Iordansmühl) (2), associés encore à de menus
objets de parure en cuivre. (Cf. fig. 6-7.)

FIG. 35.
Hache en pierre
(Bohême).

Mais on connaît ces formes aussi à l'est et à l'ouest de cette
ligne : dans la plaine de Theiss en Hongrie, dans la Serbie, en
Transsylvanie, dans la Galicie orientale, l'Ukraine, la Roumanie,
la Bulgarie, en Asie mineure et sur les îles de la Méditerranée (3)
ainsi qu'en Espagne (4) et au nord des Alpes : en Autriche (cf. fig.
8 à 10) et en Allemagne jusqu'au Rhin et au delà (5) (cf. fig. 11
à 15), en un mot dans toute l'Europe centrale et méridionale.

(1) *Mitteilungen der praehistor. Commission*, Vienne, l, p. 401-411.
(2) *Schlesiens Vorzeit*, VII, 1899, p. 540 ss.
(3) *Troie, Knossos et Mélos, Zeitschrift für Ethnologie*, 1904, p. 653-656, f. 27
s. 32-34.
(4) SIRET, *Album*, XVI o ; XVIII ; XX 99-106 ; LV 133 s. 137 ; LXII 83-86 ;
LXV 7; LXVIII ; LIX 6; LXI.
(5) KOEHL, *Bandkeramik*, V 1-6; II 1, 3, 7, 9, 17; III 1, 3, etc.

Dans l'Europe centrale, elles appartiennent au néolithique ;
dans le Midi, à l'âge du cuivre ou au commencement de l'âge du
bronze. Mais ces âges ne diffèrent qu'au point de vue de la
chronologie relative ; au point de vue absolu, on peut les considérer comme à peu près synchroniques. Les divers groupes de
poterie peinte néolithique — en Moravie et en Basse-Autriche,

FIG. 36. — Tesson de poterie du marais de Laybach.

en Galicie orientale et en Russie occidentale, en Transsylvanie
et en Roumanie, en Bessarabie et en Thessalie — sont tous,
comme les peintures de vases déjà mentionnés de Lengyel, de
ce style et de ces temps.

Du reste, aucun autre âge préhistorique ne nous a laissé une
telle quantité de figurines en terre cuite, représentant pour la
plupart des femmes, nues ou vêtues, — probablement des
déesses de la terre, révérées fidèlement par ces laboureurs
passionnés (cf. fig. 16 à 19).

A côté de cette poterie on trouve presque toujours, dans l'Europe centrale, des haches ou plutôt des houes (car ces coins sont, sans doute, des instruments à labourer la terre) de pierre à forme de soulier ou plates et plus larges, à faible voûte unilatérale, et des haches-marteaux perforés du type le plus simple (1).

L'agriculture semble avoir prédominé comme base de la culture. Les habitations sont, dans les plaines, aux bords des

FIG. 37 à 39. — Poteries de Laybach.

cours d'eau. Dans des régions montagneuses, comme, par exemple, sur le littoral de l'Autriche, en Moravie et dans la Galicie occidentale, on trouve aussi des cavernes usitées comme lieu d'habitation. Divers indices nous incitent à croire que les habitants de ces lieux apparurent comme colons sur un sol vierge où ils ne se heutèrent nulle part à une population indigène. Or, comme ce sont en grande partie des contrées qui, à

(1) Cf. pour ces formes, les planches de l'ouvrage sur Butmir, I, xv, xvi; II, xvi, xix.

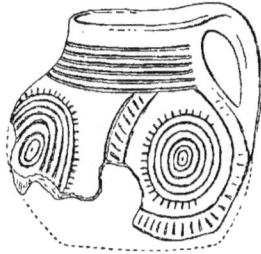

Fig. 40 et 41. — Poteries de Mondsee.

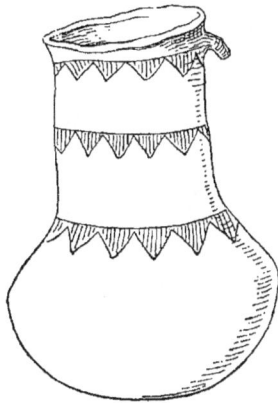

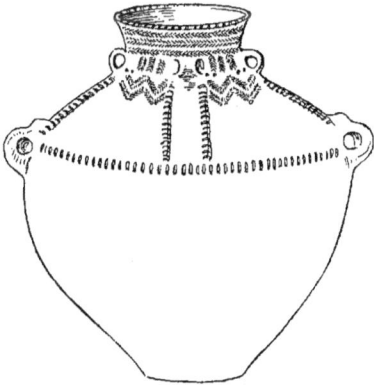

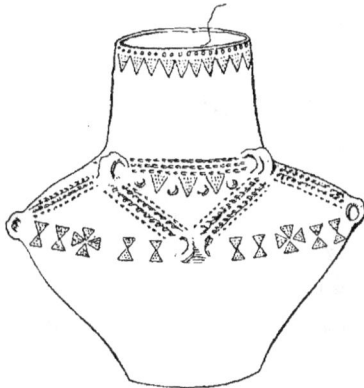

Fig. 42 à 45. — Poteries du Nord de la Bohême.
(Céramique dite « à cordons ».)

la fin du paléolithique, étaient peuplées de chasseurs de renne, il semble qu'entre ce temps et l'apparition des nouvelles tribus, ces chasseurs magdaléniens avaient complètement disparu. Je ferai remarquer expressément que je ne parle pas ici de la France, mais de l'Europe centrale, où ce *hiatus* est chose établie, comme je l'ai démontré en 1903, dans mon livre sur *L'homme diluvien en Europe* (p. 180).

FIG. 46. — Gobelet du Nord
de la Bohême.

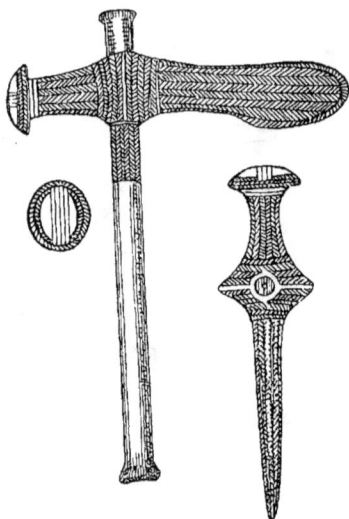

FIG. 47. — Hache en cuivre
de la Moravie.

(Décoration dite « à cordons », *Schnurkeramik*.)

2. LE STYLE ENCADRANT OU TECTONIQUE.

Ce nouveau style est, contrairement à l'autre, caractérisé principalement par des parties lisses et soigneusement polies, dénuées d'ornement et qui contrastent avec le reste de la décoration. A cette époque on aime les couleurs pures, claires ou sombres, le fin polissage et les ornements creux, moins abondants, mais plus larges, remplis pour la plupart d'une masse blanche qui fait bon effet sur la surface jaune ou rouge, brune ou noire, et fait mieux ressortir les motifs de la décoration (1). Ceux-ci ne sont pas seulement des figures encadrées (qui rappellent même quelquefois des châssis de fenêtre) ou des cadres vides ou des figures isolées sans cadre, mais aussi de rubans et des cordons, tendus horizontalement ou verticalement et fréquemment divisés à la façon d'une frise dorique (avec son alter-

Fig. 48. — Gobelet en forme de cloche, *Glockenbecher*.
(Moravie.)

nance symétrique de métopes et de triglyphes), mais toujours assujettis au même principe de style.

Les types de poterie ne sont plus l'ancien pot et la haute coupe, rappelant les formes d'une bombe et d'un champignon ; nous trouvons diverses espèces d'amphores ou urnes à deux anses et de petits pots à bord évasé et à *une* seule anse large s'étendant au-dessus d'un cou resserré. (Cf. fig. 28-29).

(1) Souvent la masse crayeuse se trouve (ou se trouvait) dans des sillons profonds et larges au fond desquels, pour mieux retenir cette masse, étaient pratiquées de petites piqûres ou entailles, tracées par le même trait de l'instrument sillonnant, de sorte que la coupe longitudinale de ces sillons offre l'aspect d'une scie. C'est ce qu'en allemand on a appelé *Furchenstich-Verzierung* (ornement en sillons et en piqûres) — Cf. fig. 20 à 27.

Les caractères les plus frappants du style « périphérique » : la décoration à spirales, la peinture des vases et les figures plastiques, font, à peu près ou totalement, défaut dans ce second groupe. Les spirales n'apparaissent que très rarement et isolées (1). La peinture est remplacée par le contraste de l'ornement incrusté avec la surface lisse. Enfin, les lieux de trouvaille ne fournissent plus une telle abondance en figurines de terre cuite, qu'on en trouve par exemple à Butmir et à Jablanica, ce qui s'explique

FIG. 49 et 50. — Poteries de Chypre.   FIG. 51. — Mondsee.

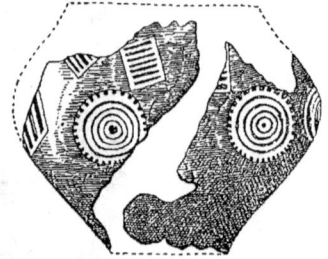

probablement par un profond changement dans les conditions économiques et par l'oubli de ces déesses de la terre, si fréquemment représentées dans l'âge antérieur.

Associés à cette poterie, dans les mêmes couches néolithiques, on ne trouve plus les anciens instruments de pierre à forme de soulier, etc., mais la hache plate, trapézoïdale, faiblement voûtée aux deux côtés, et la belle hache-marteau perforée de forme échancrée et bombée, souvent soigneusement facettée (cf. fig. 35).

(1) On observe, en outre, toute une série de décompositions et de déguisements de cet ancien motif : les cercles concentriques, le méandre, les arcs en demi-cercle, les zig-zags surmontés de petites volutes ou de figures pareilles à de petits étendards, etc. Ce qu'on appelle, en Allemagne, « céramique à bandes pointillées » (Stichbandkeramik) me semble aussi être une espère de transition entre le style périphérique et le style tectonique (cf. fig. 30 à 34).

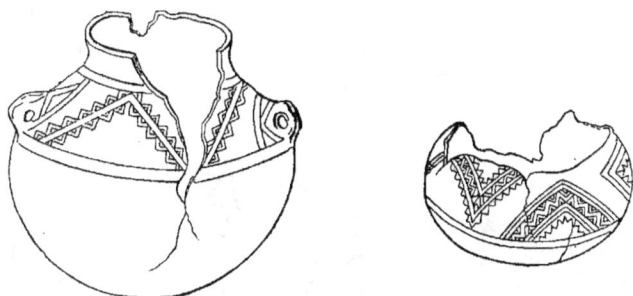

Fig. 52 et 53. — Poteries du marais de Laybach.

Fig. 54. — Poterie de la Grèce mycénienne (Ialysos).

A côté du labourage, occupation préférée par les cultivateurs de l'âge précédent, l'élevage des bestiaux et la chasse prennent une grande importance. On n'habite plus les plaines et les cavernes,

FIG. 55. — Laybach.   FIG. 56. — Centre de la Bohême.

mais des hauteurs que l'on retranche et des palafittes. Il semble évident que cette nouvelle population de pâtres belliqueux choisit ses lieux de résidence en vue d'obtenir une sécurité plus grande.

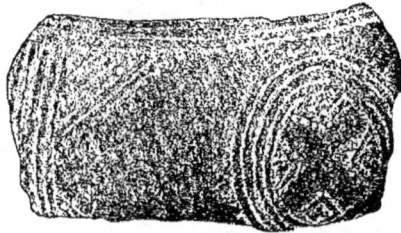

FIG. 57. — Laybach.

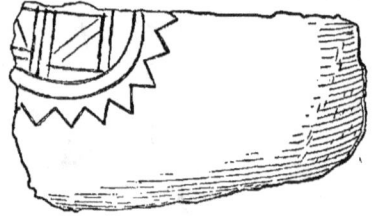

Elle préféra les montagnes et les pâturages, les forêts et les lacs, les unes pour son bétail, les autres pour le gibier, et elle pénétra plus loin que la race ancienne, dans des contrées où, peut-être, avant elle, pas un être humain n'avait mis le pied.

Le style « tectonique », on ne saurait en douter, fut en grande partie la base de la décoration géométrique des âges du bronze et du fer dans presque toute l'Europe. On pourrait citer des objets

Fig. 58 à 60. — Slavonie.

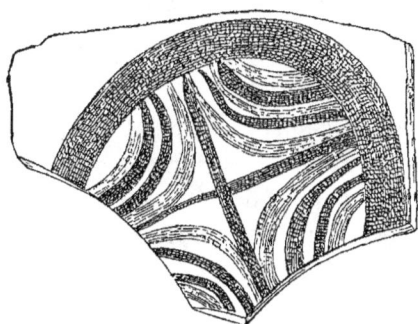

Fig. 61. — Grèce mycénienne.

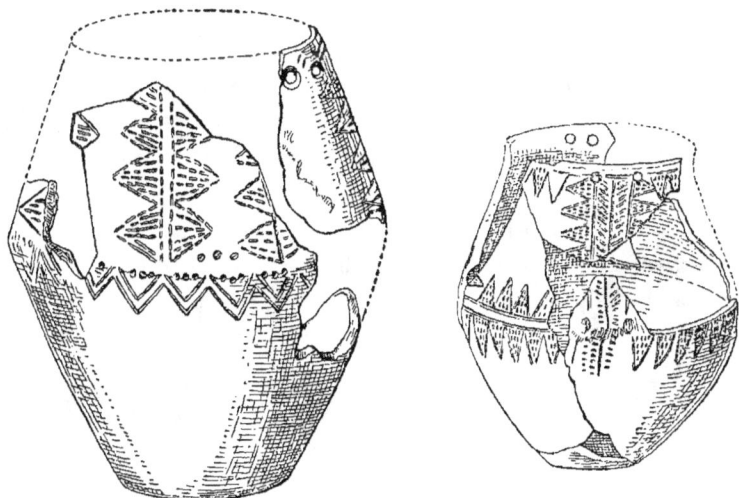

Fig. 62 et 63. — Dancmark.

de parure et des poteries du bel-âge du bronze des palafittes
suisses qui montrent une continuation immédiate de ce que la
seconde période du néolithique a créé (cf. fig. 64 et 72). Mais je
me borne à rappeler les céramiques grecques de l'âge du fer, du

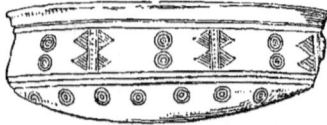

FIG. 64. — Wollishofen.

Dipylon et des périodes suivantes, peintures de vase qui toutes
reposent sur le principe de l'encadrement.

Les documents à l'appui de cet exposé se trouvent presque
partout dans l'Europe centrale : en Bosnie, tout près de Butmir,

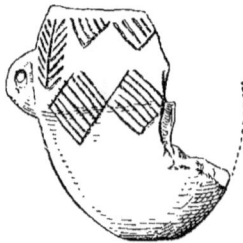

FIG. 65. — Danemark.

FIG. 66. — Mondsee (Autriche).

sur la colline Debelo-brdo (1), en Slavonie sur les hauteurs près
de Vukovar et d'Essegg (2), dans la Hongrie proprement dite,
dans les pays alpins (palafittes du marais de Laybach en Carniole,
(fig. 36 à 39), du Attersee et du Mondsee dans la Haute-
Autriche (fig. 40-41), de Schussenried en Wurttemberg et
de plusieurs lacs de la Suisse) — régions qui, probablement,

(1) *Wissenschaftl. Mitteilungen aus Bosnien-Hercegovina*, IV 38-72; V 124-
130; VI 129-138.
(2) *Mitteilungen der praehistor. Commission*, Vienne, I 273-276.

Fig. 67. — Mecklenbourg.

Fig. 68. — Hongrie.

Fig. 69. — Danemark.

Fig. 70. — Suède.

Fig. 71. — Slavonie.

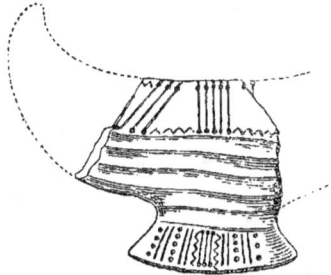

Fig. 72. — Suisse (Wollishofen).

Fig. 73. — Slavonie (Sarvas).

avant l'époque où ce style fut en usage, n'avaient point eu
d'habitants néolithiques, — dans l'ouest de l'Allemagne (par
exemple village de Grossgartach, près de Heilbronn (cf. fig.
24 à 27) et, plus au nord, dans les vastes domaines de la céramique
cordonnée (fig. 42 à 47) et des gobelets en forme de cloche (fig. 48)
qui, répandus l'une plus au nord-est, les autres plus au nord-
ouest, n'atteignent plus ou à peine le Danube (1).

A maintes reprises, on a rattaché la poterie de la palafitte du
Mondsee à la céramique de l'âge du cuivre et du bronze de

FIG. 74. — Danemark.   FIG. 75. — Autriche (Mondsee).

Chypre, et ces analogies sont, en effet, des plus frappantes
(cf. fig. 49 à 51). Mais on n'a pas encore remarqué qu'une ressemblance presque aussi grande, à l'exception de l'exécution technique, existe entre les ornements de la poterie du marais de
Laybach et ceux de certains vases peints de la Grèce mycénienne (2). Or, les uns étant beaucoup plus anciens que les
autres, il est impossible de faire descendre ceux-là de ceux-ci ;
en d'autres termes, on doit dire que la décoration géométrique de

(1) Cf. mon aperçu : *Deutschlands neolithische Altertümer* dans les *Deutsche
Geschichtsblaetter*, III, 1902, p. 145 ss.

(2) Cf. pour ce rapprochement, ainsi que pour celui qui suit, les preuves
données dans mon mémoire sur *la poterie néolithique en Autriche* qui vient de
paraitre dans l'*Annuaire de la Commission centrale pour l'investigation et la conservation des monuments historiques et d'art à Vienne*. T. III 1905, p. 1-127,

l'âge du bronze en Grèce découle d'une source néolithique située dans l'Europe centrale. (Cf. fig. 52 à 61).

Ce même décor, tout spécial et propre au grand groupe du style encadrant ou tectonique, ne se retrouve pas seulement en

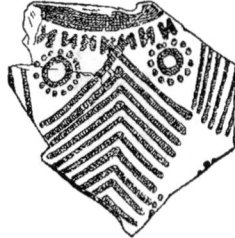

FIG. 76. — Mondsee.   FIG. 77 et 78. — Grèce mycénienne.

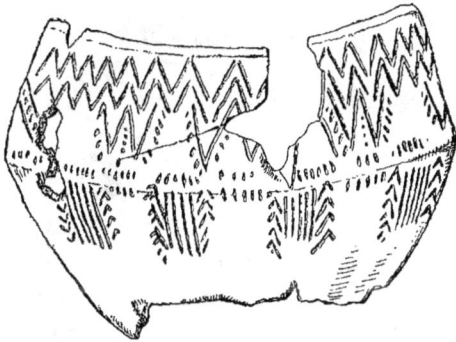

FIG. 79. — Danemark.   FIG. 80. — Grèce.

Grèce, mais encore dans l'Allemagne du Nord et en Scandinavie, parmi la poterie des tombeaux dolméniques des avant-derniers temps du néolithique. (Cf. fig. 62 à 73). Il y a ainsi, abstraction faite de la technique, des analogies vraiment surprenantes entre un groupe de vases mycéniens et la poterie dite « mégalithique »

avec 284 illustrations intercalées dans le texte. — Dans cette monographie, j'ai appliqué, d'une manière plus détaillée, la division stylistique et chronologique que je viens d'indiquer, et je l'ai étendue à toutes les antiquités néolithiques autrichiennes. C'est à elle qu'il me faut renvoyer les lecteurs, désireux de connaître de plus près les documents à l'appui de ma division.

des côtes de la Baltique. On hésiterait prudemment de chercher un lien entre ces manifestations, séparées l'une de l'autre presque par toute la largeur de l'Europe, si — juste au beau milieu d'entre elles — on n'avait fait des trouvailles comme celles faites dans les lacs des Alpes orientales. (Cf. fig. 74 à 82).

Peut-être, les premières céramiques de l'Europe centrale prouvent-elles que les plus anciennes tribus, qui cultivaient ce sol, immigrèrent du Sud et appartinrent à la race dite « méditerranéenne ». La population plus récente pourrait être venue du

FIG. 81. — Carniole (Laybach).   FIG. 82. — Grèce.

Nord et avoir appartenu à la race dite « indo-européenne » (mot que j'aimerais éviter, parce qu'il suggère l'idée d'un groupe de peuples, joints en même temps par leurs qualités physiques et par la parenté de leurs langues). Les premiers immigrants auraient été des cultivateurs pacifiques, doués de grandes qualités artistiques ; les autres, les « Aryens », des pâtres conquérants qui repoussèrent ou se soumirent les Méditerranéens et qui envahirent même ensuite la partie méridionale de l'Europe, comme le prouveraient les céramiques purement néolithiques de la Scandinavie et de l'Allemagne du Nord, celles de l'âge du cuivre en Carniole et celles de l'âge du bronze en Grèce. De ce point de vue, tout serait en parfaite harmonie. Mais je ne suis pas assez audacieux pour voir, dans cet essai d'une explication des faits archéologiques par l'ethnologie, plus qu'une hypothèse, conforme d'ailleurs aux idées courantes de nos jours.

Sur les termes Égéen, Minoen, Mycénien

par M. Arthur EVANS

———

On m'a demandé de dire quelques mots sur le sens particulier qu'on peut attribuer aux termes *Égéen*, *Minoen* et *Mycénien*. Égéen est naturellement une expression plus générale, mais on ne peut pas l'attribuer à une civilisation homogène. Pour les premières étapes de la civilisation néolithique dans la Grèce continentale et la partie nord des îles, on n'est pas encore suffisamment renseigné. A Hissarlik même, on n'a de certitudes que pour la dernière époque néolithique. Au contraire, en Crète, à Knossos, les découvertes nous montrent une très longue évolution de l'âge de la pierre polie. Le néolithique y atteint, comme je l'ai déjà montré, une antiquité qu'on peut évaluer, selon un calcul modéré, à 14.000 ans. Il y a quelques raisons de croire que le néolithique crétois se rapprochait, à certains égards, du type de la civilisation primitive d'Asie Mineure. Mais, là aussi, les origines du néolithique ne sont pas encore assez explorées. D'un autre côté, on voit dans le Nord du monde égéen, en Thessalie par exemple, une civilisation néolithique très avancée ; on y rencontre de la poterie coloriée, des commencements d'ornementations spiraloïdes. Cette civilisation paraît se rattacher à celle d'une grande province qui s'étend à travers la partie orientale de la péninsule balkanique jusqu'aux côtes russes de la Mer Noire. Il est clair que dans la région Nord de l'aire égéenne, y compris les îles Cyclades et la Troade, la civilisation néolithique persistait à une époque où une première civilisation de l'âge des métaux s'était déjà enracinée en Crète.

J'ai donné le nom de *Minoen* à cette civilisation, qui fut d'abord particulière à la Crète, et qui surgit dès l'époque des premières dynasties de l'Égypte. On peut à juste titre se servir du nom du grand dynaste Minos — comme ailleurs de « César » ou de « Pharaon » — pour qualifier cette civilisation remarquable qui s'étend, en Crète, de la fin du néolithique jusqu'à la civilisation grecque de l'époque « Géométrique », une civilisation qui éveille naturellement l'idée d'un État centralisé et dynastique. Dès les débuts de cette époque Minoenne, on reconnaît les indices de relations intimes avec l'Égypte protodysnastique, et, probablement, avec la partie opposée de la Libye. On trouve en Crète des vases de pierre égyptiens importés, des types de décoration qui dérivent de ceux des sceaux égyptiens, des statuettes de formes analogues à celles de Nagada. Comme un résultat de ces influences — peut-être même d'une colonisation d'au-delà de la mer libyenne — la culture crétoise se détache nettement de celle des îles Cyclades et des côtes septentrionales de l'Égée. Tandis que, dans ce dernier pays, nous voyons les vases néolithiques purs avoir pour point de départ les formes de l'outre et de la courge, il se propage en Crète une poterie qui emprunte sa forme aux vases de pierre égyptiens. Plus tard, il est vrai, nous voyons, pour un moment, la civilisation des Cyclades réagir sur le Minoen ; mais la grande culture crétoise étend sa domination sur les pays avoisinants, englobant d'abord les îles de l'Archipel et, plus tard, la Grèce continentale.

Le *Mycénien* n'est, dans tous ses détails, qu'un rejeton un peu tardif du Minoen.

Pourtant, il subsistait dans la Grèce propre des restes de l'ancienne civilisation indigène, qui ne furent pas sans influence sur la constitution des types mycéniens. Il serait donc juste, dans ces conditions, de considérer le Mycénien comme un type secondaire ou dérivé dans lequel les éléments minoens domineraient, mais qui renfermerait des traits continentaux. C'est ainsi qu'à Mycènes, par exemple, nous rencontrons des modifications au plan de la maison telle qu'on la trouve dans l'Archipel, et surtout dans la forme du *Megaron*. Ces modifications paraissent dues en partie aux nécessités nées d'un climat plus froid : des foyers fixes remplacent les braseros des salles minoennes. L'usage des enceintes fortifiées se développe ; de même, nous voyons apparaître quelques usages inconnus aux Minoens, tel que la coutume de porter la barbe.

Pendant la dernière période minoenne, le type continental, ou Mycénien, paraît avoir, jusqu'à un certain point, prévalu contre la pure tradition crétoise. A Mélos (Phylokopi), par exemple, on voit, à une époque très tardive, un palais de type continental se surimposer sur l'emplacement de constructions de caractère nettement minoen.

La répartition locale des monuments de l'âge du fer en Hongrie

par M. le Dr Louis DE MARTON

———

Les recherches qui ne cessent de se poursuivre en Hongrie nous fournissent des documents qui nous renseignent sur l'intéressante période de transition où, dans la fabrication des armes et des outils, le fer prit la place du bronze.

N'ayant connu que fort tard le programme de notre congrès, je n'ai pu m'occuper des détails de cette question, mais ayant, au Musée National Hongrois, l'occasion d'observer les trouvailles, j'ai relevé quelques conclusions nouvelles sur lesquelles je veux attirer votre attention, en raison de leur importance quant à cette période de transition (1).

Par sa situation géographique, la Hongrie fut soumise à de nombreuses influences extérieures et fut parcourue par quantité de peuples différents au cours de leurs déplacements.

Les connaisseurs de l'âge du bronze hongrois savent que les objets trouvés en Hongrie, quoique possédant un même caractère général, montrent parfois certaines particularités, qui s'expliquent par la proximité de civilisations diverses, et aussi par des causes ethniques. En se basant sur ces particularités les plus fréquentes, on est à même de reconnaître certains groupes locaux, bien qu'il ne soit pas possible de déterminer leurs affinités.

---

(1) Cette étude est basée sur une statistique des observations faites par l'auteur ; il a l'intention de les publier pour permettre de mieux apprécier sa classification récente.

M. Géza de Nagy, qui presque seul en Hongrie s'occupe d'ethnologie préhistorique, trace comme suit le tableau ethnographique de l'âge du bronze dans ce pays (1).

Les peuples de l'âge de la pierre, dont il compare la civilisation à celle de la première ville d'Hissarlik, furent remplacés par des peuplades nouvelles. L'une d'elles, venue de l'Orient et appartenant à une race aryenne asiatique, peut-être mêlée d'éléments touraniens, était à un degré avancé de l'utilisation du bronze ; l'autre, venant du Nord-Ouest, n'avait atteint — selon les trouvailles de cette région — qu'une civilisation moins avancée et appartenait selon toute vraisemblance à la race Baltique.

Je n'ai pas l'intention de suivre M. Nagy dans les détails de son œuvre, mais il était nécessaire de signaler en quelques mots la disparité des éléments ethniques, afin de faire mieux comprendre les différences qui se constatent dans l'acceptation de l'usage des instruments de fer dans les diverses contrées. A ce point de vue, nous diviserons le territoire de la Hongrie en trois aires.

La partie transdanubienne — qui devint plus tard la Pannonie des Romains — précéda les autres dans l'adoption de la nouvelle industrie.

Les trouvailles, faites aussi bien au cours des travaux agricoles que lors de recherches guidées par un intérêt archéologique, sont réparties sur tout le terrain transdanubien. Nous rencontrons les formes de Hallstatt à l'Est, près du Danube, dans les cimetières à incinération, par exemple à Tinye (2), à Köszeg (3). Souvent les cimetières à inhumation et ceux à

---

(1) NAGY GÉZA : *Budapest es vidéke az öskorban* (Géza de Nagy : Budapest et ses environs au temps préhistorique), *Budapest Régiségei*, t. VIII (1904), p. 156.

(2) Fouille de M. Géza de Vásárhely : elle se compose de haches en fer, d'un couteau courbé, etc., du type de Hallstatt. Dans la collection de M. G. de Vásárhely, décrits en partie : *Arch. Értesitö*, X (1890), p. 430-432, et par M. G. de Nagy, *op. cit.*, p. 145.

(3) Les objets sont dispersés au Musée National Hongrois à Budapest, au Musée Impérial à Vienne (qui en possède la plus grande partie). Collections de MM. Kálmán de Darnay et d'Eméric Frey ; les objets du dernier sont décrits : *Arch. Értesitö*, t. XXV (1905), p. 189-191 et p. 423-424.

incinération coexistent en un même lieu ; il en est ainsi à
Somlo (1), Csabrendek (2). On ne peut donc plus dire que la
civilisation de Hallstatt s'est confinée au coin nord-ouest de la
Hongrie transdanubienne : nous la voyons étendre sa limite
jusqu'au Danube.

Nous devons maintenant nous demander si les formes hallstattiennes, que nous rencontrons dans les trésors d'objets du
bel âge du bronze hongrois, sont antérieures à celles des objets
rencontrés dans les sépultures.

Dans la partie montagneuse du nord de la Hongrie, nous ne
pouvons pas nettement distinguer la limite entre la nouvelle civilisation et la précédente. Nous ne connaissons pas de sépultures
à inhumation dans cette région. Nous n'avons que quelques
renseignements douteux, provenant de collectionneurs de province, suivant lesquels on trouverait du fer dans des sépultures
à urnes appartenant à des cimetières de l'âge du bronze (3).
Cette période n'est représentée que par des « trésors » dans
lesquels nous trouvons les formes de Hallstatt et des produits
dont la technique se rapproche de celle des objets de Hallstatt (4),
mêlée à ceux de l'âge du bronze. Quelquefois nous rencontrons
aussi du fer dans ces trésors, comme par exemple dans celui

---

(1) Somlo, *Arch. Ert.*, t. XV (1895), p. 317 ; t. XXIV (1904), p. 71-76 ; DARNAY,
Sümeg et ses environs préhistoriques. Archaeologiai Közlemények, XXII, p. 5-85.

(2) DARNAY, *op. cit.*

(3) Les exceptions sont : les tumulus découverts récemment à Pénteksúr
(comitat de Pozsony au nord du Danube) où on a trouvé des débris d'urnes noires
avec têtes de bovidés. La fouille n'ayant pas été exécutée avec grand soin, les débris sont mêlés à d'autres objets plus récents. *Magyarország városai és vármegyéi
Pozsony Megye* (Monographie du comitat de Pozsony), p. 102.

(4) Par exemple les trésors de Komjáthna, Zsujta, Rimaszombat ; nous trouvons
quelques fois les fibules à lunettes dans les trésors comme à Dolyan (3 exemplaires),
dans deux trouvailles du comitat de Trencsén (plusieurs exemples), Krasznahorka
(comitat d'Arva). Voir HAMPEL : *A bronzkor emlékei Magyarhonban*. Les monuments de l'âge du bronze en Hongrie (t. II, 73, et pl. CLXXXIII) et à Spitnya
(comitat de Hont.) du comitat de Abauj-Torna. Nous connaissons encore une autre
forme, dont le bout se termine en une spirale semblable à un type de l'âge du fer
en Silésie. HAMPEL, *op. cit.*, p. 5, pl. XLI.

de Krasznahorka, Isztebnik (1). Nous connaissons plusieurs importants établissements (2) de l'âge du bronze où l'on a trouvé un nombre considérable d'objets de forme hallstattienne. Le caractère de la civilisation de cette partie du pays est le même que M. Hampel signalait dans son ouvrage : *Les monuments de l'âge du bronze en Hongrie* (3), comme caractérisant la période de transition et se rapprochant beaucoup de celui des objets décrits par M. Mertins dans une petite œuvre parue récemment (4). Au nord de la Hongrie, de même qu'en Silésie, le changement de civilisation nous est indiqué par des modifications dans la céramique. Les formes des urnes changent (5). Si même les vases peints manquent, l'emploi du graphite est constaté. Nous trouvons, dispersées sur toute la région du nord, des tasses, ornées à l'intérieur d'étoiles composées de traits concentriques et de combinaisons de segments, qui caractérisent la période de transition. En Bohême, on a constaté plusieurs fois la présence du fer dans les trouvailles renfermant des vases de cette forme (6). En outre, on trouve des céramiques qui dénotent l'imitation des formes de métal, par exemples des cistes à cordons. L'imitation en argile de cette forme s'est présentée dans les trouvailles du comitat de Zemplény (7) ; nous reconnaissons même dans la céramique des ornements qui appartiennent à la technique du bosselage (8).

---

(1) Le trésor de Krasznahorka (comitat d'Arva). Hache à douille de fer (voir HAMPEL, *op. cit.* pl. CLXXXIII). Trésor d'Isztebne. Dans ce dernier, on peut déjà constater l'influence de La Tène. (Voir *Arch. Ertesitö*, t. XXII (1902), p. 342-345.

(2) L'exemple le plus éclatant à Terenne (comitat Nográd). Voir KUBINYI FERENCZ : *Magyarorsagon talált kö-és bronrégiségek* (Antiquités de pierre et de bronze trouvées en Hongrie), *Arch. Köxlemények*, t. II, et Atlas.

(3) HAMPEL, *op. cit.*, t. III, p. 250-252.

(4) MERTINS. *Wegweiser durch die Urgeschichte Schlesiens*, Breslau, 1906, p. 74-91.

(5) REINECKE. *Tanulmányok a magyarországi bronrkor chronologiájáhor* (Études de chronologie de l'âge du bronze de la Hongrie), la céramique de la deuxième période, *Arch. Ert.*, XIX (1899), p. 338-339.

(6) Musées de Kassa, Poprad, Turócz, Szent-Márton ; furent trouvés ensemble dans les montagnes de Medves, par M. le baron Eugène de Nyáry.

(7) Also Bereczki, achats du Musée Nat. Hongrois, en 1905.

(8) Une tasse ornée de raies composées de points, au Musée de Turócz Stz. Márton, semblable à celle trouvée à Sopron.

A l'Est comme au Nord, ce sont ces trésors qui nous renseignent sur ce type d'industrie, dont les traces se dirigent vers
l'Ouest. Mais nous connaissons, dans ces deux contrées, des
formes qui présentent un type spécial et qui sont nées sur place,
sous l'influence des types de l'Ouest. La fabrication par les
habitants du pays est attestée par les trésors d'objets en or, qui
furent pour la plupart découverts dans l'Est de la Hongrie et
qui renferment des formes hallstattiennes. (Par exemple, le
trésor de Fokaru (1), les tasses d'or du comitat de Bihar (2) et
la tasse à ornements figurés d'Ottlaka (3). L'or provenant selon
toute vraisemblance des mines de la Transylvanie, il est absurde
de croire qu'il aurait été travaillé dans l'Ouest pour revenir à
son lieu de provenance.

Nombre d'habitations et de cimetières à urnes de la région
située entre les fleuves Tisza, Maros et Danube témoignent, dans
la céramique, — par comparaison avec la partie orientale du
pays — d'une influence hallstattienne plus forte (4).

Nous devons remarquer que, dans l'Est de la Transylvanie,
nous connaissons aussi des sépultures à inhumation. Parmi
celles-ci, M. le prof. Posta attribue chronologiquement celles
de Piski à l'époque de Hallstatt (5); les sépultures de la contrée
de Nagy-Enyed (6) peuvent être aussi attribuées à cette époque,
mais leur contenu indique l'influence des peuples du Sud de la
Russie. Nous mentionnerons les poignards dont les gardes sont
ornées de plaques en forme de cœur. Déjà, en 1876, M. Aspelin
attirait l'attention sur cette analogie (7). Depuis lors, le nombre

---

(1) Voir Pulszky. *Denkmaler der Kelten Herrschaft* (Monuments de la domination des Celtes).

(2) Hampel : *op. cit.*, pl. ccxlvi.

(3) Au Musée Nat. Hongrois ; pas encore publié.

(4) Quelques exemplaires sont connus du cimetière à urnes de Dubovac et la
grande urne du Trésor de Pécska.

(5) Piski (comitat Hunyad), voir Posta, *Utmutató a Kolozsvári museumban*
(Guide du musée de Koloswár), p. 20-21.

(6) Les trouvailles faites depuis 1899 sont publiées par M. Herepei dans les
années 1899-1905 du *Archaeologiai Ertesitö*.

(7) *Compte rendu de la VIII⁰ session du Congrès international d'Anthropologie
et d'Archéologie préhistoriques*, t. I, p. 685.

des analogies constatées alla s'augmentant d'année en année,
de telle sorte qu'en 1893, M. Hampel (1) pouvait dresser le
catalogue sommaire des antiquités scythiques. En 1897, M. Reinecke (2) réussit à fixer leur âge, à l'aide de quelques sépultures
à inhumation, et plaça le temps de l'apparition des Scythes au
viie et au ive siècle ; selon son avis, ils habitaient à cette époque
la partie orientale de la Hongrie et ce fut devant cette invasion
que la civilisation de Hallstatt dut reculer.

Les objets de type scythique sont dispersés sur toute la
Hongrie orientale, mais les sépultures à inhumation, qui affir-
ment le progrès de cette civilisation, n'existent que sur une petite
étendue ; ce dernier fait contredit l'hypothèse de M. Reinecke.
Mais en attendant que l'exploration des tumulus du bas pays
de la Hongrie (nommés collines coumaniennes), qui ressemblent
tous aux kourganes de la plaine russe, permette d'élucider
cette question, on peut dire que M. Reinecke ne se trompait
pas. A cette époque (1897) nous ne connaissions qu'une trouvaille, provenant d'une colline coumanienne, celle de Monaj (3).
Cette trouvaille appartenait au commencement de l'âge du fer
et n'offrait pas d'analogies avec les objets orientaux. Mais il y
a quelques années, des chercheurs de trésors, qui fouillaient une
de ces collines (de 12 mètres de hauteur) à Gyoma, dans le
comitat de Békés, trouvèrent une grande quantité de bijoux en
or. Le Musée National Hongrois acheta ces trésors, et même
si, selon toute vraisemblance, une partie du trésor n'arriva pas
jusqu'au Musée, pourtant la trouvaille de Gyoma, outre qu'elle
enrichit le trésor archéologique de la Hongrie, nous fournit une
indication chronologique précieuse. Le bruit de cette découverte
se répandit vite, et, comme envoyé du Musée, je ne tardai pas à
vérifier les détails de la fouille sur les lieux mêmes (4). Il y avait

(1) *Arch. Ert.*, t. XII (1893), p. 386 et *Ethnol. Mittheilungen aus Ungarn.*
1895, IV.

(2) *Arch. Ertes.*, t. XVII, 1897.

(3) *Arch. Ertes.*, t. VII, 1887, p. 60-65.

(4) MARTON, *Trésor scythique trouvé dans un tertre à Gyoma* (comitat Békés)
Arch. Ertes., t. XXIV, p. 234-240.

dans le tumulus une chambre de bois, de laquelle je ne trouvai plus qu'un couloir qui mesurait 2 mètres de hauteur, 3 mètres de longueur et 80 centimètres de largeur ; direction nord-ouest-sud-est. L'extrémité nord-ouest était plus basse que le terrain environnant. Parmi les débris de cette partie déprimée, — qui était, selon toute vraisemblance, la chambre même — les chercheurs de trésors trouvèrent les bijoux, les ossements et des débris de pots grossiers peints en rouge.

Le trésor de Gyoma se composait de 18 appliques discoïdes et bombées légèrement, à quatre trous. Ce type d'applique nous avait déjà été révélé par les trouvailles de bronze de notre pays ; elles sont analogues à celles du Sud de la Russie. Il nous semble que ces appliques servaient d'ornements pour les habits ; — puis, trois fragments d'or qui devaient recouvrir un bâton comme certains ornements de sceptre de la « Tombe de la Reine » à Koulaba (1). Ici, le bâton était de bois, comme les petits clous en or nous le prouvent. Quant à la forme, il est possible, d'après notre appréciation, qu'elle ait été semblable ; une sorte d'épingle en métal blanc (objet de toilette ?), cette épingle est analogue à celle de la sépulture de Koulaba (2) ; deux sortes de bagues (anneaux) en or ; plaques en or d'une destination inconnue, vraisemblablement ornements d'un objet allongé ; débris d'un miroir en bronze ; enfin les débris de vases dont nous faisions mention plus haut, teints de sesquioxyde de fer.

Nous ne voulons pas nous arrêter au détail des analogies ; les objets contenus dans le trésor et diverses particularités témoignent de son origine scythique, et, selon toute vraisemblance, nous avons vu la tombe d'un chef de tribu. Si donc nous devons remettre à un temps plus éloigné la vérification de l'hypothèse de M. Reinecke, cette hypothèse a beaucoup gagné par cette découverte. Néanmoins, la forme dans laquelle M. Reinecke nous présente une civilisation scythique, vieille de plusieurs siècles et repoussant celle de Hallstatt, ne nous semble pas conforme

(1) *Antiquités du Bosphore Cimérien*, t. II, p. 4-5.
(2) *Antiquités du Bosphore Cimérien*, t. XXXI, p. 8.

aux faits, car les sépultures de la Transylvanie, d'où les poignards scythiques proviennent, sont remplies d'objets de type hallstattien, surtout de ceux qui caractérisent le groupe bosniaque (par exemple, les lances munies d'une sorte de fourreau, qui furent trouvés aussi bien dans les tombes de Dolnja-Dolina que dans celles de Nagy-Enyed) (1).

Nous voyons donc que, dès l'époque de transition de l'âge du bronze à l'âge du fer, la Hongrie, comme conséquence de sa situation géographique, était habitée par plusieurs peuples. Et nous devons aussi faire entrer en ligne de compte les différences qui s'établirent entre peuplades de divers groupes ethniques et qui donnèrent naissance à des industries locales.

Les groupes qui possèdaient la civilisation de La Tène trouvèrent, en envahissant notre sol, les cultures ci-mentionnées. Ces tribus ne s'arrêtèrent pas au Danube; elles se répandirent dans tout le bas pays, de même qu'en Transylvanie, et aussi, comme les trouvailles de monnaies nous le prouvent, jusqu'aux parties les plus septentrionales de la Hongrie. Mais en Transylvanie nous ne connaissons qu'un cimetière qu'on puisse attribuer à ces populations; en dehors de ce cimetière, nous ne trouvons dans cette partie du pays, que des trésors de l'époque La Tène récente, mêlée d'influences romaines.

Les différents groupes dont j'ai fait mention, n'exercèrent pas d'influence sur la civilisation de La Tène, car celle-ci se répandit, sans se mêler aux civilisations autochtones, et ne forma pas de nouveau type local.

(1) Nyárád Szent Benedek. *Arch. Ert.* (1897), t. XVII, p. 63, fig. 1 ; Nagy Szeben, Id., *ibid.*, p. 327, fig. 8 ; Dolnja Dolina, *Wissenschaftliche Mittheilungen aus Bosnien und Herzegovina*, t. VIII, fig. 104, et t. XLIX, 2, LVI, 13, LVII, 8, LXIII, 6 et LXXIII, 6.

Répartition des objets de Hallstatt et de La Tène dans la vallée de l'Yonne

par M. l'Abbé A. PARAT

Le petit bassin de l'Yonne a fourni quelques objets isolés, des haches et une épée (Guillon, musée d'Avallon) qu'on peut rapporter à la civilisation de Hallstatt. Mais depuis peu on connaît des gisements qui montrent la contrée, surtout la vallée de la Cure, occupée par les hommes de cette époque. Ce sont :

1° La cachette de fondeur d'Arcy-sur-Cure (musée d'Avallon) qui comprend des haches et un marteau à douille, une pointe de lance également à douille, un pain de cuivre pur et des débris de différents ustensiles.

2° Le tumulus de Foissy-lès-Végelay, où l'on a trouvé une hache à douille.

3° Le camp de Cora, à Saint-Moré, qui est un plateau très découpé et escarpé dominant la Cure. Un retranchement de pierres, long de 180 mètres, large à la base de 47 mètres et haut de 3 m. 50, ferme l'isthme accessible. Une couche brune continue, intercalée entre deux couches stériles, a fourni 850 galets de rivière, 18 meules et molettes, 278 éclats de silex, 41 outils, 495 vases de poterie commune, façon néolithique, 92 de poterie fine, noire, lustrée (ces chiffres établis d'après les débris de rebords différents), 5 fusaïoles, 2 morceaux de bitume, 1 fragment de bracelet en schiste, 31 objets en bronze, 2 en fer, analogues à ceux de Hallstatt, sauf deux qui sont de l'âge du bronze. Des ossements nombreux de la faune actuelle et quelques ossements humains disséminés accompagnaient ces objets. Les gisements étaient concentrés sur un point abrité de la côte ouest et au pied du retranchement comme sur sa pente. Un rempart romain, fortifié de six tours, couronne ce retranchement et a dû lui emprunter ses matériaux. (Avallon, musée de la Société d'Etudes.)

4° La grotte de Nermont, située en vue du camp, à 2 kilomètres dans les escarpements de la Côte-de-Chair (Saint-Moré). Elle a donné, au-dessus d'une couche à tranchets et d'une autre couche de l'âge du bronze peut-être, un gisement riche en débris de poterie noire, lustrée et ornée ; on y a trouvé un couteau en bronze, type lacustre. Sur le plateau de la côte excavée de nombreuses grottes, deux enceintes demi-circulaires forment des retranchements comme à Cora.

5° Sur une centaine de grottes qui occupent le bassin moyen de l'Yonne et dont une trentaine à peine ont fourni des vestiges préhistoriques ou protohistoriques, on trouve 6 grottes seulement avec la poterie lustrée, noire qui semble caractéristique de l'époque hallstattienne, entre autres la grotte des Fées, d'Arcy, qui a donné plusieurs pendeloques en bronze (Joigny, musée des Grottes) et un vase élégant de cette poterie en forme de tulipe.

La civilisation de La Tène, qui serait plus abondamment représentée que la précédente, se montre dans les nombreux tumulus des bois, du terrain calcaire, avoisinant le massif granitique du Morvan. Le mobilier de bronze et de fer ne comprend guère que des torques, des bracelets et des fibules. Une grotte de la vallée de l'Yonne (Merry-sur-Yonne) a fourni un mors brisé, en fer, associé à de la poterie faite à la main, de belle façon, bien cuite, non ornée, différente d'aspect de celle de Hallstatt.

Les objets d'or préromains de la Gaule

par le Comte Olivier COSTA DE BEAUREGARD

Après avoir exposé l'inventaire des trouvailles, distingué les principales catégories d'objets d'or, de la fin du néolithique à l'époque romaine, et expliqué leur répartition géographique et chronologique, l'auteur esquisse la carte de ces trouvailles, qui se distribuent sensiblement, les monnaies gauloises mises à part, en quatre grands groupes.

A. *Groupe armoricain*, de beaucoup le plus important (principalement de l'âge du bronze).

B. *Groupe bourguignon*, où l'or est beaucoup plus rare (principalement de l'âge du bronze).

C. *Groupe toulousain*, à facies spécial ; abondance d'or. Vᵉ ou IVᵉ siècle avant J.-C.

D. *Groupe marnien*, rareté de l'or, époque de La Tène I.

M. Costa de Beauregard insiste sur la prépondérance du premier groupe comme nombre de trouvailles et poids de métal dans chacune d'elles. Les trouvailles réunies de toutes les époques préromaines dans le reste de la Gaule sont de beaucoup moins importantes que celles de quelques départements de l'Ouest pendant le seul âge du bronze. L'explication de ce fait doit être très vraisemblablement cherchée dans les relations de ces départements avec l'Irlande, incomparablement riche en or aux environs de l'an 1000 avant J.-C. Il y a de plus des types de monuments, d'objets d'or et de bronze communs à l'Irlande et à la Gaule (*monument de Gavrinnis, haches plates ornées, croissants d'or, torques d'or hélicoïdaux à bouts tronconiques*).

La nécropole de Hallstatt

Essai de division systématique

par M. le Dr Maurice HOERNES

Professeur à l'Université de Vienne

La grande nécropole située sur le « Salzberg » de Hallstatt en Autriche, la plus riche station du premier âge du fer qui existe dans les Alpes et dans tout le Nord, est plus célèbre que bien connue. On peut même dire qu'à l'exception de quelques généralités, elle est presque inconnue. Fouillée de bonne heure, juste au commencement des études préhistoriques dans l'Europe centrale, elle eut l'honneur d'être considérée comme un lieu de trouvaille éponyme de son époque, mais elle ne posséda pas l'avantage d'être décrite d'une façon complète et qui puisse nous satisfaire, dans l'état actuel de la science. La monographie d'Édouard de Sacken (1) n'est qu'un récit préalable, que la publication de tout le matériel trouvé de 1846 à 1864, aurait dû suivre. Mais, à cette époque, personne ne pensait à des comptes rendus si détaillés. Aujourd'hui tout ce que l'auteur a apporté de lui-même, en fait de considérations chronologiques et palethnologiques, est arriéré et ne peut plus nous servir.

On possédait cependant, grâce au zèle observateur d'un homme incompétent, George Ramsauer, directeur des mines et surveillant des fouilles, toutes les indications demandées par la critique moderne. Mais le savant directeur du Musée de Vienne ne puisa à cette source que des données sommaires,

---

(1) *Das Grabfeld von Hallstatt in Oberoesterreich und dessen Alterthuemer.* Wien, 1868, 156 pp. 4° avec 26 planches.

en négligeant le reste, qui n'existe qu'à l'état manuscrit.
C'est pourquoi on cite incessamment Hallstatt et ses antiquités, bien que presque personne ne sache quel était,
tombeau par tombeau, le contenu de cette nécropole, connaissance indispensable pour la séparation rigoureuse des types du
Hallstattien ancien et du récent (1).

On s'est contenté de reproduire les dates et les dessins
donnés par Sacken. Ces derniers ne sont, en grande partie, que
de bonnes esquisses, et ne représentent point nombre de types
importants (pas de simples variantes). Mais on n'a jamais essayé
d'utiliser le journal des fouilles, dressé consciencieusement par
G. Ramsauer, et c'est bien naturel, car les copies de ce journal
que possèdent les musées de Vienne, de Lintz et de Saint-
Germain-en-Laye, fourmillent d'erreurs de copiste, et les termes
employés par l'auteur ne sont intelligibles que pour ceux qui connaissent et comparent les objets, conservés et, en partie, exposés au Musée de Vienne. Il faut donc une sorte d'acribie philo-
logique pour dresser à nouveau, tombeau par tombeau, l'inventaire et tout l'état de choses de cette nécropole, travail dont je
m'occupe depuis maintes années.

Dans la présente communication, je ne peux qu'ébaucher les
résultats de mes études. Il serait impossible de donner ici *in
extenso* les documents sur lesquels reposent mes distinctions.
J'ai employé méthodiquement une synthèse ou combinaison de
dates générales, acquises ailleurs, et des dates spéciales, propres à la localité, combinaison que (soit dit entre parenthèses)
le préhistorien doit toujours employer, s'il veut être à l'abri des
erreurs. Quant aux dates générales, je rappelle les recherches
fructueuses d'Otto Tischler sur l'âge relatif des divers types
d'épées, de poignards et de fibules hallstattiens.

Mais ces objets de prédilection de nos chronologistes font
trop souvent défaut dans les tombeaux, ou bien ils perdent
leur caractère de fossile-guide. Ainsi, par exemple, les épées

---

(1) Cf. les plaintes d'Otto Tischler dans son discours sur la division des âges
préromains des métaux dans l'Allemagne du Sud (prononcé au 12e Congrès de la
Société allemande d'Anthropologie à Ratisbonne, 1881, *Corr. Blatt.* XII, p. 124)
et dans son travail sur les formes des fibules, p. 13.

et les poignards manquent dans presque toutes les nécropoles des Alpes orientales ; les fibules spiralaires à double disque, si caractéristiques du Hallstattien ancien à Sainte-Lucie, province de Goritz, et ailleurs, n'ont plus la même valeur à Hallstatt et en d'autres lieux. Il faut donc chercher séparément, pour chaque gisement important, les marques distinctives qui lui sont propres : ce seront en partie des formes généralement connues et adoptées comme fossiles-guides, en partie des formes spéciales, dues au développement local de la civilisation. Pour Hallstatt, les unes sont les armes et certaines formes de fibules, les autres surtout des objets de parure, épingles de vêtement et de tête, crochets de ceinture, etc., etc.

En outre, on cherchera à établir de grands groupes de tombeaux, apparentés entr'eux par un contenu identique ou très semblable. Par cette double voie on parviendra à distinguer les dépôts anciens et récents, et les tombeaux d'homme et de femme. Le baron de Sacken désespérait d'établir de telles distinctions, parce qu'il s'était imaginé la chose plus simple qu'elle n'était. Il avait espéré trouver les dépôts d'âges divers répartis dans des parties ou des horizons différents de la nécropole, ou différenciés suivant deux rites funéraires : la crémation et l'inhumation. Son attente fut déçue sur ces deux points (Cf. sa considération résignée l. c. p. 18).

A. — Tombeaux d'hommes (1).

A) TOMBEAUX LES PLUS ANCIENS.

1. *A courtes épées de bronze (types de Moerigen et à antennes)*. — Deux incinérations, qui ne représentent pas, comme on l'a prétendu, un âge plus reculé que les autres dépôts anciens.

---

(1) Les tombeaux cités dans la division suivante (en chiffres arabes) sont au nombre de 1036, dont le contenu, bien connu par des fouilles exactes, se trouve au Musée de Vienne. (Le chiffre total des tombes fouillées s'élève à environ 3000). Les figures citées en chiffres romains et arabes sont celles des planches de l'œuvre de SACKEN.

L'une (996), à côté d'une épée type de Moerigen, ne montrait que quelques traces de fer. Le contenu de l'autre (288), à part les deux épées cassées, dont une à antennes (v, 10), l'autre à manche terminé par un pommeau d'or, était presque identique à celui des dépôts à longues épées de fer. Il s'y

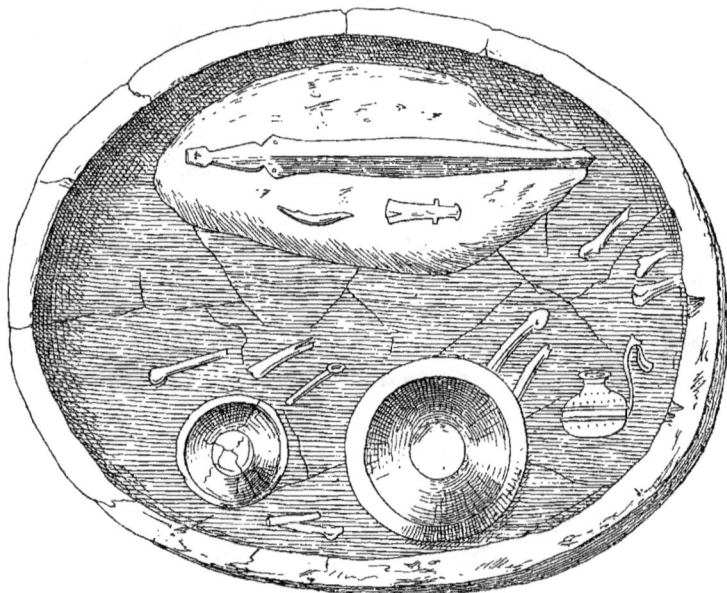

Fɪɢ. 83. — Tombe d'homme, à incinération (nº 298).
Période I.

trouvait, entre des objets d'aspect archaïque (comme la hache à douille vɪɪ, 18 et le disque xvɪɪɪ, 17), des fragments de vases peints (xxvɪ, 8), de pendeloques (xɪɪ, 9), et même une fibule à arc, surmontée par une figure d'animal (xv, 7) (1).

(1) Les dates données sur cette incinération par M. Reɪɴecke (*Mitt. Anthr. Ges. Wien*, XXX, 1900, p. 47) sont incomplètes et erronées (pas deux épées à antennes). D'après Reinecke ces dépôts dateraient d'environ 1000 ans avant J.-C. ou peut-être de 1200 à 1000. Selon mon avis, des divisions comme celle que j'essaie d'établir devaient précéder, autant que possible, les tentatives de système chronologique général pour un âge quelconque. Sans cela ces tentatives, exécutées principalement à l'aide de la dangereuse « méthode typologique », méconnaissent trop souvent, comme on en a fait l'expérience, l'état réel des choses, qui est plus complexe qu'on ne croit.

L'épée à antennes, bien que très ancienne dans les palafittes de
la Suisse et ailleurs, a survécu longtemps, surtout en Italie, et
fut, sans doute vers la fin de la première moitié du millénaire,
le prototype des épées et poignards dont le manche se termine

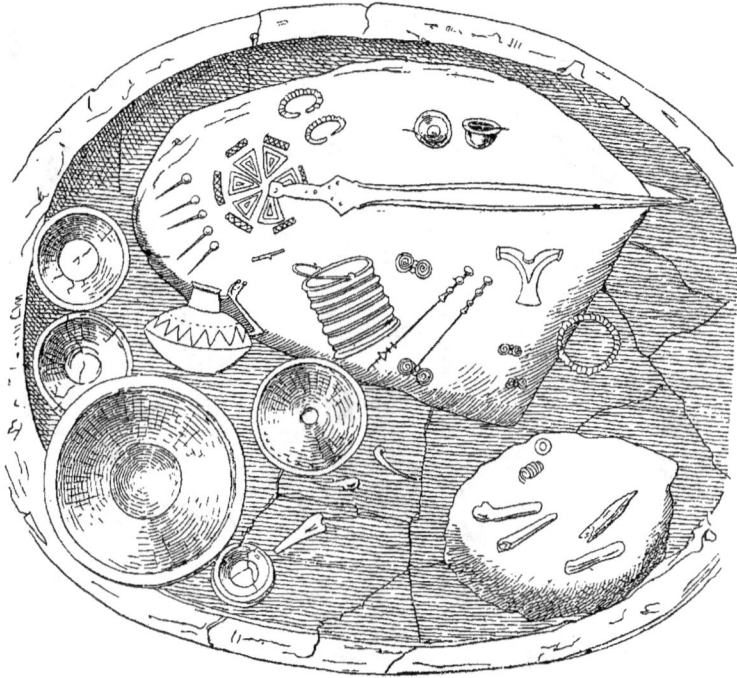

FIG. 84. — Double tombe d'hommes, à incinération (n° 299).
Période I.

en « fer à cheval » et qui sont les marques les plus distinctives
du Hallstattien récent.

2. *A longues épées hallstattiennes de bronze* (v, 1, 6, 7). —
3 incinérations (298, 299, 607, voir les figures 83 à 85), 1 inhumation (126). On a prétendu que tout ou partie de ces armes appar-
tiendrait à un âge antérieur à celui des épées hallstattiennes
de fer. Ainsi M. O. Montelius, en 1885, les prit, de même que
les épées courtes sus-mentionnées, pour type d'une première
phase du Hallstattien ou de la transition entre le bronze et le

fer. M. Reinecke, en 1900, vit, au moins dans une variante plus élancée, un type intermédiaire entre les épées à antennes, etc. et l'épée hallstattienne de fer, et il lui réserva une position chronologique spéciale, quelques siècles au commencement du

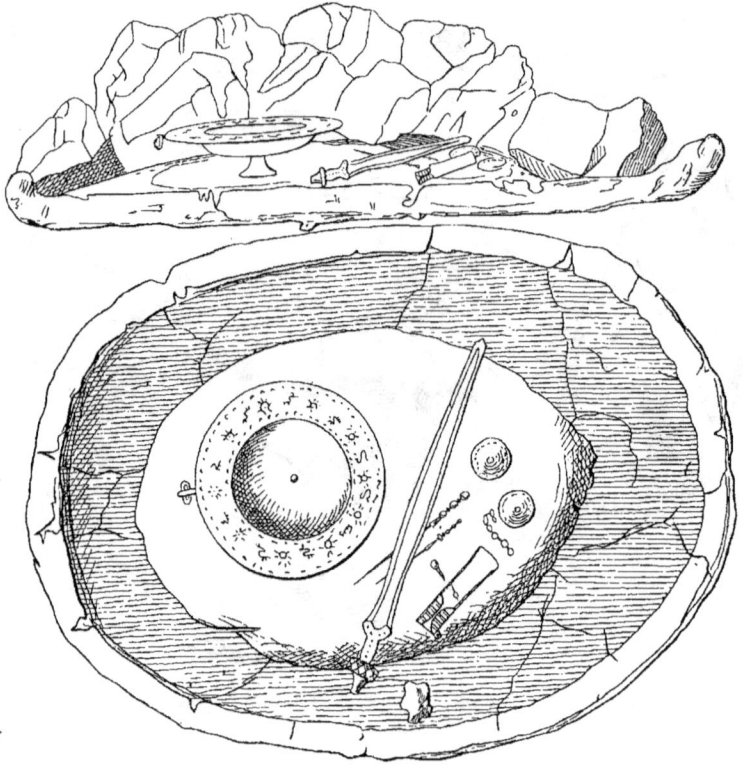

FIG. 85. — Tombe d'homme, à incinération (no 607).
Période I.

dernier millénaire avant J.-C. A Hallstatt, l'état de choses n'est pas favorable à ces théories. Le mobilier des tombes est tout semblable à celui des plus nombreux dépôts à épées de fer : haches plates à petits bras latéraux, épingles à plusieurs boutons superposés, vases de bronze, grandes situles, coupes comme xxiv, 7, puisoirs comme xxv, 5, petits vases comme xxiii, 2, et la pièce xxxiii, 4, qui est plus vraisemblablement la base d'un petit vase sphérique qu'une coupe.

Dans 299 (cf. fig. 84) on trouva même une ciste à cordons. L'épée de cette tombe (v, 7) avait le pommeau recouvert d'or (xviii. 23) et, au bout de la gaîne, la pièce xix. 10, objets méconnus par M. de Sacken.

3. *A longues épées hallstattiennes de fer* (v, 2, 4, 5, 8). — 14 incinérations (253, 260, 263, 273, 469, 503, 504, 507, 573, 600, 605, 607, 910, 1003), pas de squelette. Le contenu de ces tombes est assez homogène et typique, malgré la grande différence du nombre des objets dans chaque dépôt. Pas de fibules, mais de longues épingles à tête composée de plusieurs boutons superposés, possédant pour la plupart une petite gaîne pour la pointe. Généralement, les objets de parure, même les bracelets, si fréquents d'ailleurs à Hallstatt, font absolument défaut. On trouve (1) de longues pointes de lance, des haches plates à petits bras latéraux, des haches à ailerons (plus rarement à douille), de lourds coutelas, des couteaux courbés, de longues piques en forme de broche ou de javelot à manche tordu et terminé par un anneau, le tout en fer, de petites haches singulières en bronze, destinées à être fichées sur un bâton comme insigne (de commandement ?) ou simplement comme pomme de canne, des morceaux de cuirasse, des outils divers (enclume, lime) et surtout un grand nombre de vases de bronze, pour la plupart des situles (quelquefois avec couvercles richement ornés) et de coupes à pied et à large bord horizontal, décoré de figures en repoussé, plus rarement des petits vases ovoïdes et des cuillers à puiser, des cistes à cordons, des bassins hémisphériques, et, par exception, une pièce magnifique comme la grande base de coupe xxiii, 3, du riche tombeau n° 507 (cf. fig. 86).

(1) Cf. vii, 2, 6, 19; viii, 1, 3, 7, 8, 9; xix, 9, 11 à 13; xx, 2, 13; xxi, 2; xxii, 3; xxiv, 3; xxvi, 6. M. P. Reinecke cite, comme étant de son « âge des épées hallstattiennes de fer », qui pour lui correspond au viiie siècle avant J.-C. (l. c. p. 48), les incinérations 505 et 577. Mais 505 ne contenait pas d'épée, et 577 renfermait le poignard à antennes v, 12 et la fibule xv, 2, objets qui datent très certainement d'une période plus avancée.

D'après toutes les données, il me semble plausible de réunir en un seul groupe, sans différence chronologique importante, les dépôts à longues épées de fer et ceux à courtes et à longues épées de bronze.

4. *A pareil contenu sans épées.* — Ce groupe comprend un nombre de tombeaux beaucoup plus grand que celui des dépôts à épées. Il contient des incinérations et surtout de nombreuses inhumations plus ou moins pauvres, dont il serait inutile et presque impossible de donner le chiffre exact. Les armes sont de bronze ou de fer, des mêmes types perfectionnés. Je ne connais que deux pièces du pur âge du bronze : une pointe de lance (vii, 1) et une hache à ailerons ; mais elles aussi étaient, dans les tombeaux 406 (1) (à incinération) et 544 (à inhumation), associées à des objets de fer. Dans les dépôts plus récents de Hallstatt, les armes de bronze ne font pas

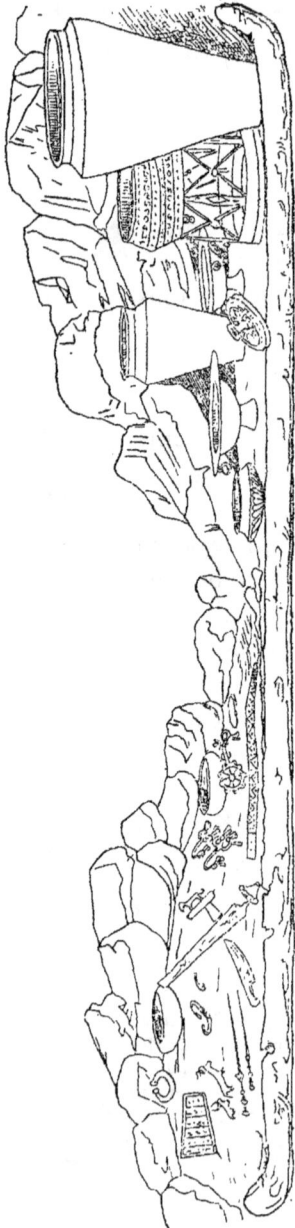

Fig. 86. — Tombe d'homme, à incinération (n° 507). Période I.

(1) Voir coupe et plan des tombeaux 404 à 406 dans Sacken, iii, 6. L'original (reproduit dans la fig. 87) de ce dessin est beaucoup plus correct que la reproduction lithographique, qui laisse à peine reconnaître les objets. Il y avait, à 2 pieds et demi de profondeur, un squelette de femme (404) avec toutes les marques d'une industrie d'âge récent : fibule à trois boutons au sommet de l'arc et à long pied, terminé par un bouton, large ceinture ornée en repoussé (xi, 6), bracelet à grands nœuds creux (cf. xvi, 13), chaînette de ceinture comme xii, 6, etc., etc. Sous ce tombeau à inhumation se trouvaient, à 4-5 pieds de profondeur, séparées par un grand bloc de pierre, deux incinérations anciennes (405 et 406), l'une d'un homme (406, avec la pointe de lance sus-mentionnée), l'autre d'une femme avec 12 courtes épingles de tête et une ceinture de cuir, ornée de petites boucles de bronze et munie d'un crochet en forme de T. Il y a nombre de pareilles observations stratigraphiques, spécifiées dans le journal des fouilles et dans les dessins pris pendant celles-ci, et je m'appuie sur elles sans en citer davantage.

absolument défaut, mais elles y sont extrêmement rares. On
peut en conclure que ces armes, surtout les haches à ailerons
(quelquefois en miniature) et les pointes de lance appartiennent,
pour la plupart, à la même époque que les longues épées de

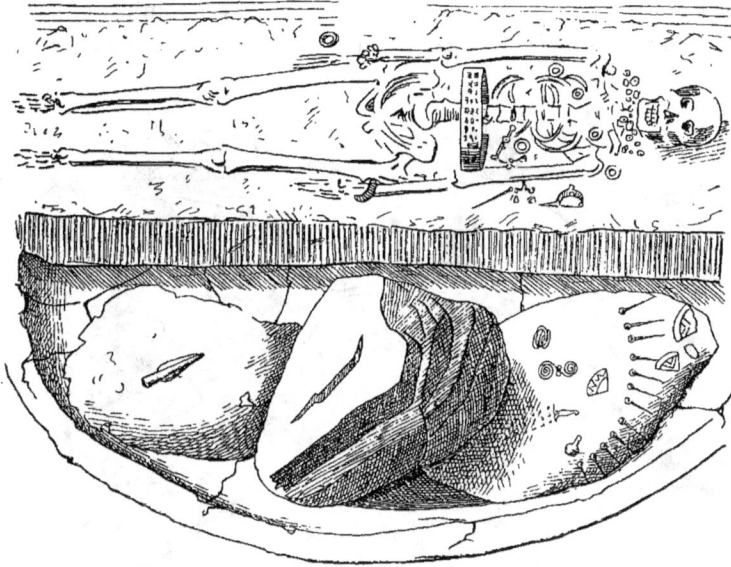

FIG. 87. — Tombes d'hommes, à incinération (n° 406)
et à inhumation (n° 404).
Période I.

fer et de bronze, ce qui se trouve confirmé par le reste du
contenu de ces dépôts. Les armes de fer — des haches plates
à bras latéraux, des haches à ailerons et des pointes de lance
— sont identiques à celles qu'on trouve dans les dépôts à épées.
Notons encore le manque presque absolu d'objets de parure,
même de bracelets et de fibules à lunette. De ces tombeaux
proviennent, entr'autres, les pièces VII, 1, 3, 13, 14 ; VIII, 2, 4,
7, 12 ; XVIII, 30 ; XXVI, 4.

1. *A courtes épées, poignards ou grands couteaux-poignards de fer.* (v, 11 à 14 ; vi, 7 à 11)(1). — 38 incinérations, 8 inhumations, 1 corps à moitié brûlé. Le mobilier de ces tombes diffère presque en tous points de celui du groupe A. (Cf. par exemple

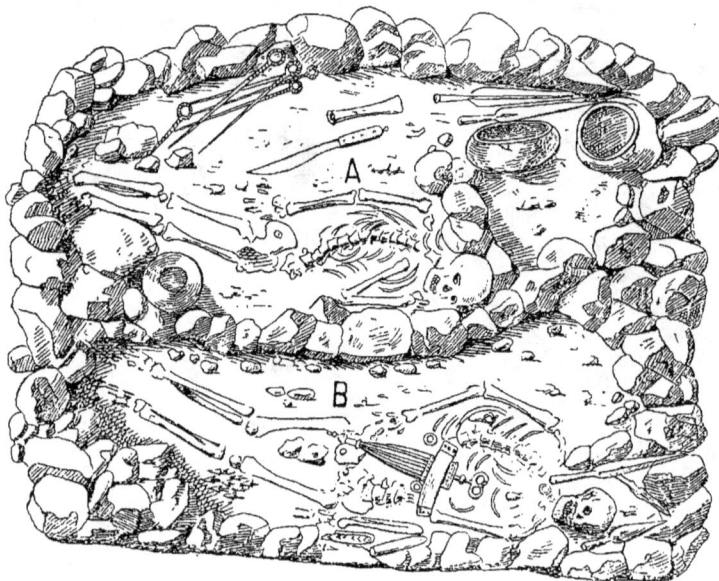

Fig. 88. — Tombes d'hommes juxtaposées, à inhumation.
Période II.

les deux tombeaux juxtaposés fig. 88) dont l'un (a) est plus ancien, l'autre (b) plus récent.

Environ la moitié d'elles renfermait des fibules néo-hallstattiennes à long pied, généralement terminé par un bouton : fibules à arc serpentant, à navicelle, fibules sangsue à arc massif ou composé de rondelles soit d'os soit d'ambre, fibules à timbale, à

(1) Les objets comme vi, 9 (partie supérieure), qui ne sont pas rares dans ces dépôts, ne sont pas, selon moi, des manches de poignard, mais des bouts de gaîne ; ils sont de bronze ou de fer et quelquefois très courts.

arbalète, etc.; pas de fibules à lunette, qui semblent presque exclusivement réservées aux femmes.

Peu de parure, à peine quelques bracelets, quelques plaques de ceinture, etc. Beaucoup de pointes de lance; en plus petit nombre, des haches à ailerons, à douille et à bras latéraux, des coutelas, couteaux et d'autres objets de fer; une seule longue épée, qui montre un type intermédiaire entre l'épée hallstattienne et celle de La Tène (vi, i). Quelquefois on remarque une étrange combinaison du bronze et du fer dans une seule pièce. Une hache à ailerons (vii, 17, vieille pièce réparée) a la partie supérieure faite de bronze, l'inférieure de fer. Un poignard à antennes possède, contrairement à tant d'autres, une lame de bronze et un manche de fer. D'ailleurs l'emploi du bronze pour des armes et des instruments purements votifs ou sépulcraux, si fréquent en Italie, n'était point habituel dans les Alpes et plus vers le Nord. On n'y était pas assez loin d'un pur âge du bronze pour voir dans ce métal une chose sacrée par sa haute antiquité. (En effet, les deux couteaux de bronze xix, 7 et 8 proviennent de tombes récentes de femmes). L'insigne ou emmanchure de bâton comme viii, 1, 2, primitivement en bronze fondu, était maintenant en fer forgé; mais on employait encore la lime de bronze (xix, 12) et les haches de bronze à ailerons. Les nombreux vases de bronze sont presque identiques à ceux de l'âge précédent, ce qui prouve que les mêmes relations commerciales fournissaient à peu près les mêmes articles et ce qui montre qu'on ne doit pas assigner à ces deux âges un espace de temps très long.

Mais, parmi ces vases récents, se trouvaient le couvercle de situle xxi, i, avec figures d'animaux et d'un être fantastique, repoussés dans le style vénéto-grec-oriental (ou vénéto-ionien), et la coupe à haut pied xxiv, i, dans l'intérieur de laquelle j'ai pu découvrir deux zones gravées de figures d'homme et d'animaux (*Oesterr. archaeolog. Jahreshefte*, III, 1900, p. 34. Cf. en outre les objets xiv, 3, 3ᵃ, 12; xv, 2, 3; xviii, 27, 34; xix, 5; xx, 4; xxii, 4). Comme on voit, les courtes épées, les poignards et les couteaux-poignards furent à cette époque plus généralement usités que les longues épées de fer ou de bronze à l'époque antérieure.

2. *A contenu semblable, mais sans épées, poignards ou couteaux-poignards.* — 10 incinérations, 5 squelettes (au moins).
Les armes sont des pointes de lance, des haches à ailerons et
d'autres, toutes en fer, plus rarement des formes propres à l'Est
de la sphère hallstattienne : la pointe de flèche à trois tranchants (vii, 10), le casque hémisphérique à double crête et à
large rebord autour de la base (viii, 5). Les épingles à cou de
cygne et à tête spiraliforme (xv, 16) ou cupuliforme nous font
penser aux régions de l'Ouest et du Nord de la civilisation de
Hallstatt. L'époque de La Tène s'annonce par quelques pièces :
des fibules et une houe de fer à ailerons unilatéraux.

B. — Tombeaux de femmes.

A) TOMBEAUX LES PLUS ANCIENS.

1. *A divers petits crochets de ceinture.* — 30 incinérations,
12 squelettes. Les ceintures étaient de cuir ou d'étoffe ; les
crochets sont en forme de T (xviii, 28), triangulaire (xi, 11), en
forme de double croix (xi, 8 ; xii, 4), ou ovales avec crampons.
Les tombeaux contenaient, en outre, surtout des fibules à lunette (1) des séries de courtes épingles à simple bouton sphérique, portées sur la tête en manière de peigne (xv, 8), des colliers composés de petits tubes de fil ou de lame de bronze et
des perles d'ambre ou de verre bleu, des pendants avec anneaux,
chaînette et pendeloques comme xii, 11-13 (2), de petits anneaux
et des écailles de bronze, quelquefois en masse, provenant d'un
objet de parure ou de vêtement disparu, des couteaux courbés
de fer, quelques aiguilles à coudre, quelques fusaïoles, relativement peu de vases en bronze (parmi ceux-ci, pourtant, la belle

(1) Beaucoup plus rares sont les fibules à simple arc hémicyclique et à pied
court (xii, 11), qui prédominent plutôt dans le Sud du domaine hallstattien.
(2) Les pendeloques de la parure xiii, 7 n'étaient pas, comme le montre le
dessin, des simples spirales, attachées chacune à deux chaînettes, mais des lunettes
attachées chacune à une seule chaînette.

pièce xxiv, 2), point d'armes, point de fibules récentes. De petits taureaux de bronze (xviii, 31-33) ont été trouvés dans les anciens tombeaux de femmes ainsi que dans ceux d'hommes.

2. *A séries d'épingles de tête.* — 12 incinérations, 3 squelettes. Les crochets de ceinture font défaut ; le reste est presque identique au contenu des tombes précédentes, où nous avons déjà rencontré ces séries d'épingles (dans 15 dépôts). Notons encore l'ornement creux en forme de croix, xviii, 15, et le bracelet de type particulier, xvi, 8, comme provenant de ces tombes. On pourrait ajouter beaucoup d'autres sépultures où les deux types-guides manqueraient.

b) TOMBEAUX LES PLUS RÉCENTS.

Dépôts caractérisés par des fibules diverses, et qui sont, en partie, de types plus ou moins archaïques, ou peu récents. Aussi beaucoup de ces tombes, surtout des groupes 1-3, appartiennent-elles sans doute à un âge intermédiaire entre le Hallstattien ancien et récent (cf. par exemple fig. 89 à droite et fig. 90).

1. *A fibules à lunette.* — 16 incinérations, 13 squelettes. Ces tombes contenaient, outre de longues ceintures de bronze repoussé (x, 4 ; xi, 3), de lourds bracelets à nœuds glandiformes (xvi, 12) ou de plus légers à nœuds sphériques (xvi, 11), des crochets de ceinture rhombiques en bronze ou en fer (xi, 9), des pendants d'oreille et de ceinture, les uns en forme de croissant creux (xvii, 4), les autres pareils à xii, 6, des perles d'ambre et de verre et des anneaux d'ambre finement profilés (cf. xvii, 13). De ces tombes proviennent d'ailleurs le couteau de bronze xix, 7, la coupe xxv, 2, et le célèbre bassin xxiii, 6, muni d'une anse à forme de vache suivie de son veau.

2. *A fibules à navicelle et à sangsue.* — 32 incinérations, 9 squelettes. Les fibules sont à navicelle pleine ou sangsue (à arc compacte de bronze) ou, dans les dépôts plus riches, composé de rondelles d'os ou d'ambre (xiv, 1), ou d'une seule pièce de verre en forme de chenille (xiv, 2), ou bien à navicelle creuse et à ornementation plus souvent en relief que gravée (xiii, 14-15).

Elles ont toujours le pied allongé, quelquefois terminé par un
bouton très petit. Ces fibules apparaissent déjà, mais rarement,
dans des tombeaux de femme avec mobilier funéraire ancien,
ainsi que dans nombre de tombeaux récents d'homme. A Bolo-

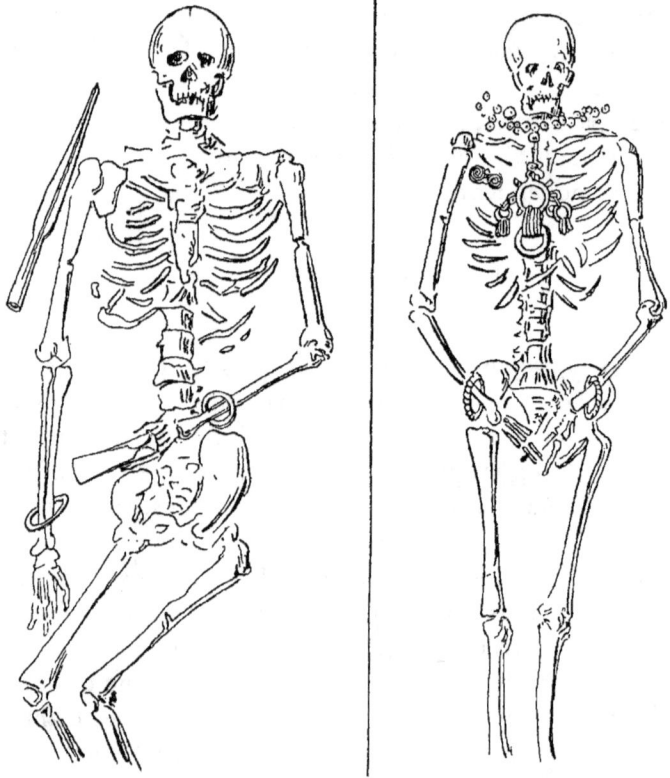

Fig. 89. — Squelettes d'homme et de femme
des tombes nᵒˢ 544 et 521.

gne, elles appartiennent à la période Arnoaldi I ou dernière
pré-étrusque; à Este, aux périodes II et III; à Sainte-Lucie
près de Goritz, à la fin de l'époque ancienne et au commencement de l'époque récente. Elles ont donc vraiment une position
moyenne entre le Hallstattien ancien et récent; et les dépôts
qui les contiennent pourraient être datés du vıᵉ ou du vııᵉ siècle

avant J.-C. A Hallstatt, ces tombeaux renfermaient, outre des fibules à lunette (par exception, d'autres à arc en forme de cheval [xv, 4] et semilunaire), de longues ceintures de bronze (ix, 1, 2), des bracelets, des perles et des anneaux d'ambre,

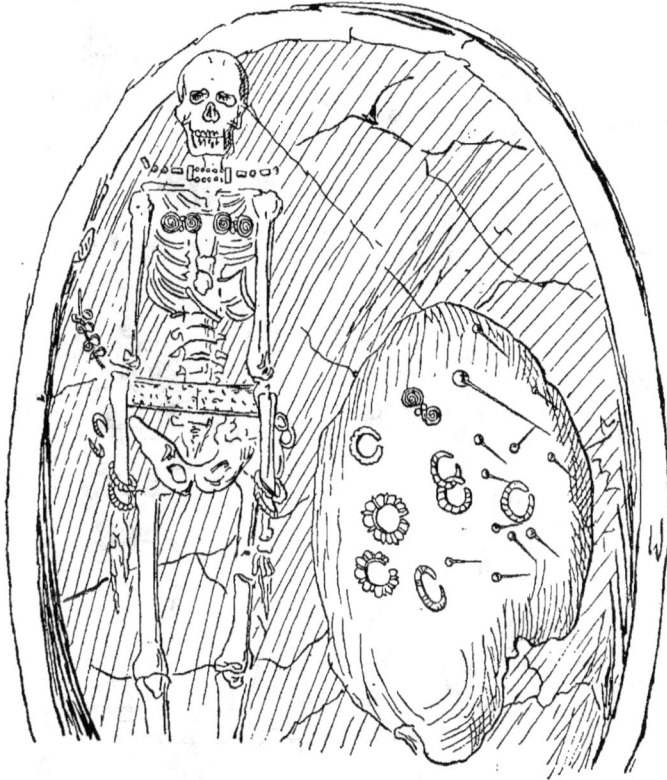

FIG. 90. — Deux tombes de femmes (nos 366 et 367),
l'une à incinération, l'autre à inhumation.
Période II.

beaucoup d'autres objets de parure, parmi eux la garniture de ceinture xii, 7 (du même style que les curieuses fibules xv, 2, 3) et l'ornement en forme de bulle xiii, 8, le couteau de bronze à antennes xix, 8, le vase xxiii, 3 (presque identique à un exemplaire trouvé dans un tumulus de Salem, Bade, (*Veröffentlich-*

ungen, Karlsruhe, II, 1899, p. 62, f. 1 etc., etc. Cf. fig. 91 en haut, à droite, l'incinération 500).

3. *A fibules en forme de disque simple ou de cupule.* (xiv, 11, 13, 18). — Les inhumations 240, 300, 861, 963. Ce sont des fibules circulaires, assez différentes, mais qu'on peut, pour des

Fig. 91. — Deux tombes de femmes, l'une à incinération,
l'autre à inhumation.
Période II.

raisons typologiques, joindre aux fibules à navicelle. A côté d'elles se trouvent de longues ceintures de bronze, des ornements en forme de bulle avec chaînettes, des bracelets creux ou pleins de bronze, des anneaux d'ambre et de lignite, etc.

4. *A fibules en forme de croissant.* (xiv, 15-17 ; xv, 1). — 8 incinérations, 1 squelette. Ce sont des fibules à arc simple,

élargi en forme de croissant ou de faucille, troué au bord extérieur pour l'insertion d'une série de chaînettes, portant des
pendeloques diverses. Le pied est court ou allongé et terminé
par un bouton. Ces fibules apparaissent relativement de bonne
heure dans l'Italie supérieure (Bologne-Benacci II), dans les

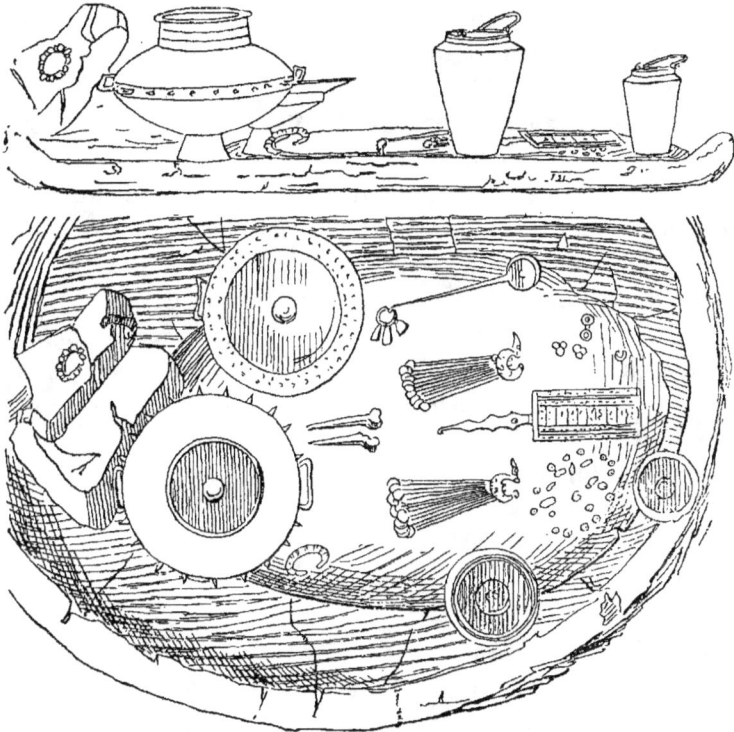

FIG. 92. — Tombe de femme, à incinération (n° 5o5).
Période II

Alpes orientales (prov. de Goritz, Carniole, Basse-Autriche) et
en Bavière. Partout, elles n'appartiennent ni au commencement
ni à la fin du premier âge du fer, mais à une période moyenne,
ce qui se trouve confirmé par nos tombeaux de Hallstatt. Ces
exemplaires sont les plus développés et les plus riches en ornements. (Cf. en outre la magnifique pièce du Musée de Lintz,

publiée par A. B. Meyer, elle aussi à pied allongé). Elles sont donc, peut-être, un peu plus récentes que celles de Bologne, de Sainte-Lucie, etc. Les tombes sont des plus riches de Hallstatt. 5o5 par exemple (voir fig. 92) contenait deux exemplaires du type xv, 1, la fibule à double disque en plaque d'or xiv, 14, de petites feuilles d'or (xviii, 25), la riche ceinture x, 6, 4 vases de bronze, l'urne xxiii, 1 (de forme très ancienne), une coupe à pied et deux situles, deux lourds bracelets à nœuds glandiformes (xvi, 12), 1 anneau et 31 perles d'ambre. Dans d'autres de ces dépôts se trouvaient, outre des fibules à lunette, à navicelle creuse, à petites rondelles d'ambre et à arc serpentant, le bracelet xvi, 13, l'ornement de cou ou de poitrine xiii, 6, etc.

5. *A fibules du type Naue Hügelgräber*, xxiii, 3 (pas figuré par Sacken, peut-être à cause de sa rudesse). — 3 incinérations, 5 squelettes. Un type assez rude, à arc bas, orné de deux saillies latérales et parfois de grossiers traits de lime, et à pied allongé, terminé quelquefois par un bouton. Il est cependant en affinité avec le type de la Certosa, qui, dans les Alpes orientales, montre assez souvent les deux mêmes saillies latérales. Il se trouve associé à des fibules à lunette et à navicelle pleine ou creuse, à des bracelets massifs ou creux, à des ceintures, à des chaînes de ceinture (comme xii, 6), à des crochets de ceinture de fer et de forme rhombique, et à d'autres petits objets de parure de femme.

6. *A diverses fibules de types récents.* (xiv, 4-10). — 3 incinérations, 10 inhumations, pour la plupart d'enfants (petits monceaux de cendres, petits squelettes). Ce sont des formes généralement reconnues comme très récentes : à trois boutons au sommet de l'arc, à arc serpentant, à arc en lame sans tête cerclée (type bâtard de la « serpeggiante » et la fibule de la Certosa), à arbalète avec mince arc coudé et d'autres. Mais à côté d'elles on trouve encore des fibules à lunette, à quatre disques spiralaires (xviii, 22), à cupule et à sangsue (l'arc composé de rondelles d'ambre). Les types récents sont, en outre, très fréquents dans des tombes à squelette, qui ne contiennent pas d'autre objet. D'autres tombeaux renfermaient beaucoup de

menus objets de parure (bronze, étain, lignite, ambre, verre, pierre calcaire), entre autres le curieux ornement XVIII, 21, composé de quatre petites roues.

Comme on le voit, les deux rites funéraires, l'incinération et l'inhumation, furent en usage dans chacun des quatre grands groupes que je viens de distinguer. Quoique, dans le total des tombeaux exactement fouillés, le nombre des inhumations constatées dépasse un peu celui des incinérations, ce dernier rite prédomine évidemment parmi les tombes citées, c'est-à-dire celles dont la détermination est facile et sûre à cause de leur plus grande richesse. Cette prédominance est moins grande parmi les tombes anciennes de femmes (et encore moins parmi les tombes récentes) que parmi les deux groupes de sépultures masculines.

On peut dire, d'une façon générale, que l'incinération fut le mode de sépulture préféré au commencement du premier âge du fer et que l'inhumation domina vers la fin du même âge, mais, à Hallstatt, ce n'est que dans les tombes de femme les plus récentes (B. b. 5, 6) que l'inhumation commence à l'emporter sur la crémation. Parmi les tombes anciennes d'homme citées, 20 %, et parmi les tombes récentes de femme, 40 % sont à inhumation. Mais on doit rappeler qu'un grand nombre d'inhumations étaient si pauvrement pourvues de mobilier funéraire qu'il est impossible de les classer dans aucun des quatre groupes. En moyenne, les incinérations avaient 8, les inhumations 4 à 5 objets par tombe.

Cette persistance du rite de la crémation, ainsi que la survivance de maintes formes de parure, donnent à la nécropole un aspect archaïque. Il est cependant impossible d'admettre que son usage ininterrompu ait commencé avant l'an 1000 et cessé longtemps avant l'an 400 avant J.-C. Toute une série de types appartient au Ve siècle, c'est-à-dire à l'époque de la Certosa ou à la fin du premier âge du fer. On a essayé de distribuer les tombeaux de Hallstatt sur un espace d'au moins sept siècles

(1200-500 avant J.-C.). Mais les prétendus types du commencement de ce grand espace de temps ne sont pas, au moins à
Hallstatt, plus anciens que les longues épées de fer, qui datent
au plus du viiie, probablement même du viie siècle avant notre
ère.

Supposons, pour la période la plus ancienne, une durée de
150 ans (750-600) et 200 habitants, pour la période récente un
espace de 200 ans (600-400) et une population de 400 habitants
avec une mortalité de 1 pour 40 par année, nous trouvons, pour la
première période 750, pour la seconde 2000, au total 2750 ensevelissements, chiffre qui ne dépasse pas de beaucoup la vérité.
Or, si l'on voulait étendre la durée de l'existence de la nécropole
sur sept siècles, on serait contraint d'évaluer cette population
à 150 âmes en moyenne. Un si petit groupe, qui comprendrait
des femmes, des enfants et des vieillards, correspondrait peu à
l'importance de la station et à sa richesse en armes, en parures
et en mobilier de tout genre.

Hallstatt est situé au milieu d'une zone qui, sur le versant
septentrional des Alpes et dans les pays adjacents, s'étend du
Sud-Ouest de la Hongrie jusqu'à l'Est de la France. Cette zone
est, dans les divers âges préhistoriques, caractérisée par une
grande affinité ou homogénéité des formes archéologiques. Au
premier âge du fer, elle occupait une position moyenne entre
deux autres zones importantes : une au Sud, dans la Haute-
Italie et sur le versant méridional des Alpes, l'autre au Nord
où elle passa insensiblement au domaine de l'âge récent du
bronze de la Scandinavie.

Il y a des transitions entre ces zones et il faut distinguer,
dans chacune d'elles, des groupes plus petits. Ainsi Hallstatt
appartient plus à l'Ouest qu'à l'Est de la zone moyenne ; mais
sa richesse en articles importés lui donne un cachet tout spécial.
Hallstatt n'avait pas avec l'Italie des relations aussi étroites que
les pays alpins de la zone méridionale : le Sud du Tyrol, la
Carniole, la Carinthie, etc. On peut pourtant se servir des formes

italiques, mieux datées, pour déterminer l'âge des différentes couches de Hallstatt.

Des quatre grandes périodes qu'on a distinguées à Bologne, la première (Benacci I) semble avoir précédé les plus anciens ensevelissements de Hallstatt, où nous ne trouvons pas de rasoirs semi-lunaires, de tiges (de mors de cheval) en forme de petits chevaux, de fibules à sangsue à pied court. Par contre, il y a nombre de formes qui sont communes à la période Benacci II et aux plus anciennes tombes de Hallstatt, telles que les épées à antennes, les haches à ailerons, les fibules à arc simple et à pied court, les premières fibules thériomorphes, les situles, les premières cistes à cordons, les petits vases à puiser munis d'un manche courbé et élargi au bout. De même, la seconde période de Hallstatt correspond aux périodes Arnoaldi I et de la Certosa près de Bologne. La période Arnoaldi I nous est rappelée par les fibules à serpent, à navicelle, à sangsue, les cistes à cordons espacés, les coupes à haut pied, muni d'un pommeau à mi-hauteur ; la période de la Certosa, par des fibules à arc serpentant muni de rosettes et d'antennes, des cistes à cordons serrés plus étroitement, etc.

En supposant que la période Benacci I ait duré de 950 à 750, Benacci II de 750 à 600, Arnoaldi I de 600 à 500 et la Certosa de 500 à 400 ans avant J.-C., on évaluerait la durée de la première période de Hallstatt à 150 ans (de 750 à 600), celle de la seconde à 200 ans (de 600 à 400 avant J.-C.). En comparant Hallstatt avec les tombeaux si bien connus d'Este, ce ne sont pas non plus les plus anciennes formes, mais celles des périodes II et III de ce dernier lieu qui se retrouvent à Hallstatt, si bien que la période « Este II » correspond à la première, « Este III », à la seconde période de notre lieu de trouvaille.

En d'autres termes : l'Italie exerça une influence dominante sur les pays alpins et plus vers le Nord, pas tant au commencement du premier âge du fer que plus tard, et surtout vers la fin de cet âge.

Les armes et les parures, par exemple les longues épées de fer ou de bronze et les fibules à lunette, en sont la preuve.

On a prétendu que ce serait plutôt la Grèce qui aurait fourni à l'Europe centrale les modèles des formes hallstattiennes faisant défaut dans l'Italie supérieure. Mais ce fut encore une espèce de mirage — pas oriental cette fois, mais hellénique — qui inspira cette hypothèse à J. Undset et à d'autres. On connaît maintenant, mieux qu'autrefois, les couches archéologiques des deux côtés de l'Adriatique. Elles sont d'un aspect très archaïque, mais pas si anciennes qu'on le croirait, en n'en jugeant que d'après les types d'objets. J'espère qu'on ne se trompera plus sur la provenance de ces formes, mêlées en partie, il est vrai, à des objets importés de la Grèce. Je suis tout disposé à accorder aux peuples de l'Europe centrale un autre rôle que celui d'imitateurs serviles et stupides des objets qui leur seraient venus, d'abord de la Grèce, ensuite de l'Italie. Sans doute ils n'étaient pas moins féconds en inventions que ne le furent les peuples du Nord pendant l'âge du bronze. Mais la proximité plus grande du Sud et de la Méditerranée eurent pour conséquence que leur esprit inventeur succomba plus tôt à l'influence de l'art et des techniques de ces deux pays. Les contrées où les formes les plus importantes de la période ancienne du premier âge du fer prirent naissance restent encore à découvrir.

Cuirasses et Cnémides de l'époque de Hallstatt

par le Comte Olivier COSTA DE BEAUREGARD

Cette communication a été motivée par la découverte de trois cuirasses de bronze à Fillinges (Haute-Savoie) et de cnémides de bronze à Roquefort (Alpes-Maritimes). On peut les comparer avec les cuirasses de Saint-Germain-du-Plain (Saône-et-Loire), de Grenoble, de la collection Campana, de la collection Forrer, de Klein-Glein (Styrie) et les cnémides de Sesto-Calende et autres. Les influences grecques et étrusques sont à mentionner. A ce propos, on peut rappeler les cuirasses grecques d'Olympie et les représentations de cuirasses et de cnémides sur les vases peints.

M. Hoernes fait remarquer qu'à Klein-Glein, en Styrie, il n'y avait pas seulement une cuirasse (celle qui fut publiée plusieurs fois), mais trois exemplaires du même type, l'un détruit et perdu lors de la découverte, et un troisième trouvé récemment.

M. Arthur Evans. — Je veux appeler l'attention sur les cnémides de bronze trouvées dans un tombeau de la nécropole cypro-mycénienne d'Enkomi que j'ai déjà eu l'occasion de comparer avec les cnémides de Glasinatz. Je dois aussi remarquer qu'une série de tablettes, recouvertes de l'écriture linéaire du Palais de Knessos, donnent des figures de cuirasses.

M. J. Déchelette. — Au sujet de la date de la plupart des cuirasses présentées par M. Costa de Beauregard, et notamment des cuirasses de Klein-Glein, je ferai observer que ces armures sont, comme on sait, synchroniques avec la *tomba del Guerriero*, mais il y a désaccord, parmi les archéologues, sur la date de cette tombe que M. Montelius place au xᵉ siècle, alors que plusieurs autres persistent à la faire descendre au viiiᵉ siècle. La classification chronologique de la période de Hallstatt est intimement liée à cette question.

M. Reinach prie M. Montelius de donner ici son avis à l'assemblée.

M. O. Montelius. — Sur la question de M. Déchelette, il me faut répondre que toutes les découvertes faites après le Congrès de la British Association à Liverpool, en 1896, où j'ai eu l'honneur de présenter mon système chronologique pour l'Italie, ont démontré, selon moi, que la période de la « tomba del Guerriero » correspond en effet au xᵉ siècle avant J.-C.

Considérations générales
sur les pénétrations hallstattiennes et de la Tène en Côte-d'Or et spécialement dans le Châtillonnais

par M. Ferdinand REY

1o Sépultures sous tumulus. — 2o Constructions diverses des sépultures centrales. — 3o Sépultures adventices. — 4o Modes de sépulture. — 5o Mobilier. — 6o Conclusions résultant de l'examen de ces tumulus.

C'est en 1872 seulement que l'attention du monde savant fut officiellement attirée sur les tumulus de l'arrondissement de Châtillon-sur-Seine (Côte-d'Or), à la suite des célèbres découvertes de Magny Lambert.

Dirigées par MM. Flouest et Abel Maitre, ces fouilles furent suivies d'une savante étude de M. Bertrand, qui ne laissa plus de doutes sur les pénétrations de la civilisation hallstattienne dans cette partie de la Bourgogne.

La présence de la grande épée en fer caractérisée par sa soie plate, ses rivets en bronze ou en fer, ses crans à la base de la lame, sa pointe mousse ; celle de la ciste, ainsi que la découverte d'autres objets, établirent sans conteste ces pénétrations.

Quatre tumulus seulement avaient été fouillés, encore avait-on négligé les sépultures adventices à cause de la longueur et des difficultés du travail ou parce qu'elles n'avaient pas été soupçonnées.

Mais l'impulsion était donnée ; aussi s'est-il rencontré d'heureux chercheurs dont les travaux ont depuis enrichi nos musées ou leurs collections personnelles.

Citons : M. le Dr Brulard à Magny-Lambert, M. Corot à Savoisy et à Minot, M. d'Ivory dans le canton d'Aignay, et la Société Archéologique de Châtillon dans le cercle qu'elle explore autour de cette ville sous l'habile direction de M. Lorimy.

L'ensemble de ces travaux va nous permettre de donner un aperçu de la construction des tumulus du Châtillonnais, des modes de sépulture et du mobilier qu'ils renferment.

Le groupe de Magny-Lambert, fouillé par M. le Dr Brulard à la suite de MM. Flouest et Abel Maitre, est à coup sûr le plus intéressant, à cause de la masse imposante de ses monuments et du mobilier purement hallstattien de ses sépultures centrales.

C'est par lui que nous commencerons, en passant ensuite au groupe de Minot, exploré si consciencieusement par M. Henry Corot, puis nous consacrerons quelques lignes aux fouilles de la Société archéologique de Châtillon.

Cette division est basée, non seulement sur la diversité des groupes, mais aussi sur les différences observées dans les constructions, les rites et le mobilier funéraire.

Les recherches de MM. Abel Maitre et Flouest à Magny-Lambert n'avaient porté que sur quatre tumulus, il en restait 34 ou 36 à fouiller dans ce groupe si intéressant.

Nous devons à M. le Dr Brulard l'exploration d'une dizaine de ces monuments, aussi lui empruntons-nous les indications qui vont suivre :

Les tumulus de Magny-Lambert se font remarquer par leurs vastes dimensions : ils atteignent 30, 32 et même 33 mètres de diamètre, pour une élévation de 5 ou 6 mètres.

Si, partant du sol naturel, nous étudions leur construction, nous rencontrons successivement :

1° Un dallage sur lequel repose le corps (sépulture centrale);

2° Un loculus formé de laves ou pierres plates dont l'aspect rappelle assez bien un sarcophage. Les pierres utilisées ont de 0 m. 50 à 0 m. 60 de hauteur;

3° Un noyau central en pierre ;

4° Une zone terreuse ;

5° Une zone pierreuse composée de laves imbriquées qui,

dans leur disposition, ressemblent assez à une voûte comblée avec soin.

Nous ne décrivons ici, bien entendu, que le tumulus dans sa construction la plus parfaite.

Les sépultures adventices occupent le pourtour ou les flancs du tumulus, elles sont souvent étagées et ne présentent point de constructions particulières, bien que parfois des pierres aient été disposées pour appuyer ou abriter la tête du défunt.

Il ne s'est rencontré, dans les dix tumulus qui nous occupent, aucune trace de foyer et aucun cromlech. L'orientation des corps ne présente aucune fixité. Quant au mode de sépulture, l'inhumation est la règle absolue pour la tombe centrale, les sépultures adventices sont le plus souvent soumises à ce même mode et c'est tout au plus si ces dernières ont présenté une ou deux incinérations.

Le mobilier des sépultures centrales, peu abondant, mais fort intéressant, consiste dans la grande épée de Hallstatt à rivets de fer ou de bronze.

Cette épée est habituellement accompagnée du rasoir, de la ciste (tumulus du Monceau Laurent, fouilles Abel Maitre et Flouest), de perles d'ambre ou de verre, fort rarement de bracelets; la fibule manque. D'autres fois l'épée se rencontre isolément; ces deux objets, l'épée et le rasoir, sont en somme les caractéristiques du groupe de Magny-Lambert.

Les fouilles faites jusqu'ici dans quatorze tumulus ont mis au jour six rasoirs en bronze et huit épées en fer. La place de ces dernières n'a rien de fixe : elles ont été trouvées à la droite ou à la gauche du défunt.

De la race qui repose dans ces tumulus nous savons peu de choses, car les crânes et les ossements ont été le plus souvent écrasés par l'effondrement de la couverture du loculus.

Les rongeurs sont venus, eux aussi, ajouter leur action à cette cause de destruction.

Le Dr Brulard a cependant pu reconnaître que les crânes des squelettes exhumés à Magny-Lambert étaient brachycéphales.

Les sépultures adventices, bien postérieures à la sépulture

centrale, ont offert comme mobilier des torques, des bracelets, des fibules, objets appartenant tous aux différentes époque de La Tène.

Des tumulus de Magny-Lambert, qui forment en réalité une classe à part et qu'on peut supposer avoir appartenu à une aristocratie guerrière, nous passons au groupe de Minot. Ici nous ne trouverons plus la même homogénéité dans les sépultures centrales, qui peuvent se rapporter à différentes époques de la civilisation hallstattienne.

M. Henry Corot, qui a fouillé scrupuleusement un nombre considérable de tumulus de ce groupe, émet l'avis que tous ces monuments ont eu pour origine une sépulture hallstattienne; il n'apporte à cette règle qu'une seule exception pour le tumulus de Bange n° 15, où s'est rencontrée, au centre, une tombe à inhumation de La Tène I avec petite épée à soie cassée.

A Minot, les tumulus sont tout différents de ceux de Magny-Lambert; on n'y trouve pas ces constructions soignées et cette succession de couches que nous avons précédemment décrites.

Bien qu'un nombre au moins égal d'épées et que plusieurs rasoirs se soient rencontrés, les tumulus appartiennent à la catégorie des galgals et sont uniquement composés de pierres.

Si parfois le corps de la sépulture centrale repose sur des dalles et est entouré d'un loculus, il est le plus souvent entouré de gros blocs sans agencement, empruntés aux rochers des environs.

Il s'est cependant rencontré des chambres sépulcrales.

Celle d'un tumulus de la Moloise, à la découverte de laquelle nous avons assisté, nous a frappé par les dimensions vraiment cyclopéennes des pierres qui la composaient.

Ce loculus, mesurant 1 mètre de largeur et 1 m. 10 de hauteur, s'étendait sur 2 m. 50 de longueur, et des blocs de 1 m. 50 de long sur 0 m. 80 de largeur et 0 m. 25 d'épaisseur avaient été employés à sa construction. Il ne contenait, en dehors des ossements, qu'un rasoir de forme semi-lunaire.

Les dimensions des tumulus de Minot sont moins considérables que celles de Magny-Lambert.

Les tumulus d'un diamètre de 15 ou 20 mètres y sont les plus fréquents, bien que ces dimensions soient parfois dépassées; quant à la hauteur, elle atteint rarement deux mètres.

L'orientation de la plupart des sépultures centrales est le N.-S. avec des déviations provenant, croit-on, de la position du soleil.

Les traces d'un feu violent sont assez fréquentes sur l'aire du tumulus et l'on y rencontre souvent des ossements d'animaux domestiques ou sauvages appartenant à la faune actuelle.

Le cromlech simple est la règle, le double a même été observé.

L'inhumation, sauf un cas (tumulus des Vendues de Montmorot), est la règle des sépultures centrales. Quant aux sépultures adventices, elles ont donné quelques incinérations, mais en nombre bien inférieur aux inhumations; pour ces dernières l'orientation E.-O. prédomine.

L'épée, le rasoir, réunis ou isolés, l'absence même de ces deux objets, telle est la constatation faite dans les sépultures centrales. Une fois seulement la grande épée s'est trouvée unie à une pince à épiler en fer.

Les sépultures adventices ont quelquefois un mobilier hallstattien composé d'anneaux de jambes et de bracelets en bronze roulé, mais ce fait est l'exception et ce sont plutôt les torques, fibules, bracelets des différentes époques de La Tène qui en forment le mobilier. La moisson a été riche à Minot, et les musées de Saint-Germain et de Dijon ont recueilli les découvertes du savant et intrépide chercheur qu'est M. Henry Corot.

L'étude des fouilles opérées par la Société archéologique de Châtillon nous exposerait à des redites nombreuses et nous entraînerait trop loin.

Disons seulement que son champ d'action est excessivement vaste et s'est surtout exercé dans la région limitée par la Seine, l'Ource, le Brevon et la Djenne.

Ce territoire est en grande partie occupé par la forêt de Châtillon que l'on a appelée, à juste titre, un vaste cimetière, à cause de la quantité considérable des tumulus qu'elle renferme, tumulus dont le nombre s'élève à plusieurs centaines.

Ces monuments, bien qu'ayant fourni des objets de l'époque hallstattienne, se rapportent plutôt aux différentes époques de La Tène.

Les traces des foyers et des cromlechs y sont fréquentes. Les sépultures affectent le plus ordinairement la forme d'un monticule composé de pierrailles. Leur hauteur est en général de 2 mètres ; leur diamètre, de 15 à 25 mètres. Il s'en est rencontré de doubles.

Les tombes sont souvent superposées.

L'orientation des corps n'a rien d'absolu, bien que beaucoup de squelettes aient les pieds tournés au Levant. La race est dolichocéphale.

La grande épée n'a pas été jusqu'ici rencontrée, bien qu'elle se soit trouvée à peu de distance sur la rive gauche de la Seine, dans les tumulus de Chamesson, au cours des fouilles exécutées par la Société précitée.

Nous bornerons notre étude à ces trois groupes. Si nous n'avons pas parlé des découvertes de M. d'Ivory, c'est qu'elles ont été opérées dans le canton d'Aignay et que les tumulus de Minot que nous avons étudiés font partie de la même région et présentent les mêmes particularités.

Nous avons laissé aussi de côté les tumulus isolés situés au Nord et au Nord-Est de Châtillon, qui, cependant, ont offert une riche moisson d'objets allant de l'époque hallstattienne aux derniers temps de l'indépendance gauloise, mais il fallait forcément nous restreindre, surtout dans une étude où les photographies n'aidaient point à supporter les longueurs de la narration.

Résumons brièvement, pour les différents groupes que nous venons d'étudier, les particularités observées.

L'arrondissement de Châtillon occupe, comme nous venons de le prouver, une place à part, au point de vue des pénétrations hallstattiennes, non seulement en Côte-d'Or, mais dans tout l'Est de la France.

Les tumulus de Magny-Lambert, mieux construits, plus

homogènes dans leur mobilier funéraire, sont bien moins nombreux que ceux de Minot qui ont donné une plus grande variété d'objets appartenant aux différentes époques de la même civilisation hallstattienne.

Mais ces deux points n'ont pas été les seuls où se soit rencontrée la grande épée de Hallstatt. Citons encore les tumulus du Bouchot-Bouchard, commune de Chamesson, — du bois de Langres, commune de Prusly, — de la Brosse et de Rivanet, commune de Quemigny-sur-Seine, — de la Corvée, commune de Baigneux, — de Chaugey, etc.

A Magny-Lambert, l'épée accompagne le rasoir ou se trouve seule. L'inhumation est la règle absolue, l'orientation n'a rien de fixe.

Le cromlech et les traces de foyer n'existent point. La race est brachycéphale.

A Minot, le rasoir n'accompagne pas forcément l'épée, mais peut se trouver seul. Une seule incinération s'est rencontrée dans une sépulture centrale, l'inhumation étant aussi la règle.

L'orientation est Nord-Sud ; les cromlechs et les traces d'un foyer se rencontrent fréquemment.

Ces constatations sont donc différentes de celles indiquées par le Baron de Sacken à Hallstatt. Il donne pour cette nécropole un nombre d'incinérations à peu près égal à celui des inhumations.

Ramsauer, après lui, sur neuf tombes à épée, en compte huit à incinération pour une à inhumation.

La Côte-d'Or a fourni jusqu'ici 28 grandes épées du type de Hallstatt, sur ce nombre 22 au moins appartiennent au Châtillonnais.

Sur trente rasoirs de formes différentes, à un ou à deux tranchants, cette même région en a donné au moins les deux tiers (trois sont en fer).

Cinq cistes ont été mises au jour, trois appartiennent au Châtillonnais.

Nous ne reviendrons pas sur les sépultures adventices, qui ont donné un mobilier des différentes époques de La Tène, pas plus que sur les tumulus de la forêt de Châtillon qui sont presque tous de la même époque. Constatons seulement que les tumulus de la région que nous avons entrepris de décrire sont innombrables et qu'il est peu de pays présentant au fouilleur un choix aussi varié dans ses explorations.

Il nous semble résulter, du fait des inhumations dans les sépultures centrales à mobilier hallstattien et de la présence de sépultures adventices de La Tène, que l'on a trop reculé l'époque des pénétrations hallstattiennes dans nos contrées. Les tumulus ne sont pas des cimetières, et nous ne comprendrions pas que des peuplades soient venues ensevelir leurs morts dans d'anciens monuments, ne fût-ce que 100 ou 200 ans après. Nous n'osons toutefois point nous prononcer.

Présentation d'anciennes épées supposées boïennes

par M. DE SAINT-VENANT

Ces épées de fer, qu'on trouve circonscrites en nombre relativement élevé dans un certain rayon autour de Nevers, ont le facies général de celles de La Tène, mais en diffèrent par la largeur moindre, l'épaisseur plus forte, la façon plus grossière, l'absence de fourreau de fer et surtout le raccord de la lame à la soie qui se fait par deux arcs *convexes*.

M. le docteur Pič affirme que ce type était commun en Bohême chez les Boïens de l'époque de La Tène. Or, on s'accorde à fixer dans la région de Nevers l'emplacement où César établit les Boïens comme clients des Éduens après la défaite des Helvètes et on est peut-être en droit de se demander si nous n'aurions pas là des reliques de ces Boïens dépaysés? On peut objecter que, par leur forme et leur taille assez faible, ces épées se rapprochent beaucoup de celles de La Tène I ou de la Marne : mais M. Pič prétend que ce modèle a longtemps persisté en Bohême.

Silex d'Asie Mineure importés à Marseille

par M. H. DE GÉRIN-RICARD

La présente note n'a pas pour objet de signaler la découverte de vestiges industriels laissés par les précurseurs des Phéniciens ou des Phocéens sur le littoral ou dans une des îles massaliotes, mais un fait tout contemporain, assez curieux pour être noté.

En juillet 1903, au cours d'une de mes tournées d'inspection sur les quais de Marseille, mon attention fut attirée par un groupe d'ouvriers qui recherchaient, dans un grenier de fèves sèches en débarquement, des objets qu'ils distribuaient à des camarades. M'étant approché, je m'aperçus qu'il s'agissait d'éclats de silex dont les dockers s'approvisionnaient pour leurs briquets. La présence de silex dans des greniers de fèves du Levant, habituellement chargés d'une quantité assez grande de corps étrangers (pierres, débris de tuiles, terre, etc.), n'avait rien de surprenant, mais ce qui me parut vraiment curieux, c'est que la plupart de ces silex offraient la marque indiscutable d'une taille intentionnelle. Je me contentai pour cette fois d'en recueillir quelques échantillons et de m'enquérir du port d'embarquement des dites fèves.

A partir de ce moment, je fis surveiller les arrivages de greniers de la même provenance, mais la campagne d'importation touchait à sa fin et les greniers de fèves qui débarquent à Marseille ne contiennent pas tous des silex taillés (1).

(1) Jusqu'à maintenant les fèves importées de Tunisie, d'Égypte et de Syrie ne contiennent pas de silex, mais on trouve quelquefois dans celles d'Égypte des

A la récolte suivante, c'est-à-dire un an plus tard, j'étais avisé que le vapeur « Estérel » de la Cie Fraissinet, arrivé à Marseille en juillet 1905, débarquait un lot de 290 tonnes de fèves dans lequel on avait trouvé une douzaine de silex taillés qui me furent remis.

A quelques jours de là, le « Félix-Fraissinet » apportait, de la même marchandise, 159 tonnes qui fournirent une abondante récolte d'instruments (plus de 40 kg.) que les *caliers* me donnèrent au cours des nombreuses visites que je fis à ce chantier de débarquement. Pour arriver à connaître la provenance de ces deux lots de fèves, je me fis communiquer les connaissements s'y rapportant et j'appris ainsi que tous deux avaient été chargés à Smyrne, l'un le 30 juin, l'autre le 15 juillet. Le port d'exportation étant ainsi connu, il s'agissait de rechercher le lieu de production, d'origine de ces légumes secs. L'agent de la Cie Fraissinet à Smyrne, à qui j'avais écrit dans ce but, me répondit, sous la date du 4 août 1905, que ces fèves avaient été récoltées dans l'intérieur de la région de Smyrne et notamment auprès du lac Tantale. Il ajoutait qu'il existait là des grottes où avaient été trouvés d'énormes marteaux en roche taillée et qu'une belle pointe de lance avait été recueillie dans les eaux du lac. Tout cela, dit M. Missir, indique la présence en ces lieux de gisements intéressants, mais on ne peut les explorer facilement à cause de l'insécurité de l'endroit.

Ayant lu dans une publication, dont je ne retrouve plus le titre, que certaines tribus kabyles se servaient pour la décortication des gousses de fèves, non pas du fléau, mais de rouleaux en bois sur lesquels les indigènes implantent des instruments en silex récoltés par eux dans les anciens ateliers néolithiques assez répandus dans leur région, je me demandais si le même système n'était pas employé en Lydie et si ce n'était pas à l'emploi d'un engin de ce genre qu'il fallait attribuer la présence de silex dans les fèves, mais mon obligeant correspondant a bien

monnaies antiques saucées. La présence de monnaies anciennes dans des légumes du Levant ne doit pas être rare et je possède un moyen bronze romain qui a été trouvé devant moi dans du riz.

voulu m'indiquer que, dans les environs de Smyrne, les cultivateurs se servaient, pour la décortication, d'instruments en acier ; il ajoutait que les gousses étaient battues sur le terrain de la récolte, terrains la plupart crayeux et contenant des rognons de silex.

L'abondance en ces lieux de la matière première, utile à la confection d'instruments de pierre, semble établir que sur ces champs existaient jadis des ateliers de taille dont les produits épars se mélangent maintenant aux récoltes. Ces instruments sont en silex noir, blond, blanc, jaunâtre ou verdâtre d'une teinte très particulière ; les plus grands ont 7 centimètres de longueur, les plus petits, 3 centimètres ; ils se rapportent pour la plupart aux types racloirs ou grattoirs, utilisés notamment pour les peaux. A l'époque néolithique, les troupeaux de moutons et de chèvres étaient-ils aussi nombreux qu'aujourd'hui en Lydie et en Phrygie et la peau de ces animaux était-elle déjà l'objet d'un commerce important ? Pour le moment, il faut se contenter de poser la question.

Tous les greniers « silexifères » de fèves débarquées à Marseille depuis au moins trois ans ont été reçus par la Société des Minoteries de fèves de France, qui possède plusieurs usines, dont une à Marseille au quartier Saint-Barthélemy.

Avant la mouture, ce légume est débarrassé, au moyen d'un triage et d'un lavage, des corps étrangers qui l'accompagnent, par conséquent des silex dont le passage sous la meule ou les cylindres endommagerait fort les dits engins.

A l'usine de Marseille, les silex extraits des fèves sont jetés — comme j'ai pu m'en rendre compte — dans la cour charretière ou dans le ravin qui l'avoisine, où ils constituent de très importants amoncellements capables de former bientôt de véritables gisements (1), dont l'existence en ce lieu pourrait, à

---

(1) Le contre maître du moulin m'a assuré qu'il arrivait fréquemment de retirer au triage plus de 50 kilogrammes de silex par jour. Dans les amoncellements de corps étrangers écartés au lavage, j'ai recueilli quelques rares fragments de poterie sans caractère.

la suite des temps, faire croire à la venue précoce sur le littoral marseillais de néolithiques d'Asie Mineure. Le danger que pourrait présenter pour la Science une pareille interprétation m'a paru à lui seul une raison suffisante pour écrire ces quelques lignes (1).

M. Rutot. — Je crois utile d'ajouter, à ce qui vient d'être dit, qu'à la fin de l'année 1905 il a été soumis, à la Société d'Anthropologie de Bruxelles, de nombreux éclats de silex portant des retouches sur certaines arêtes et trouvés dans des sacs de céréales provenant de l'Orient.

Une enquête faite auprès des propriétaires de moulins à farine a montré que ces silex se rencontrent en assez grande abondance dans les grains provenant des ports de la mer Noire. Certains de ces silex rappellent les formes moustériennes, d'autres sont ovales, d'autres irréguliers, d'après le lieu d'exportation.

Il paraît certain que ces silex se sont détachés des instruments, encore primitifs, au moyen desquels s'effectue le dépiquetage, et, grâce à quelques démarches, des spécimens de ces instruments agricoles, munis de silex, ont pu être présentés devant la Société.

Quoiqu'on puisse en croire, nous sommes loin de pouvoir connaître et certifier l'emploi d'un grand nombre de silex paléolithiques et néolithiques et l'étude comparative des silex venant de l'Orient avec certaines catégories de nos instrument néolithiques nous les fera peut-être mieux comprendre et nous conduira à des rapprochements intéressants.

M. Issel. — Il n'y a pas de doute que le fait cité par M. de Gérin-Ricard s'explique par l'usage d'ustensiles agricoles

(1) Peu après la clôture du Congrès, M. É. Cartailhac a bien voulu me fixer sur l'utilisation de ces silex, employés à la confection de herses (*anabastrum*) dont on se sert dans le Levant depuis une haute antiquité. Dans cet instrument agricole, les silex remplissent l'emploi de couteaux, et leur frottement avec la terre arable explique fort bien leur état de polissage très accentué.

(rouleaux, herses, etc.) garnis de silex, ustensiles décrits par plusieurs auteurs, notamment par M. Giglioli, qui en a signalé un exemple en Italie.

M. Hamy a reçu, au Musée d'Ethnographie du Trocadéro, des environs d'Adabazar, ville de Bithynie, un de ces appareils à dépiquer, dont M. Giglioli a décrit le similaire encore usité en Chypre, et il croit pouvoir expliquer, pour une large part, la présence des silex taillés, au milieu des graines venant de ces parages, par l'arrachage des dents de cette sorte de *tribulum* dont la planche est, comme l'on sait, armée de rangées de silex grossièrement taillés, encadrés de quelques lames de fer.

Le Laos

(Silex et bronzes — Anthropologie et Etnographie)

par M. Alfred RAQUEZ

Explorateur, Directeur de la « Revue Indo-Chinoise »

————

M. A. Raquez vient de passer dix années consécutives en Extrême-Orient et plus particulièrement en Indo-Chine, qu'il a parcourue en tous sens.

Au cours de ses *sept* voyages au Laos, il a étudié l'ethnographie des nombreuses peuplades de ce vaste pays.

Il rapporte : a) 3.000 clichés environ, dont 500 se rapportant à l'ethnographie et à l'anthropologie.

b) Un questionnaire ethnographique établi d'accord avec l'Ecole Française d'Extrême-Orient — ce pour 51 tribus.

c) Le vocabulaire de 51 tribus.

d) 298 mensurations avec photographies des mensurés.

e) Une série de silex et de bronzes trouvés au cours de fouilles pratiquées aux environs de Luang-Prabang et dans la haute région du Laos.

f) Environ 500 types d'étoffes (soieries et cotonnades) des régions du Bas, Moyen et Haut-Laos ; une série d'armes (fusils, lances, boucliers, carquois, flèches) ; une collection d'instruments de musique ; une collection d'instruments aratoires ; une collection de boucles d'oreilles, bracelets, colliers et ornements de chevelure, de « may bac » (écriture (?) sur bois), de manuscrits, etc. et les costumes de 50 tribus, dont 25 sont représentés par des mannequins à l'Exposition de Marseille (section « Ethnographie du Laos »).

Le Préhistorique dans le Sud Tunisien

par M. le Dr CAPITAN et M. BOUDY

———

La région sud tunisienne de Gafsa, aux confins du désert et de la frontière algérienne, est extrêmement riche en documents d'archéologie préhistorique.

Nous nous bornerons, parmi les nombreuses stations paléolithiques et néolithiques que l'un de nous (M. Boudy) y a rencontrées, à étudier celles de Gafsa, du Redeyef, d'Aïn Guettar, d'Oum Ali et de Guetrana qui sont, certes, les plus remarquables.

I. Station de Gafsa. — Cette station a été découverte en 1883 par le Dr Collignon, qui l'a soigneusement étudiée et y a décrit une stratigraphie préhistorique complète.

Le gisement le plus important est celui de la colline 328, située à 1 kilomètre au nord-ouest de Gafsa. Cette colline est constituée par des assises régulièrement stratifiées d'un poudingue très compact à ciment silico-calcaire. Ces dépôts constituent un immense cône de déjections qui a commencé à se former à une époque imprécise, probablement à l'époque pliocène, postérieurement au premier système de plissements de l'Atlas. Vers le milieu du quaternaire, il se produisit un soulèvement partiel qui s'effectua obliquement, redressant environ à 45° toutes les couches du dépôt. L'extrême dureté de ces dépôts empâtant les silex permet d'éliminer, suivant toutes vraisemblances, l'hypothèse d'un remaniement postérieur.

A la base de ces couches et sur une épaisseur d'environ 25ᵐ les silex sont rares. Extrêmement grossiers, ils se présentent sous la forme de lames ou de racloirs rudimentaires, d'éclats atypiques et de véritables éolithes avec bords utilisés, parfois retouchés.

La stratigraphie semble bien indiquer un âge pliocène pour ce niveau. On serait donc en présence d'une industrie extrêmement ancienne et certainement préchelléenne. L'importance de cette constatation est telle que nous entreprendrons de nouvelles recherches pour élucider les points encore douteux ressortissant surtout à la paléontologie, et plus particulièrement à la paléobotanique, des couches de travertin intercalées dans le poudingue et qui correspondent aux périodes de calme survenues dans le cours de ce dépôt torrentiel.

Les couches sus-jacentes, également constituées par le même poudingue, ont une épaisseur de 35 mètres. Elles renferment une industrie acheuléenne typique avec haches en amande, souvent un peu allongées, rarement lancéolées; leur aspect est exactement celui des pièces acheuléennes du département de la Vienne (France). Elles sont toujours assez fines, à bords bien rectilignes et soigneusement retouchées. C'est le type acheuléen : aucune n'a les caractères des coups de poing chelléens.

A la base, les haches abondent, tandis que racloirs et pointes moustériens sont rares et grossiers. Au fur et à mesure qu'on s'élève dans ces couches, les haches deviennent plus rares, tandis que pointes, racloirs et même disques apparaissent plus abondants et mieux retouchés.

La partie supérieure des poudingues est recouverte par une couche de lehm de 2 à 3 mètres d'épaisseur avec des traces de cendres. Elle renferme une industrie à facies néolithique (flèches grossières, instruments pédonculés, lames fines) qui ne peut certainement pas être considérée comme succédant à celle des couches sous-jacentes.

Il est, au contraire, facile de combler cette lacune en étudiant la stratigraphie d'un autre gisement situé sur les bords de l'Oued Baiech, à 2 kilomètres au nord-est du précédent gisement et près du village indigène de Sidi-Mansour. Les berges de cet Oued montrent, à la base, des couches de poudingues très analogues à celles de la colline 328, mais notablement moins

dures; leur épaisseur est de 5 mètres environ. Elles reposent
sur un calcaire crétacé inférieur. Ces graviers renferment exactement la même industrie moustérienne que la partie supérieure
des poudingues de la colline 328.

Ces graviers sont couronnés par une puissante couche de
cendres de 1 mètre à 1 m. 50 d'épaisseur, renfermant l'industrie
moustérienne pure, sans haches et correspondant stratigraphiquement à la fin de la période torrentielle.

Au-dessus, s'étend une couche de lehm de 3 mètres d'épaisseur, correspondant à une période de calme et renfermant une
industrie beaucoup plus fine, petites lames, grattoirs, flèches
grossières, se rencontrant surtout à la base, tandis qu'à la partie
supérieure, principalement dans des foyers existant en ce point,
on trouve en abondance des silex très fins: petits couteaux, racloirs, pointes à dos abattu dont l'aspect est très analogue à ceux
de l'âge du renne en France et, nous a-t-il semblé, au vieil âge
du renne. Nombre de pièces nous ont absolument rappelé l'aurignacien de la Gaule. Malheureusement, il n'y a pas trace de
faune dans ces couches.

II. STATION DU REDEYEF. — A 40 kilomètres des mines de
Metlaoui, entre Gafsa et la frontière algérienne et à 80 kilomètres
à l'ouest de cette ville, l'un de nous (Boudy) a découvert une
série de gisements paléolithiques d'époques diverses.

A 5 ou 6 kilomètres à l'est du bordj du Redeyef existe une
belle station acheuléenne. Les pièces en amande typique sont
souvent assez grandes. Elles présentent fréquemment la particularité de porter une ou deux encoches, semblant avoir été
destinées à l'emmanchure.

Au nord-ouest et à 5 à 6 kilomètres du même bordj, à
Sidi-Mansour, il existe encore un beau gisement analogue au
précédent, mais les haches sont rares, souvent taillées sur une
seule face, tandis que les racloirs et pointes plus nettement
moustériens sont assez abondants. Ces deux gisements reposent
sur des sables pliocènes à troncs d'arbres silicifiés.

A 1 kilomètre plus au sud, on peut voir, au pied de la
chaîne du Redeyef, une couche de cendres de 7 à 8 mètres

d'épaisseur. Elles renferment à leur base de longues lames mesurant parfois jusqu'à 20 ou 25 centimètres de longueur. Vers leur partie supérieure abondent de petites lames, de petits couteaux, souvent à dos abattu, et des sortes de coupoirs.

Enfin, à la surface de ces cendres, on trouve une industrie probablement néolithique avec pointes de javelots, des sortes de tranchets et les larges pointes de flèches pédonculées si caractéristiques.

A 2 kilomètres du bordj du Redeyef, sur le bord d'un ravin, existe un abri à deux étages, chaque étage mesurant environ 3 mètres de hauteur sur 5 à 6 de profondeur. Tous deux sont absolument remplis de cendres. Ces deux gisements étaient recouverts d'une couche de lehm avec cailloux. Ils contenaient, avec de nombreux amas d'hélix et des débris abondants d'œufs d'autruche, une fort jolie industrie identique à notre industrie de l'âge du renne en Gaule : petits couteaux, lames à dos abattu, grattoirs simples ou doubles, perçoirs, burins typiques, petites lames.

Mais l'intérêt principal de cet abri réside dans ce fait qu'il renfermait (ce qui est exceptionnel en Tunisie) une faune assez abondante de ruminants, cervidés et caprins, non encore étudiée.

Enfin, à la base des couches de l'abri inférieur — en situation telle qu'elle excluait l'hypothèse de tout remaniement postérieur — l'un de nous (M. Boudy) a pu extraire les fragments d'un squelette humain. C'était donc celui d'un de ces tailleurs de silex qui avait été écrasé par un éboulement au fond de cet abri.

III. Station d'Aïn Guettar. — A 15 kilomètres au nord-ouest de Gafsa, près de la route de Tebessa, existent, autour de la source même d'Aïn Guettar, des foyers, des abris et de vastes ateliers de silex taillés. Ceux-ci ont été détachés des blocs de silex provenant des bancs de calcaires à inocérames existant à El Mekta (colline à 5 kilomètres au nord-est de la source). Dans ces ateliers on trouve de l'industrie de tous les âges de la pierre : acheuléen, moustérien et enfin l'industrie fine que nous avons comparée à celle de l'âge du renne de la Gaule. Elle est là admirablement caractérisée par les couteaux à dos abattu, les burins, les grattoirs, les grandes lames et plusieurs pièces semblant avoir une extrémité retaillée en sorte de pédoncule.

IV. STATION D'OUM ALI. — Cette station se trouve à 55 kilomètres au sud-est de Gafsa. Elle n'est intéressante que par sa stratigraphie qui complète celle de Gafsa. En effet, sur une butte de lehm, on peut voir un amas de cendres de 3 mètres d'épaisseur, contenant des helix et quantité de fins outils comparables à ceux du Redeyef ou des buttes de l'Oued Baiech.

Ces foyers reposent sur un dépôt de lehm de 5 à 6 mètres d'épaisseur avec cailloux roulés et contenant des instruments grossiers: lames, pointes et racloirs de facies moustérien identiques à ceux de la partie supérieure de la colline 328. La stratification est très nette, c'est certainement la continuation de celle de Gafsa. Elle permet donc d'identifier et de dater stratigraphiquement l'industrie fine des divers autres gisements.

V. STATION DE GUETRANA. — A 20 kilomètres au sud-est de Gafsa, on se trouve en pleine région mégalithique. Il y existe de grands tumuli à côté desquels se trouvent d'importantes stations néolithiques qui ont été dévastées et ne contiennent plus que des éclats informes.

Il existe aussi de véritables grottes artificielles, creusées dans le lehm à rognons siliceux.

On voit donc que ces découvertes multiples démontrent l'extrême richesse préhistorique de la Tunisie. Elles soulèvent maintes questions de détails dont les plus importantes et les plus nouvelles sont, d'une part, la constatation de l'industrie si primitive des couches inférieures des poudingues, et, de l'autre, l'identification de cette curieuse industrie à facies aurignacien et magdalénien dont la place stratigraphique a pu être nettement établie, mais dont le synchronisme avec nos gisements européens n'est pas encore définitivement fixé.

En tous cas, ces recherches, nouvelles à tant de points de vue, méritaient d'être communiquées au Congrès de Monaco, auquel nous avons voulu en réserver la primeur.

Pointes de flèche et de lance du Sahara

par M. V. ARNON

Les pointes de flèche algériennes sont rarement rencontrées dans les stations préhistoriques du littoral méditerranéen. Les fouilles des grottes des environs d'Alger n'ont donné que quelques pointes et silex communs sans grande importance. Dans les grottes du département d'Oran, la présence des troglodytes s'est manifestée par une industrie plutôt fruste : les instruments récoltés dans la grotte du Ciel ouvert, notamment, sont peu retouchés et le classement chronologique à peu près impossible en raison du mélange probant du sol primitif de la grotte. Deux ébauches de flèches, seulement, y furent trouvées.

Plus avant dans les terres, à 150 kilomètres environ d'Oran et vers le ravin de Raz el Aïn, MM. Doumergue et Poirier ont découvert, dans la grotte de l'Oued Saïda, une assez grande quantité d'instruments en silex très intéressants et finement retouchés, dont une pointe de flèche pédonculée et barbelée ainsi qu'un fragment de pointe de même forme.

Mais des trouvailles plus récentes tempèrent un peu ces premières découvertes; on a récolté, dans l'Oranie, quelques pointes de flèche d'une industrie plus délicate, sans cependant égaler la finesse de taille de celles trouvées au Sahara. M. Paul Pallary dit que ce qui caractérise l'industrie de certaines grottes du Sud Oranais, c'est l'extrême rareté des pointes de flèche, et quand on en rencontre, elles sont toujours de petite taille, d'un travail soigné et toujours taillées sur les deux faces. Ce n'est d'ailleurs qu'à proximité des villes confédérées des Beni-M'zab : Ghardaïa, Mélika, Bou-Noura, Beni-Isguen, El-Ateuf, qu'on commence à trouver ces dernières sur le sol. Elles sont associées aux nodules, nucléus, lames brutes et retouchées, perçoirs simples et doubles, racloirs discoïdes et autres, haches taillées et polies, scies, tranchets, pointes de lance à base arrondie et une quantité de petits instruments délicatement taillés dont la destination réelle est problématique. La poterie est représentée par de nombreux débris, et les perles, par des fragments d'œuf d'autruche perforés d'un trou de suspension. Les perles sont curieuses en ce sens que la plupart sont mathématiquement rondes avec perforation centrale bi-conique. Pas d'ossements travaillés.

Malgré l'intérêt qui s'attache à tous ces objets, sans exception, nous ne retiendrons que les pointes de flèche et de lance, en raison de la grande quantité trouvée, de la variété de leurs formes, de la délicatesse exceptionnelle apportée dans leur fabrication et de la méthode de leur taille.

Provenances. — En suivant le M'zab de Ghardaïa à Ngoussa, on trouve bien quelques pointes de flèche çà et là sur le sable ou le gravier, mais à partir de Gara-Mouraneb, un peu au sud-est de Ngoussa, elles deviennent plus nombreuses et sont tout à fait communes dans l'immense espace où les géographes placent Ouargla, Hassi-Chambi, Timmimoun, Adrar, In-Salah, Hassi-Messeguen, Gara-Krima, Menkeb-Hellal, Mellala, Ben-Ablon, Hassi-Tamesguida, Aïn-Taïba, etc., etc. De l'un de ces points aux autres et inversement, on en trouve partout, sans interruption appréciable. Point de stations bien déterminées. Si l'on cite l'un de ces points comme station, c'est uniquement pour indiquer qu'aux environs de ceux-ci on rencontre un peu plus de silex taillés qu'ailleurs. On compte jusqu'à présent 5o centres de découvertes. Les recherches faites jusqu'à fin décembre 1905 ne dépassent pas 500 kilomètres au delà de Ouargla, elles laissent présumer que des instruments préhistoriques seraient également trouvés encore plus au sud, dans tout le grand Erg, principalement dans les Gassis.

Le Sahara n'est pas un vaste plateau aride et sablonneux comme on pourrait se l'imaginer. La mission Flatters, qui le

parcourut en 1880-1881, trouvait suffisamment d'eau pour les
14 chevaux et les 250 chameaux composant son escorte (1). Dix
ans plus tard, une autre mission, celle de Foureau-Lamy, qui
passa tout près d'Hassi-Tamesguida, abreuvait assez facilement
les 1.300 chameaux qui suivaient la mission.

Il n'existe donc en réalité ni désert, ni plaines, ni montagnes,
mais des séries de petites vallées très prolongées à bas-fonds
argileux constituant de véritables bassins généralement orientés
dans la direction des Oueds. Toutefois, en certains endroits,
l'écoulement des eaux est barré par un ressaut de terrain ; l'eau
n'afflue pas à l'Oued principal, elle séjourne dans les dépressions du sol et donne naissance à d'autres oueds d'ordre secondaire, des r'dirs, des dayas, sorte de petits lacs intermittents qui
se déssèchent plus ou moins vite suivant leur importance et
leur fond argileux. Pendant leur période d'humidité, les dayas
sont d'une fertilité prodigieuse ; elles forment d'éphémères
prairies fourragères, ombragées de jujubiers sauvages sous lesquels poussent des hélianthèmes, des luzernes et des gramens
émaillés de fleurs. Une daya serait une oasis si l'eau y séjour-
nait. Mais, sans cause apparente autre que celle de l'évaporation
ou d'un écoulement très lent par une fissure sous-jacente, le
précieux élément liquide disparaît. Le fond de la daya devient
un réceptacle hideux d'infusoires, de bêtes et de reptiles im-
mondes, puis, du jour au lendemain, de ce séjour délicieux, il
ne reste plus rien : tout y est aride, desséché, tari, jusqu'au
moment, souvent lointain, ou un orage viendra féconder à nouveau ce coin qui fut enchanteur.

Les dépressions du sol où l'eau et la végétation intermit-
tente apparaissent ne sont pas très rares au Sahara ; elles se
rencontrent réunies quelquefois en archipels, le plus souvent
isolés, séparés par d'interminables plaines absolument stériles
où l'eau tombée du ciel trouve un facile écoulement à travers le
sable.

L'aspect du désert n'a pas sensiblement changé des temps
anciens aux temps modernes. On retrouve, en effet, à la surface

(1) LEROY-BEAULIEU.

du sol, les vestiges confondus de tous les âges, depuis la pierre taillée jusqu'à ceux de l'époque actuelle.

Les hommes préberbères ont donc erré à travers le désert à la recherche de leur nourriture, emportant avec eux leurs armes et instruments en pierre. Le désert est jalonné de ceux perdus en cours d'usage. En raison même de la grande quantité d'instruments trouvés, il est présumable que le Sahara était plus habité aux temps préhistoriques que de nos jours. Le nombre des pointes de flèche et de fragments de ces armes l'atteste. Ce nombre est incalculable.

La découverte de pointes de flèche de même forme et de même taille, dans un rayon désertique très étendu, n'a donc rien qui doive surprendre. Les flèches sont recueillies aujourd'hui par les Chambaas nomades, pâtres et chasseurs, sur toute la surface du Sahara, notamment dans le voisinage des anciens puits.

Matière employée. — Les gisements de silex sont très abondants au Sahara ; la coloration des nodules employés est variée à l'infini. Sur 1000 instruments de toute nature la proportion est de :

Silex pyromaque à texture transparente, marron, brun, noirâtre..............	300
Silex argileux, pâte amorphe, teintes grises.	300
Cristal de calcite, calcédoine, pâte laiteuse.	200
Roches rubanées avec alternance des couches	100
Roches pétrosiliceuses.................	50
Silex jaspés : saumon, brique, rouille.....	40
Divers...............................	10

Dans ces chiffres, les pointes de flèche pédonculées et les pointes de lance figurent pour 700, soit 70 % des objets mobiliers des Préhistoriques sahariens.

Dans tous les cas qui seront nécessairement examinés, chacun des organes des flèches est traité séparément sans égard aux autres parties. D'ailleurs, des pointes de flèche de toutes grosseurs et de teintes différentes ont été choisies autant que possible par groupe de six, à titre documentaire et de comparaison. Quelques-uns des objets décrits sont représentés par des photographies de grandeur naturelle.

Fabrication. — Pour fabriquer une pointe de flèche, l'ouvrier commençait à sectionner le nodule en travers à l'un des bouts, de manière à obtenir une surface unie au plan de frappe. Le cortex était soigneusement enlevé sur tout le pourtour. En effet, de toutes les pointes examinées, on ne trouve, sur aucune d'elles, la moindre trace de l'enveloppe de la roche utilisée. On détachait ensuite, du nodule ou nucléus, un fragment de silex proportionné à la grosseur de la pointe à fabriquer (fig. 93).

Quelquefois le fragment détaché avait déjà une forme assez vague de flèche. Dans ce cas, le point de percussion ne se ren-

FIG. 93. — Fragment de silex pour la fabrication d'une pointe de flèche.

FIG. 94. — Fragment de silex percuté par le côté droit.

contre jamais au pédoncule ni au sommet, toujours à l'une des barbes (fig. 94). Les fragments destinés à la fabrication des flèches pédonculées étaient dégrossis ensuite par l'enlèvement des parties inutiles en commençant par le pédoncule, qui apparaît en entier à l'état brut sur toutes les ébauches Les barbelures, les côtés et la pointe n'étaient achevés qu'en dernier lieu. Il résulte de cette remarque que le pédoncule de la flèche était indispensable à la fabrication de celle-ci en tant que préhension pour parachever la taille. Peut-être ces ébauches ont-elles été négligées en raison d'une imperfection dans la taille pouvant exercer une influence sur l'usage attendu de ces flèches. Il n'en est rien. Sur des spécimens fort bien taillés d'ailleurs et absolument intacts, on constate des malfaçons : une barbe plus haute que l'autre (fig. 95), une barbelure arrondie, un pédoncule courbé, une barbelure basse et une rectiligne (fig. 96), un pédoncule n'occupant pas le centre de la flèche, une pointe cylindrique au lieu de se présenter plate et aiguë, etc. Ces imperfections sont dues aux pesées trop fortes exercées au cours de la fabrication ou à l'inexpérience des ouvriers. Elles sont d'ailleurs assez rares. Par l'examen de ces ébauches on peut suivre l'évolution de la taille de la flèche, depuis le fragment de silex amygdaloïde jusqu'à la tentative de la perfection. Celle-ci va bientôt se manifester.

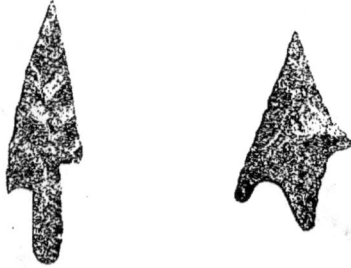

Fig. 95 et 96. — Spécimens de flèches de taille irrégulière.

Pointes de flèche sans pédoncule, taillées sur les deux faces. — Elles sont peu nombreuses si on les compare au nombre des flèches pédonculées. Elles ne diffèrent de ces dernières que par l'absence totale du pédoncule. Les pointes sont plus ou moins aiguës ; les côtés incurvés, droits ou convexes, la base échancrée en fer à cheval. Les barbelures ont sensiblement la même épaisseur que la flèche elle-même (fig. 97). Sur quelques-unes l'échancrure de la base est moins prononcée.

Celle-ci est quelquefois rectiligne ou affecte la forme d'un tranchant de hache. La taille faciale est pelliculaire et la forme harmonieuse. On en trouve de toutes grosseurs, dont la figure 97 représente la moyenne. Elles sont contemporaines des flèches pédonculées, dont elles ont la taille extraordinairement soignée. Des flèches à la base concave ont été également trouvées dans diverses localités d'Europe, notamment en Irlande, mais en petite quantité. Au Désert, elles ne sont pas rares.

Pointes pédonculées et barbelées. — Ce sont les plus nombreuses et on doit reconnaître que le Préhistorique saharien excellait en l'art de fabriquer les parties délicates de ces objets. On en a la preuve en examinant les perçoirs doubles dont les extrémités sont ingénieusement taillées. Ces outils, communs et spéciaux au Désert, ont d'ailleurs quelque ressemblance avec les flèches, barbelures exceptées.

Pédoncule. — La longueur du pédoncule varie beaucoup plus par la volonté du fabricant que par les accidents et les hasards

Fig. 97. — Flèche à base incurvée.

Fig. 98. — Flèche à pédoncule court.

Fig. 99. — Flèche à pédoncule cylindrique et à base arrondie.

de la taille. Tantôt la flèche ne présente qu'un embryon de pédoncule qui augmente progressivement (fig. 98) jusqu'à égaler la moitié de la hauteur de l'arme. Il s'en suit que la longueur plus ou moins grande du pédoncule n'était ni indispensable, ni déterminée pour l'emmanchement des flèches. La forme du pédoncule n'affectait pas non plus son usage : quelques flèches présentent cet organe en forme de triangle équilatéral et certaines autres ont le pédoncule confondu aux barbelures. Ces dernières flèches, que l'on pourrait attribuer à des fabricants novices, sont plutôt rares. Elles représentent les formes les plus frustes.

Par contre, on remarque des pédoncules droits, de forme cylindrique et de coupe ovale avec base arrondie (fig. 99). Ces pédoncules sont bien dégagés des barbelures, quelle que soit l'ampleur de ces dernières.

Ainsi qu'on voudra bien le remarquer, aucune dimension précise ni déterminée n'était donnée dans la tige des flèches; cet organe se présente, en réalité, sous toutes les formes que l'imagination du fabricant pouvait lui donner. Malgré ces diverses apparences, le pédoncule est toujours très bien taillé à petits éclats pelliculaires, avec la même finesse que celle des faces. Au moment des découvertes des flèches, on relève que le pédoncule est brisé dans la proportion de 100 sur 1000.

Barbelures. — Si le pédoncule est changeant dans la forme, on retrouve dans la conception des barbelures d'autres apparences autrement variées et plus nombreuses, d'un grand intérêt à étudier. Voici quelques séries à titre d'exemples :

1. Barbelures remontantes par rapport à la base de l'arme. — Bien que le pédoncule reste lié aux barbelures, celles-ci sont tranchantes ; par la taille on reconnaît la volonté de l'auteur de donner à la flèche cette forme particulière à base losangée. On peut admettre aussi les cassures des barbes au cours de la fabrication et des retouches subséquentes pour donner du tranchant. La taille faciale de ces flèches est aussi soignée que celles autrement barbelées. On en trouve de même forme en France et plus communément en Angleterre.

2. Barbelures basses par rapport au pédoncule. — Qu'elles soient élancées ou massives, que leurs côtés soient droits, incurvés ou convexes, certaines flèches présentent leurs barbelures tombant jusqu'à la base même de l'arme, sans toutefois dépasser le pédoncule. Ces pointes, déjà plus harmonieuses que les précédentes, sont communément trouvées au Désert.

3. Barbelures plus basses que le pédoncule. — Dans la taille de ces flèches, l'artiste a indiqué nettement sa volonté de créer une forme particulière.

Le pédoncule est à peine formé ; les barbelures tombent en dépassant la longueur de cet organe et en s'écartant de l'axe de la flèche. Il y en a d'étroites ; d'autres plus évasées dont l'écartement est supérieur à la hauteur de la flèche (fig. 100) et d'autres encore de proportions plus agréables, avec pointes aiguës et côtés gracieusement incurvés. Les flèches de cette série sont peu communes en Europe. On cite les lieux de découverte des quelques unités trouvées, alors qu'au Désert on les rencontre encore assez facilement.

4. Barbelures hautes. — Si, dans les deux séries précédentes, les barbelures atteignent et dépassent même la base du pédoncule, d'autres séries montrent les barbelures très nettement dégagées de leur axe pédonculaire et placées du tiers à la moitié de la hauteur. Cette forme, également trouvée communément au Désert et au Maroc, est des plus gracieuses. Ses barbes sont

FIG. 100. — Pointe de flèche à barbelures évasées et plus longues que le pédoncule.

FIG. 101. — Flèche à ailes éployées.

tombantes, sans excès. Elles donnent à la flèche une forme harmonieuse. Tout y est mesuré, pondéré : pointe, pédoncule, côtés et barbelures.

5. Barbelures rectilignes. — Malgré la grosseur de la flèche, on relève un certain nombre de ces armes avec barbes rectilignes, mais dans ce cas, le pédoncule est conoïde, les côtés droits, délicatement retouchés. La partie supérieure est élancée et bien conçue. C'est une des formes communes au Sahara et c'est avec beaucoup d'à-propos que MM. G. et A. de Mortillet (dans le *Musée Préhistorique*) indiquent cette forme comme étant l'une de celles trouvées aux environs d'Ouargla.

6. Barbelures étroites. — Ces spécimens ont été également trouvés aux environs d'Ouargla. La flèche est très élancée proportionnellement à la largeur de l'arme; les barbelures sont sobres, tombantes, peu saillantes.

On en a découvert quelques-unes en France, dans les dolmens de l'Aveyron, de même forme élancée, mais celles du Sahara sont de dimensions plus réduites.

7. Barbelures évasées. — Ces flèches n'ont point de barbelures, mais de véritables ailes, des ailes éployées dont l'envergure atteint et dépasse même la longueur de l'arme, pédoncule compris (fig. 101).

Ces ailes sont hautes ou basses, pas de point d'attache déterminé. Bien que les ailes les plus basses ne dépassent pas le pédoncule, elles offrent quelque analogie avec celles citées plus haut. Ces flèches sont assez communes au Sahara. Dans tous les cas, on peut les citer comme objets contrastant avec ceux précédemment décrits.

8. Barbelures à angles aigus. — Cette série est la dernière concernant les barbelures. Elle a son intérêt en ce sens que les lignes obliques formant les côtés de la flèche se terminent à angles aigus dans la direction du pédoncule. Leur forme diffère des autres flèches dont les barbelures sont arrondies. Sans être bien communes, elles ne sont pas rares au Sahara. Leur nombre est très limité en Europe.

Il est intéressant de constater des formes différentes et si répétées dans la conception des barbelures. Arrondies ou aiguës, basses ou hautes, rectilignes ou tombantes, étroites ou évasées, elles remplissaient toutes leur rôle à des degrés divers, suivant leur destination.

Sur 1000 flèches recueillies au Sahara, 200 ont les barbelures cassées, soit sur l'un des côtés, soit sur les deux.

Côtés. — 1. Côtés droits. — Les côtés sont, avec la pointe, les parties essentielles de la flèche en tant que pénétration. Sur un certain nombre de flèches, qu'elles soient grandes ou petites, les côtés sont droits (fig. 102), bien que les barbelures se présentent rectilignes ou tombantes, hautes ou basses. La série présentée est fort intéressante et peut être comparée avantageusement aux plus belles flèches trouvées en Europe.

2. Côtés incurvés. — Les flèches à côtés incurvés sont aussi communes, au Désert, que celles à côtés droits ou convexes.

Elles sont également bien taillées et ont les côtés tranchants. La même forme est trouvée en grosseurs différentes. L'ensemble de la flèche est harmonieux.

3. Côtés convexes. — Sans doute, cette forme de flèche est des plus communes. C'est, d'ailleurs, celle usitée généralement pour les instruments à usage de pénétration, notamment les pointes de lance et les javelots. Les spécimens présentés sont communément trouvés, mais on recueille aussi, au Sahara, des échantillons de même forme et de dimension égalant celle des javelots.

4. Côtés à crans. — L'apogée de la taille résulte de l'examen

Fig. 102. — Flèche à côtés droits.

Fig. 103. — Flèche à côtés crénelés.

de ces belles flèches crénelées latéralement à intervalles réguliers. Le but recherché était sans doute de donner aux blessures un caractère plus meurtrier par la déchirure des tissus. Leur forme, vigoureusement élancée, ainsi que les proportions données aux différents organes, les classent parmi les plus belles flèches du Sahara, où elles ne sont pas très rares (fig. 103). Celles de même forme trouvées en Europe sont recueillies plus dans les sépultures que dans les stations préhistoriques. Elles sont d'ailleurs plus épaisses, de dimensions plus fortes et d'une taille moins fine. On distingue très nettement sur ces objets la méthode de taille qui sera exposée plus loin.

Les côtés des flèches, comme les autres organes d'ailleurs, se présentent avec des contours différents, sans règle préconçue.

Pointes. — 1. Pointes arrondies.— La pointe est l'organe conducteur de la flèche. Pour quelles raisons les Préhistoriques sahariens en ont-ils fabriqué avec l'extrémité supérieure arrondie, annihilant en quelque sorte leur force de propulsion ? Vainement on chercherait sur cette partie une cassure pouvant lui donner une forme ronde accidentelle.

Sur les spécimens étudiés, la pointe est bien retouchée intentionnellement à cet endroit, soit dans le sens de l'épaisseur soit dans le sens de la face. Une taille antérieure aurait laissé des traces qui n'existent pas. Les flèches à pointes arrondies sont plutôt rares.

2. Pointes ogivales. — La flèche à pointe ogivale, indépendamment de sa forme, est caractérisée par une épaisseur un peu plus accentuée de la partie usuelle que celle constatée sur les flèches à côtés incurvés. Cette taille avait pour résultat de donner plus de robustesse à la pointe. En effet les flèches ogivales sont recueillies rarement cassées ; on relève aussi, sur certaines unités de cette forme, un pédoncule épais avec indication de crans latéraux ménagés pour la ligature. Quelques pointes ogivales, correspondant à ce modèle, sont rencontrées dans les dolmens du Sud de la France, mais de dimensions supérieures.

3. Pointes aiguës. — Cette dernière série termine l'exposé des différents organes des flèches. Elle a été choisie parmi beaucoup afin de résumer en quelque sorte les diverses formes de flèches : pédoncule court ou long ; barbelures étroites ou évasées, tombantes ou rectilignes ; côtés incurvés, convexes ou crénelés. Malgré toutes ces formes, si variées, la pointe est parfois très aiguë, soit dans les sens de la face, soit par rapport à l'épaisseur.

Quelle que soit leur forme, quelle que soit leur grosseur, les pointes de flèches sont trouvées cassées dans la proportion de 600 sur 1000. Ont-elles atteint leur but et se sont-elles heurtées à un obstacle qui les a brisées ? On ne peut guère répondre que par l'affirmative. Les flèches intactes, sans aucune cassure, sont recueillies au nombre de 100 sur 1000.

Flèches taillées sur une seule face. — Toutes les flèches ci-dessus décrites sont taillées sur les deux faces. Voici cependant une série de flèches dont la face convexe seulement a été retouchée sur le pourtour, sans apparence de taille sur l'autre face. Ce sont plutôt des lames pédonculées, contemporaines des flèches taillées sur les deux faces. On ne peut guère objecter que ce sont là de simples ébauches ; le fini du pédoncule, la présence des barbelures, les retouches délicates faites latéralement, leur forme élancée et leur pointe aiguë, les classent au même titre que celles mieux conformées. Elles ont été taillées dans des lames plates ou triangulaires bien droites. On pourrait encore attribuer leur paternité à des fabricants novices en l'art de la taille. Avec cette catégorie de flèches, les Préhistoriques sahariens obtenaient les mêmes résultats qu'avec les autres. Il y a lieu d'ajouter que ces armes sont assez rares au désert, alors qu'en Europe elles sont communes : on les trouve en effet dans presque toutes les stations néolithiques.

Formes. — La forme des pointes de flèche a toujours retenu l'attention des préhistoriens. Certains estiment que chaque tribu, que chaque colonie fabriquait une forme de flèche qui lui était particulière. D'autres citent des flèches typiques de telle région ou de telle station. Sans doute, on retrouve quelque analogie sur certaines formes contemporaines, mais il serait téméraire d'en conclure qu'une forme unique ou peu variable est seulement trouvée dans la même région. En admettant même ce principe pour les flèches européennes, nous pensons qu'une exception peut être faite en ce qui concerne celles découvertes au Sahara.

Bien que recueillies à des endroits assez éloignés les uns des autres, on en trouve de toutes grosseurs et d'autant de formes que l'imagination la plus inventive puisse concevoir. En effet, les habitants de la même colonie fabriquaient leurs flèches de façon toute différente, suivant leur conception individuelle ou l'usage qu'ils désiraient obtenir. La forme primitive était aussi souvent modifiée au cours de la fabrication par les multiples hasards de la taille et la plus ou moins grande habileté

des fabricants. Si l'on ajoute que le Désert a été habité par
de nombreuses tribus essentiellement nomades, on s'explique
facilement autant la grande quantité de flèches fabriquées —
trouvées un peu partout — que les formes différentielles.

Les pointes de flèche du Sahara affectent donc toutes les
formes, sans que l'on puisse faire ressortir un type nettement
caractérisé soit par le pédoncule, soit par les barbelures, soit
par les côtés, soit par la pointe. C'est d'ailleurs pour cette raison que nous avons cru intéressant de décrire les principales
formes.

Aspect. — Ces flèches, ainsi que les autres instruments, ont
conservé pour la plupart leur coloration naturelle. Toutefois
leur surface est fortement patinée par le contact répété du sable
fin, actionné par le simoun, le *guebli* des Arabes. Les vives
arêtes de la taille en sont émoussées. Le sable est impalpable
au point qu'il traverse les tissus les plus étroitement tramés.
Les flèches calcédonieuses sont parfois revêtues d'une sorte de
dépôt calcaire, blanc, laissant supposer un long séjour dans
l'eau. Leur surface est corrodée par l'acidité des eaux. On trouve
aussi de nombreuses flèches cacholonnées.

Grosses flèches taillées sur une seule face. — Ces armes
méritent quelque attention. Elles sont taillées à très gros éclats
sur la face extérieure seulement. Peu ou pas de retouches latérales. Les Préhistoriques qui les ont fabriquées ont saisi intel-
ligemment la proéminence du conchoïde de percussion pour
mettre la flèche en harmonie avec la convexité de l'autre face,
de telle sorte que l'arme est droite ou presque. Cette taille à
gros éclats était jugée suffisante pour l'usage que le fabricant
désirait obtenir (fig. 104). Les flèches présentées sont de grosseur
moyenne; il y en a de plus grandes et de plus petites. Toutes
sont épaisses par rapport à leur volume. Suivant le gisement
dans lequel elles ont été conservées, les arêtes de la taille
sont plus ou moins émoussées. Quelques flèches ont leur
surface parsemée de petites géodes creusées par le travail dis-
solvant de l'eau. Leur forme est néanmoins harmonieuse, avec
barbelures tombantes bien dégagées du pédoncule. Malgré leur

taille grossière, il faut reconnaître que leur conception est juste. Cette sorte de flèche est spéciale au Sahara, où elle est assez rare. En Europe, elle est introuvable.

La contemporanéité de ces flèches avec celles décrites plus haut, taillées sur les deux faces, est loin d'être établie.

La divergence dans l'industrie de la taille, ainsi que les dimensions, font présumer pour ces dernières une fabrication antérieure à celle des autres flèches. En raison de leur épaisseur et de leur poids, ces armes grossières ne pouvaient être lancées à l'arc, elles étaient sans doute ligaturées à l'extrémité de tiges de bois et restaient à titre défensif entre les mains de l'homme.

Pointes de lance à base arrondie en forme de feuille. — Les avis sont encore bien partagés au sujet de cette forme. D'un côté, on affirme qu'elle n'était que le prélude ou même l'ébauche de la flèche pédonculée et barbelée et que, pour fabriquer cette dernière sorte, il fallait nécessairement la faire passer par la forme lancéolée qu'elle quittait ensuite par la transformation de la base arrondie en tige et barbelures. D'un autre côté, on

FIG. 104. — Grosse flèche taillée sur une seule face.

dit que la forme de feuille était voulue et que l'arme est entière, non pas une ébauche. Toutes les hypothèses sont permises suivant les types considérés.

La série étudiée offre des spécimens bien caractérisés. Les lances sont taillées à petits éclats avec la même perfection que les flèches. La base arrondie est épaisse ; la pointe est fine et acérée. Les côtés sont tranchants et les deux faces également convexes. La forme de ces lances paraît bien voulue ; plusieurs raisons viennent en faveur de cette opinion. Si ces objets étaient réellement des ébauches de flèches, la base aurait été négligée, alors qu'elle est aussi finement retouchée que le reste du pourtour.

En outre, dans la fabrication des flèches, le pédoncule — ainsi qu'on l'a vu plus haut — est le premier organe qui sort du néant de l'éclat. Enfin, on ne saurait admettre une forme lancéolée et à base arrondie précédant la taille des flèches à barbelures plus basses que le pédoncule. Ce sont des arguments qui font présumer pour les lances du Désert une base arrondie bien intentionnelle.

Ces sortes de lances ne sont pas rares en France ; en Angleterre, elles sont communes notamment dans le Yorkshire ; au Sahara, elles ne sont pas très abondantes.

Pointes de lance en forme de feuille de laurier. — Toutes ces armes sont doublement lancéolées. Sur quelques-unes, on ne saurait préciser sûrement l'extrémité usagée de préférence à celle opposée. En effet, les deux pointes sont également aiguës et les côtés aussi tranchants. D'autre part, la convexité des deux faces est absolument identique. Ces instruments sont étroits et plats, la taille est fine et de même industrie que celle des flèches pédonculées.

Les dimensions sont très variables. On a trouvé des lances dépassant 15 centimètres ; la grosseur moyenne est de 6 à 7 centimètres (fig. 105).

Fig. 105. — Pointe en forme de feuille de laurier.

Il est présumable que ces lances ont armé les cavaliers préhistoriques sahariens. D'autres armes plus petites, mais de même forme, doublement lancéolée sont également recueillies au Sahara ; elles mesurent à peine 2 ou 3 centimètres. Ces pointes emmanchées pouvaient se tirer à l'arc, de même que les flèches barbelées. Cette forme en feuille de laurier est donc recueillie de toutes dimensions.

Par leur taille des plus soignées, les pointes en forme de feuilles de laurier, tout au moins les plus longues, trouvées au Sahara, appartiennent à l'époque robenhausienne, alors que par leur forme, elles se rapprochent de la pointe solutréenne, toutes proportions gardées. La pointe qui caractérise cette dernière époque est également trouvée sous l'abri de Laugerie-Haute, gisement non épuisé, et dans la grotte d'Exideuil (Dordogne).

M. A. de Maret en a trouvé un fort beau spécimen dans la grotte du Placard près de Rochebertier (Charente). Cette grotte renfermait d'ailleurs des objets appartenant à toutes les époques paléolithiques, à l'exception du chelléen. Les gisements qualifiés robenhausiens donnent peu ou point la forme rencontrée au Désert.

Il n'est pas sans intérêt de considérer ces pointes en forme de feuille de laurier comme type nouveau recueilli dans les gisements nettement robenhausiens, associé aux pointes pédonculées et barbelées qui caractérisent cette époque.

Quant aux pointes de dimensions plus réduites mais de même forme doublement lancéolée, elles offrent un caractère aussi intéressant, en ce sens qu'elles ne sont pas trouvées non plus en Europe dans les mêmes gisements.

On peut donc en conclure que l'usage de la pointe en feuille de laurier, petite ou grande, était pratiquée au Sahara à l'époque robenhausienne.

Les stations préhistoriques du littoral méditerranéen, ainsi que celles de l'Ouest oranais, n'ont donné aucune de ces pointes, bien que situées à une distance relativement peu éloignée du lieu de leur découverte.

Méthode de taille. — Les stations robenhausiennes où l'on trouve des pointes de flèche en abondance sont assez rares en France. Cependant les vallées de la Loire et de l'Allier en ont donné de nombreux et beaux spécimens de différentes formes. Les collections de MM. Françis Perrot, F. Chabas, d'Arcelin, Perrault, Landa, Chapelet, etc., en sont abondamment pourvues. Le Musée eucharistique de Paray-le-Monial en possède beaucoup d'un rare travail. La collection de flèches que M. Loidreau de Neuilly a récolté au camp de Chassey est unique dans le centre de la France. Cette collection vient d'être donnée à la Société éduenne d'Autun.

Mais toutes ces flèches, plus épaisses et de dimensions plus grandes que celles du Sahara, ont été taillées par le même principe dérivant de celui de Solutré. Les quelques pointes trouvées au Danemark, dont les formes sont reproduites dans tous les livres classiques de préhistoire et par toutes les revues d'anthropologie en vue d'établir l'apogée de l'industrie robenhausienne, sont également taillées de même façon. Les faces ont été rendues convexes par l'enlèvement, par pression, des parties inutiles ; le départ des esquilles a creusé un sillon horizontal, la pointe étant debout ; le pourtour est retouché dans les mêmes conditions, mais plus finement que les faces. Sur tous ces instruments, qu'ils soient solutréens ou robenhausiens, la taille est typique, elle se répète sur tous les objets : flèches, lances ou javelots, toujours le même sillon horizontal.

Telle n'est pas l'industrie de taille constatée sur les flèches et lances trouvées au Désert. Les Préhistoriques sahariens ont pratiqué la taille faciale avec une méthode qui se répète sur toutes ces armes. Sans doute, celles-ci étant de moindre épaisseur, elles se prêtaient davantage à cette méthode ; cependant de plus épaisses enregistrent la même taille.

Après avoir choisi un fragment de silex, l'ouvrier exerçait des pressions sur un corps dur, sans doute mobile, tenu en main. Il commençait par la partie supérieure de la flèche et suivait le même côté jusqu'aux barbelures. L'éclatement des esquilles était toujours dirigé de haut, en oblique, vers le bas, de telle sorte que les cassures détachées du bord se propageaient jusqu'au delà du milieu de la flèche. La taille d'un côté étant faite, l'ouvrier recommençait la même opération sur le côté opposé de la même face, toujours dans le sens oblique vers l'axe de la flèche où les cassures se rencontrent. L'axe de l'arme présente donc des sillons en forme de V dont les branches sont plus ou moins écartées. La même opération se renouvelait sur l'autre face. Une dernière pression était réservée sur chaque côté du pédoncule et sur les deux faces, afin de bien dégager les barbelures du pédoncule. Cette dernière retouche est visible sur toutes les flèches pédonculées, en ce sens que les dernières esquilles enlevées empiètent sur les éclats précédents. Les photographies des armes en calcédoine n'enregistrent pas ces détails, bien qu'ils soient visibles à l'œil. Mais sur les spécimens de couleur foncée, la photographie vient en aide en accentuant toutes les profondeurs des retouches.

Indépendamment des objets déjà décrits, sur lesquels on a déjà remarqué cette méthode de taille, nous présentons un spécimen où les enlevages sont très accentuées (fig. 106), et un autre où la méthode est plus confuse (fig. 107), mais avec départ des esquilles toujours orienté de la partie supérieure obliquement vers la base de la flèche.

Sans doute, les flèches robenhausiennes trouvées dans les

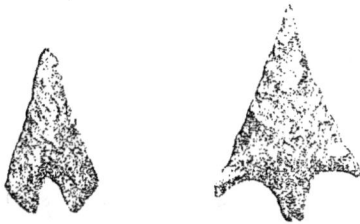

Fɪɢ. 106 et 107. — Pointes de flèche taillées en forme de V.

dolmens, sépultures, cachettes, etc., offrent une taille des plus délicates, mais en réalité ces flèches sont rares ; on les cite une à une comme des chefs-d'œuvre de patience et d'adresse. On suppute la délicatesse de leur forme pour évaluer le degré de civilisation des hommes qui les ont fabriquées. Si, en dehors de quelques flèches et armes, nos stations européennes n'ont donné qu'une industrie d'ensemble relativement pauvre, rehaussée cependant par quelques unités idéalement taillées, que dire des flèches du Sahara où elles ont été fabriquées par milliers sous des formes si différentes. Que conclure de cette industrie méthodique si artistement caractérisée ? Non pas que les flèches seules soient délicatement travaillées à l'exclusion des autres instruments, le même art se répète sur tous les objets. Est-ce à dire que la civilisation était à ce moment plus avancée au

Sahara qu'en Europe? L'histoire des peuples n'enregistre-t-elle pas de fréquents exemples de poussées d'intellectualité bientôt suivies de décadence? L'Arabe lui-même ne s'est-il pas illustré au moyen âge, époque à laquelle il a étonné le monde par son impeccable industrie?

Il est donc raisonnable de penser que la race préberbère se soit signalée par une industrie prépondérante. On en a la preuve par tous les échantillons exposés et par l'examen de tous les objets travaillés.

Comme type d'industrie parfaite, on peut citer la fabrication d'une légion de flèches pygmées de 10 à 20 millimètres de hauteur sur 1 ou 2 d'épaisseur, dont la conception et la taille méritent tous les éloges.

D'ailleurs, l'industrie de cette merveilleuse taille s'étendait aux autres objets. On a trouvé un poignard en silex d'une longueur totale de 20 centimètres. Le manche à crosse saillante, un peu relevée, occupe le quart de l'arme ; la pointe est courbée du côté opposée à la crosse. Les côtés sont tranchants, la lame est triangulaire. C'est sans doute le seul instrument de ce genre trouvé jusqu'à présent.

L'industrie des Préhistoriques sahariens s'est exercée aussi sur le test de l'œuf d'autruche. Indépendamment des perles fabriquées avec cette matière, perles que l'on trouve au Sahara assez facilement, ils ont fabriqué des flèches avec pédoncule et barbelures.

Dans un spécimen, la taille est si visiblement intentionnelle que l'on remarque sur le pourtour un travail de retouche fait dans le but d'arrondir le bord de la coquille. Pareil travail se relève sur le bord extérieur des perles (1).

Evidemment, toutes les formes de flèches taillées au Désert n'ont pas encore été recueillies, la préhistoire saharienne, proprement dite, nous réserve encore bien des surprises. Elle est

(1) M. A. Debruge signale des fragments sur lesquels les Préhistoriques ont gravé, à la pointe en silex, des arabesques et des dessins du plus haut intérêt, et des perles en coquille d'œuf, objets trouvés sur le littoral algérien et sur les hauts plateaux de l'Atlas.

essentiellement féconde en instruments, armes et objets de toutes sortes, autant que l'industrie de taille en est raffinée. L'épuisement des vestiges préhistoriques est un fait qui est loin d'être accompli.

La violence du sirocco soulève le sable, découvrant et recouvrant ces vestiges, assurant d'un côté des trouvailles toujours répétées, de l'autre une parfaite conservation des objets qui restent.

Nous avons présenté quelques flèches dans le but de faire ressortir la grande diversité de formes, la méthode de la taille et la délicatesse de l'industrie des précurseurs de la race berbère, d'après les échantillons péniblement recueillis. En effet, les centres de recherches sont difficilement abordables ; de Biskra à Ouargla on compte 410 kilomètres à dos de chameau, et d'Ouargla à la station la plus éloignée, Aïn-Taïba, il ne faut pas moins de six journées de même locomotion.

Les flèches sont recueillies par les Chambaas, au cours de leurs pérégrinations à travers le Désert. Ils les serrent dans des petits sacs en peau et les ramènent à Ouargla où elles sont centralisées. En admettant que les armes intactes, seules, soient recueillies, celles-ci ne peuvent faire autrement que de se heurter entre elles et se briser aux endroits délicats. Que l'on veuille bien me pardonner de présenter des flèches sur quelques-unes desquelles on a pu remarquer une petite partie incomplète ; le heurt et le manquant s'expliquent par la longueur du transport. D'ailleurs la parcelle absente n'enlève aucune valeur aux objets décrits.

Tout l'intérêt de cette étude se résume dans ce fait que l'industrie de l'ensemble est égale sinon supérieure à celle rencontrée en Europe, avec cette différence appréciable que les flèches sont infiniment plus nombreuses puisqu'elles sont en nombre incalculable.

Chronologie. — Les plus anciens vestiges de l'industrie humaine constatés dans le département d'Oran, dit M. Paul Pallary, se rapporte à l'époque chelléenne et ont été trouvés à Palikao, associés à la faune des grands vertébrés. L'époque acheuléenne est représentée par des instruments « en amande » recueillis dans le dépôt travertineux d'Ouzidan et dans les alluvions de la bordure nord de la plaine d'Eghris. MM. Doumergue, Poirier, Flamand et Boule en ont signalé sur les Hauts Plateaux et à plusieurs autres endroits. Le moustérien, comprenant la pointe, le racloir, le disque et parfois de grandes lames, est trouvé soit dans les alluvions, soit dans de nombreuses cavernes. Le solutréen et le magdalénien font défaut. Quant au robenhausien, s'il est rare au Nord de l'Afrique, il est très abondant dans la direction du Sud. Toutefois l'industrie tardenoisienne est commune dans les Hauts Plateaux et le Sud Oranais. M. P. Bédé, de son côté, a signalé de nombreux spécimens de cette industrie trouvés à Oudref (Tunisie).

De Ngoussa à Aïn-Taïba, on n'a rencontré jusqu'à présent que quelques pointes du type moustérien, quelques éclateurs en forme de hache taillés à gros éclats et des flèches retouchées sur une face seulement. Mais ces spécimens sont assez rares et insuffisamment caractérisés pour les rapporter sûrement à une époque de la période paléolithique, étant donnée cette circonstance qu'ils ont été recueillis associés à de très nombreux objets robenhausiens.

Quant à la période néolithique, elle se manifeste dès sa première époque (tardenoisienne) par des instruments en silex de très petites dimensions, de formes géométriques, très répandus dans les environs de Mouraneb-Ben-Mendil, et se continue par l'époque robenhausienne caractérisée par la grande abondance des flèches pédonculées et barbelées trouvées partout.

Le Sahara, pays des flèches, a pu être parcouru par quelques tribus errantes venues des Hauts Plateaux, mais a été sûrement habité longtemps par une population nombreuse, bien que nomade, en pleine époque robenhausienne.

L'Homme de Sancti Spiritus (Ile de Cuba)

par M. le Dr Louis MONTANÉ

———

I. — Connues déjà et signalées, depuis la moitié du siècle dernier, les grottes de Cuba, qui contiennent des ossements humains, n'ont été méthodiquement étudiées et explorées que depuis 1892, à la veille même du quatrième centenaire de la découverte de l'Amérique.

Ces grottes, véritables chambres sépulcrales, s'ouvrent dans les hautes murailles calcaires (*farallones*) qui bordent la mer depuis Baracoa jusqu'au cap Maisi (extrémité orientale de Cuba), et de là, en doublant la pointe de l'île, jusqu'à une certaine étendue de la côte sud.

C'est dans ces grottes que nous avons eu la bonne fortune de découvrir un ossuaire indien. Dans la plupart, les restes des morts sont groupés en masse, mélangés ou non avec quelques fragments de poterie ou quelques objets de pierre polie. Rarement les crânes accompagnent les restes, ils se trouvent presque toujours à part.

Au début, et pendant longtemps, les crânes recueillis par nous, ou ceux qui nous proviennent des mêmes lieux, présentaient cette déformation caractéristique qui, par erreur, a été longtemps appelée « déformation Caraïbe » et qui, en réalité, est « palenquéenne ».

Mais, plus tard, nous avons commencé à découvrir des crânes non déformés, que leur indice cranien classe, en général, dans les sous-dolichocéphales.

C'est aussi dans ces mêmes lieux que nous avons trouvé

toute une série, déjà nombreuse, d'*objets archéologiques* tels que :

1° *Idoles* de pierre (fig. 108, 109 et 110) ou de bois (fig. 111). Parmi ces dernières, nous signalerons une idole taillée dans un tronc d'arbre (le gaïac), qui mesure 1 mètre à peu près de

FIG. 108. — Statuette en pierre. Halguin (Cuba).

FIG. 109. — Statuette en pierre. Manzanillo (Cuba).

hauteur, et chez laquelle les attributs sexuels, nettement accentués, semblent caractériser certaines coutumes propres aux anciens habitants des Antilles (fig. 112 et 113) (1).

2° Les *haches polies* (fig. 114 et 115), en diorite, serpentine et jade (roches que renferme l'île de Cuba), parmi lesquelles il en est une qui présente une forme caractéristique, que l'on peut appeler *antillienne*, et une autre, qui offre une forme de tranchant, non décrite jusqu'aujourd'hui, et sur la signification de

(1) ARTHAUT. — *Des Divinités génératrices chez les anciens et les modernes*, 1790. Vol. II, p. 116.

laquelle je désirerais connaître l'opinion de mes collègues du Congrès (fig. 116) (1) ;

3° Les *pilons* de pierre (fig. 117), (pilons à mortier).

4° Les *sculptures de pierre* qui représentent des animaux (tortue, etc.), (fig. 118 et 119) ;

5° Les *plaques de pierre*

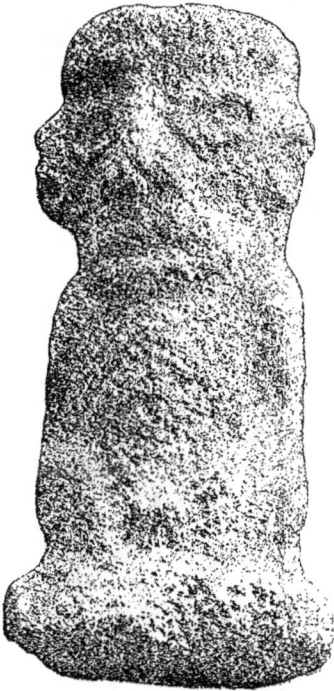

FIG. 110. — Statuette en pierre.
Maisi (Cuba).

FIG. 111. — Statuette en bois.
Sancti Spiritus (Cuba).

rondes, perforées à leur centre, analogues aux fusaïoles (fig. 120), mais paraissant plutôt destinées à la pêche, et devant être regardées comme des *pesons de filet* ;

(1) Voy. p. 153 le mémoire de M. le Dʳ E. T. HAMY sur les Spectres de pierre en forme de hache emmanchée.

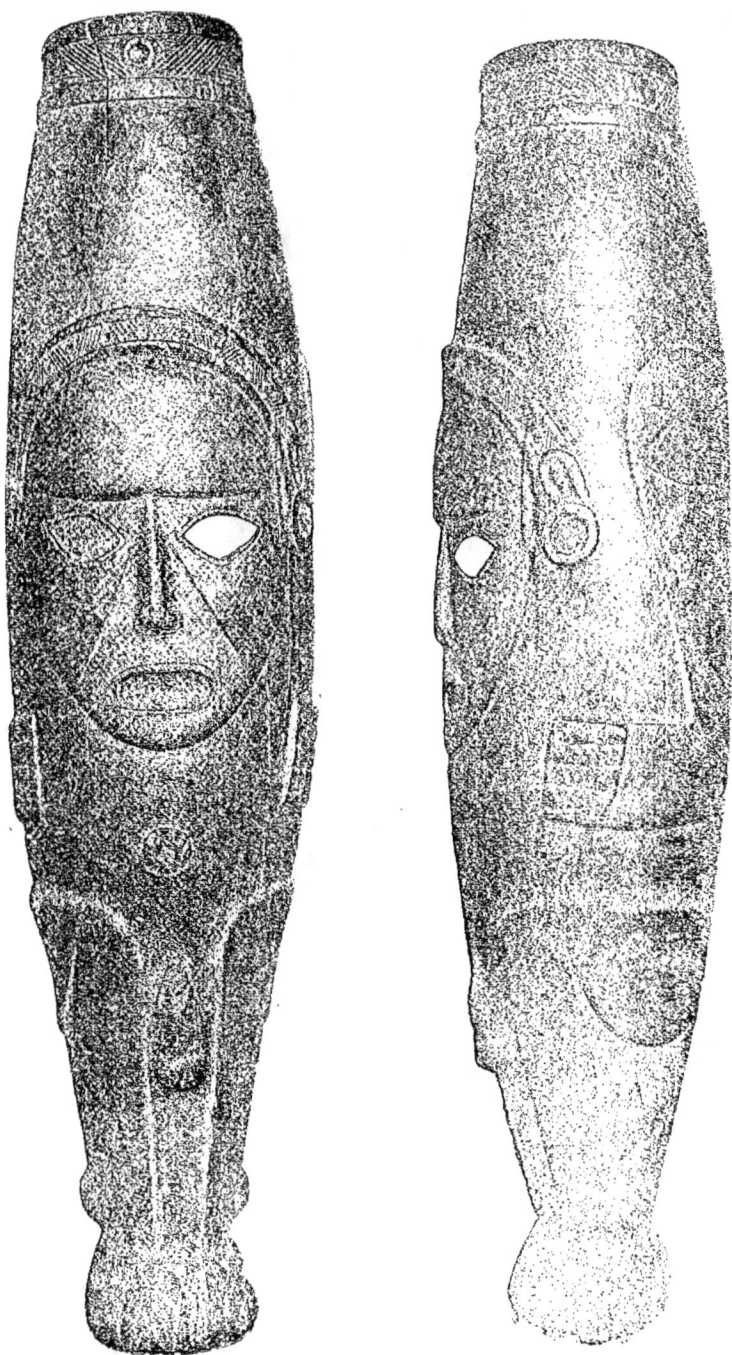

Fig. 112 et 113. — Idole en bois de gaïac. Maisi (Cuba).

6° Des *écuelles* taillées dans des coquilles marines ;

7° Des coquilles taillées en *pendeloques* et sur lesquelles figurent de simples traits gravés plus ou moins réguliers ;

8° Et enfin un objet de pierre, unique, croyons-nous, en son genre (car nous ne le voyons représenté dans aucune collection) et dont l'usage nous est absolument inconnu.

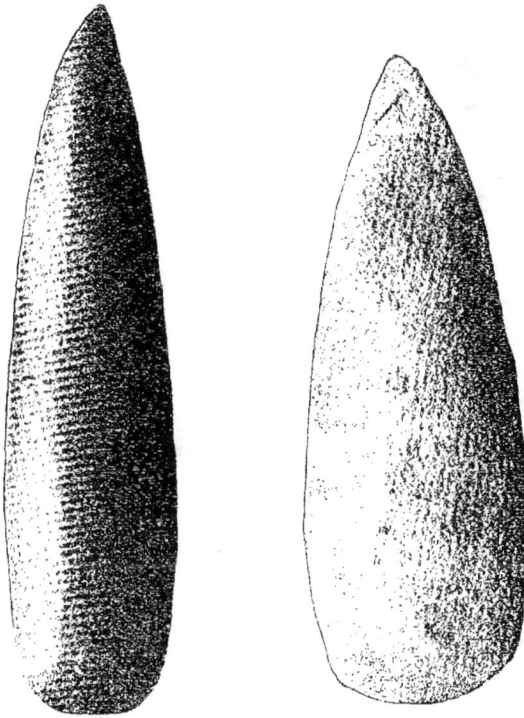

FIG. 114 et 115. — Haches en pierre polie (Cuba).

Il a la forme d'une pelle de 30 centimètres de long sur 18 de large, légèrement convexe en-dessous, et dont la face supérieure est creusée d'une sorte d'auge, profonde de 3 à 4 centimètres ; son poids est de 10 livres.

A nous en tenir à ces simples indications, nous pouvons déjà dire, de l'habitant précolombien de Cuba, ce que Wilson (1)

(1) WILSON. — *La haute ancienneté de l'homme américain.*

disait des Indiens de l'Amérique du Nord, à savoir : que,
à l'époque de la découverte de Colomb, les Indiens étaient
arrivés à un degré de civilisation correspondant à l'époque
néolithique de l'Ancien Monde ; ils connaissaient parfaitement
la taille, le polissage, la perforation de la pierre, la fabrication de la poterie, le filage et le tissage des étoffes.

Fig. 116. — Sceptre de pierre en
forme de hache emmanchée.
(Cuba.)

Fig. 117. — Pilon de pierre.
(Cuba.)

La chasse, la pêche, la capture du gibier étaient pratiquées
par les Indiens comme en Europe.

Les armes, les ustensiles et les instruments employés à ces
opérations étaient semblables dans les deux contrées ; ils étaient
fabriqués de la même façon, avec les mêmes matières, et repro-
duisaient les mêmes formes et le même style, sauf cependant,
pour Cuba, deux ou trois objets que je viens de vous montrer.

En général, donc, tous ces objets présentent une similitude
étonnante avec ceux d'Europe qui datent des temps *néolithiques*.

II. — Avons-nous les preuves d'une *période paléolithique*
à Cuba ?

M. F. Jimeno (1) — n'acceptant pas l'opinion de Vilanova
qui soutient qu'à Cuba on n'a trouvé jusqu'à présent que des
objets de pierre polie, appartenant à une époque relativement
moderne — décrit deux pointes de flèche, qu'il possède dans sa
collection, et qui appartiendraient à l'âge du Renne, mais dont
la valeur scientifique se trouve considérablement diminuée par
cette confession : « J'ignore, dit-il, cependant en quel lieu de

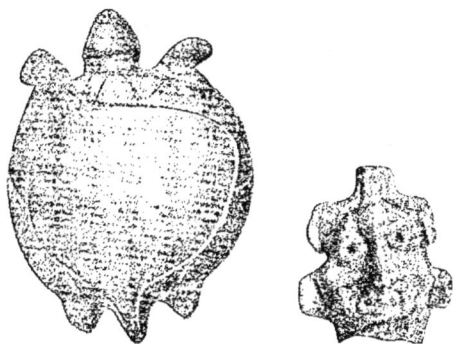

FIG. 118 et 119. — Sculptures de pierre.
(Cuba.)

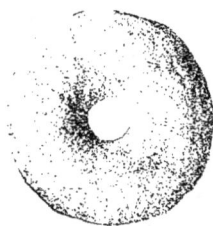

FIG. 120. — Peson de filet (?)
en pierre. (Cuba.)

l'île ont été trouvés ces objets ». Il est donc plus sage et plus
prudent d'affirmer que, jusqu'aujourd'hui, nous ne possédons
encore aucune preuve d'une période paléolithique à Cuba.

Mais nous ne désespérons pas de les trouver un jour ou
l'autre, car les cavités et les abris abondent le long des rivières
cubaines, rivières en général étonnamment poissonneuses ; et
on retrouve là les avantages qui, au point de vue du climat et de
la chasse, ont séduit les populations paléolithiques.

D'un autre côté, n'oublions pas que M. F. de Castro a établi
les preuves paléontologiques qui démontrent que l'île de Cuba
a été unie au continent américain — et citons aussi ce fait,

(1) F. JIMENO. — *Periodo prehistórico Cubano, Revista de Cuba*, t. VII, 1880.

qu'entr'autres fossiles, nous possédons les restes du *myomor-phus cubensis* (étudié et classifié par Pomel), sous-genre du *megalonyx*, homologue du colossal *megatherium*. On sait que ces derniers, dont les restes abondent sur le continent améri-cain, caractérisent sa faune quaternaire.

« On ne voit, dit Wilson, dans les cavernes des États-Unis, nul indice d'une occupation longue et continue. L'usage du feu y est rarement constaté ; on n'y trouve ni foyers, ni tas de cendres, ni débris de cuisine, pas plus qu'on n'y rencontre de matériaux apportés ou d'instruments fabriqués par l'homme.

« L'évidence d'une occupation prolongée, l'accumulation des débris sur le sol de la caverne qui en est la conséquence, et la formation d'incrustations stalagmitiques, semblables à celles qui existent dans un grand nombre de cavernes paléolithiques d'Europe, manquent complètement en Amérique. »

Eh bien, les faits observés récemment à Cuba viennent donner un démenti à cette opinion par trop radicale du savant américain.

III. — Il s'agit de la découverte, importante et intéressante à bien des égards, d'une sépulture ancienne dans une grotte de la région centrale de l'île, à Sancti-Spiritus, repaire vierge encore de toute exploration (1890) ; car M. Rodriguez Ferrer (1), qui, en 1847, parcourut l'île d'un bout à l'autre, déclare que la seule région qu'il ait omis de visiter est précisément la région montagneuse de Sancti-Spiritus.

C'est là, dans le point de la Cordillère appelé « Lomas de Banao », que se trouve la grotte connue sous le nom de « Boca del Purial ».

Elle est située à 325 mètres au-dessus du niveau de la mer. Au-dessous et à 45 mètres, à peu près, coule la rivière *Higuanojo*, très poissonneuse. Elle s'ouvre au Nord-Ouest. Ses dimensions sont : 7 mètres et demi de large, 4 mètres et demi

---

(1) MIGUEL RODRIGUEZ FERRER. — *Naturalesa y Civilisación de la grandiosa isla de Cuba*, Madrid, 1876.

de profondeur, 10 mètres de hauteur. De la paroi irrégulière du fond pendent des stalactites de 60 centimètres de longueur, et auxquelles correspondent sur le sol quelques stalagmites dont l'une renferme, comme noyau un crâne humain.

A gauche, et se continuant avec une couche calcaire qui revêt la paroi depuis le plafond, on voit un renflement énorme (toba) de 1 mètre environ de hauteur ; et cette masse calcaire, détachée de la paroi et renversée sens dessus dessous, nous a montré à *la base* une série de crânes reposant sur un lit épais de cendres.

Ces crânes sont disposés *intentionnellement,* de telle façon qu'ils forment une demi-circonférence ; concentriquement, les os longs sont disposés en X ; plus concentriquement encore, les côtes, les os courts et plats ; au centre enfin, les os pelviens.

Dans cette couche de cendres, nous avons pu trouver des fragments intacts de bois carbonisé (de charbon) et des morceaux de *silex*, de forme indéterminée.

La séparation de cette masse calcaire laissait à nu la coupe du plancher stalagmitique qui lui faisait suite, et qui présente une épaisseur variable de 20 à 30 centimètres.

Au-dessous de ce plancher stalagmitique et à une profondeur de 40 centimètres environ, on trouve, enfouis dans la terre, pêle-mêle, des ossements humains friables, parmi lesquels — et mélangés intimement avec eux — abondent les restes d'un rongeur (1), d'oiseaux, de poissons, quelques coquilles marines appartenant à des espèces encore vivantes aujourd'hui, et une quantité considérable de graines de *corojo* (palmier indigène) qui contiennent une substance comestible.

Nous trouvons enfin, éparses dans la sépulture, à des niveaux très peu différents, une série de pierres plates, d'une épaisseur variable de 5 à 7 centimètres, longues de 30 à 40 centimètres, et larges de 20 à 30 centimètres, dont la surface ou les surfaces sont déprimées au centre et comme usées par le frottement ; il s'agit là bien évidemment de moulins de pierre. A côté d'elles

---

(1) Mammifère indigène : *Hutia Conga, Hutia Combali, Hutia Andaroz.*

gisent des cailloux roulés ovoïdes, qui semblent avoir servi de percuteurs.

Telle est, rapidement décrite, la sépulture de la Boca del Purial.

Nous avons pu rapporter à La Havane quatre crânes complets, recouverts entièrement de calcaire, et des fragments de plusieurs autres. Deux de ces crânes ont été remis au laboratoire d'anthropologie de Paris, où ils ont été l'objet d'une étude spéciale.

Nous dirons brièvement que ces crânes sont petits, sous-

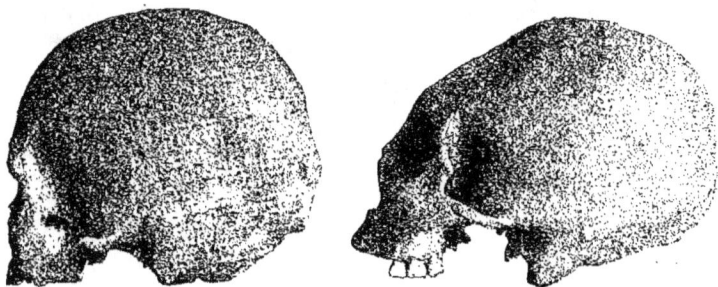

FIG. 121 et 122. — Crânes d'une grotte de Cuba.

brachycéphales ; et quoique ces deux crânes constituent deux types quelque peu différents (fig. 121 et 122), ils ont de commun l'aspect négroïde de la face ; ce qui frappe, en effet, à première vue, c'est la face aplatie, la largeur du nez : indice nasal, 54,34 et 59,57.

Ils s'éloignent donc bien nettement du type trouvé à Maisi (sous-dolichocéphales, avec indice nasal de 46,15 et 47,91).

Ceux de la « Boca del Purial » ont pu être comparés avec un crâne petit de Tepanec, un crâne petit de Xochimilco, un crâne petit de Ajusco, tous mexicains, avec lesquels ils ont une ressemblance frappante.

En somme, et comme première impression, le type indien primitif cubain n'était pas uniforme, mais mélangé d'un élément négroïde, qui constitue à cette heure un point d'interrogation, d'autant plus intéressant que ce type négroïde vient d'être retrouvé à la « Grotte des Enfants » aux Baoussé Roussé, à 8 mètres de profondeur et sous une couche qui renfermait des ossements de *Hyæna spelæa*.

Encore un mot de notre sépulture : Lorsqu'on eut ainsi installé ces morts, la grotte de la « Boca del Purial » resta comme abandonnée, permettant aux couches stalagmitiques de se déposer.

Peut-on mesurer la durée du temps écoulé ? Cette durée est absolument indéterminable.

Nous manquons, en outre de pièces typiques pour en certifier la date. Restent les crânes ! mais ils ne nous apprennent rien à ce sujet, car nous savons qu'il est impossible de dater un crâne d'après ses caractères anatomiques (Cartailhac).

Cependant, l'arrangement intentionnel des restes humains trouvés à la « Boca del Purial » semble dénoncer une époque néolithique et nous sommes autorisés à affirmer que ces restes sont anciens.

Cette sépulture nous a paru intéressante à plusieurs points de vue ; d'abord elle est bien distincte de ce que nous étions accoutumés à voir dans nos explorations à l'extrémité orientale de l'île. Il ne s'agit pas, en effet, d'une sépulture ordinaire, ni d'une simple inhumation, ni absolument d'un ossuaire comme ceux qui, à Maisi, groupent en masse les restes des morts.

Enfin, notre sépulture se prête à quelques comparaisons ethnographiques intéressantes.

Et tout d'abord nous retrouvons la présence de ces pierres plates (meules) dans les cavernes à ossements des Indiens anciens de la Basse-Californie. (Xochimilques, Guaycuris, Pericuès). (L. Diguet).

Et dans le Musée de Nassau, on peut voir un objet en bois, qui provient d'une grotte de Bahomas, et que M. Palmer croit être un moulin analogue à ceux qui sont connus au Mexique sous le nom de *metatles* (moulins en pierre).

Quant à la position spéciale des crânes dans la sépulture cubaine, il est bien curieux de retrouver une certaine analogie avec celle que présentent plusieurs sépultures néolithiques de France, celle de Baumes-Chaudes, par exemple, où les os longs reposent au sein d'une couche épaisse de cendres rapportées, et sont dans un complet désordre.

« Toutefois les crânes avaient été placés le long de la paroi droite ».

Même fait peut être cité à l'ossuaire curieux de la ferme de Mizy (Dordogne), formé d'une suite de cloisons disposées dans tous les sens et dont les cellules du bas contiennent les os courts et plats, *dans celles du haut se rencontrant les crânes.*

Et aussi à l'ossuaire d'Auvernier (au bord du lac de Neuchâtel) où les crânes sont placés intentionnellement autour des restes des squelettes.

En somme, l'étude de la grotte de la « Boca del Purial » ouvre, pour l'anthropologie de l'île de Cuba, de nouveaux horizons. Nos efforts, désormais, devront se porter, et se porteront sûrement, du côté de l'Ouest, où nous espérons trouver, moins mélangé qu'à Maisi, peut-être pur, le représentant des Sibo-neyes-Igneris, apparentés aux populations continentales de la Floride et du Yucatan, et en tout cas nettement distincts de l'élément caraïbe qui avait envahi les îles Sud-orientales de l'archipel des Antilles.

Note sur des sceptres de pierre
en forme de hache emmanchée
usités chez les anciens habitants des Antilles

par M. le Dr E. T. HAMY

Président du Congrès

———

I. — Parmi les objets de pierre recueillis à Cuba, par M. le docteur Montané et dont il vient de présenter des photographies au Congrès, figure une sorte de sceptre en forme de hache emmanchée, tout à fait caractéristique et dont je prends la liberté de signaler très brièvement l'intérêt à nos collègues.

L'insigne en question — car ce ne saurait être une arme, en raison de ses formes et de ses dimensions (1) — l'insigne en question, dis-je, se compose tout à la fois d'un manche irrégulièrement cylindrique, court et trapu et d'une hache du type décrit par M. J. Evans (2) sous le nom de *celt à section ovale et à crosse conique*. Manche et hache ne font qu'une seule pièce façonnée d'une pierre dure que notre collègue croit être une jadéite ; la hache est insérée à angle droit dans son emmanchure, de telle sorte que la moitié environ dépasse du côté du tranchant, tandis qu'un sixième apparaît à l'opposé, correspondant à un talon conique légèrement atténué.

———

(1) La seule hache emmanchée de ce type qui se soit conservée et qui vient de Turk's Island, n'a pas moins de 57 centimètres de hauteur et son manche en bois est renforcé à la hauteur de l'implantation de la pierre. (Cf. OTIS T. MASON, *The Latimer Collection of Antiquities from Porto-Rico in the Nat. Mus. at Washington*, (*Smiths, Rep.* 1896, p. 372, fig. 12).

(2) J. EVANS. *Les âges de la pierre*, trad. Barbier, Paris 1878, in-8°, p. 121.

C'est la première fois qu'on signale un objet antique de cette forme dans l'île de Cuba. Mais on connaît des pièces analogues provenant de plusieurs points très espacés du grand archipel antillien, de Haïti et des Lucayes en particulier.

Je reproduis ci-contre (fig. 123) la plus belle que je connaisse de ces pierres, d'après un moulage communiqué par le *National Museum* de Washington.

C'est une hache-sceptre, fort analogue à celle de la collection Montané, qui a été trouvée par M. George J. Gibbs dans une des îles Caïcos ou Turk's Island, à l'extrémité sud de l'archipel des Lucayes ou Bahama (1). Le manche cylindro-conique, que termine au sommet une sorte de crête arrondie, mesure 25 centimètres de long et 12 centimètres de large, l'épaisseur est de 45 millimètres. La hache elle-même atteint o m. 46 de largeur maxima et la longueur entre son bord coupant et la pointe de son talon dépasse à peine 12 centimètres (2).

Ce type de hache-sceptre des îles Caïcos se rencontre de nou-

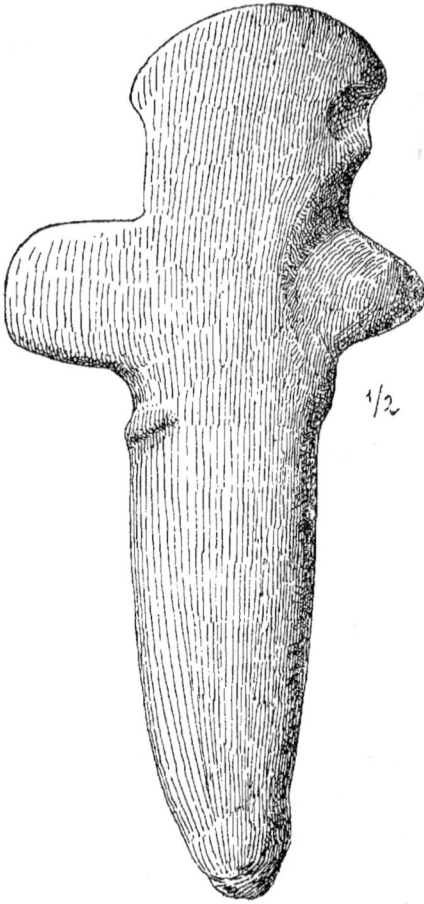

FIG. 123. — Hache-sceptre en jadéite. Ile Caïcos (Archipel des Bahamas). M. G.-J. Gibbs. (Demi-grandeur.)

1/2

(1) Ces iles sont juste au nord de la passe dite du Mouchoir-Carré qui borne les Bahamas au sud.
(2) Otis T. Mason, *loc. cit.* p. 373, fig. 2. — Cf. *Journ. Anthrop. Instit.* vol. VI, p. 39, 1877.

veau dans la partie espagnole de Haïti. Mon savant ami,
M. J. Walter Fewkes a récemment publié des figures de trois
de ces insignes (fig. 124 à 126), qui faisaient partie de la célèbre
collection archéologique de l'archevêque de Santo-Domingo,

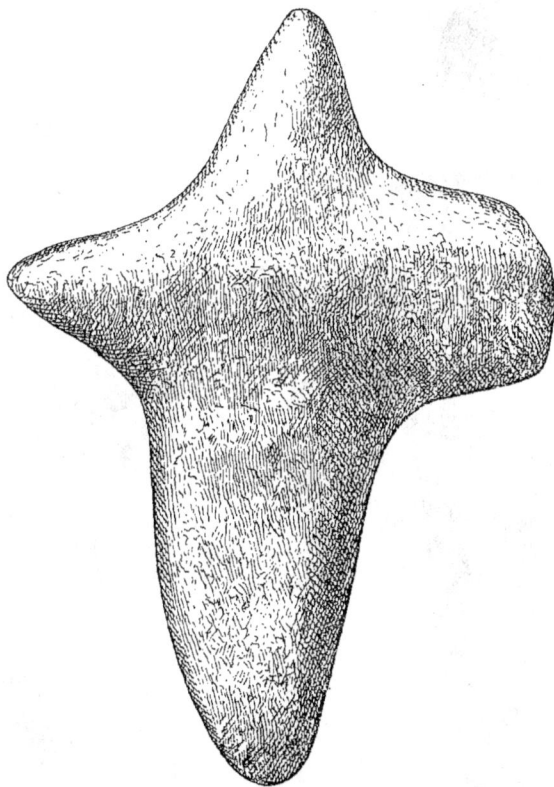

Fig. 124. — Hache-sceptre de Haïti. Collection Meriño.
(Demi-grandeur.)

D. Fernandez Meriño, acquise par lui pour le compte du *National Museum* de Washington (1). Ce sont encore des représentations de haches à section ovale, mesurant seulement de 18 à
24 centimètres de hauteur et dont deux ont la crosse pointue.

(1) Cf. J. WALTER FEWKES. *Preliminary Report or an Archeological Trip to
the West Indies. (Smiths, Miscell. Collect*, vol. 45. p. 117, pl. XXIX.)

La hache est insérée à angle droit dans un manche tantôt à peu près rectiligne et tantôt quelque peu recourbé, irrégulièrement

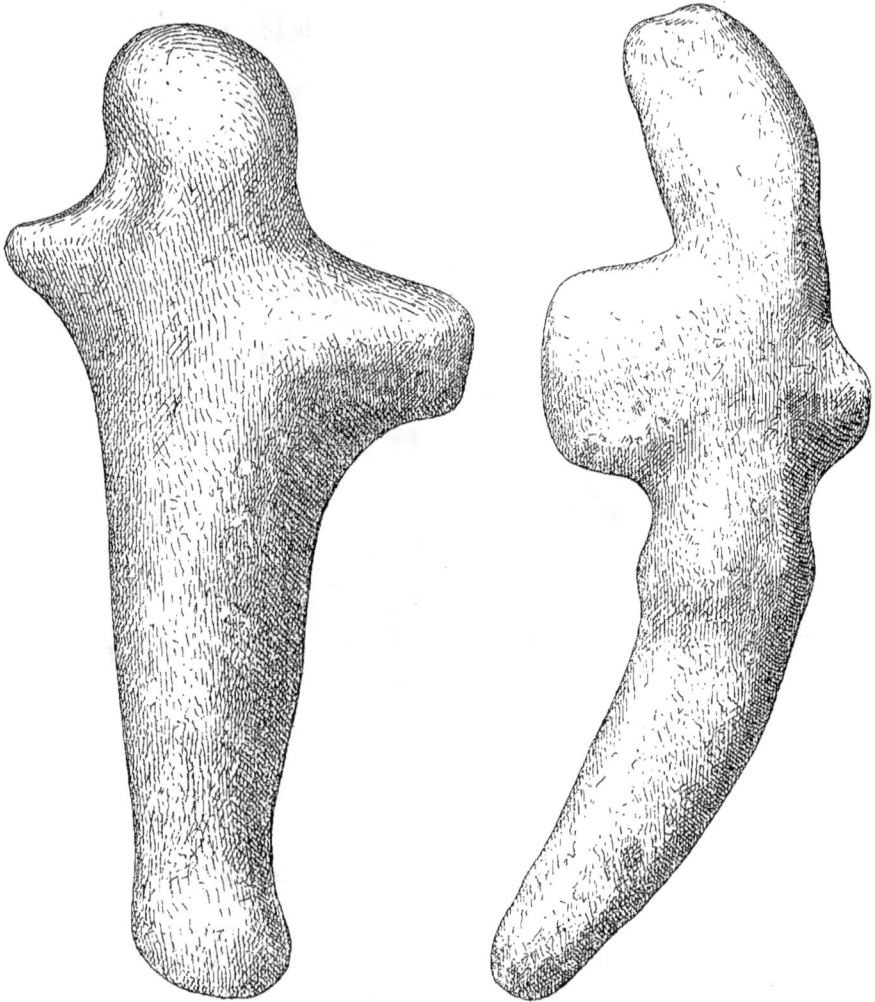

FIG. 125 et 126. — Haches-sceptres de Haïti. Collection Meriño.
(Demi-grandeur.)

cylindrique ou presque bi-conique, se confondant avec l'arme qu'il enserre ou détaché de celle-ci par une rainure plus ou moins profonde.

A ce même type se rattache une autre pièce, sans provenance bien certaine, que possède le Musée d'Agen. Cette dernière, dont le moulage peint a été déposé au Musée du Trocadéro par M. Momméja, ne dépasse pas 21 centimètres en longueur et 17 en largeur, son épaisseur est de o m. 040, et la hache mesure au tranchant o m. o36 et vers le manche o m. o59.

II. — Un autre type de sceptre en forme de hache emmanchée se

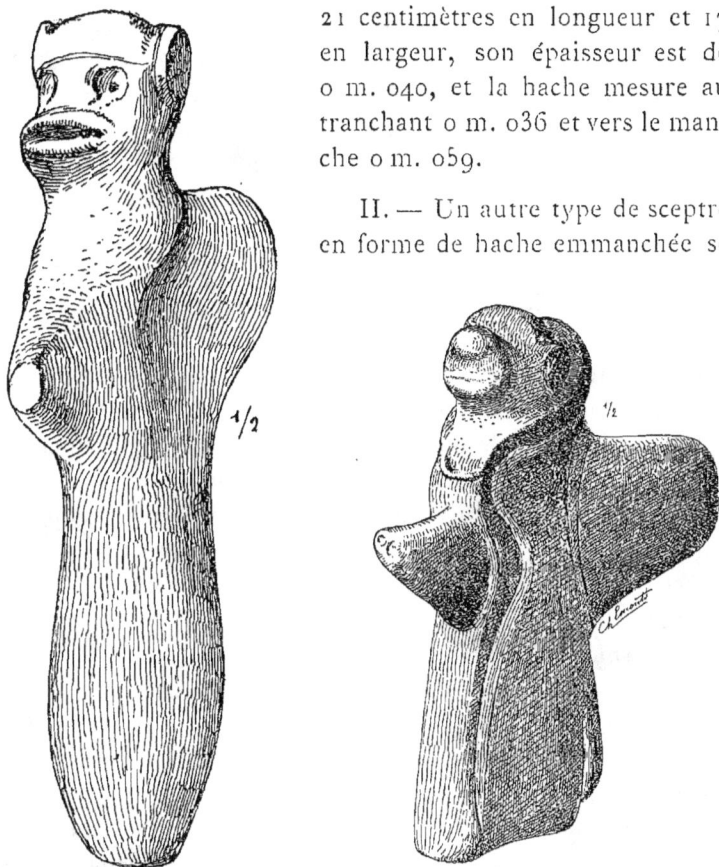

FIG. 127 et 128. — Haches-sceptres en jadeite. Janico (S. Domingue) (Demi-grandeur.)

rencontre également à Haïti. M. le docteur Dehoux, ancien directeur de l'Ecole Haïtienne de Paris, nous a offert la curieuse pièce dessinée ci-contre (fig. 127) à l'échelle de 1/2, et qui représente notre même type de hache ovale à crosse conique,

montée sur un manche un peu renflé, que termine par en haut
une tête de singe, où l'on distingue fort bien le bandeau frontal,
les oreilles, les yeux et une large bouche projetée fortement en
avant au-dessous d'un nez rudimentaire. Ce précieux objet a été
découvert près de S. Tomas de Janico dans la province de Santiago, vers le centre de l'île. Il mesure 23 centimètres de hauteur, 11 de largeur et près de 5 d'épaisseur ; la largeur de la
hache au tranchant égale o m. o55.

La tête de singe reparaît beaucoup moins nette au sommet
d'une seconde hache-sceptre de même origine, qui appartient au
Musée d'Artillerie et que représente la figure 128 ci-jointe. On
y retrouve le bandeau de front et les oreilles de la pièce précédente, mais les détails de la face sont réduits à une sorte de
relief indécis, où se démêlent à peine une sorte de nez et un
trait horizontal, faiblement accusé, qui est peut-être la bouche.
La pièce, qui est cassée à sa base, est relativement large et
aplatie et une sorte de galon isole tout à la fois du manche la
tête d'animal qui le surmonte et la hache à crosse conique un
peu relevée, qui s'y trouve insérée. Les dimensions de la pierre
sont les suivantes : longueur (restante) o m. 152, largeur o m. 114,
épaisseur o m. o33 ; largeur de la hache au manche o m. o59,
au tranchant o m. o39.

Un dernier spécimen du même type (fig. 129), qui fait partie
des collections du Musée du Cinquantenaire à Bruxelles, où il a
été transféré de l'ancien Musée de la Porte de Hall où il figu-
rait depuis 1866, pousse plus loin encore la simplication de la
figure animale qui n'est plus qu'un sphéroïde assez vague
barré d'une fente qui représente la bouche. La hache est,
cette fois, une hache à double tranchant qui mesure au niveau
de la surface coupante o m. o3o et o m. o34. Les dimensions
totales de la pièce sont, en outre, de o m. 2o5 de hauteur et
de o m. 118 de largeur maxima.

III. — On sait quel rôle exceptionnel joue la représentation
du singe dans l'iconographie antillienne. Le Musée du Trocadéro possède par exemple deux pilons en jadéite, ornés d'une

tête simiesque, qui ont été recueillis à Santiago et à Gurabo par M. Strauss en 1889 (1).

On retrouve les traits bien caractéristiques du singe sur des terres cuites des collections Von Krug (2) et Latimer (3) déjà publiées par Bastian et par M. Otis T. Mason, et j'en ai reçu d'autres spécimens tout à fait analogues, rapportés de Haïti par MM. Pinart et Strauss et Mme Émilie Simmonds (4).

Je me suis souvent demandé si le singe dont la tête orne ainsi tant de pièces ethnographiques des Grandes Antilles n'aurait pas une parenté plus ou moins étroite avec l'animal symbolique de la même famille qui occupe une si large place au Mexique dans l'iconographie de Quetzalcoatl, et il m'a paru qu'on pouvait considérer le singe de Janico ou d'ailleurs comme tenant un emploi analogue à celui de Ehecatl dans la légende de Kukulkan, cet homologue antilien, mal connu, de la vieille divinité toltèque?

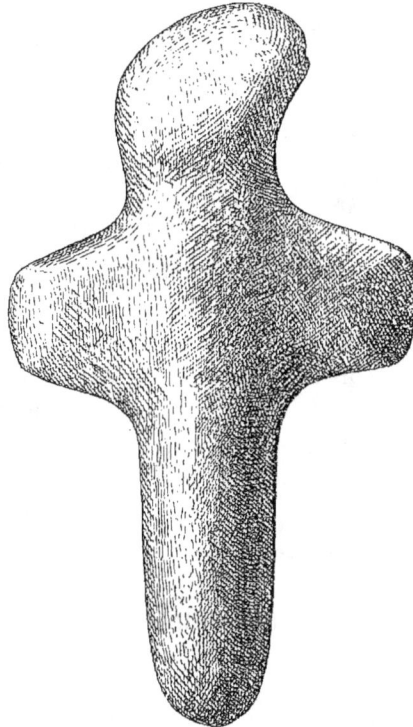

Fig. 129. — Hache-sceptre.
Musée du Cinquantenaire.
(Demi-grandeur.)

Les affinités ethniques des peuples qui occupaient l'archipel

(1) N°s 26.182 et 26.184.

(2) Cf. L. Von Krug. Uber Alterthümer von Porto-Rico (Verh. der Berliner Gesellesch. für Anthrop. Jahrg. 1872, s. 45, Taf. IV, fig. 2 et 3).

(3) Otis. T. Mason. The Latimer Collection of Antiquities from Porto-Rico in the National Museum at Washington (Smithson. Rep. 1876, p. 373).

(4) N°s 26.187, etc., 33.054, etc. — Cf. Decad. Americ. III. ap. Rev. d'Ethn., t. III, p. 151, 1884.

avant les invasions caraïbes sont toutes orientées vers le continent mexicain et le singe se joint, dans leurs manifestations
artistiques, à la grenouille chère aux sectateurs de Tlaloc, cette
autre divinité archaïque, commune à tous les peuples primitifs
du Centre-Amérique.

Il semble bien d'ailleurs résulter de la distribution, à la surface des Antilles, des haches ou *celts* à section ovale et à crosse
conique (Evans) qui sont représentées emmanchées dans les
sceptres dont il vient d'être question, que ces instruments de
pierre se rencontrent infiniment plus nombreux en dehors de la
zone caraïbe que dans l'aire d'habitation des peuples de ce nom
à l'époque Colombienne. Porto-Rico, par exemple, en a donné
des centaines (1), tandis que c'est à peine si on en trouve, dans les
collections formées à la Guadeloupe, à la Martinique et dans les
autres îles Sous-le-Vent, de rares exemplaires que l'on est porté
à considérer dès lors (en admettant que leur origine locale soit
tout à fait bien établie) comme des vestiges d'une occupation
antérieure aux invasions venues du continent méridional. La
terre ferme, ainsi que l'on nomme couramment, depuis le xvi[e]
siècle, cette portion du Nouveau-Monde, lieu d'origine des
Caraïbes, prête d'ailleurs à des considérations toutes semblables.

Il résulte, en effet, des recherches de M. Ten Kate, résumées
au tome V de la cinquième série des *Bijdragen* des Indes néer-
landaises (2), que les haches à crosse conique sont inconnues
à Suriname et ne se sont rencontrées qu'à l'état sporadique dans
la Guyane Anglaise (3), tandis que surabondent au contraire en
ces contrées les haches à gorge ou à oreilles, incontestablement
apparentées aux haches plus ou moins *pétaloïdes* des archéologues des Indes occidentales et que M. Im-Thurn comprend
toutes ensemble sous le nom de *Caraïbes* (4).

(1) Otis T. Mason (*op. cit.* p. 373) en compte 135 dans la collection Latimer.
(2) Ten Kate. *On West Indian Implements ands other Indian Relics*, (*loc. cit.*
pl. vi).
(3) Coll. Young, au mus. Ethnogr. de Leide.
(4) Cf. John H. Spitzly. — *Notes on three stone adzes from Surinam (Guyana
Dutch) and on eight Implements from the Islands of St-Vincent and St-Lucia (Internat. Archiv. für Ethnographie*, Bd. iii, s, 231, pl. xviii, 1890).

IV. — Je ne connais qu'un seul objet comparable à ceux que je viens de décrire, qui ait été rencontré en dehors des Bahama et des Grandes Antilles. On en doit la découverte à M. Joseph Jones, le savant antiquaire de la Nouvelle-Orléans.

En fouillant, il y a une trentaine d'années, un *mound* des bords de la rivière Cumberland, en face de Nashville (Tennessee), M. Jones trouva, sous la tête d'un squelette masculin, une hache en chlorite vert dont il a donné la figure (1). C'est encore un insigne de commandement, dont la longueur n'excède pas 13 pouces et demi (331^{mm}). La hache à double tranchant, comme celle de Bruxelles dont je viens de parler, mesure un peu plus de 6 pouces (152^{mm}) sur 2 pouces et demi (63^{mm}) et le manche atteint 1 à 2 pouces d'épaisseur (25 à 50^{mm}).

Le travail de cette pièce unique est fort soigné, le polissage en est complet ; de fortes rainures isolent nettement l'arme de son manche qui se termine par une petite oreille percée d'un trou de suspension. C'est le plus beau, le plus parfait des outils de pierre qui aient jamais été exhumés, dit M. Jones, sur le territoire des États-Unis, et cette supériorité du travail l'éloignerait de nos haches-sceptres des Antilles, bien plus grossièrement travaillées, tandis que *l'idée même qui a présidé à son exécution* l'en rapproche au contraire d'une manière si intime que cette dernière donnée l'emporte dans notre esprit et que nous nous attachions de préférence à cette morphologie commune ; nous serons conduits à admettre une parenté resserrée entre la pièce du Tennessee et celles des Lucayes ou des Grandes Antilles.

Nous pourrons même pousser plus loin encore et tenter de poser les jalons de quelque route suivie du Continent aux Iles en des temps reculés par une antique race.

Je n'insiste d'ailleurs sur cette thèse (insuffisamment fondée pour le moment) qu'afin de la rattacher aux doctrines, généralement admises aujourd'hui des Américanistes, qui enseignent

(1) JOSEPH JONES. *Explorations of the aboriginal Remains of Tennesee (Smiths. Contrib.* n° 259. Washington, 1876, in-4°, p. 46, fig. 11).

que la plupart des migrations, dont on peut suivre la marche au Nouveau-Monde depuis le ve siècle, se sont lentement effectuées en suivant la direction méridienne.

Observons, en terminant, que la distribution géographique des spectres de pierre, que nous venons de comparer, laisse de côté les Petites Antilles ou plus exactement la portion de cet archipel occupée par les Caraïbes au moment de la découverte. Ces insignes ne se retrouvent que dans les îles demeurées en dehors de l'*action permanente* de ces peuplades belliqueuses, parties, comme l'on sait, de la Terre Ferme et successivement établies dans les îles Sous-le-Vent, en s'avançant du Sud au Nord sur les flots de la mer qui a gardé leur nom.

Sur l'origine et l'importance des cartes
de types préhistoriques

par M. A. LISSAUER

En 1866, la Commission topographique des Gaules publiait, dans la *Revue Archéologique*, un article ayant pour but d'inciter les archéologues à faire des recherches soigneuses sur l'extension des types différents de haches de bronze sur le sol gaulois. Dans l'esprit de la Commission, cette étude devait permettre de tracer les frontières des peuples de l'âge du bronze et d'établir les rapports que ces peuples avaient entre eux et avec les groupes ethniques étrangers. Cette idée parut tout d'abord devoir être stérile. Cependant le nombre des fouilles systématiquement conduites s'accroissait, les musées se remplissaient d'objets, c'était le matériel qui devait servir à l'édification de la Science préhistorique, et le besoin se faisait sentir, de plus en plus pressant, d'une classification des types.

C'est ce besoin scientifique qui inspirait M. le professeur Schumacher, l'illustre directeur du Musée de Mayence, lorsqu'il écrivait, en 1899, dans les *Neue Heidelberger Jahrbücher*, les phrases suivantes : « Plus le nombre des fouilles sera considérable, plus les résultats des fouilles anciennes seront connus, et plus nous nous rendrons compte des conditions premières du développement, et plus les frontières des groupes archéologiques deviendront claires. Pour atteindre ce but, il faut que tous les savants activent leurs fouilles et leurs recherches ».

Dans le même esprit, M. A. Voss, le célèbre directeur du Musée préhistorique de Berlin, fit présenter, au XIIᵉ Congrès d'Anthropologie et d'Archéologie préhistoriques tenu à Paris en 1900, un projet de cartographie préhistorique internationale. Il montra que les cartes préhistoriques faites auparavant avaient été basées sur de faux principes et demanda que l'on établit des cartes spéciales montrant la répartition de types de fouilles déterminées. L'examen de cette proposition fût renvoyé à la Commission de la « Légende internationale » et M. Chantre fut prié de se mettre en relation avec les autres membres de la Commission. La mort du Dr Virchow interrompit l'exécution de ce plan.

La question m'intéressait depuis longtemps. Dans une séance de la Société d'Anthropologie allemande de Worms, en 1904, je proposai de commencer à établir en Allemagne des cartes des types préhistoriques, afin de montrer aux savants étrangers comment on doit recueillir les matériaux et quels résultats on peut obtenir en groupant méthodiquement ces matériaux. Nous avons déjà publié cinq de ces cartes et deux autres sont en préparation.

Je sollicite de votre bienveillance la permission de faire un rapport concis sur l'organisation de ce travail et sur les résultats obtenus jusqu'ici.

Une commission de six membres, qui représente les provinces archéologiques de l'Allemagne, propose tous les ans l'étude de certains types qui doivent être répartis sur les cartes ; c'est la commission qui fait dessiner ces types et rédige une courte instruction pour la connaissance et pour la position précise des types déterminés à l'avance. Les cartes ne contiennent que le tracé des côtes, les fleuves et les noms propres en couleurs mates. Ces esquisses sont adressées sous forme de lettre à tous les Musées et à toutes les collections préhistoriques, en automne, sous condition de les renvoyer au printemps, avec les légendes explicatives, au Président de la Commission centrale. A l'heure actuelle, soixante Musées et collections de l'Allemagne ont collaboré ; aussi la carte archéologique allemande commence-t-elle à se dessiner assez nettement. Mais notre carte comprend aussi dans son cadre des portions voisines de la France, de la Suisse, de l'Autriche, de la Hongrie, de la Russie, de la Scandinavie et des Pays-Bas. Aussi avons-nous essayé d'obtenir la collaboration de savants de ces contrées. Malheureusement, nous n'avons acquis jusqu'ici que l'adhésion de sept musées de la Bohème, de la Hongrie et de la Russie. Pour les autres pays, nous avons cherché à compléter notre carte à l'aide de la littérature, toutes les fois que cela a été possible.

Avec toutes les cartes et légendes particulières qui lui parviennent, le Président de la Commission compose une carte et une légende collectives ; il en fait un rapport à la première réunion de la Société d'Anthropologie allemande. Les cartes aujourd'hui achevées sont celles qui représentent la distribution des haches plates et à bords droits, des épingles à rouelles, des épingles à disques et des haches à talon et à ailerons ; elles ont été publiées dans la *Zeitschrift für Ethnologie*. Un coup d'œil jeté sur chaque carte montre la propagation des diverses variétés de ces objets ; les légendes donnent, pour chaque signe, le lieu exact et un bref historique de la trouvaille, le musée où se trouve l'objet, les autres ustensiles trouvés avec lui, l'endroit où il a été publié, s'il y a lieu, et le nom de l'auteur de la notice.

En examinant les choses de plus près, les avantages de la méthode cartographique apparaissent évidents. Je me permettrai de les expliquer, en prenant pour exemple la carte des haches à talon, dont j'ai distribué une cinquantaine d'exemplaires aux membres du Congrès. Nous y voyons tout d'abord que les haches à talon rectangulaire n'existent que dans l'Europe occidentale et qu'elles manquent presque complètement dans l'Allemagne du Sud, la Suisse, l'Italie et l'Autriche-Hongrie. Au contraire, les haches à talon pointu se rencontrent seulement en Autriche, en Hongrie, en Bohème, en Bavière et dans l'Allemagne orientale ; elles manquent presque totalement en Angleterre, en Scandinavie, en Italie, en France et en Suisse. L'aire où se trouvent les haches à talon avec décors plastiques et riches ornements est encore plus réduite : elle comprend surtout la Scandinavie et l'Allemagne du Nord et, pour un peu, l'Angleterre. Les provinces archéologiques ont donc des limites certaines et ces limites ne se confondent pas avec nos frontières politiques et nationales. Si nous voyons que, dans un point de la carte, une série de types spéciaux est représentée, nous pouvons en conclure qu'il y avait là un centre de civilisation particulier et nous devons en rechercher le point de départ, le développement, la durée et les rapports avec les autres centres. Les cartes préparent ainsi l'exploration méthodique du chaos des objets, dont nous pouvons souvent fixer l'âge, mais rarement les affinités géographiques.

Pourtant, je ne veux pas cacher les objections faites à cette méthode de travail. On a argué que tous les collaborateurs peuvent ne pas avoir les mêmes connaissances archéologiques et ne pas discerner les divers types, et que de fausses indications sont susceptibles de se glisser ainsi dans l'inscription des objets. On a dit, de plus, que beaucoup de trouvailles ne sont pas communiquées à la Commission centrale et que les résultats généraux se trouvent faussés.

Ces objections sont justes et les cartes ne sont pas parfaites, pas plus que rien au monde, d'ailleurs. Nous croyons cependant que tout directeur de musée a suffisamment de connaissances archéologiques pour distinguer un type d'objet lorsqu'il est figuré clairement, surtout si son attention est dirigée sur des points caractéristiques. Pour la constitution de nos cartes, les types seuls sont essentiels ; il est moins important de mentionner les variétés de ces types.

Quant à l'insuffisance du nombre d'objets signalés, c'est un défaut auquel on peut remédier en resserrant le réseau des institutions collaboratrices. Cependant, les cartes publiées jusqu'ici donnent l'impression d'être assez exactes, sans doute en raison du grand nombre de collaborateurs que nous avons en Allemagne. Car il n'importe pas que tous les exemplaires d'un type soient inscrits, mais seulement qu'aucune province dans laquelle ce type se rencontre habituellement, ne soit omise.

Je ne demande pas au Congrès de faire un Atlas international des types d'objets préhistoriques : les conditions varient trop suivant les pays. Mais je ne peux m'abstenir de souhaiter que l'on suive l'exemple que nous avons donné, car ce n'est que par la collaboration des nations voisines que l'on pourra déterminer d'une manière sûre l'extension des aires de civilisation préhistoriques.

Instruments paléolithiques découverts à Capri

par M. L. PIGORINI

L'année passée, des fouilles profondes ont été exécutées à Capri, dans la petite vallée de Tragara, pour jeter sur la roche calcaire les fondements de nouveaux édifices.

Au cours de ces travaux, on a traversé les couches suivantes :

a) Terre végétale, de 1 m. 60 à 1 m. 80 ;

b) Matières éruptives, 2 m. 80 ;

c) Argile rouge, de 2 mètres à 5 mètres. L'argile rouge, d'origine lacustre, se trouve dans un bassin calcaire et contient des ossements d'éléphants, d'hippopotames, de rhinocéros, etc.

Le Dr Ignazio Cerio, qui depuis 30 ans s'occupe avec tant de succès de la géologie et de l'archéologie préhistorique de l'île de Capri, a fait une découverte très importante lors des fouilles ci-dessus mentionnées. En examinant les matériaux contenus dans l'argile rouge, il a trouvé, dans la partie supérieure, des instruments de pierre de *type chelléen*, ainsi que des éclats de silex, dont quelques-uns sans doute ont été produits par la main des hommes. Les instruments chelléens sont de quartzite. La quartzite ainsi que le silex sont des roches qui n'existent point dans l'île et qui, par conséquent, y furent importées.

La découverte du Dr Cerio est une des plus importantes relativement à l'âge paléolithique de l'Italie. C'est un des quelques faits positifs, observés dans la presqu'île, qui prouvent que l'existence de l'homme est contemporaine de celle des grands mammifères de races éteintes ; c'est la première fois que l'on rencontre, sur la côte de la mer Tyrrhénienne, des signes certains de l'existence humaine dans la période *chelléenne*.

Inutile d'ajouter qu'à cette époque lointaine l'île de Capri n'existait pas et n'était que la continuation de la presqu'île de Sorrente. En outre, comme l'argile rouge de l'île de Capri, dans laquelle les instruments chelléens se trouvent, est couverte d'une couche de matières éruptives d'une épaisseur de 3 mètres, il est certain que les habitants primitifs ont assisté aux éruptions volcaniques les plus anciennes de cette région.

Le fait d'avoir trouvé dans l'île de Capri, ensevelis dans le même terrain antique, des os d'animaux gigantesques réunis à des instruments paléolithiques, dont quelques-uns sont d'un poids et d'une dimension extraordinaires, ce fait, disons-nous, nous rappelle ce que, selon Suétone (*Aug.* LXII), Auguste désirait avoir comme ornement de ses villas, et nous fait penser que, véritablement, au temps d'Auguste, il se trouvait dans l'île de Capri des restes d'animaux gigantesques et des objets fabriqués par l'homme semblables à ceux qui ont été trouvés par le Dr Cerio : « *Qualia sunt Capreis*, dit Suétone, *immanium* « *belluarum terarumque membra praegrandia, quae dicuntur* « *Gigantum ossa, et arma Heroum.* »

Superposition de deux tailles, d'âges différents, sur un même silex

par M. le Dr Henri MARTIN

L'étude de la patine du silex a une grande importance, et aucun de ses détails ne doit être négligé.

Nous connaissons de nombreux silex taillés qui présentent aux deux faces une patine différente, et nous n'ignorons pas les causes des altérations plus ou moins profondes de leurs faces.

Il n'en est plus de même lorsqu'une seule face du silex présente une double patine, appartenant à deux tailles d'âges différents, car ici on se trouve devant des traces humaines laissées sur la pierre à deux époques, peut-être très éloignées l'une de l'autre.

La classification des temps quaternaires étant mise à l'ordre du jour du Congrès, j'ai pensé que ces pièces à double patine pouvaient avoir un certain intérêt au point de vue de la superposition des industries.

Ces silex particuliers, que je présente, proviennent de la station moustérienne de La Quina (Charente); ils n'y sont pas très rares et ont été trouvés, dans le gisement, mélangés aux pièces à patine unique.

La couche où je les ai recueillis est argilo-sableuse, elle est puissante de 80 centimètres, repose sur un sable jaune fin et est recouverte d'un éboulis calcaire.

Cette station a d'ailleurs été étudiée autrefois par M. G. Chauvet, et des écarts d'une certaine importance existent entre la coupe donnée par l'éminent archéologue et celle que j'ai relevée, se rapportant à l'épaisseur des couches; cela n'a rien d'étonnant puisque les fouilles n'ont pas eu lieu exactement au même point, mais à 5o mètres environ de distance, et que les miennes ont été poussées plus près de la falaise.

En examinant les pointes et les racloirs que je présente, on est frappé de la différence de coloration qui existe sur les faces et sur les bords ; l'une de ces patines, d'un jaune plus ou moins vif, parfois même teinte saumon, est probablement très ancienne ; l'autre est grise, superficielle, plus récente quoique moustérienne.

Comme il n'y a aucun doute sur la provenance de ces silex trouvés *en place,* on doit attribuer les retouches grises de la dernière utilisation à l'industrie moustérienne. Ces silex ont été cependant taillés une première fois à une époque antérieure au moustérien. En effet, nous ne pouvons admettre que la patine jaune soit contemporaine de la grise ; la profondeur de cette altération correspond vraisemblablement à une longue période, et ce n'est pas pendant l'époque moustérienne qu'elle a pu se faire, même en admettant des actions atmosphériques très propices.

Un second point, auquel j'attache une grande importance, est l'*émoussement* de certaines crêtes à la surface de ces silex. Tous présentent, à la face supérieure, de grandes facettes d'éclatement, contemporaines de la première taille ; ces surfaces sont non seulement patinées en jaune, mais encore les arêtes d'intersection y sont *adoucies,* au lieu d'être vives, comme celles des bords.

C'est donc une usure prémoustérienne, survenue sur des outils abandonnés par une race qui avait vécu dans la vallée du Voultron avant le dépôt de la couche moustérienne. Il est certain que ces silex, après leur première utilisation, ont été entraînés par une crue, et que seule l'action d'un frottement de ce genre peut produire le polissage spécial que nous observons.

Cette ancienne patine recouvre aussi certaines régions très importantes de ces silex, car nous voyons, vers leur base, le *plan de frappe* et le *bulbe de percussion* teintés en jaune. Cette constatation bien établie, appuyée sur la stratigraphie, permet d'affirmer que les caractères de taille moustérienne, bulbe et plan de frappe, peuvent se rencontrer sur des silex beaucoup plus anciens, et que ces mêmes silex ont été trouvés et retaillés par la race moustérienne. Ces silex étaient-ils primitivement acheuléens, chelléens ou plus anciens encore ? C'est un problème difficile à résoudre. Quoique retaillés, on peut entrevoir, sur certains d'entre eux, la forme qu'ils ont affectée au début, et le type de pointe allongée ou triangulaire semble avoir précédé, à une époque reculée, les formes habituellement consacrées au moustérien.

Ces formes, d'ailleurs, ont été conservées dans la deuxième taille. Les racloirs ont également ces caractères ; l'un d'eux possède l'ancienne patine aux deux extrémités.

Ces constatations nous permettent de limiter suffisamment la forme primitive et nous font entrevoir que la deuxième taille a peu modifié le premier aspect, à un tel point que, si la patine jaune et l'adoucissement des arêtes faisaient défaut, on prendrait les retouches marginales pour un avivement contemporain du plan de frappe et du bulbe de percussion. Après leur première utilisation, ces outils et ces armes, usés par le transport des eaux, ont été ramassés dans la vallée et taillés de nouveau par une autre peuplade.

Sur toutes ces pièces, le second travail s'est localisé sur la pointe et sur les bords : là, en effet, de nouveaux éclats à teinte grise contrastent avec les anciennes surfaces à teinte jaune. Les bords accentués par de fines retouches ont une fraîcheur étonnante, et ce nouveau travail me ferait émettre des doutes sur son authenticité, si je n'avais recueilli moi-même ces pièces, en place dans la couche archéologique, au milieu d'un grand nombre de pièces moustériennes à une seule patine.

M. TATÉ. — Les silex présentés proviennent de la station de La Quina (Charente). Ils sont surtout intéressants parce qu'ils établissent, d'une façon indiscutable et absolue, par leurs deux patines très différentes que ces silex moustériens anciens ou peut-être acheuléens ou chelléens, ont subi une retaille à une époque incontestablement moustérienne

La grotte de La Font-Robert (Corrèze)

par les Abbés L. BARDON, A. BOUYSSONIE et J. BOUYSSONIE

Nous présentons au Congrès le résultat des fouilles exécutées par les soins de M. le comte et de Mme la comtesse de Thévenard, dans la grotte de La Font-Robert, située sur leur propriété de Bassaler, près Brive (Corrèze).

Description. — Elle s'ouvre sur le flanc méridional du plateau qui porte ce nom, c'est-à-dire en plein midi, vers le milieu de la pente. Elle domine la vallée du ruisseau de Planchetorte, en un point où celle-ci s'élargit notablement, à 1500 mètres environ en aval du viaduc de la ligne de Brive à Cahors et du groupe des grottes de Champ, Le Raysse, Coumba-Negra, etc. Depuis longtemps, M. L. de Nussac nous avait signalé que l'on trouvait des silex taillés dans un champ situé au bas de la pente ; nous eûmes l'idée de faire des recherches dans les taillis du versant, elles furent couronnées de succès, car déjà nous y avons trouvé au moins deux stations que nous avons nommées la Font-Robert et la Font-Yves. La première seule est à peu près entièrement fouillée. Voici un résumé de nos observations à son sujet.

La Font-Robert est un abri long de 22 mètres, dont la hauteur au-dessus du sol primitif varie entre 3 et 4 mètres au bord de la voûte, et diminue assez rapidement dans l'intérieur de la grotte. Elle forme une double salle : l'une, plus petite, à gauche en regardant l'abri, dont la largeur et la profondeur sont de 4 mètres environ ; l'autre, qui atteint 9 m. 20 de profondeur, a son plafond soutenu, vers son milieu en avant, par un gros

pilier naturel dont le pourtour atteint une dizaine de mètres. Il
n'y a pas apparence d'éboulement, mais devant l'abri règne une
terrasse naturelle dont la largeur varie entre 7 m. 5o et 3 mètres
et dont l'accès est assez difficile.

Le gisement ne présentait pas de niveaux stratigraphiques,
mais seulement de la terre végétale d'épaisseur très variable,
contenant quelques silex ; et, au-dessous, la couche archéologique qui s'étendait sur toute la terrasse et pénétrait peu dans
la grotte. Son épaisseur moyenne était de o m. 20 avec quelques variations dues aux dénivellements du sol.

Stratigraphie. — En fait de foyer, il n'y en avait qu'un à
cendre noire vers le milieu ; encore n'était-il pas gras au toucher

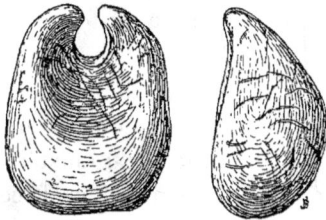

Fig. 13o — Pendeloque en quartz, percée artificiellement.
Grandeur naturelle.
La Font-Robert, commune de Brive (Corrèze).

comme ceux de la Coumbo-del-Bouïtou. Ailleurs, c'étaient des
masses de terre blanchâtre, non calcaire, très dures dans les
parties sèches, et qui paraissent bien être dues à de la cendre
de bois. Enfin, vers le milieu de la terrasse, le sol était fait, sur
plusieurs mètres carrés, d'un pavage de galets roulés cassés, la
face arrondie en haut, et cimentés de cendres grises.

Faune et mobilier. — Cette grotte étant creusée dans le grès
n'a pas conservé la faune.

Il n'a été trouvé ni gravure ni sculpture, et cependant nous
avons examiné avec grand soin de nombreux galets, de formes
variées, et en particulier des plaques de pierres dures tout à fait
propres à recevoir des dessins au burin.

En revanche, on a rencontré une fort jolie pendeloque faite

d'un petit galet de quartz blanc (fig. 130), percé artificiellement d'un trou incomplètement fermé, et une autre où le trou est à peine ébauché ; puis de petites pierres plates arrondies, mais trouvées ensemble, et réunies ainsi, évidemment, d'une manière intentionnelle ; enfin, comme d'habitude, des fragments d'ocres aux couleurs variées et très vives.

Nous arrivons à l'outillage qui vaut la peine, croyons-nous, d'être étudié en détail.

Outillage. — Un bel instrument amygdaloïde assez roulé, en quartz de la région, a été découvert au premier coup de pioche sur le bord même de la terrasse. Sa présence paraît toute accidentelle ; la pièce a dû tomber là du plateau, dont le bord surplombe légèrement ; on sait d'ailleurs que le plateau de Bassaler a donné une riche industrie acheuléo-moustérienne.

FIG. 131. — Grattoirs.
(Le nº 1 est double.)
Demi-grand. nat.
La Font-Robert (Corrèze).

En dehors de cet instrument hors série, l'outillage comprend d'abord les pièces ordinaires de l'époque glyptique, puis d'autres plus particulières et caractéristiques.

Grattoirs. — On en compte 240 de complets. Les deux tiers sont sur bout de lames non retouchées et n'ont aucun caractère particulier. L'autre tiers est plus différencié et comprend des grattoirs doubles (fig. 131, nº 1) ou associés avec le burin ; des grattoirs à retouches latérales (fig. 131, nº 2), d'autres circulaires ou obliques.

Il n'y a que 2 ou 3 grattoirs incurvés comme ceux de Gorge d'Enfer, ou nettement nucléiformes comme ceux de Brassempouy (fig. 133, nº 4).

Burins. — Le nombre en est bien plus considérable, environ 565.

Il faut dire que nous comptons dans ce total 165 burins de

fortune, c'est-à-dire des pièces portant un biseau intentionnel sur angle de lame tronquée, sans aucune retouche.

Le reste, soit 400, se divise en deux groupes égaux en nombre :

1° Les burins en biseau ordinaires ; ils sont assez souvent de grande dimension, mais sans élégance, et n'ont en général rien de distinctif. 23 sont doubles et portent un autre burin (fig. 132, n°s 1 et 2).

2° Les burins sur angle de lames à troncature retouchée.

Une trentaine sont du type fin et délicat si abondant à Noailles (fig.132, n°s 3 à 5), 20 sont au contraire très forts et épais, comme aux Morts. Le reste est de taille moyenne : parmi eux, une centaine sont simples (les deux tiers ont leur burin à gauche) ; 50 sont doubles, c'est-à-dire présentent un burin latéral aux deux extrémités ou sur les deux bords (fig. 132, n°s 3 et 5).

Nucléi et rabots. — Les nucléi sont relativement nombreux : une centaine. A côté de ces blocs de silex

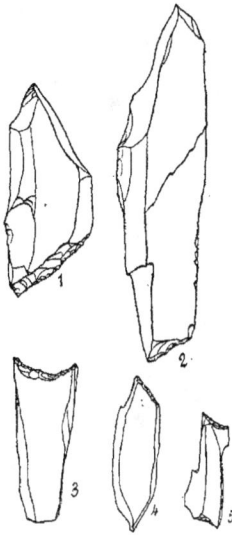

Fig. 132. — Burins divers.
Demi-grand. nat.
La Font-Robert (Corrèze).

qui ne paraissent pas avoir été autrement utilisés, il en est plus de 30 qui, par les retouches ou les traces d'usage qu'ils portent, indiquent une utilisation ultérieure : ce sont de véritables rabots, différents des grattoirs nucléiformes proprement dits.

Les uns sont longs, d'autres courts, d'autres en pyramide (fig. 133, n° 3). Le bord est rectiligne (fig. 133, n° 1) ou courbe (fig. 133, n° 2).

Une série de 25, plus étroits, à crête élevée, arrivent à être des sortes de burins-ciseaux, et font transition avec les burins très épais.

D'autres, au contraire, très aplatis et fort utilisés, amènent aux pièces écaillées ou esquillées que nous avons rencontrées si abondantes au Bouïtou.

Pièces écaillées. — On en compte environ 90, parmi lesquelles plusieurs grattoirs et plusieurs fragments bien retouchés. Il y a une quarantaine de débris qu'on pourrait nommer esquilles ou écailles. Nous n'insisterons pas sur ces sortes d'outils, et renvoyons à la monographie qui a paru dans la *Revue de l'Ecole d'Anthropologie* (Mai, 1906).

Lames sans retouches. — Elles sont au nombre de plusieurs centaines, de longueur variant entre 3 et 15 centimètres.

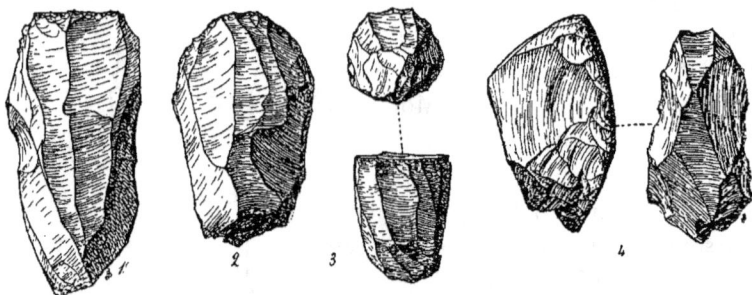

Fig. 133. — Nucléi utilisés (nos 1 à 3) et grattoir nucléiforme (no 4).
Demi-grandeur naturelle. — La Font-Robert (Corrèze).

Plus de 200, à section triangulaire, ont l'arête médiane écrasée (voir la lame fig. 131, n° 1, transformée en grattoir) plutôt que retouchée : Était-ce là le résultat d'une utilisation, une retaille voulue, la crête du nucléus primitif? Il est bien difficile de se prononcer. En tout cas, ces lames sont particulièrement nombreuses.

On les retrouve dans bien d'autres gisements, qui par ailleurs auront aussi d'autres pièces fort analogues, par exemple Puy-de-Lacam (Corrèze), Reilhac (Lot), Noailles (Corrèze), etc.

Lames retouchées. — Signalons d'abord deux ou trois lames portant des sortes de coches ou dentelures profondes assez régulières, fort semblables aux fragments qui, mis bout à bout, formaient les faucilles égyptiennes.

Les belles lames retouchées à la manière présolutréenne sont relativement peu nombreuses : une vingtaine, à peu près complètes, retouchées sur les deux bords, se terminent en pointe plus ou moins aiguë (fig. 134, n° 2). Quelques autres n'ont été retouchées que sur un bord (fig. 134, nᵒˢ 1 et 3).

A côté, et avec toutes les transitions, se place une série de 25 éclats ou lames de forme pseudo-moustérienne, pointes et racloirs.

Une douzaine de lames ont été retouchées le long d'un bord

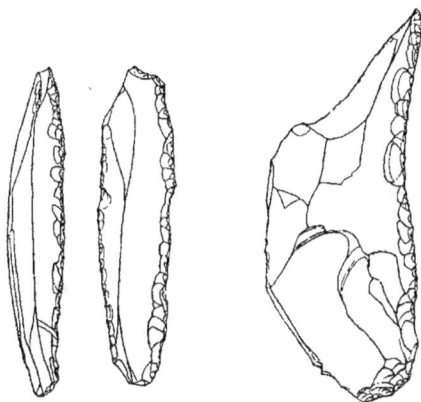

Fig. 134. — Lames retouchées. Demi-grandeur naturelle.
La Font-Robert (Corrèze).

sur le revers de la lame, ce qui est assez rare ; la chose cependant est signalée à Reilhac.

Il y a plus de 200 lamelles étroites et allongées, généralement recourbées, à pointe souvent fort aiguë et dont la crête est retaillée, mais n'est pas en général très coupante. Ce sont le plus souvent des bords de lames préalablement retouchées et habilement enlevés. Rarement elles paraissent avoir été retouchées après coup dans le but d'obtenir une sorte de manche ou soie aplatie.

Il est difficile de dire dans quel but on fabriquait en si grand nombre de ces lamelles et quel était leur usage. La chose est plus claire pour les pointes dont nous allons parler et qui forment la portion la plus originale de l'outillage.

Pointes. — Il y a d'abord une série de *pointes à pédoncule*. Ce sont des lames dont la moitié inférieure, fortement rabattue sur les deux bords, a été transformée en pédoncule.

L'autre extrémité, au contraire, restée large et aplatie, se termine en pointe dont le contour est celui d'une arc brisé d'ogive. On en compte 29 de complètes dont les dimensions sont de 3 à 10 centimètres de long, et plus de 50 fragments. Leur

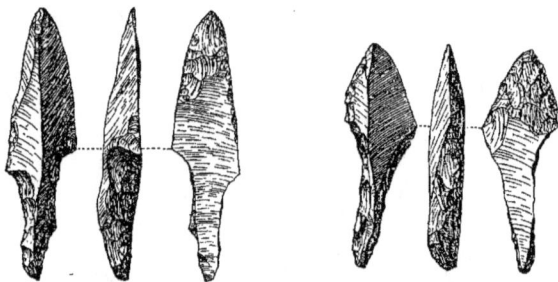

Fig. 135. — Pointes à pédoncule. Demi-grandeur naturelle.
La Font-Robert (Corrèze).

examen permet de croire d'une manière presque certaine que nous avons à faire à des pointes de traits à double cran.

Le pédoncule formait la soie de l'emmanchure : Il est généralement assez gros, et son extrémité, le plus souvent obtuse, ne pouvait servir de perçoir ou de taraud, sauf peut-être en certains cas. Dirons-nous que ce que l'on a pris pour tarauds en queue de rat pourrait n'avoir été parfois qu'un pédoncule d'emmanchure ?

L'autre extrémité formait la partie pénétrante. Elle est restée quelquefois telle qu'elle était, sans retouche, quelquefois elle a été un peu retouchée par-dessus de manière à régulariser la pointe ; mais le plus souvent elle a subi sur le revers de la lame une retouche particulière tout à fait analogue à celle des pièces solutréennes, quoique moins habile (fig. 135, nos 1 et 2). Le but

en paraît évident : pour que le pédoncule fût assez résistant, il
était nécessaire de prendre des lames d'épaisseur notable. En
même temps la pointe naturelle pouvait aller se recourbant un
peu ; il fallait obtenir une pointe plus aiguë et dont l'axe fût à
peu près rectiligne, pour la justesse du tir : c'est peut-être dans
ce double but que l'on a aminci la pièce par retouches dues à des
compressions latérales (voir en particulier fig. 135, n° 2).

Nous devons ajouter que deux pièces, au lieu de pointe,
portent à l'extrémité un petit burin latéral à un grattoir carré.
Enfin un éclat informe a été curieusement retouché de manière
à obtenir une pointe aiguë et une sorte de cran à la base ; il
pourrait également être rapproché des lamelles à dos rabattu
avec cran.

La présence d'un si grand nombre de pointes à pédoncule
dans un gisement paléolithique a été rarement signalée. M. Cartailhac en a publié une de Reilhac ; M. Breuil nous en signale
deux de Solutré et une de La Sénétrière (Saône-et-Loire) ;
M. Capitan en possède une ou deux de Laugerie-Haute ; nous-
mêmes en avons trouvé deux, avec burin, à Puy-de-Lacam, et
2 ou 3 d'incomplètes, à pointe vaguement solutréenne, à Noailles.
En Belgique, on sait que ces pointes ne sont pas rares, et plusieurs sont tout à fait du même type, comme M. Rutot a bien
voulu nous l'indiquer ; elles y caractérisent un niveau que les
préhistoriens belges considèrent comme synchronique du solutréen français (type de Pont-à-Lesse, Trou-Magrite) et qui se
superpose en effet immédiatement à une industrie analogue à
celle des gisements les plus anciens de l'époque glyptique de
France, dits présolutréens.

A côté de ces pointes se rangent une douzaine d'éclats ou de
lames, dont une extrémité porte de la retouche demi-solutréenne
au revers, mais qui n'ont pas de pédoncule à la base ; un exemplaire présente à la place une pointe symétrique de la première ;
un autre se termine en grattoir ; les autres n'ont rien de particulier. Puis, sur autant de fragments de fortes lames, en silex
blanchâtre hydraté, une des extrémités a été frappée latéralement et comme écrasée ; ce grossier travail paraît inachevé le

plus souvent; il a donné cependant une belle pointe, malheureusement brisée à la base.

Vient enfin une série de plus de 80 lamelles de faible épaisseur, dont la longueur s'écarte peu de 4 à 5 centimètres, et la largeur de 10 à 15 millimètres.

Elles ont été retouchées à peine, ou plutôt raclées pour ainsi dire sur les bords, de manière à appointir la pièce, à régulariser ses contours et à lui donner la forme de feuille de laurier, mais il n'y a plus ici de retouche solutréenne. Sur ces 80 pièces, 50 sont appointies aux deux bouts et une trentaine seulement à l'extrémité opposée au bulbe.

Il est difficile de voir, dans cette curieuse série, autre chose que des pointes d'armes de jet. A Noailles nous avons trouvé des pointes analogues, mais en petit nombre.

Pointes-perçoirs. — On en compte seulement une dizaine, deux ou trois sont recourbées, l'une d'elles ressemble à un pédoncule de flèche dont l'autre bout n'aurait pas été taillé.

Pièces sectionnées ou à encoches. — Nous nommons ainsi une série de 30 pièces, surtout des lamelles, qui portent vers l'extrémité, le plus souvent à gauche, comme une encoche plus ou moins profonde, ou un grattoir rectiligne ou concave, transversal ou oblique sans burin latéral. Toutefois, l'extrémité pointue a été plusieurs fois transformée en perçoir. Un exemplaire est retouché à la manière solutréenne sur le reste de la lame. Il y a quelquefois plusieurs encoches latérales, ou une seule très profonde.

Les pièces de ce genre sont nombreuses aux Baoussé-Roussé.

Lames à dos rabattu. — Pour terminer cette aride énumération, il nous reste à parler des lames à dos rabattu, dites couteaux ou canifs.

A les classer suivant leurs dimensions, on en peut compter une quinzaine de très fortes (fig. 136, nos 7 et 20) en fragments, sauf deux (fig. 136, nos 13 et 19); plus de 50 (dont un bon nombre complètes) de dimensions moyennes (6 à 8 centimètres de long); une dizaine de pièces plus petites et 30 fragments notables, enfin 60 débris de minuscules lamelles. En somme, dominent

les pièces de dimension notable, dans le genre de celles de la
Gravette, quoique moins belles.

Mais on pourrait les étudier au point de vue morphologique ;
il se trouve alors que chaque série contient des pièces de toutes
dimensions et à peu près en nombre égal.

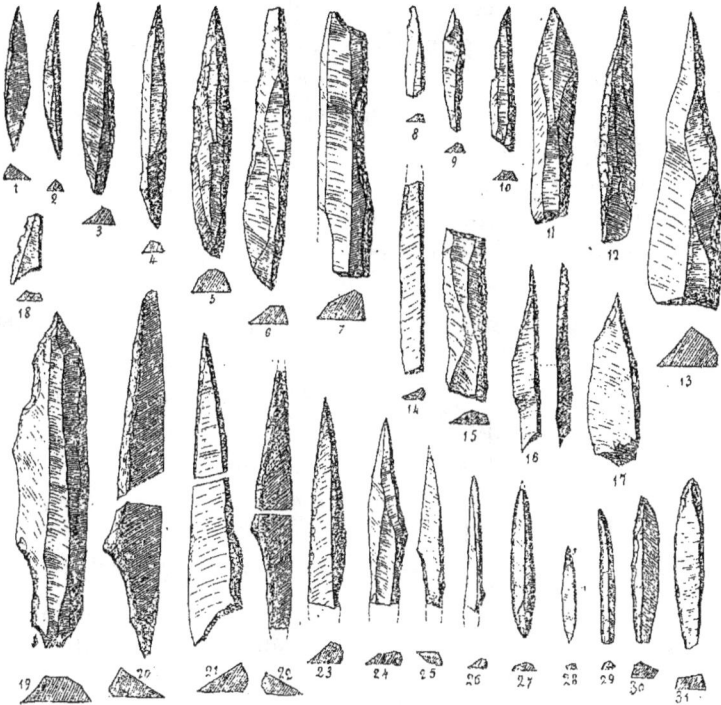

Fig. 136. — Lames à dos rabattu (types divers).
Demi-grandeur naturelle.
La Font-Robert (Corrèze).

D'abord les pièces sectionnées transversalement (fig. 136,
n°s 8 à 15) ; une l'est aux deux extrémités (fig. 136, n° 15), les
autres le sont seulement à la base, et l'autre extrémité se
termine généralement en pointe, voire fort aiguë : un seul bord
est rabattu.

Puis viennent celles tronquées obliquement, ou plutôt celles dont un des bords est rabattu sur toute la longueur, l'autre ne l'étant que vers les extrémités comme pour les rendre plus acérées (fig. 136, n°s 1 à 6, 16 et 17).

Il arrive même que les deux bords ont été rabattus et sur toute la longueur (fig. 136, n° 27), souvent en sens inverse (fig. 136, n°s 28 à 31).

Le dernier type enfin est celui de la pointe à gibbosité (fig. 136, n°s 20 à 24 et 26) signalée par M. Piette, à côté de laquelle se rangent des pointes à pseudo-cran (fig. 136, n°s 19 et 25), analogues à celles rencontrées aux Baoussé-Roussé.

On a trouvé aussi à Font-Robert une pièce minuscule triangulaire avec deux dos rabattus (fig. 136, n° 18), dans le genre des silex tardenoisiens. Nous en avons deux du même type, de Puy-de-Lacam ; il en est plusieurs de fort semblables dans les niveaux supérieurs des Baoussé-Roussé.

Ces lames à tranchant rabattu étaient-elles des pointes de flèches à section triangulaire, très pénétrantes et pouvant faire des blessures graves ? Ou bien faut-il y voir des couteaux ou canifs dont on utilisait le tranchant laissé vif (1) ? La première hypothèse paraît la plus vraisemblable dans la plupart des cas ; mais elle est inadmissible pour les pièces tronquées volontairement aux deux extrémités. En revanche, on ne saurait avoir affaire à un couteau quand les deux bords ont été rabattus sur tout ou partie de la longueur. On peut encore voir, dans certaines lamelles à retouche inverse, de petits tarauds ; dans la petite pièce triangulaire, un cran en silex que l'on pouvait adapter sur une flèche en os ou en bois ; enfin les pièces n°s 16 et 17 (fig. 136) pouvaient fort bien faire des pointes à graver.

Conclusion. — L'examen très attentif de l'outillage nous porte en définitive à le rapporter aux niveaux supérieurs du présolutréen ou mieux aux niveaux inférieurs du solutréen.

Il présente de nombreuses analogies avec celui des niveaux supérieurs des Baoussé-Roussé, avec La Gravette, Noailles,

(1) On peut facilement tailler un crayon avec telle pièce comme celle fig. 136, n° 13.

Reilhac, Brassempouy moyen; mais, dans ces trois dernières stations, on a trouvé du solutréen typique, ici nous en avons comme une ébauche grossière et des essais maladroits : nous sommes amenés à voir là le début de cette industrie, du moins dans notre région, avec la fin de la période présolutréenne. Les grattoirs sont en nombre restreint; les burins du type simple en biseau, et surtout ceux formés sur angles de grattoirs rectilignes, sont au contraire en augmentation; ils prédominent de même dans d'autres gisements de notre région (Noailles, Planche-Torte, Les Morts); mais là, la taille solutréenne arrive à sa perfection, quoique les exemplaires rencontrés jusqu'ici soient rares (Noailles, Champ, Planche-Torte).

Nous donnons, pour terminer, un tableau des pièces trouvées et leur nombre.

Grattoirs simples ordinaires..................	166	
» sur lames retouchées et divers........	30	240
» doubles ou associés au burin.........	44	
Burins de fortune...........................	165	
» en biseau..........................	200	565
» de grattoir carré.....................	200	
Nucléi.......................		100
Rabots larges............................ ...	33	
» étroits (passant au burin)..............	25	68
» aplatis	10	
Pièces écaillées..............................		90
Lames sans retouches, ordinaires.............	300	500
» à crête médiane écrasée.	200	
Lames retouchées sur les deux bords, en pointe.	20	
» sur un seul bord.......... .	20	
» sur un des bords, au revers..	12	80
» d'aspect pseudo-moustérien..	25	
» avec coches (fragments)......	3	

A reporter...... 1.643

Report...... 1.643

Lamelles à crête retouchée sur toute la longueur.	100	
» » · sur 1 partie de la long^r	100	200

Lames à base étranglée (fragments)................ 12

Pointes à pédoncule, complètes......	29	
» » fragments notables........	29	
» sans pédoncule, avec retouche plate....	12	152
» » à fine retouche bilatérale	82	

Pointes-perçoirs................................ 10

Lamelles sectionnées ou à encoches 3o

Lames à dos rabattu de forte dimension	fragm.	15	
» » de moyenne »	compris	5o	165
» » de faible »		100	

TOTAL...... 2.212

Coup d'œil général sur le Préhistorique des environs de Grenoble

par M. MULLER

Bibliothécaire de l'École de Médecine de Grenoble

Les environs de Grenoble sont très accidentés et présentent peu de terrains plats. La région était déjà très peuplée pendant l'âge du Fer; depuis lors, les lieux habitables et cultivables l'ont été à peu près sans interruption, il en est résulté un grand bouleversement du sol et la dispersion fatale de nombreux documents préhistoriques.

Aussi l'étude de la préhistoire des environs de Grenoble se ressent-elle beaucoup de cet état de chose, auquel est venu se joindre la destruction de quantité de documents contenus dans les grottes, nombreuses dans la région, qui ont été exploitées par des carriers et même par des cultivateurs qui en ont extrait les couches archéologiques pour fumer leurs terres.

On peut ajouter encore la construction de camps et de forts militaires depuis l'époque romaine, comme aussi de châteaux-forts au moyen âge, lesquels, édifiés sur les sommets des coteaux avoisinant Grenoble, ont fait disparaître d'importantes stations en plein air.

Malgré cela, soit par les travaux de mes devanciers, soit par les résultats de mes fouilles personnelles, il est possible de fixer d'une façon assez nette le facies de la préhistoire générale des environs de Grenoble dans un rayon de 20 à 30 kilomètres.

Le *Paléolithique* n'avait jamais été rencontré dans nos stations avant les fouilles opérées dans une des grottes des Balmes de Glos, près de Fontaine à 4 kilomètres de Grenoble. Dans cette grotte, sous le robenhausien et en dessous d'une couche d'argile sableuse stérile, j'ai eu la bonne fortune de ramasser des burins, des lames à dos rabattus, des grattoirs sur lames longues, des plaques de schiste. Il n'y avait pas traces de poteries. (Voir C. R. de l'A. F. A. S., Congrès de Cherbourg, 1905).

On peut admettre que l'homme, à l'époque magdalénienne, est venu fréquenter cette grotte avant le dernier retour offensif des glaciers alpins.

Dans plusieurs stations de la vallée, j'ai rencontré des foyers, sans poteries, ne contenant que quelques rares silex et parfois n'en contenant pas du tout. Ces foyers sont quelquefois sur la roche même et la plupart du temps séparés des couches robenhausiennes par un cailloutis stérile, souvent puissant.

Le *Néolithique* des grottes ne donne à la base que des poteries d'un petit volume, faiblement ornées ; les cordons crénelés forment les principaux motifs de décoration. Plus haut, dans les couches robenhausiennes, les poteries sont plus grandes, sans atteindre pourtant les dimensions de celles des grottes de l'Ardèche ; on trouve quelques longues lames, dont quelques-unes du Grand-Pressigny, de rares pointes de flèches en silex, (les haches en silex sont absentes), des haches en roches dures polies,très rares, mais plus fréquentes dans les stations en plein air, au sud-est de Grenoble. Un abri sous roche au-dessus de Sainte-Marie-du-Mont est à environ 1500 mètres d'altitude.

Toutes les stations ont donné des éclats de quartz hyalin et quelques coquilles méditerranéennes souvent perforées. Des pioches à gaine, en bois de cerf, ont été ramassées dans plusieurs grottes de la vallée de Grenoble, avec des poinçons et des ciseaux en os ; cet outillage n'a jamais été abondant.

Les molettes et broyeurs divers, très rares dans les grottes, sont assez fréquents dans les stations en plein air.

Je n'ai jamais trouvé de gaines de haches en corne. Les grottes de la Buisse ont donné, en 1842, le croissant de jade bien connu et, plus tard, une rondelle cranienne de trépanation, décrite en 1867 par M. E. Chantre et probablement la première connue.

L'époque du *Bronze* est peu représentée, à part quelques objets disséminés : une hache à douille, trouvée dans un champ à la Buisse, deux épingles, trouvées l'une aux Balmes de Fontaine, l'autre dans une petite grotte à l'Échaillon ; avec cela quelques anneaux ou bracelets, un bouton, ainsi que quelques objets disparus, trouvés, rive droite de l'Isère, de la Tronche à Saint-Ismier.

Il faut s'éloigner beaucoup de Grenoble pour trouver, à Goncelin, à la Poype, à Sainte-Marie-du-Mont, etc., des cachettes de fondeur. La céramique des grottes contient des expressions certaines de l'art du potier de l'âge du bronze, mais les termes de comparaison manquant l'attribution en est difficile.

L'époque du *Fer*, qui a laissé dans les grottes des débris céramiques certains, a peu donné, à ma connaissance, d'instruments ou d'armes pouvant lui être attribués ; ce n'est que dans les stations en plein air et dans les sépultures que l'on a rencontré des bracelets en fer, en bronze, en schiste, en verre, quelques fibules et de l'ambre.

A Grenoble même, le sous-sol a donné des fibules de La Tène I et II, indiquant, avec d'autres débris, un habitat sérieux à l'époque gauloise, sur la rive gauche de l'Isère.

La période *gallo-romaine* a laissé de nombreux vestiges dans notre vallée, comme aussi dans toutes les grottes, mais, dans ces dernières, on rencontre surtout des débris céramiques de la fin de la domination romaine. Il y avait peu de villas importantes et par suite luxueuses dans les environs de Grenoble. En revanche, les exploitations purement rurales étaient nombreuses, ainsi que le prouvent les points où l'on trouve des tombes sous tuiles. Les champs donnant des débris de la grande tuile à crochets sont excessivement nombreux, mais les trouvailles d'objets d'art et des débris de constructions importantes sont très rares.

La plupart des coteaux voisins, occupés aux époques préhistoriques, ont donné des vestiges de camps et de constructions romaines, auxquels ont succédé des châteaux, des maisons fortes et des forts modernes.

L'époque *Burgonde* (en Dauphiné), correspondante du mérovingien, se retrouve dans toutes les grottes, représentée surtout par des débris céramiques particuliers, semblables à ceux qui forment le mobilier funéraire de tombes généralement construites en lauzes (pierres plates), que l'on peut dater du ve ou vi^e au xie siècle.

Les objets métalliques, plus rares qu'à l'époque romaine, sont surtout en fer et indiquent une population pauvre.

Conclusions. — L'ensemble de cette courte étude montre, d'une part, la dévastation, sans profit pour la préhistoire, des grottes principales et des oppida avoisinant Grenoble.

Il ressort des fouilles méthodiques, pratiquées depuis vingt ans, que notre vallée avait un facies particulier aux époques préhistoriques et que les documents extraits des grottes offrent une différence appréciable avec ceux provenant des stations en plein air.

Il faut espérer que les découvertes futures, surtout dans les stations en plein air, apporteront de nouveaux matériaux, qui permettront de discuter et de conclure, sur la part d'influence à attribuer au milieu, comme à celle importante des importations extérieures.

Sur quelques monuments mégalithiques

trouvés dans la région des Marais, entre Sissonne et Marchais

par M le Dʳ FRŒHLICHER

Le bourg de Sissonne est situé dans le département de l'Aisne, à quelques kilomètres à l'est de Laon. Placé au milieu d'une plaine très étendue, il est traversé par un ruisseau qui prend sa source à peu de distance et qui, canalisé aujourd'hui pour servir au desséchement de la région des Marais, s'écoule dans la Serre, affluent de l'Oise.

Cette région des Marais s'étend, depuis Sissonne, sur une distance de douze kilomètres environ vers le nord, occupant le fond d'une dépression à peine prononcée, qui varie de largeur suivant les points. Elle constitue en réalité une vaste tourbière, bordée, de droite et de gauche, de petites éminences couvertes superficiellement d'une légère couche de terre ou de sable reposant sur un fond nettement calcaire, qu'on appelle Cran dans le pays.

A certaines places, le Cran est surmonté d'une couche de grès, de formes et de dimensions variables, qui ont été utilisés, comme nous le verrons tout à l'heure, pour la construction des monuments dont nous avons retrouvé quelques spécimens.

Depuis de longues années, les indigènes exploitent la tourbe qui constitue un excellent combustible et qu'ils extraient sur une profondeur de deux mètres environ : cette extraction de la tourbe a produit toute une série d'étangs, dont l'eau très pure et très claire repose toujours sur un fond de sable fin mélangé de quelques éléments calcaires.

Les plantes aquatiques, roseaux, nénuphars, etc., ne tardent pas, d'ailleurs, à envahir de nouveau ces étangs, donnant ainsi naissance petit à petit à de nouvelles couches de tourbe, qui, d'année en année, remontent lentement vers la surface et finissent par combler les vides résultant du travail de l'homme.

S. A. S. le Prince de Monaco s'est plu à réunir une assez grande partie de ce territoire, situé entre Sissonne et Marchais, et où abonde le gibier d'eau, à son beau domaine de Marchais. C'est sur sa demande, et stimulé par ses bienveillants encouragements, que nous avons entrepris les fouilles dont nous allons parler.

Nous avons dit que les marais étaient bornés, sur leurs côtés, par des mamelons crayeux. L'un des plus importants est situé à l'ouest et s'appelle Tartapierre. Au pied de ce monticule, une couche de tourbe, épaisse d'un mètre, fut enlevée il y a quelques années, mettant à nu quelques grès plats, couchés horizontalement, et sans forme précise. Leur situation anormale au milieu de la tourbe les avait signalés à l'attention de Son Altesse qui voulut bien nous faire part de ses remarques et nous autoriser à les déplacer.

Les deux grès les plus volumineux, placés bout à bout, recouvraient une surface de deux mètres de long environ.

C'étaient des pierres brutes, épaisses, sans retouche apparente, dont la partie supérieure était arrondie et dont le dessous était plus plat. La plus grosse pesait près de 3.000 kilogrammes. Elles recouvraient une tombe rectangulaire, mesurant à l'intérieur 70 centimètres de largeur sur 1 m. 70 de longueur.

Les côtés étaient façonnés en dalles plates, plantées verticalement les unes à côté des autres, et laissant entre elles, par suite de l'inégalité de leurs bords, des interstices qui avaient été bouchés en pierres sèches. L'intérieur de la tombe était complètement rempli par du sable imbibé d'eau. Au fond, couché sur une planche, dont les vestiges étaient encore très apparents, reposait le squelette d'un homme qui mesurait 1 m. 65 de longueur, la tête tournée vers le levant (la tombe elle-même était orientée du levant au couchant.)

Le crâne était en partie déformé et éclaté sous la pression des éléments qui l'entouraient. Les petits os et une partie des os plats s'étaient, pour ainsi dire, fondus, dans le milieu humide où ils gisaient ; mais les os longs et quelques os pleins étaient relativement bien conservés, malgré leur long séjour dans l'eau, qui les avait rendus mous et très friables.

A droite de la tête se trouvait une bouteille en verre blanc, de forme cylindrique, surmontée d'un col plus étroit et ornée d'une anse dont les points d'attache étaient fixés sur le col d'une part et sur la partie supérieure du corps de la bouteille d'autre part. Un peu plus bas, à droite du thorax, nous pûmes recueillir les fragments d'une sorte de cassolette en cuivre à deux anses, détruite en partie par l'oxydation ; et enfin, au niveau du bassin, deux monnaies en bronze, également très oxydées, dont les empreintes étaient encore suffisamment apparentes pour qu'il nous fût possible de les identifier avec deux monnaies semblables, trouvées dans la région et portant l'effigie : l'une d'Antonin et l'autre de l'impératrice Faustine. Trois branches, formant arceaux, dont les extrémités étaient fixées à la planche du fond par de gros clous en fer grossièrement forgés, passaient : l'une par-dessus la tête, l'autre par-dessus le bassin, la troisième par-dessus les pieds, dirigées perpendiculairement au grand axe du corps.

Cette sépulture, qui, de prime abord, avait toutes les apparences d'un petit dolmen néolithique, renfermait donc les restes d'un gallo-romain, qui avait vécu au deuxième siècle de notre ère.

Faut-il admettre, dans ce cas, que les contemporains de cet individu avaient cru devoir utiliser une tombe néolithique déjà existante pour y enterrer un des leurs, après avoir rejeté les ossements qu'elle contenait, ou que, héritiers des traditions de leurs ancêtres néolithiques, après tant de siècles écoulés, ils avaient continué à enterrer leurs morts dans des monuments aussi primitifs ?

Cette constatation n'est, d'ailleurs, pas unique dans son genre. Le Dr Verneau, en effet, nous a rapporté qu'il avait pu voir, dans les environs de Saumur, de simples grottes utilisées comme sépultures, et dans lesquelles on a retrouvé des ossements qui provenaient, sans aucun doute, d'individus gallo-romains.

Parallèlement et contiguë à la tombe que nous venons de décrire, en existait une seconde, qui paraissait avoir été en tous points semblable à la première.

Malheureusement, par suite de sa mauvaise consolidation, de la poussée des eaux et de la tourbe, peut-être aussi par l'effet de la main des hommes, elle s'était écroulée ; les grès s'étaient effondrés les uns sur les autres ; il nous a été impossible d'y trouver aucune trace de ce qu'elle avait pu contenir.

A vingt mètres de ces deux sépultures, se trouvaient quatre grès plats, vaguement rectangulaires, mesurant sur leurs côtés 40 sur 60 centimètres, et posés horizontalement chacun sur quatre pieux en bois.

Les deux principales dalles recouvraient chacune un vase en poterie épaisse, dont la pâte, de couleur brique, était bien homogène et bien cuite, et qui paraissaient avoir été tournés et façonnés avec soin. Le plus grand de ces vases contenait des cendres et des fragments d'os calcinés.

Les conditions dans lesquelles se trouvaient ces objets ne nous ont pas permis de les recueillir intacts. En effet, les pieux de soutien s'étaient ramollis et comme désorganisés dans l'eau et avaient perdu toute solidité.

Les dalles qu'ils supportaient autrefois s'étaient affaissées et avaient écrasé en partie les vases qu'elles recouvraient. Mais les fragments que nous avons pu retrouver, et particulièrement les fonds des vases, étaient suffisamment bien conservés pour indiquer leur provenance. Leurs parois ne portaient aucune inscription ni aucun ornement.

Ils avaient une forme allongée, étaient excavés vers le haut, rétrécis vers le bas, et légèrement ventrus au milieu, et semblaient vouloir rappeler assez bien l'aspect général des poteries néolithiques.

Mais un examen plus attentif de leur structure, de la finesse de leur pâte, de la perfection de leur cuisson, et surtout la comparaison qui en a été faite avec d'autres poteries romaines similaires, ne laissent aucun doute sur leur origine gallo-romaine.

Nous citerons encore, pour mémoire, l'existence, à côté de ces monuments, d'une sorte de petit caisson formé de quatre pierres plates carrées, plantées verticalement, délimitant un espace vide de 60 centimètres, sans couvercle, ni contrefort extérieur. Ce caisson, comparable à ceux qu'on a découverts en Suisse ou dans certaines parties de la Bretagne, avait dû renfermer autrefois, soit un vase funéraire, soit un dépôt de cendres provenant de l'incinération d'un cadavre, soit même un amas d'ossements. En tous cas, son contenu avait été dispersé depuis longtemps, faisant place à une excavation carrée, remplie d'eau pendant une partie de l'année et que les gens du pays, qui venaient quelquefois s'y désaltérer, désignaient sous le nom de « La fontaine ».

Il est donc difficile d'émettre une opinion précise sur l'origine de ce caisson, et l'unique hypothèse qu'on puisse poser à son sujet est qu'il faisait lui-même partie de la série des monuments funéraires à côté desquels il était logé.

Nous pensons qu'il était intéressant de signaler ici les dispositions de cette petite nécropole, dans laquelle on trouve réunis, sur un espace relativement restreint, les différents modes d'inhumations usités chez les anciens. On s'étonne de constater combien, malgré le perfectionnement de l'outillage et les bienfaits d'une civilisation déjà fort avancée, les monuments funéraires s'étaient si peu modifiés depuis l'époque néolithique, antérieure de plusieurs centaines de siècles.

En remontant à quelques centaines de mètres plus au nord, s'élève un autre monticule sablonneux, dont la base est en partie envahie par la tourbe et qui s'appelle le Mont-d'Isle. Sur l'un de ses côtés, à peu de distance de la zone tourbière, on pouvait voir à fleur du sol et en partie recouverts par le sable, la mousse et les herbages qui croissent communément dans ces parages, une suite de gros blocs de grès, informes et juxtaposés. Les découvertes que nous avions faites précédemment nous laissaient espérer que ces pierres cachaient également quelques sépultures, et nous nous disposions à pratiquer des fouilles méthodiques, lorsque le propriétaire du terrain que nous avions avisé préalablement, alléché par l'espoir de trouver quelque trésor, prit les devants, déplaça les deux premiers blocs, et, à gros coups de bêche, se mit à enlever les couches sous-jacentes, dans lesquelles il rencontra quelques ossements humains avec trois ou quatre crânes et une hache en silex. Rapidement découragé, il finit par nous abandonner la place et nous permit de continuer les travaux. Nous avions affaire cette fois à un beau dolmen de l'époque de la pierre polie, qui mesurait 1 m. 5o de largeur sur 3 m. 5o de longueur et 1 m. 5o de profondeur, dans la chambre principale.

La couverture se composait de trois énormes grès paraissant n'avoir subi aucune retouche, et dont le plus gros pesait plus de 7.000 kilogrammes.

Ces blocs reposaient sur une série d'autres grès plats, plantés verticalement dans le Cran, la pointe en bas, et dont quelques-uns avaient été aplanis et égalisés à l'intérieur et vers la pointe. Les vides, laissés entre eux par l'inégalité de leurs bords, avaient été soigneusement maçonnés en pierres sèches, et des contre-forts extérieurs, également en grès, placés de préférence aux points de rencontre de deux pierres, en assuraient la solidité. Sur les parois, nous n'avons relevé aucune trace de sculpture.

L'axe du dolmen était orienté du levant au couchant, et du côté du levant existait un vestibule, lequel précédait une chambre principale où se trouvaient les squelettes.

Le vestibule, dont le couvercle manquait, avait 1 m. 5o en tous sens. Il était rempli de sable et ne renfermait aucun objet. Il était séparé de la chambre funéraire par deux dalles plates juxtaposées, dont les bords avaient été taillés en haut et en bas de façon à pouvoir s'engréner l'un dans l'autre. Au centre de la réunion de ces deux dalles, existait un trou ovalaire résultant de l'évidement symétrique des deux bords contiguës et par lequel il était possible d'introduire les cadavres.

Dans la chambre funéraire elle-même, se trouvaient, au

milieu d'un sable fin imprégné d'eau, plusieurs couches d'ossements. Au fur et à mesure que nous creusions, l'eau envahis-
sait l'excavation, et c'est avec les plus grandes difficultés que
nous pûmes atteindre le Cran sur lequel reposaient les derniers
ossements.

Les squelettes, dont ne subsistaient, à vrai dire, que les
os principaux et les crânes (écrasés pour la plupart), paraissaient, surtout dans les couches supérieures, avoir été posés là
sans ordre. Les uns étaient couchés parallèlement à l'axe longitudinal du dolmen, surtout ceux du fond. D'autres gisaient en
travers des premiers et occupaient des positions plus ou moins
obliques. En général, les crânes, à part deux ou trois exceptions,
étaient serrés contre les parois, et certains d'entre eux étaient
littéralement aplatis contre les dalles. Les maxillaires inférieurs
faisaient défaut presque partout. Malgré les précautions que
nous avons prises, nous n'avons pu en retrouver que quatre, et
encore étaient-ils isolés et séparés des crânes auxquels ils avaient
appartenu par toute la largeur du dolmen. Quant aux os longs,
certains étaient de couleur jaunâtre, d'autres étaient noirs et
paraissaient avoir subi un commencement d'incinération.

Ils étaient enchevêtrés les uns dans les autres, et la plupart
étaient brisés. Ces faits corroborent l'idée qu'on s'est faite sur
la destination réelle de la plus grande partie des dolmens que
des observateurs attentifs ont fouillés et qui font regarder ces
monuments de l'âge de pierre comme de véritables ossuaires,
où les os des cadavres étaient apportés après un stage dans un
endroit où ils s'étaient dépouillés de leurs chairs, ou après une
tentative de crémation qui avait produit le même résultat.

Quoiqu'il en soit, le dolmen contenait les restes de 17 ou 18
individus, en tenant compte de ceux que la fouille malencon-
treuse du propriétaire avait saccagés.

Comme nous l'avons dit, les crânes étaient tous plus ou
moins abîmés, et pour cette raison nous n'avons pas encore pu
étudier complètement leurs caractères.

Il semble cependant que, pour la plupart, le type dolichocéphale prédominait.

L'un des maxillaires inférieurs présentait une anomalie intéressante, en ce sens que son développement exagéré, sa largeur, son épaisseur et sa conformation très accentuée en galoche, lui donnaient l'aspect nettement pathologique des maxillaires qu'on rencontre chez certains malades atteints d'acromégalie.

Les os longs présentaient, presques tous, les caractères connus de la race de Cro-Magnon : fémurs à pilastres, tibias platycnémiques, cubitus incurvés.

A côté des ossements, nous avons recueilli une demi-machoire de cerf, une quantité d'éclats de silex ou de pierres de différentes formes, retouchées d'une façon plus on moins sommaire, et qui peuvent être rangées dans la catégorie des pièces auxquelles Philippe Salmon a donné le nom d'outils de fortune ; six belles haches polies en silex, emmanchées dans une gaine en corne de cerf, percée elle-même d'un trou en sa partie moyenne, pour y recevoir l'extrémité d'un manche ; enfin les fragments aplatis d'une petite poterie de forme allongée, de couleur noirâtre, dont la pâte grossièrement pétrie, façonnée à la main et mal cuite, s'écrasait sous les doigts.

Une des particularités les plus curieuses de ce dolmen, et qui, à notre connaissance, n'a encore été signalée nulle part, était l'existence, à l'intérieur, de pieux en bois, plantés les uns le long des parois, les autres, en plus petit nombre, au centre, dans une position telle qu'ils semblaient délimiter virtuellement, dans l'ensemble de la chambre, une série de cases. Ces sortes de piquets assez gros, et qui pouvaient avoir primitivement un diamètre de 6 à 8 centimètres, avaient dù s'élever autrefois jusqu'à la hauteur de l'arête supérieure des dalles verticales, et s'enfonçaient dans le sol crayeux à une profondeur qui dépassait 50 centimètres. Les tronçons que nous avons extraits sont noircis, friables, et l'eau qui les entourait a fortement altéré leur substance.

Nous ferons remarquer, en passant, que les crânes qui, contrairement aux autres, n'étaient pas posés le long des parois, étaient appuyés précisément chacun contre un de ces piquets.

Quelle était la raison d'être de ces piquets ? Ceux qui se

trouvaient le long des parois avaient-ils pour but de soutenir les dalles à l'intérieur, comme les contre-forts extérieurs avaient pour but d'en prévenir l'éboulement en dehors ? L'hypothèse paraît assez logique, si l'on veut bien tenir compte que le monument avait été élevé au milieu d'un terrain essentiellement sablonneux et n'offrant qu'une résistance relative à la pression des blocs verticaux, dont l'équilibre pouvait être compromis par la poussée des énormes tables qu'ils supportaient. Mais alors, comment expliquer la présence de piquets semblables dans le milieu du dolmen ? Peut-être ont-ils servi, dans ce cas, de points d'appui pour faciliter la mise en place des blocs très lourds qui constituaient la couverture et étaient-ils destinés à contribuer, par la suite, à la solidité générale de la construction.

Tels sont, jusqu'ici, les monuments que nous avons pu mettre à jour et étudier dans cette région si pittoresque, si variée et si intéressante des Marais. Nous avons lieu de penser qu'ils ne sont pas les seuls.

Les nombreux instruments en pierre polie, ramassés çà et là, les fragments de poteries retrouvés soit à fleur de sol, soit dans les terrassements ou dans l'extraction de la tourbe, les souvenirs et les légendes racontées par de vieux habitants du pays, les blocs de grès isolés ou associés qu'on nous a signalés, nous laissent penser que cette contrée étaient loin d'être aussi déserte et peu fréquentée qu'aujourd'hui, et nous ne doutons pas que des recherches patientes et bien conduites ne nous amènent encore, par la suite, à réaliser des découvertes intéressantes.

Comme on l'a vu par la description que nous en avons donnée, les diverses sépultures retrouvées par nous siégeaient les unes en pleine tourbe, les autres sur un sol sablonneux, très proche de la tourbe et qui, pendant la plus grande partie de l'année, est infiltré d'eau. Cette constatation démontre combien peut être variable l'aspect d'une tourbière, suivant les époques où on la considère. Car on est forcé d'admettre que nos ancêtres choisissaient leurs lieux de sépulture en des endroits où ils se croyaient sûrs d'être à l'abri de l'invasion des eaux. Cette étude de la marche de la tourbe, des causes et des effets de son déplacement lent et progressif, n'est pas une des moins intéressantes, et nous pensons que les découvertes anthropologiques qui pourront y être faites contribueront à la faciliter.

Quoi qu'il en soit, nous estimons que nos recherches ont mis à jour quelques faits qui méritent d'attirer l'attention des archéologues et nous avons tenu à les mentionner dès maintenant.

Nous ajouterons que S. A. S. Mgr le Prince de Monaco, qui a bien voulu suivre nos travaux avec toute sa haute bienveillance, a tenu à ce que ces documents d'un autre âge ne fussent pas perdus et ne restassent pas abandonnés dans un endroit, sinon inaccessible, du moins très peu fréquenté. Sur ses conseils et grâce aux moyens qu'Il a mis à notre disposition, nous avons, à l'aide de puissants treuils et de chevaux, soulevé les blocs de la place qu'ils occupaient. Grâce à un système de rails et de wagonnets spéciaux, nous les avons fait transporter à travers des terrains sur lesquels il semblait impossible de pouvoir passer avec des poids aussi formidables sans craindre d'enfoncer ou de s'enliser.

Actuellement, ces monuments sont définitivement reconstitués sur une des pelouses ombragées qui entourent le château de Marchais, et nous avons pris soin, en les rétablissant, de respecter leur orientation et toutes les particularités qui les rendaient si intéressants.

Les ossements et les objets qui les accompagnaient ont été rapportés au château de Marchais, où, reconstitués, eux aussi, dans la mesure du possible, et mis en ordre, ils vont devenir le noyau d'un musée local qui ne manquera pas, nous l'espérons, de s'enrichir peu à peu.

Désormais à l'abri des injures du temps, garantis contre tout danger de destruction, tous ces souvenirs des temps éloignés où vivaient nos ancêtres préhistoriques et gallo-romains, constitueront, pour les nombreux visiteurs qui affluent en ce lieu, des documents curieux des civilisations arriérées ou disparues.

Objets préhistoriques de la vallée de la Saône et de Gevrey-Chambertin

par M. BIDAULT DE GRÉSIGNY

Associé national correspondant de la Société des Antiquaires de France
et autres Sociétés savantes

———

De 1885 à 1888, des fouilles régulières furent exécutées, en ma présence, à Noiron-les-Citeaux, canton de Gevrey-Chambertin (Côte-d'Or).

Je trouvai 209 squelettes inhumés avec leur attirail de guerre et divers ustensiles ou ornements.

Parmi une quantité d'objets divers, certaines fosses ont également fourni différentes pièces intéressantes en pierre taillée et polie, que j'ai l'honneur de soumettre au Congrès d'archéologie et d'anthropologie préhistoriques de Monaco.

L'époque mérovingienne est bien loin des temps pendant lesquels les hommes se servaient de la pierre taillée et ensuite de la pierre polie, cependant quelques squelettes m'ont donné des silex taillés et polis absolument semblables à ceux qui étaient utilisés par les peuples primitifs. On remarque, sur ces instruments, le point de frappe, le conchoïde de percussion, les traces produites par le martellement et laissant des arêtes vives. Ils ressemblent à des racloirs, à des grattoirs, à des polissoirs et à des lames de couteaux. Nous avons recueilli aussi une vingtaine de pierres à feu.

Quelle signification attribuer à la présence de ces objets? Indique-t-elle la continuation de certains rites funéraires, en usage autrefois chez les Celtes? En 1884, j'ai trouvé, sur la limite

des communes de Baudrières et d'Ormes, une sépulture gauloise; sous le crâne à peu près consumé, se trouvaient, à côté
d'un petit globe en bronze, plusieurs silex taillés et polis. Les
barbares mérovingiens pouvaient fort bien avoir conservé
quelques pratiques datant de ces époques reculées. Jetaient-ils
sur les cadavres ces éclats de pierre, comme de nos jours, dans
certaines localités, on jette encore des mottes de terre ou des
pierres sur le corps d'un défunt, lorsqu'il est descendu dans la
fosse. Je ne pense pas que les barbares, possédant des outils en
bronze et en fer, déjà très perfectionnés, aient pu se servir de
ces différents ustensiles, ou pour préparer les peaux, dont, au
dire des historiens, ils avaient l'habitude de se vêtir, ou pour
tout autre usage. Il est évident que toutes ces pierres ne se sont
pas trouvées là par l'effet du hasard, puisque dans les conditions
ordinaires on n'en trouve pas dans ces terrains sablonneux.
Elles ont dû même être apportées d'une assez grande distance;
leur forme évidemment ouvrée indique également une intention,
et peut-être aussi leur rapport avec les instruments celtiques
n'est pas dû au hasard. Je me contente d'appeler l'attention des
savants sur ces objets et sur les circonstances de leur découverte qui me paraissent des faits nouveaux ou tout au moins
assez rares. Il y aurait peut-être toute une étude à faire à ce
sujet. En passant par Marseille, pour venir à Monaco, M. le
Dr et professeur Vasseur a bien voulu, avec son amabilité habituelle, nous faire visiter et inaugurer les salles préhistoriques
et protohistoriques que la Société Archéologique de Provence a
organisées à l'occasion de l'Exposition Coloniale de Marseille.
M. le Dr Vasseur a aussi trouvé des objets en silex dans des
tombes très riches en instruments de métal.

Après les fouilles de Noiron, terminées en 1888, j'ai recherché
spécialement tous les objets en pierre taillée ou polie de la
vallée de la Saône. L'abri sous roche de Solutré, fouillé avec
MM. Le Grand de Mercey et Arcelin, ainsi que le canton de
Gevrey-Chambertin (Côte-d'Or), me donnèrent de beaux spécimens de la pierre taillée et polie dont je soumets au Congrès
une centaine d'objets, exposés dans les vitrines que Son Altesse

Sérénissime a bien voulu mettre à notre disposition. J'ai choisi les plus intéressants de ma nombreuse collection. Je le répète, je n'ai aucune prétention de science et j'utilise mes loisirs à chercher des matériaux authentiques pour les savants.

Actuellement, la construction de nombreux barrages dans le lit de la Saône a eu pour conséquence d'enfouir sous une couche de vase, dont l'épaisseur va grandissant, une série de stations que le courant de l'eau mettait à découvert de temps en temps dans les berges de la rivière, surtout en hiver, après la fonte des glaces qui désagrégeaient les différentes couches. Nous avions ainsi de précieux indices chronologiques, car les berges étant taillées à pic, on revoyait sur leurs tranches les traces des anciens ateliers, des vieux foyers, des antiques demeures de nos ancêtres. Ces stations, surtout entre Tournus et Châlon-sur-Saône, me donnèrent quelquefois, à des intervalles de plusieurs années, des séries de haches polies, pointes de flèche, grattoirs, racloirs, ossements d'animaux disparus, herminettes, javelots, pointes de lance, etc., et quelques beaux objets de l'époque du bronze. Désormais, des recherches analogues sont devenues difficiles, sinon impossibles. Comme terme de comparaison, j'expose quelques armes et ustensiles de pierre, provenant d'anciennes peuplades d'Amérique et d'Océanie. Il est difficile de trouver une hache circulaire plus belle que celle que j'ai l'honneur de vous présenter.

Elle date environ d'un siècle, et, maniée par le plus vieux chef, son usage était d'achever les prisonniers destinés à être mangés par les Canaques anthropophages. Elle est décorée, le long du manche, du poil d'un vampire appelé roussette. Avec une patience inouïe, les femmes plaçaient chaque touffe de poils dans le tissu de la corde, ensuite ils étaient teints. Le manche est entouré de peau de bagnian reliée avec des fibres de coco et décorée de coquillages ayant une grande valeur dans le pays (la porcelaine géographique, je crois). Le capitaine Liénel, un de mes parents, qui a passé de longues années en Nouvelle Calédonie, avait su s'attirer la confiance et les confidences d'un chef canaque réputé, appelé Teint le Rouge. (Ils se teignent les cheveux avec de la chaux). Ce chef, habitant la région de Koné, a donné de curieux détails sur la façon dont ses ancêtres emmanchaient leurs instruments de pierre. Ils choisissaient un jeune baliveau qu'ils fendaient pour y introduire la hache. La pierre se trouvait ainsi noyée dans la pousse de l'arbre. Quelques années après, ils coupaient le baliveau et taillaient le manche qu'ils recouvraient de peau. De plus, la hache était consolidée au moyen de lanières de cuir et de fibres de coco. La légende dit même que pour finir le poli des objets en pierre, ils étaient exposés pendant longtemps sous de hautes cascades. Pour les objets anciens, c'est à la période de transition entre le paléolithique et le néolithique ainsi qu'au néolithique, que se rapportent les documents dont l'étude pourra présenter quelque intérêt aux Congressistes plus spécialement préoccupés du préhistorique.

M. le Baron DE BAYE. — On a rencontré, dans plusieurs localités, des silex travaillés de l'époque néolithique dans des sépultures frankes. Les nombreuses sépultures explorées par M. Frédéric Moreau, dans l'Aisne, en ont fourni, et moi-même j'en ai trouvé dans la Marne. Ces objets ont été recueillis parce que leurs formes ont attiré l'attention à cette époque, comme ils attirent encore l'attention des populations actuelles. Ils jouaient alors le rôle d'amulettes.

Il ne faut pas confondre ces silex, anciennement travaillés et recueillis postérieurement, avec les pierres à briquet très fréquentes dans les sépultures frankes. Il y a donc deux catégories de pierres taillées dans certaines de ces sépultures : des amulettes et des pierres à feu.

Recherches archéologiques récentes
dans les Cévennes

par M. CARRIÈRE

———

Les recherches faites dans les Cévennes — dans les grottes ou sous les dolmens — portent à 38 le nombre des crânes néolithiques recueillis jusqu'ici. Ils sont, en très grande majorité, dolichocéphales, leptorhiniens, microsèmes.

Un récent travail de M. le Dr Schenk, *Les sépultures et les populations préhistoriques de Chamblandes*, établit qu'il y a des ressemblances frappantes entre les crânes néolithiques de cette station des environs de Lausanne et ceux que M. G. Carrière a décrits à titre matériaux pour servir à la palethnologie des Cévennes.

M. G. Carrière émet le vœu que, pour chaque département, les mensurations des crânes préhistoriques soient groupées de façon à concourir à un travail de synthèse.

Contribution à l'étude des populations
néolithiques du Bas-Médoc

par M. le Dʳ G. LALANNE

———

Déjà en 1887, je publiai le résultat de mes recherches pré-historiques, faites en collaboration avec mon regretté ami A. Meynieu. Depuis la mort de mon ami, j'ai continué mes recherches et je suis arrivé à cette notion que l'étude des sta-tions préhistoriques du Bas-Médoc offre un intérêt tout parti-culier, en ce sens que ces stations se rapportent exclusivement à l'âge de la pierre polie et sont pures de tout mélange. On y rencontre bien aussi des vestiges de l'époque du bronze ; il est probable que, pendant un temps plus ou moins long, les deux industries furent mélangées, mais il n'y a pas trace d'une industrie paléolithique.

Topographie. — Les stations néolithiques du Bas-Médoc occupent l'extrémité nord de la presqu'île médocaine, comprise entre la Gironde et l'Océan Atlantique. Mais le pays était alors bien différent de ce qu'il est aujourd'hui, et au lieu de former un tout continu comme cela existe maintenant, il ne formait qu'une série d'ilots qui émergeaient de la surface de l'eau et étaient peut-être reliés entre eux par d'étroites langues de terre. Il est même facile de reconstituer l'ancienne topographie du pays en suivant les traces de l'homme préhistorique. On voit alors que, sur le pourtour de ces îlots, l'industrie du silex dis-paraît et que le sol foulé par l'homme préhistorique est recou-vert par le dépôt ultérieur des alluvions. Mais l'industrie paraît surtout centralisée du côté de l'Océan, où le sol primitif est depuis de longues années caché sous un lourd manteau de sable. Ici, les stations sont extrêmement intéressantes parce qu'elles sont pures de tout mélange avec les civilisations ultérieures et que les vestiges sont encore en place sans avoir subi de remaniement. Je signalerai comme particulièrement intéressantes les stations du Gurp, de Taillebois, de la Pinasse, Soulac, la Ronde, Lilian, la Mouline, Saint-Martin-de-Talais, les Pargaux, le Perey, les Peyrerès, le Moulin, le Petit-Morin, la Seougue, la Lande, les Placettes, Valade, Videau, Piqueou, Daugagnan, les Artigues, Fournadeau, l'Hôpital de Grayan, l'Extremeyre, Taste Soule, les Cerins, les Arrestieux, Vensac, Hourcade, Jeau, le Centre, Loirac, Hourtins, et enfin toute la région qui relie le Bas-Médoc au Haut-Médoc et au reste du pays.

La stratigraphie présente peu d'intérêt, puisqu'il s'agit d'une industrie répandue à la surface du sol.

Matériaux. — En général, l'ouvrier puisait les matériaux de son industrie à deux sources. Il utilisait d'abord les matériaux qu'il avait sous la main et il empruntait les autres à d'autres contrées par voie d'échange. Les courants qui viennent se briser sur les falaises crétacées de la Saintonge, et les corrodent, transportent les silex qui existent en bancs dans cet étage jusque sur nos plages où ils sont faciles à recueillir. C'est là la source des matériaux qui forment l'outillage de petite dimension. Mais c'est par voie d'échange que l'homme se procurait les outils de grande dimension, les haches, par exemple, qui venaient indubitablement des ateliers du Périgord et du Grand Pressigny.

L'homme a abandonné, autour de sa demeure, des débris qui nous renseignent sur les matériaux de son alimentation. Nous savons ainsi qu'à la nourriture animale qui lui était fournie par la chasse dans les forêts, l'homme tirait une grande partie de son alimentation de la pêche et de mollusques. C'est aux environs de Soulac que les hommes de cette époque lointaine venaient chercher les huîtres et les bucardes qui servaient à leur alimentation, de même que les rochers de la Négade et de Saint-Nicolas leur fournissaient les patelles qui sont mêlées aux coquilles précédentes, amoncelées sur certains points du Gurp avec des fragments de poteries et des débris de cuisine de la même époque.

Industrie. — Il serait intéressant, mais beaucoup trop long, de passer en revue les différents éléments de l'industrie néolithique, et je ne puis qu'en tirer des conclusions générales. A côté de pièces extrêmement belles et d'un fini parfait, on en trouve un très grand nombre qui indiquent qu'elles appartenaient à des populations très pauvres et presque misérables. On rencontre une grande quantité de pierres à écraser les grains, formés de galets d'assez petite taille et portant des traces d'usure sur tout leur pourtour. La meule sur laquelle on écrasait le grain était le plus souvent formé d'une pierre en granit, gneiss ou conglomérat durci.

Les grattoirs sont très abondants et de forme extrêmement variée. L'homme utilisait même comme grattoir les croûtes du silex.

On rencontre tout l'outillage néolithique habituel, avec pièces de petite taille, sauf pour les haches qui sont parfois très belles et de grande dimension.

Le Néolithique dans la Provence centrale et dans la Provence occidentale

par M. Ch. COTTE

Dans un travail envoyé à un Congrès récent, j'ai étudié les divers gisements de Provence signalés comme quaternaires, à l'exception de ceux des Alpes-Maritimes. J'ai réussi, je crois, à prouver que bien peu d'entre eux ont l'âge qui leur a été attribué. Ce ne sont, pour la plupart, que des stations offrant des facies du néolithique intéressants à souligner.

A mon avis, nous n'avons, dans le Var, les Basses-Alpes, Vaucluse et les Bouches-du-Rhône, ni magdalénien, ni tourassien, ni campignien proprement dits. Des habitats et des sépultures frustes sous grottes ou sous abris, ayant une industrie lithique grossière, ont parfois été rattachés au quaternaire dans ces départements. En réalité, on se trouve en présence d'un néolithique très ancien, avec faune et flore à peu près semblables à celles de nos jours. On y a cependant signalé le chocard ; mais cet oiseau a été trouvé également dans du néolithique franc.

Bien que ces stations ne renferment pas de pierre polie et semblent appartenir au début du néolithique, on ne peut les comparer au Campigny, car, en premier lieu, l'industrie est abso-lument distincte de celle du fond de cabane fouillé par MM. Salmon, d'Ault du Mesnil et Capitan ; en second lieu, les gise-ments en question sont sous abri, alors que la civilisation cam-pignienne se révèle surtout sur des plateaux dans le nord de la France, où cependant le climat était plus rigoureux.

En Provence, au contraire, les stations en plein air, sans

aucune exception, me semble-t-il, appartiennent au néolithique atteignant son apogée. On y rencontre le facies solutréen intimement mêlé au facies tardenoisien. Les outils à facies magdalénien, moustérien, ou même chelléen y sont également représentés. De pareils faits donnent souvent naissance à des confusions. Dans de nombreuses régions, des auteurs ont admis que des habitats ont été occupés à tous les âges préhistoriques. Le fait peut être exact pour un certain nombre d'entre eux ; mais la fréquence de conclusions pareilles pour de simples gisements en plein air de peu d'étendue, n'offrant rien qui puisse attirer l'homme particulièrement, alors aussi que nous savons combien les conditions climatériques ont varié du chelléen à l'âge des métaux, m'empêche d'admettre que l'on puisse se baser sur la morphologie des divers outils pour affirmer une thèse pareille. Cette thèse a été fréquemment avancée même par des savants de valeur, spécialement en ce qui concerne nos colonies du nord de l'Afrique. Le mobilier de cette région a souvent de grandes analogies avec celui des stations en plein air provençales, dont un des caractères les plus saillants est la présence des silex dits géométriques et d'outils obtenus par une taille analogue, ainsi que la fréquence des pointes de flèche bien retouchées sur les deux faces. Dans ces stations on rencontre également des haches polies.

Quelques abris sous roches ou grottes ont une industrie de transition entre le néolithique fruste et celui dont nous venons de parler en dernier lieu. D'autre part, de nombreuses grottes sépulcrales sont contemporaines des tumulus, des allées couvertes qui appartiennent à ce néolithique évolué où l'on voit apparaître les métaux sans que le mobilier lithique se soit modifié.

Enfin, il convient, me semble-t-il, de faire une place à part à la grotte du Castellaras (Vaucluse), où la présence de billes en roches diverses est assez caractéristique (1). Ces billes ont été

(1) *(Note ajoutée pendant l'impression)*. Avec l'aide de M. A. Chaix, je fouille une grotte, dans la commune de Jouques (Bouches-du-Rhône), qui nous a fourni une bille en même temps que d'abondantes poteries carénées. Elle fera l'objet de publications ultérieures.

découvertes fréquemment dans les grottes de la rive droite du Rhône, habitées, à la fin du néolithique, par une population assez dense, ayant conservé le goût des demeures dont la nature fait tous les frais, contrairement aux usages adoptés d'une façon générale sur la rive gauche du Rhône. Ces billes, signalées dans Vaucluse, comme je viens de le dire, caractérisent aussi une nécropole sur le plateau de la Bastidonne, près Trets, aux limites du Var et des Bouches-du-Rhône.

Tels sont les trois grands aspects du néolithique provençal : stations sous abris à industrie fruste ; campements en plein air et sépultures se raccordant avec la civilisation de l'âge du bronze ; rares gisements à billes polies.

Les Statues-Menhirs de l'Aveyron et du Tarn

(Quatrième Série)

par M. l'Abbé HERMET

La présente communication a pour objet une quatrième série de Statues-menhirs (1).

Les statues-menhirs sont des sculptures mégalithiques très rudimentaires représentant un personnage en ronde-bosse.

Ce ne sont point des bas-reliefs, mais de véritables statues, taillées sur toutes les faces et plantées en terre ; de là leur nom de Statues-menhirs.

Leur taille varie entre o m. 90 et 5 mètres de hauteur.

---

(1) Bibliographie des statues-menhirs. — *Procès-verbaux de la Société des Lettres, Sciences et Arts de l'Aveyron.* Communications diverses de M. l'abbé HERMET, 1891 et seq. ; 1900, pp. 28, 190.

Abbé HERMET. 1re série. *Sculptures préhistoriques dans les deux cantons de Saint-Affrique et de Saint-Sernin (Aveyron),* 22 pp. in-8°, 1892, xiv pl., extr. des *Mémoires Soc. Lettres, Sc. Aveyron,* t. XIV, Rodez. Analysé dans *L'Anthropologie,* 1892, p. 222, et dans *Revue mensuelle de l'Ecole d'Anthropologie,* 1892, p. 88 ; art. de G. DE MORTILLET, 316-320 ; art. d'AD. DE MORTILLET avec indication d'autres menhirs de l'Hérault.

Abbé HERMET. 2me série. *Statues-menhirs de l'Aveyron et du Tarn,* 40 pp. in-8°, iv pl., extr. du *Bulletin Archéol.,* 1898. Analysé avec figures dans *L'Anthropologie,* t. XI, 1900, pp. 251-254.

Le même. 3me série. *Statues-menhirs de l'Aveyron, du Tarn et de l'Hérault.* — *Congrès internat. d'anthrop. et d'archéol. préhist.* Compte-rendu, pp. 325-338, Paris, 1900. *Congrès de l'Assoc. Franç. pour l'Avancem. des Sciences,* Paris, 1900, avec 4 fig. pp. 747-757.

Abbé BARTHE et CARAVEN-CACHEN, *Not. dans Albia Christiana,* août 1897, p. 79.

Salomon REINACH. *La sculpture en Europe avant les influences gréco-romaines,* pp. 25 et seq. et *L'Anthropologie,* 1904, p. 654-656.

Émile CARTAILHAC. *A propos des statues-menhirs. Bulletin Soc. Archéol. du Midi,* 1905, p. 257-270.

Abbé HERMET. *La statue-menhir de Frescaty,* 4 pp., 1 fig., extr. *Bulletin Soc. Archéol. Midi,* 1905, p. 270-273.

Elles se divisent en deux classes :

a) Les statues masculines, caractérisées par un baudrier et l'absence des seins ;

b) Les statues féminines, dont les marques distinctives sont l'absence du baudrier et la représentation des seins ainsi que de plusieurs colliers concentriques.

Toutes les statues-menhirs, masculines et féminines, ont entre elles des liens de parenté indéniables ; elles sont toutes du même style et reproduisent l'idéal d'un même type traditionnel.

Les membres du Congrès préhistorique tenu à Paris en 1900 se rappellent qu'à cette session je fis un rapport sur ces sculptures primitives.

A cette époque, je connaissais 22 statues-menhirs, réparties dans trois départements limitrophes, savoir :

12 dans l'Aveyron, 8 dans le Tarn, 2 dans l'Hérault.

Bien que trouvées dans trois départements différents, toutes ces sculptures appartiennent à la même région montagneuse. A vol d'oiseau, il n'y a pas plus de 30 kilomètres entre les points extrêmes.

Les sentiments des congresistes de Paris se partagèrent sur la question de savoir s'il fallait attribuer ces monuments à l'âge du bronze ou à l'âge de la pierre polie. Faute de preuves suffisantes, il était fort difficile de se prononcer dans un sens plutôt que dans l'autre ; la question demeura en suspens.

Depuis le Congrès de Paris, j'ai continué mes patientes recherches et je suis parvenu à découvrir 4 nouvelles statues-menhirs, plus une cinquième en espérance.

Je m'explique : 4 certaines que j'ai vues, étudiées et recueillies ; plus une cinquième que l'on m'a signalée, mais que je n'ai pas encore visitée.

Trois des nouvelles statues ont été trouvées dans le déparment de l'Aveyron et près des localités suivantes :

1° Une à *Lacoste*, commune de *Broquiès*, canton de Saint-Rome-du-Tarn, sur la rive droite du Tarn (1) ;

(1) C'est l'unique statue découverte sur la rive droite du Tarn. Toutes les autres appartiennent aux bassins du Dourdou, du Rance ou de l'Agout, affluents de la rive gauche du Tarn.

2° Une autre à *Anglas*, commune de la *Serre*, canton de Saint-Sernin ;

3° Une troisième au *Mas-Viel*, près Saint-Vincent, commune de *Prohencoux*, canton de *Belmont* ;

4° La quatrième a été découverte dans le département du Tarn, près de la ferme de *Frescaty*, commune de *Lacaune*.

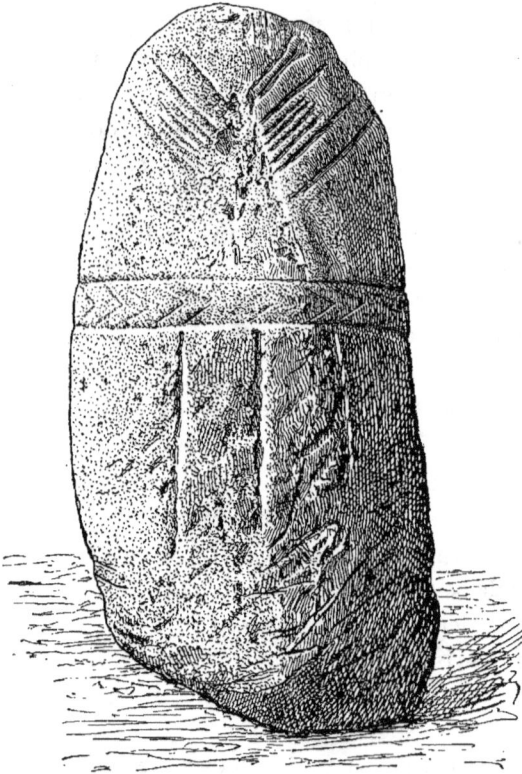

Fig. 137. — Statue-menhir de Lacoste.

I. *Statue-Menhir de Lacoste* (fig. 137). — Elle a été trouvée dans la terre, vers 1898, par le sieur Audouard, du village de Lacoste, pendant que, pour y planter une vigne, il défonçait une terre inculte, située sur le penchant de la rive droite du Tarn, à mi-coteau. Audouard n'a rien trouvé, ou du moins n'a rien remarqué, à côté de la statue. Elle m'a été signalée en 1902, par M. Puech de Mabben.

Cette statue est en grès blanc, qualité de pierre qui ne se trouve pas sur place.

Dimensions : hauteur 1 mètre, largeur 0 m. 40, épaisseur 0 m. 14.

Dessins : Figure peu distincte ; à côté du nez, deux traits horizontaux, détail qui figure sur beaucoup de statues-menhirs. Présence du baudrier indiquant une statue masculine. La ceinture est ornée de quelques chevrons. Les orteils ne sont pas indiqués à l'extrémité des jambes, beaucoup plus larges que la ceinture ; les doigts des mains sont au contraire très apparents ; les bras sont placés en oblique, mais beaucoup trop haut. En dessus du bras gauche, on distingue très nettement une flèche avec sa hampe. Dans ma brochure de 1892 (p. 6) (1), je signalais la représentation d'une flèche, placée également au-dessus du bras gauche ; mais cette interprétation fut contestée par plusieurs ; ici, la netteté du dessin ne laisse aucun doute.

II. *Statue-Menhir d'Anglas*, commune de Laserre. — Rencontrée dans la terre à 1 kilomètre à l'ouest d'Anglas, sur un monticule, dans un champ dit le Puech d'Anglas, appartenant à Lautrec, du hameau de Saran.

Cette statue est en grès blanc, et comme le sol est permien, elle provient de plusieurs kilomètres de distance, peut-être de la carrière de la Meulière, près Saint-Michel-de-Caystort.

Dimensions : hauteur 1 mètre, largeur 0 m. 55 à la ceinture et 0 m. 42 à la base, épaisseur 0 m. 13.

Statue féminine sur laquelle les seins sont indiqués, mains et bras placés horizontalement.

Sur la poitrine, nous retrouvons cet ornement en forme d'Y, qui existe sur les statues de Saint-Sernin et du Mas-Capelier, et qui représente peut-être l'agrafe de vêtement ou une pendeloque décorative. Sur le dos, on distingue la ceinture et les omoplates.

Cette statue-menhir, déterrée depuis une trentaine d'années, est restée longtemps exposée à toutes les intempéries des saisons, aussi les dessins sont-ils très frustes.

III. *Statue-Menhir du Mas-Viel*. — Rencontrée couchée dans la terre, comme les précédentes, cette statue provient du terroir appelé le Devès ou autrement Canteperdrix (2).

---

(1) *Sculptures préhistoriques dans les cantons de Saint-Affrique et de Saint-Sernin.*

(2) Le Devès est une éminence située au midi de Saint-Vincent, à proximité du champ de la Calle, dans lequel fut trouvée la statue-menhir de Nougras, dont un seul fragment subsiste.

Transportée au Mas-Viel, près Saint-Vincent-de-Lacalm, elle fait
depuis très longtemps l'office de marche d'escalier d'une grange
appartenant au sieur Carles, et, par suite de cette malheureuse
destinée, tous les dessins de la face sont complètement oblitérés ;
mais on distingue, sur les côtés et sur le dos tourné en bas,
la ceinture, les omoplates en forme de crosse et trois rainures
descendant du sommet à la ceinture,
représentant probablement une chevelure flottante.

Cette pièce est en grès rouge permien du pays.

Dimensions : hauteur 1 m. 35,
largeur 0 m. 53, épaisseur 0 m. 23.

IV. *Statue-Menhir de Frescaty*,
commune de Lacaune (Tarn), (fig. 138).
Le département du Tarn, qui m'avait
déjà donné 8 statues-menhirs, vient
de m'en fournir une neuvième.

C'est la statue-menhir de Frescaty.
Je l'ai offerte à la Société Archéologique du Midi qui l'a installée très
honorablement à l'Hôtel d'Assézat, à
Toulouse.

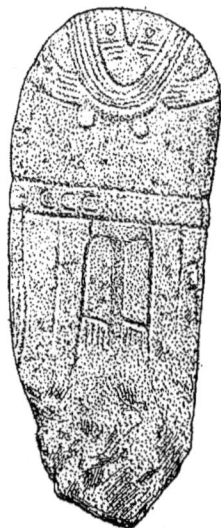

Fig. 138. — Statue-menhir
de Frescaty.

Elle a été découverte en 1902, par
le sieur Bru, de la Trivalle, près de la ferme de Frescaty, commune de Lacaune, dans un champ dit la *Resse-Neuve*, à 5o mètres
à l'ouest de la ferme et à 100 mètres du ruisseau de Laucate.
Elle était enfouie à 3o centimètres de profondeur et couchée à
plat, la face tournée en bas.

Cette statue est en grès rouge permien, qualité de pierre qui
ne se rencontre pas dans le canton de Lacaune et qui ne peut
provenir que de la carrière de la Maurelle, canton de Caramès,
dans le Rouergue.

Elle est de belle taille, mesure 1 m. 67 de hauteur sur
o m. 65 de largeur et o m. 20 d'épaisseur. Comme j'ai pu la

recueillir quelques jours après son exhumation, elle est dans un parfait état de conservation. De toutes les sculptures similaires, la statue de Frascaty et celle de Saint-Sernin sont celles où les traits sont le mieux accentués.

Elle est de la catégorie des statues féminines. Point de baudrier, mais cinq rangées de colliers et les seins bien apparents.

Les mains et les avant-bras sont placés horizontalement. La ceinture, qui entoure complètement la pierre, est ornée sur le devant de trois traits semi-circulaires qu'on serait tenté, à première vue, de prendre pour trois C majuscules, mais, en réalité, ce n'est qu'une ornementation formée de feuilles imbriquées.

Il est à noter que les traits qui figurent les jambes ne montent pas jusqu'à la ceinture.

C'était pour moi un devoir capital de faire des fouilles aux endroits où ces antiques sculptures ont été rencontrées, afin d'y découvrir un mobilier quelconque, pierre ou métal, qui nous permît de fixer l'âge de ces monuments et leur destination.

Pour les trois statues-menhirs de l'Aveyron, les fouilles n'ont pu être pratiquées, parce que les cultivateurs qui avaient déterré ces sculptures depuis un certain nombre d'années ne se rappelaient plus assez exactement leur emplacement primitif.

Les conditions étaient meilleures pour la statue-menhir de Frescaty, dans le Tarn. Quand elle me fut signalée, le propriétaire, qui l'avait découverte depuis 8 ou 10 jours seulement, put m'indiquer avec certitude l'endroit d'où il l'avait exhumée, et très bienveillamment il m'autorisa à fouiller.

Ces fouilles, que je commençai avec de grandes espérances, furent faites très soigneusement et très méthodiquement, jusqu'au sol vierge (1 m. 50), mais sans aucun résultat. Pas la moindre trace d'industrie humaine.

En somme, les quatre statues-menhirs découvertes de 1900 à 1906, n'apportent pas d'éléments nouveaux qui nous permettent de résoudre le double problème concernant l'âge et la destination de ces monuments. Mais les nouvelles découvertes faites dans la même région que celles publiées en 1892, 1898 et 1900 tendraient à montrer qu'aux âges préhistoriques la partie méridionale de l'Aveyron et les parties avoisinantes du Tarn et de l'Hérault étaient habitées par une même peuplade, ayant, dans la manière de représenter les divinités, des traditions particulières inconnues dans le reste de la Gaule.

Ce qu'il y a de nouveau depuis le Congrès de 1900, dans la question des statues-menhirs, c'est une controverse soulevée au sujet de la partie inférieure de ces sculptures, représentant ce que j'appelle les *jambes* de la statue.

M. Salomon Reinach, dans *L'Anthropologie* (1), adoptant une idée du vénérable et regretté M. d'Acy, croit que ce que l'on a pris pour des jambes sont tout simplement les bouts de la ceinture terminés par des franges. Pour appuyer sa thèse, le savant archéologue met, en regard des statues-menhirs, une statuette de femme en terre cuite découverte à Petsofa (Crète) et publiée par M. Myres, statuette qui remonterait pour le moins à l'an 2000 avant J.-C.

M. Émile Carthailhac a combattu victorieusement cette interprétation dans le *Bulletin de la Société Archéologique du Midi* (2). La représentation de la statue de Petsofa, placée à à côté des statues-menhirs, rend la démonstration frappante.

Comme les statues-menhirs que j'ai découvertes et signalées à l'attention des archéologues m'intéressent tout particulièrement, qu'il me soit permis d'exprimer mon humble sentiment sur la question.

Je ferai tout d'abord remarquer que M. d'Acy n'est pas le premier qui ait transformé les *jambes* des statues-menhirs en *bouts de ceinture*.

Cette opinion a pour premier auteur M. Foulquier-Lavernhe, de Pousthomy. En 1861, M. Foulquier-Laverhne signalait à la Société des Lettres, Sciences et Arts de l'Aveyron, deux pierres sculptées : « On y remarque, disait-il, ni lettres ni inscriptions ;

(1) 1904, n° 6, pp. 654-656.
(2) 1905, n° 35. pp. 258-270.

mais on y voit un signe distinctif, gravé en relief, représentant
comme une *ceinture avec des franges pendantes* (1). »

Ces deux pierres n'étaient autre chose que les deux statues-
menhirs de Pousthomy (n⁰ˢ 1 et 2) (2) ; mais comme M. Foulquier-Lavernhe n'avait pas même soupçonné que ces pierres
sculptées fussent des statues représentant un personnage com-

Fig. 139. — Statue-menhir du Mas d'Azaïs.

plet, comme il n'y voyait que des pierres entourées d'une ceinture, il n'est pas surprenant qu'il appelât des « franges pendantes »
ce que je nomme les jambes. Rien ne lui faisait supposer que la
partie inférieure pût représenter des jambes.

Mais j'ai hâte d'ajouter que sitôt que je lui eus montré, en
1888, la photographie de la magnifique statue-menhir de Saint-
Sernin, et que je lui eus fait remarquer que les sculptures de

(1) *Procès-verbaux de la Société des Lettres, Sciences et Arts de l'Aveyron,*
1861, p. 22.
(2) Voir Satues-Menhirs de l'Aveyron et du Tarn (2ᵉ série, pl. xix).

Pousthomy étaient des statues analogues à celles de Saint-Sernin, alors il fut entièrement de mon avis, et reconnut sans peine que ce qu'il avait appelé précédemment des *bouts de ceinture* n'était que les jambes de la statue.

Ma brochure de 1892 (1) relatait, mais en la réfutant, l'opinion première de M. Foulquier-Lavernhe. J'envoyai mon mémoire à M. d'Acy, et celui-ci y puisa et adopta l'interprétation que M. Foulquier-Lavernhe avait émise en 1861, mais qu'il avait déjà abandonnée en 1892.

De 1892 à 1900, j'ai échangé avec le vénérable M. d'Acy de nombreuses lettres au sujets des statues-menhirs dont les découvertes successives le mettaient en jubilation, mais, malgré tout le respect que m'inspire sa mémoire et sa science archéologique, je n'ai jamais pu adopter sa manière de voir, parce qu'elle ne me semble pas justifiée. Et cela pour les motifs suivants :

1° Je ne m'explique pas trop pourquoi M. d'Acy a mis en parallèle les statues-menhirs de l'Aveyron avec les statues mycéniennes ou minoennes. Un simple coup d'œil suffit pour se convaincre qu'il n'y a entre elles aucun rapport, aucun lien de parenté ; la statue de Petsofa, par exemple, est aux antipodes de celle de Saint-Sernin. Les pierres sculptées de Collorgues (Gard) sont les seules qui supportent la comparaison. La statue de Petsofa, pas plus que celle de Sisteia (Crète) ne peut donc expliquer les statues-menhirs.

2° La raison principale qui m'a toujours porté à dire que la partie inférieure de la sculpture représente les jambes et qui me fait maintenir cette interprétation, c'est l'analogie parfaite entre ce qui figure incontestablement les *bras* et les *mains* et ce que j'appelle les *jambes* et les *pieds*. Examinons les échantillons les mieux conservés, les seuls qui puissent être de quelque utilité dans la présente discussion, les statues-menhirs de Saint-Sernin, des Maurels, de Frescaty et des Arribats (fig. 140). Comparons les pieds et les mains : d'un côté, cinq doigts bien marqués, et de l'autre, cinq orteils identiques aux doigts de la main.

---

(1) *Sculptures préhistoriques dans les deux cantons de Saint-Affrique et de Saint-Sernin* (pp. 8, 9 et 13).

3° Les bouts d'une ceinture sont de même étoffe, de même dessin et de même largeur que la ceinture proprement dite. Or, il arrive souvent que la ceinture des statues-menhirs est plus ou moins ornementée, par exemple dans les statues-menhirs des Maurels, de Serregrand (1), du Mas-d'Azaïs (fig. 139) (2), de Frescaty, de Lacoste, etc., tandis que la partie retombante n'est jamais

Fig. 140. — Statue-menhir des Arribats.

ornée. Souvent aussi, cette dernière partie est plus large que la ceinture, par exemple dans la statue de Saint-Sernin et Lacoste.

4° Dans plusieurs exemplaires, notamment dans la statue-menhir de Pousthomy (n° 2) et surtout dans celle de Frescaty, il y a solution de continuité entre la ceinture et les deux plates-bandes représentant les jambes; nouvelle preuve que ces plates-bandes verticales n'ont aucune connexion avec la ceinture horizontale.

(1) Statues-menhirs, 2ᵉ série. pl. xx, n° 2 et fig. 1 dans le texte.
(2) Statues-menhirs. Congrès 1900. *Assoc. Av. des Sciences*, fig. 3.

5° Autre preuve : Quand une ceinture a des bouts pendants, elle s'attache autour du corps au moyen d'un nœud ; ce nœud est très apparent dans les statuettes de Petsofa et de Siteia, qu'on m'oppose, tandis qu'on ne voit jamais de nœud sur la ceinture des statues-menhirs.

6° Enfin, quand un ceinturon s'assujettit au moyen d'une boucle, d'une plaque ou d'un fermoir quelconque, il n'y a pas de bouts pendants. Trois statues-menhirs, celles des Vidals, de Rieuviel et de Pousthomy (n° 1), présentent sur le milieu de la ceinture un rectangle dont l'interprétation la plus naturelle paraît correspondre à un fermoir ou plaque de ceinturon ; néanmoins, les parties retombantes sont toujours représentées. Cette représentation est toute naturelle, si ce dessin correspond aux jambes et aux pieds ; tandis qu'il n'a pas sa raison d'être dans l'hypothèse qui transforme les jambes en bouts de ceinture.

En résumé, analogie complète dans la manière de représenter les mains et les pieds, ornementation de la ceinture ne paraissant jamais sur les jambes, solution de continuité entre la ceinture et les jambes, l'absence de nœud et la présence probable d'un fermoir sur trois exemplaires, telles sont les raisons sur lesquelles je m'appuie pour maintenir la représentation des jambes, et rejeter l'hypothèse contraire, qui ne repose sur rien de sérieux.

La Grotte des Fées à Tharaux (Gard)

par M. Ulysse DUMAS

La grotte des Fées, sise de 5 à 600 mètres en aval de Tharaux, est un boyau de dérivation quaternaire de la Cèze. Elle s'ouvre à une quinzaine de mètres au-dessus du niveau de celle-ci et débouche, par une grande arcade, dans le lit même de la rivière (1).

De ce fait, la grotte (fig. 141) peut se diviser en trois parties : la galerie ou salle d'accès avec ses poches latérales, le couloir incliné et la grande salle inférieure.

Celle-ci étant envahie par les eaux dans les moments de grande crue, ne peut avoir été occupée que périodiquement : aussi son exploration ne nous a-t-elle donné que quelques débris, localisés autour du débouché du couloir incliné et provenant de celui-ci.

Un mur de pierres sèches (fig. 141) fermait le dit couloir, empêchant à la fois son envahissement par les eaux et maintenant les terres de la partie habitée (2).

Ce n'est qu'une fois le mur disparu, que les eaux, remontant jusqu'à 4 et même 6 mètres, ont entraîné les débris dont nous parlions plus haut.

(1) A part cette disposition avantageuse de la grotte qui leur permettait de prendre du poisson sur place, les habitants de celle-ci avaient encore la faculté de pouvoir s'approvisionner d'eau dans un autre boyau qui se poursuit parallèlement à la rivière et dans lequel se déverse une source.

(2) Le mur en question devait nécessairement s'élever assez haut ; une échelle quelconque ou un escalier était absolument indispensable.

Cette partie ne nous a donné que des fragments de meules, des broyeurs, des galets roulés, des fragments de poterie lavés par les eaux ou ayant glissé de la partie supérieure.

C'est donc dans le haut du couloir, dès que nous avons pu constater l'existence des couches en place, que nous avons commencé nos fouilles. Nous les avons continuées jusqu'à l'entrée, ne laissant aucun point sans fouiller, poussant nos

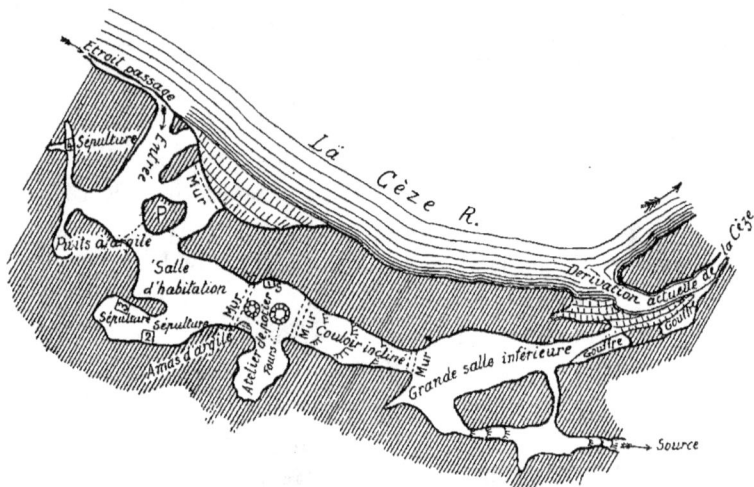

FIG. 141. — Plan de la grotte des Fées à Tharaux (Gard).

tranchées jusqu'à 2 mètres, la couche archéologique atteignant parfois cette profondeur.

La couche archéologique avait une épaisseur assez régulière, allant de 35 à 45 centimètres. Cinq autres se distinguaient nettement au-dessus, mais elles étaient en grande partie composées de cendres et ne nous ont absolument rien donné (1).

Nos fouilles nous ont, tout d'abord et encore, donné d'autres fragments de meules en grès, des broyeurs, une fusaïole et de très nombreux fragments de poterie.

(1) Ces cendres provenaient des foyers situés près de l'entrée. C'est le vent qui les a refoulées à l'intérieur. La grotte a en effet servi de refuge à maintes reprises et son entrée a été murée en partie. Son ancien propriétaire m'a affirmé qu'il y a une cinquantaine d'années, toutes les cavités s'ouvrant dans le plafond de la grotte en étaient pleines.

Puis, tout à fait en haut du couloir, à 80 centimètres de profondeur, nous avons constaté l'existence d'un mur transversal, (fig. 142) fait, comme le premier, de pierres sèches, élevé évidemment pour maintenir la terre et permettre le nivellement de la première pièce, occupée toute entière par un atelier de potier.

L'abondance des fragments épars sur le sol et ayant appartenu à plus de 250 vases différents (en grande partie lustrés) indiquait clairement que le potier fabriquait presque exclusivement ce genre de poterie.

Il y avait deux fours dans cette salle, ou plutôt deux foyers en tenant lieu. Ceux-ci étaient formés d'un cercle de grosses

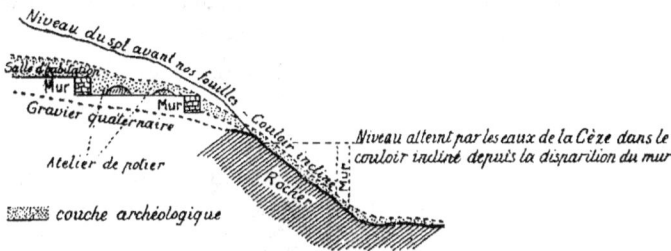

FIG. 142. — Coupe de la partie en pente de la grotte des Fées
avec les murs élevés par ses habitants.

pierres presque complet : d'autres pierres se trouvaient au milieu, mais n'étaient certainement pas dans leur position primitive.

Toutes étaient fortement rougies par le feu. Deux couches d'argile, formant le cintre, se trouvaient immédiatement au-dessus.

Malgré toute l'attention apportée dans leur étude, nous n'avons pu nous rendre compte, d'une manière certaine, de la disposition primitive de ces fours et de leur mode de fonctionnement.

L'un d'eux était exclusivement réservé à la cuisson des poteries, l'autre, à 2 m. 75 seulement de distance, servait à cuire des galets de la Cèze, choisis parmi les plus minces, et qui, sous l'action du feu, se transformaient en poudre blanche. Nous pensons que cette poussière était non seulement mélangée avec l'argile pour la confection de la pâte, mais encore qu'on en remplissait les dessins en creux de certains vases.

Deux couches de galets, à différents degrés de cuisson, étaient encore en place, recouverts par une couche d'argile.

Un tas assez volumineux de cette dernière matière se trouvait contre la paroi de gauche. Nous avons pu nous assurer qu'elle provenait d'un puits, situé dans la grotte même (1). (Voir fig. 141).

Nous avons encore trouvé dans cette salle une couche d'argile mélangée et préparée ; des fragments de vases pétris mais non cuits ; plusieurs fusaïoles n'ayant pas encore servi (2) ; une hache-ciseau en pierre polie ; deux godets en pierre ayant contenu de la couleur rouge ; deux billes dont l'une porte des traces de cette même couleur ; une aiguille en bronze ; un andouiller de cerf ; de nombreux osselets de mouton, chèvre et porc ; des perçoirs en os.

Enfin, dans l'angle de droite, formé par un autre mur disposé comme le précédent et la paroi rocheuse, se trouvait une sépulture avec un riche mobilier, qui fera plus loin l'objet d'une description spéciale.

La nouvelle salle, séparée de la précédente par le mur dont nous venons de parler (3), paraissait avoir été plus particulièrement réservée à l'habitation.

Nous avons trouvé là, contre le mur ou contre les parois, qui les avaient préservés de l'écrasement, une dizaine de petits vases, tasses, gobelets, etc., intacts ou à peu près, et formant une intéressante série.

D'autres fragments, fort nombreux, étaient répandus dans toute l'épaisseur de la couche, avec des fusaïoles, des perçoirs en os, des lissoirs de même matière, des manches d'outils en corne de cerf, des coquillages percés, des haches polies, des

---

(1) Il s'agit certainement d'un bouchon argileux au-dessous duquel le puits doit se continuer.

(2) Le potier devait aussi fabriquer des fusaïoles.

(3) Ces murs étant simplement destinés à maintenir les terres, ainsi que je l'ai dit plus haut, ne formaient pas une séparation réelle, puisqu'ils ne dépassaient pas 60 centimètres de hauteur.

billes en pierre polie, des couteaux, pointes, grattoirs en silex, des polissoirs à main, des galets ferrugineux, très lourds, apportés là nous ne savons pour quel usage, des disques taillés dans des dalles, une pointe en métal, etc. (1).

Deux autres sépultures se trouvaient dans la poche de gauche, mais possédaient un mobilier moins riche que la première.

La couche se continuait, toujours aussi riche, jusqu'au pilier P. Entre celui-ci et l'entrée il existe bien une autre salle, mais, comme elle a de préférence été occupée durant les époques postérieures, étant la mieux éclairée, son sol remanié n'offrait plus, par conséquent, les mêmes garanties ni le même intérêt.

La grotte a vraisemblablement été habitée durant la plus grande partie du néolithique. Toutefois l'ensemble de l'outillage appartient plutôt à la fin de cet âge et peut être considéré comme représentant l'industrie de l'époque de transition de la pierre au métal.

Celui-ci, quoique fort rare encore, y est représenté. En outre, cette poterie fine, lustrée, ornée le plus souvent de fort jolis dessins, est aussi caractéristique que possible.

Elle est absolument la même que celle que nous avons trouvée dans les grottes de la Baume-Longue, Nicolas et En Quissé sur les bords du Gardon, avec, toutefois, quelques formes nouvelles.

Mais, fait assez difficile à expliquer pour le moment, tandis que dans les premières de ces grottes les silex sont presque tous taillés sur les deux faces, ceux de la grotte des Fées ne le sont que sur une seule, et, à côté de certains échantillons polis, on rencontre des formes de survivance telles que grattoirs et burins du type magdalénien.

Il est fort probable que le potier de notre grotte a répandu les produits de son industrie parmi les habitants des grottes

---

(1) Les habitants de la grotte utilisaient les petites cavités des parois et y déposaient certains objets. Nous avons trouvé dans l'une d'elles une fusaïole, et elle contenait encore des débris que nous n'avons pu retirer.

voisines, et c'est là une des raisons qui nous engagent à continuer l'exploration de la vallée de la Cèze (1).

Nous allons maintenant énumérer les objets trouvés, en donnant tous les détails nécessaires.

Industrie de la pierre. — Nos fouilles nous ont fourni :

Un grand nombre de meules et broyeurs en grès ; de très nombreux polissoirs à main, tantôt galets de schiste roulés de la Cèze, tantôt de provenance étrangère (2), quelques-uns de même nature que les haches polies ;

Des pesons de filet, qui sont tout simplement des galets de la Cèze, avec deux encoches correspondantes ;

Une plaquette de calcaire, incomplètement perforée, et n'ayant pas encore servi ;

Deux godets : l'un d'eux est un nodule ferrugineux avec creux naturel, l'autre paraît avoir été poli dans sa partie extérieure. Ces godets ont contenu de la couleur rouge délayée — probablement la sanguine — mais on broyait certainement cette matière ailleurs ;

Six billes en roches diverses, indéterminées, mais la plupart étrangères, d'une sphéricité parfaite. L'une d'elles porte des traces de cette même couleur rouge dont nous venons de parler ;

Toute une série de haches polies de différents types et de

---

(1) Fait à noter, la grotte de Meyrannes, sise également le long de la Cèze, à 30 kilomètres seulement en amont de celle qui nous occupe, et qui possédait un mobilier du plein âge du bronze, ne contenait que quelques très rares échantillons de poterie lustrée, alors que toutes les formes néolithiques y étaient abondamment représentées.

(2) Parmi ces derniers, il en est qui ont été indiscutablement polis par l'homme pour un usage encore mal défini, d'autres ont une origine vraisemblablement geysérienne et peuvent avoir été polis par les sables qui les accompagnent dans leurs gisements ; mais il en est d'autres, les plus rares naturellement, qui paraissent avoir une origine extra-terrestre. Le vernis qui les recouvre n'est pas un polissage comparable aux précédents et nous les considérons comme des aérolithes, des fragments de bolides. Nous en avons rencontré dans plusieurs gisements néolithiques, toujours fort rares, je le répète. Etant donné le bruit qui accompagne la chute d'un bolide, la présence des fragments de ceux-ci dans les stations néolithiques expliquerait très bien l'origine du culte que tous les peuples ont eu pour les pierres de foudre. Du reste, nos paysans actuels font très bien la différence entre ce qu'ils appellent les pierres de tonnerre et les haches polies.

différentes dimensions. Il y a deux herminettes, dont une
porte un commencement de polissage en creux comme si on
avait voulu en faire une gouge, et une hache-ciseau. La plus
grande, qui est une pièce funéraire, porte une cupule nettement
accusée (il ne s'agit certainement pas d'un commencement de
perforation). La même sépulture contenait un bloc de matière
première pesant plus de 2 kilogrammes, dans lequel on avait
déjà vraisemblablement pris plusieurs de ces instruments.

Les deux autres sépultures de la grotte renfermaient aussi
une moitié de hache polie et deux fausses haches, c'est-à-dire
deux ébauches, choisies dans des galets roulés et, à notre avis,
inutilisables. L'homme préhistorique devait déjà commencer à
s'apercevoir que les bons outils pouvaient rendre beaucoup plus
de services aux vivants qu'aux morts. Presque tous ces instruments sont en roches étrangères au pays, mais non encore déterminées ;

De nombreux éclats de silex, moins nombreux toutefois que
les silex retouchés et utilisés. Parmi ceux-ci nous mentionnerons
une belle lame, lance ou poignard, très soigneusement taillée sur
une face et polie (il s'agit d'une pièce du Grand-Pressigny),
pièce funéraire ; un long couteau absolument intact (pièce funéraire); toute une série de lames ou couteaux de plus petites
dimensions ; deux pointes de javelot absolument semblables
(pièces funéraires); trois grattoirs de forme magdalénienne ;
deux burins. Il est fort probable que ces outils servaient à
percer certaines poteries, nous en possédons quelques échantillons conservant encore les traces d'un véritable taraudage.

Ainsi que je l'ai déjà dit, tous les silex sont ici taillés sur
une seule face et nous n'avons pas trouvé une seule pointe en
feuille ou à pédoncule, formes extrêmement communes dans les
gisements néolithiques de nos parages.

Enfin, les habitants de la grotte des Fées ont aussi utilisé
quelquefois des éclats de quartzite et des plaques de schiste
bitumineux provenant de Saint-Jean de Maruéjols. Celles-ci
ont été arrondies en disques et utilisées comme couvercles de
vases.

Os. — L'os a été aussi fréquemment employé. Nous avons trouvé un grand nombre de perçoirs ou poinçons, de toutes dimensions, encore très effilés; un double perçoir parfaitement intact; des lissoirs, os longs ou côtes de différents animaux; un os poli sur certains points et entaillé en divers endroits, dans le sens de sa longueur, probablement pour en détacher des fragments.

La présence de nombreux osselets sur certains points, et notamment dans le voisinage des fours à poterie, permet de supposer que ces objets étaient conservés à dessein. Sans prétendre définir leur usage, nous ferons remarquer qu'ils pouvaient dans certains cas, servir à imprimer divers ornements dans la pâte fraîche.

Corne. — Le bois de cerf était particulièrement recherché pour les manches d'outils, la base servait aussi de lissoir. Un andouiller, couronné à la base avec un instrument tranchant, se trouvait dans l'atelier de potier avec d'autres fragments. Une corne d'une espèce de mouflon, également retouchée, s'est effritée en arrivant à l'air libre.

Coquillages. — Divers coquillages ont été utilisés comme objets de parure. Ils portent le plus souvent un trou de suspension.

Métal. — Le métal (nous ne savons encore s'il s'agit du cuivre ou du bronze, l'analyse n'en n'ayant pas été faite) est représenté par trois exemplaires :

Une lame de poignard avec deux trous de rivets à la base. Sa forme générale rappelle celle des pointes de silex (pièce funéraire) ; un perçoir ou pointe de trait (?) en losange ;

Une aiguille. Nous croyons qu'il s'agit plutôt d'un perçoir pour les anses de poteries. En effet, non seulement l'objet en question s'adapte très bien aux trous que portent les dites anses, mais encore le casque, que forme l'un des côtés, replié à la base, ne permettait pas de l'utiliser à la manière d'une aiguille. Quoiqu'il en soit, cette pièce démontre que ceux qui travaillaient le métal n'en étaient pas à leur début et que les instruments de cette matière étaient ici d'importation.

Poterie. — La poterie est représentée par un nombre prodigieux d'échantillons, quelques-uns d'aspect néolithique, mais la plus grande partie appartenant à la première époque du métal. Toutes les formes et toutes les dimensions se retrouvent dans nos séries. Toutefois les grands vaisseaux sont plus rares qu'à l'époque néolithique pure.

Les vases sont pour la plupart ornés de dessins souvent fort élégants. Nous n'entrerons pas dans la description de ces poteries, semblables à celles trouvées dans d'autres gisements de l'époque, nous insisterons seulement sur quelques spécimens qui sont nouveaux et nous paraissent présenter un intérêt tout particulier.

D'abord un fragment portant des dessins en creux remplis d'une matière blanche. Le fait a été déjà signalé maintes fois et M. Chauvet a présenté une note à ce sujet au Congrès international de Paris en 1900. Il est fort probable que la matière dont il s'agit n'est autre que la poussière de galets dont nous avons déjà parlé.

Fig. 143. — Support de vase en terre cuite. 3/4 grandeur naturelle.

Ensuite, trois fragments de vases décorés de lignes très fines, parfois disposées en quadrillage et tracées à la pointe. Le faible creux de ces lignes avait été rempli de couleur rouge, encore apparente, et qui nous paraît être la même que celle qui adhère aux godets et à la bille plus haut cités.

Trois petites coupes en forme d'entonnoir, avec une base pleine. Nous considérons ces objets comme des supports de vases (fig. 143).

M. Hoernes nous a dit que quelques objets semblables avaient été trouvés en Hongrie, dans des tombeaux. (Ici, ce n'est pas le cas, mais, étant donnée la présence d'un atelier de potier, celui-ci fabriquait probablement aussi ces objets-là. Il y a, en tout cas, une intéressante constatation à faire : l'existence des mêmes formes en Hongrie et ici, correspondant à un même âge. On pourrait voir là un indice en faveur de l'origine orientale des importateurs du métal, ou, tout au moins, l'existence de relations indiscutables.) Il les considère, comme nous, comme des supports de vases. Ce sont là les seuls que nous connaissions.

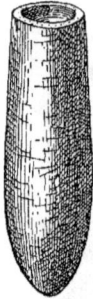

Un étui en terre cuite. La pâte est la même que celle des poteries. Cet objet, qu'on prendrait tout d'abord pour la poignée d'un petit pot, faisait partie du mobilier funéraire de la première sépulture (fig. 144).

Enfin une pièce fort curieuse, en forme de couvercle creux, portant un trou en son milieu et une double rangée de petits trous sur son pourtour (fig. 145). Un fil n'aurait pas passé dans ces trous, tout au plus pouvait-on y passer un crin de cheval. Ils sont tous complètement perforés.

FIG. 144. — Étui en terre cuite. 3/4 gr. nat.

Sépultures. — Nous avons trouvé trois sépultures dans la grotte, une quatrième se trouvait dans un étroit couloir en face du puits, mais son peu de profondeur n'avait pas permis sa conservation. Il est fort possible qu'il en existe d'autres dans les cavités qui entourent la grotte et que nous n'avons encore pu complètement explorer.

Le mode de sépulture employé ici consistait en un caisson artificiel, ou naturel quand le sol le permettait, dans lequel on mettait non le mort, ni même le squelette, mais simplement une partie de celui-ci, avec les objets devant constituer le mobilier funéraire.

Sépulture n° 1. — Dans un caisson long de 90 centimètres et large de 50 centimètres seulement, ayant pour côtés la paroi rocheuse ou des murs de pierres sèches, se trouvaient : la partie antérieure d'un crâne d'enfant (face, les troisièmes molaires se voient encore dans leurs alvéoles), sans autres restes

humains. Ce fragment paraît avoir été détaché à dessein. Le
sommet du crâne, c'est-à-dire la partie la plus résistante, se
serait certainement conservée. Notre conviction, basée sur
l'examen minutieux de la terre contenue dans le caisson, est que
celui-ci n'avait jamais contenu d'autres restes.

En revanche, le mobilier était fort riche. Il comprenait : une
grande hache polie portant une cupule nettement prononcée ;
un bloc de matière première pour la confection d'autres haches ;
un poignard en métal avec deux trous pour rivets ; une magni-

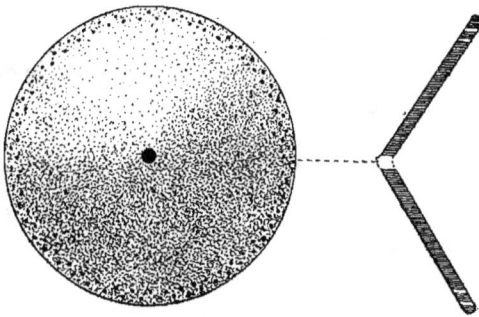

Fig. 145. — Objet en terre cuite avec trou central et double rangée
de petits trous sur le pourtour.
Face et profil. 3/4 grandeur naturelle.

fique lame (couteau), absolument intacte, en silex ; un petit
étui en terre cuite (fig. 144) ; deux vases, qui, déposés intacts,
avaient été écrasés par le poids des terres. Deux ou trois grosses
pierres, non choisies, s'appuyant sur le mur et contre la paroi
de rocher, tenaient lieu de couvercle.

Sépulture n° 2. — On avait utilisé pour celle-ci un creux de
rocher formant caisson. Nous n'avons trouvé, en fait de restes
humains, que deux molaires et une incisive. Le mobilier comprenait : une fusaïole ; plusieurs fragments de vases brisés, l'un
d'eux, de grandes dimensions, ayant contenu des matières carbonisées (il se pourrait très bien qu'il s'agisse là de traces d'incinération, ce qui expliquerait la pénurie de restes humains) ; une

hache polie, une de celles que nous avons qualifiées de fausses haches ; deux pointes de silex très bien retouchées ; deux couteaux de même nature ; deux perçoirs en os.

Sépulture nº 3. — Ici encore le rocher formait les deux côtés du caisson et des pierres superposées formaient les deux autres. Les restes humains se réduisaient à une seule molaire. Comme mobilier : une moitié de hache polie et une autre fausse hache ; plusieurs petits couteaux en silex ; deux pointes ; une belle lame très bien retouchée et polie sur le dos (Grand-Pressigny) ; une moitié de grande dalle de schiste bitumineux de Saint-Jean de Maruéjols retouchée sur son pourtour, de même façon que les disques dont nous avons parlé plus haut.

Il y avait encore plusieurs fragments de poterie et les débris d'un grand vase, ayant encore contenu des cendres ou des restes carbonisés, comme celui de la sépulture précédente.

En résumé, à part l'intérêt que présentent par eux-mêmes les objets trouvés, cette grotte nous paraît intéressante par plusieurs points :

D'abord, par l'existence d'un atelier de potier, la constatation que nous avons pu faire de la nature des matériaux employés ;

Par la présence de certains objets qui, une fois déterminés, pourront donner lieu à des recherches et à des constatations nouvelles ;

Par l'existence de coutumes particulières, tant pour la taille du silex que pour le mode de sépulture ;

En un mot, par l'existence d'une couche non remaniée, nous permettant de nous faire une idée à peu près exacte de l'industrie de l'époque qu'elle représente et permettant aussi, pour l'avenir, des rapprochements et des comparaisons qui ne pourront que profiter à l'archéologie préhistorique.

L'Age du Bronze en Belgique

par le Baron DE LOË

Le bronze a été le premier métal *usuel* connu en Belgique, où il y a eu, quoi qu'on en ait dit, un âge du bronze *nettement déterminé*, non seulement par des trouvailles d'objets isolés aussi nombreuses que partout ailleurs (1), mais encore par des découvertes de dépôts, de fonds d'habitations et de sépultures (2).

Nous possédons, en effet, *tous* les types de haches, depuis la hache plate, jusques et y compris la hache à douille ; nous avons le couteau simple à rivets et le couteau à soie, à lame ornementée et légèrement flamboyante ; l'épée à poignée fixe entièrement en bronze et l'épée à crans et à rivets, le bracelet plein et le bracelet creux à noyau de sable, etc.

Mais, comme nous venons de le dire, le sol belge n'a pas seulement fourni des spécimens isolés de *toute* l'industrie du bronze, on y a aussi rencontré des *groupements d'objets très significatifs :* cachettes de marchands et de fondeurs ambulants à Bavay, à Montignies-sur-Roc, à Spiennes, à Jemeppe-sur-Sambre, à Nieuwrhode, à Hoogstracten et à Bergh-Terblijt ; station palafittique à Denterghem, foyers dans la grotte de Han, vestiges d'habitations à Lens-Saint-Servais ;

(1) Et peut-être même *plus nombreuses*, eu égard au peu d'étendue de notre territoire.

(2) L'existence d'un âge du bronze a, du reste, été nié aussi pour la France et pour l'Allemagne.

caverne funéraire à Sinsin et sépultures à Soy, à Mendonck et à La Tête de Flandre.

Non seulement les formes, mais la composition même de nos bronzes, comme l'ont démontré les analyses des pièces des musées royaux du Cinquantenaire, à Bruxelles, faites récemment par le docteur Jacobsen, nous rattachent de la façon la plus absolue au groupe dit *Méditerranéen* et particulièrement à la France, d'où nous sont venus presque tous nos types.

La présence, parmi les objets recueillis en Belgique, de spécimens appartenant à toutes les périodes de l'âge du bronze, prouve donc que celui-ci a eu chez nous une durée aussi longue que dans les autres pays celtiques.

Il convient, dès lors, d'admettre également pour la Belgique la chronologie proposée par Montelius.

Le bronze ayant été introduit en Belgique par le commerce, il n'a pu y avoir, à cette occasion, d'apport de nouveaux éléments ethniques.

Nos populations néolithiques sont donc restées, ethnologiquement parlant, durant tout l'âge du bronze, ce qu'elles étaient auparavant.

L'Age du Bronze en Suède

par M. O. MONTELIUS

En étudiant la chronologie de cette période importante de l'histoire de la civilisation en Suède (1), il est nécessaire de considérer toutes les parties de l'Europe septentrionale où s'est formée la race germanique, savoir la péninsule scandinave, le Danemark et l'Allemagne du Nord.

Les bronzes fabriqués dans cette région sont de types qui présentent à peu près les mêmes caractères en Suède que dans les autres pays germaniques, tandis que ces types diffèrent essentiellement de ceux qui sont indigènes en Angleterre et en France, dans l'Allemagne du Sud, en Autriche et en Italie.

En 1885, j'ai publié mon système chronologique de l'âge du bronze en Suède (2), lequel système comprend aussi les autres pays scandinaves et l'Allemagne du Nord.

---

(1) Afin de donner une idée des souvenirs très intéressants qu'a laissés l'âge du bronze en Suède, M. Montelius a fait défiler un grand nombre de projections. Nous ne pouvions songer à reproduire ici toutes ces planches; aussi l'auteur a-t-il été forcé de traiter seulement, dans ce compte rendu, la question de la chronologie. — *La Rédaction.*

(2) MONTELIUS, *Om tidsbestämning inom bronsåldern* (Stockholm, 1885). — Un résumé des résultats fut publié, avec les planches, dans les *Matériaux pour l'histoire de l'homme*, 1885. — Dans *Die Chronologie der ältesten Bronzezeit in Nord-Deutschland und Skandinavien* (Braunschweig, 1900), j'ai traité plus profondément la première période. — Pour la chronologie de l'âge du bronze en Italie, voir mon mémoire sur *Pre-Classical Cronology in Greece and Italy,* dans le *Journal of the Anthropological Institute,* XXVI (London, 1897). — *La Chronologie préhistorique en France et en d'autres pays celtiques,* j'ai traité dans le *Compte rendu du Congrès de Paris,* 1900, p. 339. — J'ai communiqué les résultats de mes recherches sur la chronologie de l'âge du bronze en Grande-Bretagne et Irlande, dans une série de conférences à l'University College de Londres, en 1900. Ils ne sont pas encore publiés.

J'ai distingué *six périodes* de l'âge du bronze chez nous. Dans l'ouvrage où j'ai publié mon système, chacune des six périodes est représentée par une planche illustrant les types les plus importants qui sont caractéristiques de la période. Je donnais aussi une description détaillée de toutes les trouvailles de chaque période que l'on connaissait alors dans les pays scandinaves, en indiquant les types de tous les objets que contenait chaque trouvaille. Il était facile de contrôler ces descriptions, mais personne n'a prétendu — autant que je sais — que mes indications ne soient pas correctes.

La sixième période est celle de la transition à l'âge du fer. La partie la plus récente de cette période a été appelée par moi, plus tard, la première période de l'âge du fer (1). Ce qui reste de la sixième période pourrait être nommé aussi bien le commencement de l'âge du fer que la fin de l'âge du bronze.

Pendant la vingtaine d'années qui se sont écoulées après 1885, on a fait un grand nombre de découvertes dans les différentes parties de la région germanique. Toutes ces découvertes ont confirmé les résultats essentiels qu'avait donnés mon étude des faits connus au moment où je publiais mon système. Les modifications que les nouvelles observations ont causées ne sont pas très grandes. Je les avais prévues en observant que les dates indiquées pour chaque période étaient probablement trop basses (2).

*
* *

Il faut fixer d'abord ce que j'appelle la *chronologie relative*, ensuite la *chronologie absolue*.

La chronologie relative nous montre à laquelle des six périodes chaque type appartient.

La chronologie absolue nous montre de quel siècle avant notre ère il date.

Étudions d'abord la *chronologie relative*.

---

(1) MONTELIUS, *Les temps préhistoriques en Suède et dans les autres pays scandinaves* (traduit par SALOMON REINACH, Paris, 1895), pl. XIII.

(2) *Om tidsbestämning inom bronsåldern*, p. 195.

L'existence de chacune des six périodes est prouvée par deux faits qui sont faciles à contrôler, savoir :

1° Chaque période est représentée par un grand nombre de trouvailles contenant seulement les types caractéristiques de la même période.

2° On trouve très rarement les types d'une période associés à ceux d'une autre.

Lorsque c'est le cas, les deux périodes représentées dans la même trouvaille se sont succédées immédiatement. La première période pourrait être représentée dans la même trouvaille que la deuxième, mais un type de la première période n'est jamais associé à un type de la troisième période. Des types de la 2ᵉ et de la 3ᵉ périodes peuvent être trouvés ensemble, mais ceux de la 2ᵉ et de la 4ᵉ périodes ne le sont jamais.

Cette observation, dont j'avais souligné l'importance déjà en 1885, a été constatée par toutes les découvertes faites après ce temps. Elle prouve que *chaque période a duré assez longtemps pour faire disparaître tous les restes de la période précédente avant le commencement de la période suivante.*

*
* *

Après avoir constaté l'existence des six périodes, il faut examiner si elles se sont succédées en effet dans l'ordre indiqué.

Il y a deux méthodes de le contrôler, savoir :

1° Étudier la position relative des dépôts datant de différentes périodes, et

2° Étudier les relations typologiques.

De la première méthode, je donnerai un seul exemple.

L'année dernière, j'ai fouillé un grand tumulus, tout près du magnifique château de Kulla-Gunnarstorp, dans la partie méridionale de la Suède. Dans ce tumulus se trouvaient *neuf* tombes, dont une datait de la 2ᵉ période, trois de la 3ᵉ période, quatre de la 4ᵉ et de la 5ᵉ périodes de l'âge du bronze, et une de la première période de l'âge du fer. La tombe de la 2ᵉ période de l'âge du bronze avait été placée à la surface du sol, au milieu du tumulus, ce qui prouve que c'était la tombe la plus ancienne, celle qui avait motivé l'érection du tumulus. La position relative ne permet pas de douter que les tombes de la 3ᵉ période soient postérieures à celle de la 2ᵉ, mais antérieures à celles de la 4ᵉ et 5ᵉ périodes. L'une des tombes de la 5ᵉ période se trouvait immédiatement au-dessous de celle de la 1ʳᵉ période de l'âge du fer.

Cependant, l'observation de la position relative des dépôts ne suffit pas. Nous ne pouvons pas faire de telles observations dans tous les cas qui se présentent.

L'étude des relations typologiques, au contraire, permet d'établir d'une manière complète la succession des périodes.

De ce point de vue, j'ai examiné les haches, les poignards et les épées, les fibules, les vases en bronze et d'autres séries d'objets, ainsi que les ornements (1).

Si nous étudions les résultats de ces recherches, nous voyons :

1° Que les haches (les soi-disant « celts ») de la 1ʳᵉ période sont de types plus anciens que celles de la 2ᵉ période, tandis que les types de la 2ᵉ période sont plus anciens que ceux des périodes suivantes ;

2° Que les poignards et les épées très courtes de la 1ʳᵉ période sont plus anciens que les épées plus longues de la 2ᵉ période ;

3° Que les fibules de la 2ᵉ, de la 3ᵉ, de la 4ᵉ et de la 5ᵉ période se sont succédées en effet dans cet ordre ;

4° Que les vases en bronze de la 3ᵉ période ont donné naissance à ceux de la 4ᵉ, lesquels se sont transformés dans les types de la 5ᵉ période ;

5° Que toutes les autres séries sont composées de types qui se sont développés conformément à l'ordre des périodes auxquelles je les ai attribués.

---

(1) Montelius, *Sur l'âge du bronze en Suède*, dans le *Compte rendu du Congrès de Stockholm*, 1874, p. 488 (séries de rasoirs, scies, fibules et vases de bronze). — Le même, *Sur les poignées des épées et des poignards en bronze*, ibidem, p. 882. — Le même, *Om den nordiska bronsålderns ornamentik*, dans le *Månadsblad*, 1881, p. 17. — Le même, *Die typologische Methode* (la 1ʳᵉ partie de l'ouvrage *Die älteren Kulturperioden*, Stockholm, 1903 : séries de haches, poignards, épées, fibules et vases en bronze).

De cette manière, on peut constater qu'il est possible d'*établir,
dans l'âge du bronze suédois, la chronologie relative en distin-
guant six périodes ;*

Que ces périodes se sont succédées dans l'ordre indiqué ;

Et que chaque période a duré très longtemps.

*
* *

Quant à la *chronologie absolue,* il est possible de la constituer,
si nous connaissons un assez grand nombre de découvertes qui
prouvent la contemporanéité des objets indigènes représentant
les différentes périodes et des objets importés dont nous pouvons
fixer la date en les étudiant dans leur patrie.

Parmi le grand nombre de découvertes de ce genre que l'on
connaît aujourd'hui, il me faut mentionner surtout les suivantes :

PÉRIODE 6 : Les torques du type fig. 146 sont caractéristiques
de cette période. Ce type n'est qu'une transformation de celui
qui est très commun vers la fin de la 5ᵉ période (1).

A Sommerfeld et à Zilmsdorf, dans le Nord de l'Allemagne,
des torques pareils à la fig. 146 ont été trouvés avec des fibules
spiraliformes, ornées d'un bouton conique au milieu de chaque
spirale (fig. 148). D'un côté, ces fibules sont des descendants de
la fibule grecque (fig. 147) qui se trouve très souvent dans les
tombeaux de l'époque de Hallstatt, c'est-à-dire de la première
période de l'âge du fer dans l'Europe centrale. De l'autre côté,
les fibules du type de la fig. 148 ont donné naissance aux broches
rondes (fig. 149) qui appartiennent à la première période de l'âge
du fer suédois. Ces broches rondes se portaient par paires,
parce qu'elles sont dérivées d'une fibule formée par deux disques
en spirale. L'épingle était toujours en *fer*, ce qui prouve que ce
nouveau métal n'était pas rare à l'époque de la fabrication de
ces broches.

(1) *Om tidsbestämnig inom bronsåldern*, pl. 6, fig. 133. — Cf. l. c. pl. 5,
fig. 113, et MONTELIUS, *Antiquités suédoises* (Stockolm, 1873-75), fig. 227.

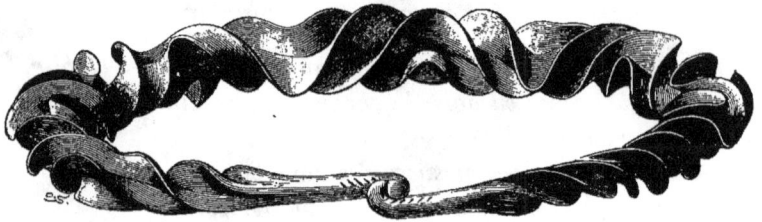

FIG. 146. — Suède.

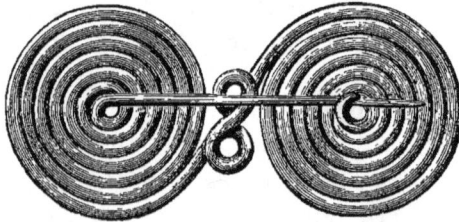

FIG. 147. — Hallstatt (Autriche).

FIG. 148. — Allemagne du Nord.

FIG. 149. — Suède.

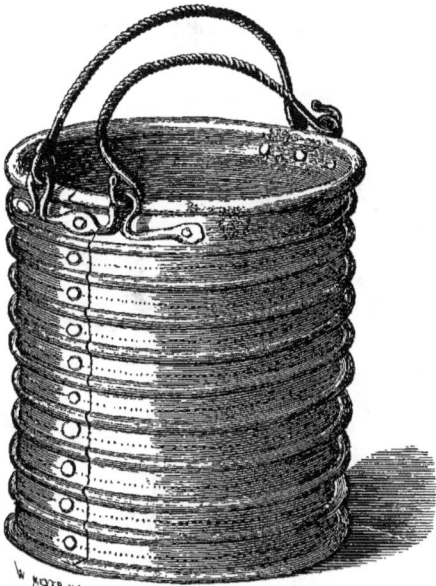

FIG. 150. — Primentdorf (Allemagne du Nord).

FIG. 152. — Holbæk (Danemark).

FIG. 151. Bronze.
Holbæk
(Danemark).

Fig. 154. — Bronze.
Vietkow (Allemagne du Nord).

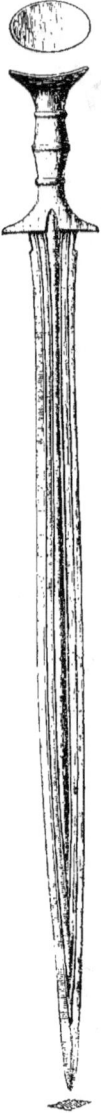

Fig. 155. — Bronze.
Bavière.

Fig. 157. — Bronze.
Suède.

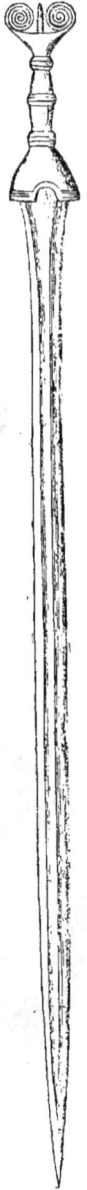

Fig. 156. — Bronze.
Danemark.

Fig. 153.— Bronze.
Finlande.

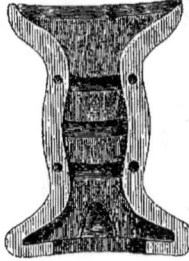

Fig. 158.— Bronze
Lângsjön (Suède)

A Primentdorf, en Posnanie (Allemagne du Nord), un torques pareil à la fig. 146 fut trouvé dans une ciste à cordons en bronze (fig. 150) (1).

FIG. 159. — Corcelettes (Suisse).

FIG. 161. — Petit-Villatte (France).

FIG. 160. — Corcelettes (Suisse).

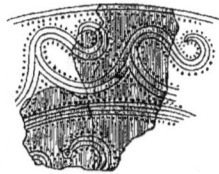

FIG. 162. — Petit-Villatte (France).

Une ciste du même type fut déterrée à Pansdorf, près de Lubeck, avec un couteau en fer, d'un type caractéristique de l'époque de transition de l'âge du bronze à celui du fer (2).

(1) VIRCHOW, dans le *Compte rendu du Congrès de Stockholm*, 1874, p.522.
(2) J. MESTORF, *Vorgeschichtliche Alterthümer aus Schleswig-Holstein* (Hamburg, 1885), fig. 346. — Cf. *Photographisches Album der Austellung zu Berlin 1880*, v, pl. 4.

Un dépôt trouvé à Lorzendorf, en Silésie, renfermait trois cistes de ce type et plusieurs bronzes de la 6ᵉ période de l'âge du bronze (1).

A Holbæk Ladegaard, en Fionie (Danemark), on a découvert une épée en *bronze* (fig. 151) du type qui caractérise la partie la plus ancienne de l'époque de Hallstatt. Cette épée avait été déposée avec deux torques pareils à la fig. 146, un gros bracelet en bronze (fig. 152) et quelques autres objets du commencement de la 6ᵉ période de l'âge du bronze (2).

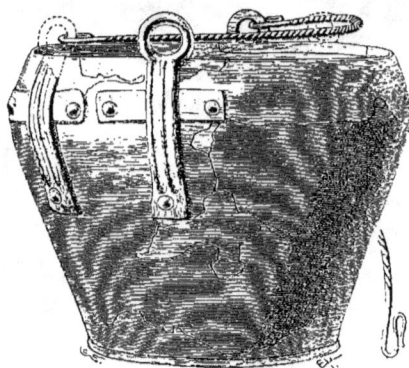

Fig. 163. — Hjernarp (Suède).

Période 5 : A Rud, en Vermland (Suède), on a découvert deux épées en bronze importées et plusieurs bronzes indigènes de la 5ᵉ période de notre âge du bronze. Les deux épées sont de la même forme que la fig. 153 ; le pommeau est ovale, très mince et légèrement courbé (3).

A Noppari, en Finlande, — où, déjà longtemps avant cette

(1) W. Grempler, *Der Bronzefund von Lorzendorf, Kreis Namslau*, dans le *Schlesiens Vorzeit in Bild und Schrift*, vii (Breslau, 1897), p. 195 (et 525). — Cf. (pour les chaînes trouvées à Lorzendorf) les *Nachrichten über deutsche Alterthumsfunde*, 1899, p. 82.

(2) Madsen, *Afbildninger af danske Oldsager og Mindesmærker, Broncealderen, Samlede Fund*, pl. 30 et 31.

(3) *Antiquités suédoises*, fig. 158.

époque, il existait des colonies suédoises (1), — une épée en bronze de ce type (l'original de la fig. 153) fut trouvée avec une fibule suédoise en bronze de la fin de la 5ᵉ période (2).

Un dépôt exhumé dans une tourbière à Vietkow, en Poméranie (Allemagne), contenait une épée du même type, un couteau

FIG. 164. — Birkendegaard (Danemark).

à douille (fig. 154) et plusieurs bronzes datant de la cinquième période de notre âge du bronze (3).

Les épées en bronze de ce type proviennent — comme les

(1) Montelius, *Nær kommo svenskarna till Finland?*, dans la *Finsk tidskrift*, vol. XLIV (Helsingfors, 1898).

(2) A. Hackman, *Die Bronzezeit Finnlands*, dans la *Finska Fornminnesföreningens tidskrift*, xvii (Helsingfors, 1897).

(3) H. Schumann, *Der Bronzedepotfund von Vietkow (Kreis Stolp)*, dans les *Baltische Studien*, nouvelle série, iv (Stettin, 1900).

couteaux à douille — de l'Europe centrale ; elles sont très fréquentes dans le Sud de l'Allemagne, en Suisse et en France. En Bavière, on a trouvé un moule de poignées de cette forme (fig. 155). Ces épées et ces couteaux appartiennent à la 5ᵉ période de l'âge du bronze dans cette partie de l'Europe (1).

Plusieurs épées en bronze « à antennes » (fig. 158) furent trouvées en Suède et dans les autres pays du Nord, avec des

FIG. 165. — Rörbæk (Danemark).

objets indigènes de la 5ᵉ période de notre âge du bronze. Des découvertes de ce genre ont été faites dans le lac de Làngsjön en Upland (Suède), à Kenzlin et à Hökendorf en Poméranie (Allemagne du Nord), à Seddin en Brandebourg et à Göllingen en Schwarzbourg-Rudolstadt (2). Les épées de ce type proviennent,

(1) *La chronologie préhistorique en France et en d'autres pays celtiques*, p. 339.

(2) Làngsjön : Montelius, *Antiquités suédoises*, fig. 155. — Kenzlin et Hökendorf : Kühne, dans les *Baltische Studien*, xxviii, p. 576, et xxxiii, p. 311-12. — Seddin : *Nachrichten über deutsche Alterthumsfunde*, 1894, p. 83. — Göllingen : *Photographisches Album der prähistorischen und anthropologischen Ausstellung zu Berlin 1880*, vi, pl. 22.

comme celles à pommeau ovale, de l'Europe centrale où elles appartiennent à la 5ᵉ période de l'âge du bronze.

En Suède et dans les autres pays scandinaves, il y a aussi des épées en miniature et des couteaux en bronze dont les poignées et les manches se terminent en antennes, de la même manière que les épées mentionnées (fig. 156 et 157). Ces pièces, qui

Fɪɢ. 166. — Bjersjöholm (Suède).

sont fabriquées dans le Nord et qui imitent les épées à antennes importées, datent de la 5ᵉ période de notre âge du bronze.

Que la 5ᵉ période de notre âge du bronze soit en effet contemporaine de la 5ᵉ période de l'âge du bronze de l'Europe centrale, on l'a prouvé par quelques découvertes très importantes faites dans l'Europe centrale même.

A Gambach, dans l'Allemagne centrale, près de Giessen, une fibule en bronze, du même type que la fig. 160, avait été déposée avec plusieurs bronzes datant de la 5ᵉ période de l'âge du bronze de l'Europe centrale (1). Les fibules de ce type proviennent de l'Allemagne du Nord ou de la Scandinavie, où elles appartiennent à la 5ᵉ période de l'âge du bronze.

A Corcelettes, en Suisse, une fibule du même type (fig. 160) et un vase en bronze (fig. 159), tous les deux importés du Nord, ont été trouvés dans les restes d'une palafitte qui date de la 5ᵉ période de l'âge du bronze de l'Europe centrale (2).

A Petit-Villatte (Cher), dans la France centrale, quelques fragments (fig. 161 et 162) de deux vases du même type que la fig. 159 avaient été déposés dans un vase de terre avec une grande quantité de bronzes français de la 5ᵉ période de l'âge du bronze (3).

Les vases en bronze de

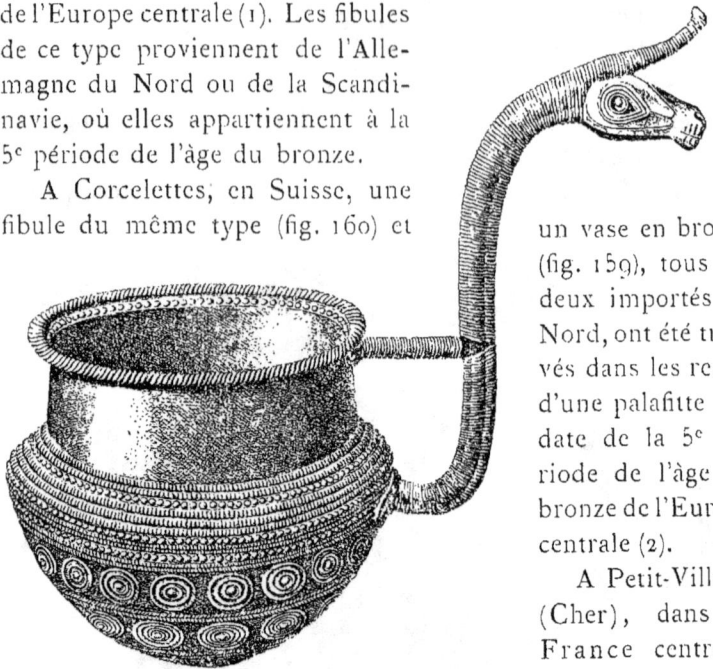

FIG. 167. — Or.
Lavindsgaard (Danemark).

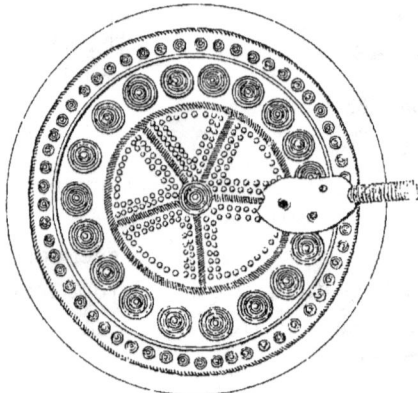

FIG. 168. — La coupe fig. 167
vue de dessous.

(1) Musée de Wiesbaden.

(2) MONTELIUS, dans les *Matériaux pour l'Histoire de l'Homme*, 1880, p. 14.

(3) P. DE GOY, *La cachette de fondeur du Petit-Villatte*, dans *Les Mémoires de la Société des Antiquaires du Centre* (Bourges, 1885).

ce type appartiennent à la 5ᵉ période de notre âge du bronze.
La découverte de Petit-Villatte prouve que deux vases de ce
genre, fabriqués dans le Nord, ont été transportés jusqu'en
France. Après avoir été en usage très longtemps, ils furent
cassés, et quelques fragments en furent déposés avec un grand
nombre de bronzes datant de la 5ᵉ période de l'âge du bronze de
la France.

Donc, la 5ᵉ période de notre âge du bronze est tout à fait
contemporaine de la 5ᵉ période de l'âge du bronze de l'Europe
centrale. Mais la 5ᵉ période est la dernière partie de l'âge du
bronze pur dans l'Europe centrale, comme la 5ᵉ période est la
dernière partie de l'âge du bronze pur en Scandinavie. Ce qui
prouve que *l'âge du bronze a fini seulement très peu de temps
plus tard dans la Scandinavie que dans l'Europe centrale* ! (1).

Des vases en bronze du même type que la fig. 163 — avec
deux anses mobiles qui entrent dans des attaches cruciformes —
ont été plusieurs fois découverts dans la Scandinavie et l'Allemagne du Nord, savoir à Hjernarp en Scanie (Suède) (fig. 163),
à Birkendegaard en Seeland (Danemark) (fig. 164), à Voldtofte
en Fionie (Danemark), à Neilingen, près de Salzwedel (Allemagne), et à Biesenbrow, près d'Angermünde (Allemagne) (2).
Dans *tous* ces cinq cas, ils étaient associés aux bronzes indigènes
de la 5ᵉ période de notre âge du bronze.

A Rörbæk, en Jutland (Danemark), un vase de bronze (fig. 165)
importé du Sud fut trouvé. Les ornements sont au repoussé (3).

(1) Le grand dépôt de Hajdu-Böszörmény, en Hongrie, contenait un
grand nombre d'épées en *bronze* avec des vases en bronze qui sont à peu
près contemporains de la transition de la 4ᵉ à la 5ᵉ période de l'âge du
bronze en Suède (fig. 172).

(2) Hjernarp : *Om tidsbestämning inom bronsåldern*, p.168. — Birkendegaard : A. P. MADSEN, *Afbildninger of danske Oldsager og Mindesmærker,
Broncealderen, Suiter*, pl. 37, fig. 8. — Voldtofte : *Aarböger for nordisk
oldkyndighed*, 1868, p. 114. — Neilingen : KEYSLER, *Antiquitates selectæ
septentrionales et celticæ* (Hannover, 1720), p. 511. — Biesenbrow : BUCH-
HOLZ, dans les *Verhandlungen der Berliner Anthropologischen Gesellschaft*,
1898, p. 473.

(3) S. MÜLLER, *Ordning af Danmarks Oldsager, Bronzealderen* (Copenhague, 1891), fig. 362 *b*.

Fig. 169. — Egitslevmagle (Danemark).

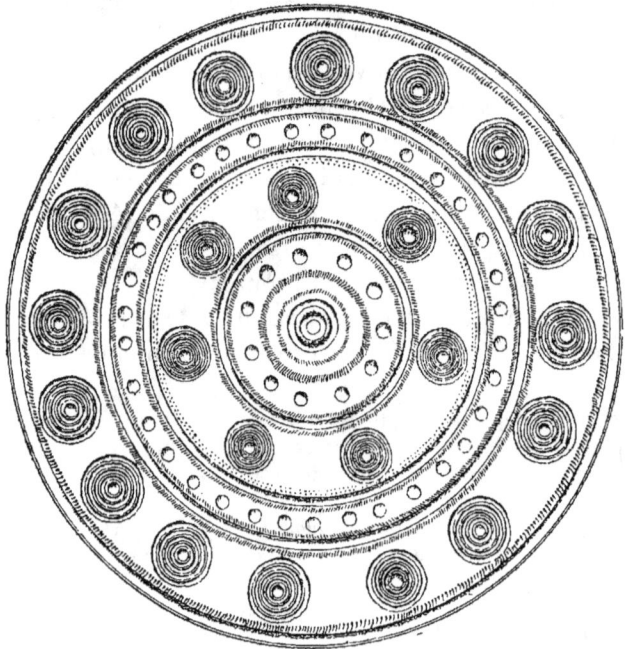

Fig. 170. — Le vase fig. 169 vu de dessous.

Une tombe, découverte dans un grand tumulus à Seddin, en Brandebourg (Allemagne), contenait un vase qui ressemble beaucoup à la fig. 165 et plusieurs bronzes indigènes de la cinquième période de notre âge du bronze (1).

Dans une tourbière à Bjersjöholm, en Scanie (Suède), un grand vase en bronze italien a été découvert (fig. 166). Les ornements sont au repoussé (2).

Un vase en bronze tout à fait pareil, découvert dans une tourbière à Lavindsgaard, en Fionie (Danemark), renfermait onze coupes en *or*, ornées de cercles concentriques au repoussé et munies de longs manches se terminant en une tête d'animal (fig. 167) (3). Les ornements de ces coupes (fig. 168) présentent la même forme que ceux de quelques vases scandinaves en bronze du commencement de la 5e période (fig. 169 et 170). Les coupes en or de Lavindsgaard datent évidemment du même temps. Au point de vue technique, il y a cependant une différence très intéressante entre les coupes en or et les vases en bronze (4) : les ornements de celles-là sont au repoussé, tandis que les ornements de ceux-ci sont coulés. Les Scandinaves, ne sachant pas appliquer au bronze la technique du repoussé, l'ont imité en fondant le bronze, comme ils exécutaient presque tous leurs travaux en ce métal.

PÉRIODE 4 : L'original de la fig. 171 — lequel provient aussi d'Italie — fut trouvé dans une tourbière à Siem, en Jutland (Danemark), avec un vase de bronze identique, mais sans autres objets préhistoriques (5). L'ornementation au repoussé est pareille à celle de la fig. 166.

(1) E. FRIEDEL, *Die Funde aus dem Königsgrabe von Seddin, Kreis West-Priegnitz*, dans la *Festschrift, Das Märkische Provinzial-Museum der Stadtgemeinde Berlin von 1874 bis 1899* (Berlin 1901).

(2) MONTELIUS, *Ett bronskärl funnet vid Bjersjöholm i Skåne*, dans le *Månadsblad*, 1889, p. 125.

(3) MADSEN, *Afbildninger, Broncealderen, Samlede Fund*, pl. 25-27.

(4) L'original de la fig. 169 fut trouvé à Egitslevmagle en Seeland (Danemark). MADSEN, *Afbildninger, Broncealderen, Suiter*, pl. 36, fig. 2.

(5) MADSEN, *Afbildninger, Broncealderen, Samlede Fund*, pl. 24.

Deux grands vases en bronze, de la même forme que la
fig. 171 et décorés des mêmes ornements, furent découverts
dans une tourbière à Granzin, en Mecklembourg (Allemagne),
sans autres objets préhistoriques (1).

Un grand vase en bronze du même type, déterré à Unter-
Glauheim, près d'Augsbourg (Allemagne du Sud), renfermait
deux coupes en or qui ressemblent beaucoup à l'original de la
fig. 167, mais qui n'ont pas de manches et probablement sont
un peu plus anciennes (2).

A Hajdu-Böszörmény, en Hongrie, un grand vase en bronze
de la même forme que celui représenté sur la fig. 171 fut trouvé
avec plusieurs autres objets, parmi lesquels il faut noter une
coupe en bronze pareille à la fig. 173 et un grand nombre
d'épées en bronze hongroises (fig. 172) (3). Comme nous le
verrons tout de suite, les coupes de ce type-ci sont contemporaines de la 4e période de l'âge du bronze scandinave.

Cela prouve que les vases de la fig. 171 datent d'une époque qui coïncide à peu près avec la fin de la 4e période de notre
âge du bronze.

Cinq coupes de bronze pareilles à la fig. 173 furent trouvées
dans la tourbière d'Ögemose près de Kirkendrup, en Fionie
(Danemark), avec plusieurs bronzes indigènes de la 4e période
de l'âge du bronze scandinave (4). Les coupes sont ornées au
repoussé : des séries de bosses plus grandes et plus petites
alternent.

Dans une tourbière à Dahmen, en Mecklembourg (Allemagne), on a découvert une coupe en bronze de ce type avec
quelques bronzes indigènes de la 4e période (5).

---

(1) BELTZ, dans les *Jahrbücher des Vereins für meklenburgische Geschi-
chte und Alterthumskunde*, XLVII (Schwerin, 1882), p. 288, pl. VI, fig. 11.

(2) LINDENSCHMIT, *Die Alterthümer unserer heidnischen Vorzeit*, IV
(Mainz, 1900), pl. 19. — Cf. L. LINDENSCHMIT (fils), *Das römisch-germa-
nische Central-Museum* (Mainz, 1889), pl. XLII, fig. 13.

(3) HAMPEL, *Antiquités préhistoriques de la Hongrie* (Esztergom, 1876),
pl. XI et XII. — Le même, dans le *Compte rendu du Congrès de Budapest
1876*, 2, p. 74, pl. XX, XXIII-IV. XXXIII, XLIV-V.

(4) MADSEN, *Afbildninger, Broncealderen, Samlede Fund*, pl. 21 et 22.

(5) LISCH, dans les *Jahrbücher des Vereins für meklenburgische Ge-
schichte und Alterthumskunde*, X, p. 283.

Plusieurs autres coupes du même type, découvertes en Darnemark et dans l'Allemagne du Nord montrent qu'un grand

FIG. 171. — Siem (Danemark).

FIG. 172. — Bronze. Hongrie.

FIG. 173. — Ögemose (Danemark).

FIC. 174. — Suède.

nombre de ces vases ont été importés dans le Nord (1). Ils proviennent de l'Europe du Sud.

(1) MONTELIUS, dans la *Svenska Fornminnesföreningens tidskrift*, vol. 11, p. 25.

A Pfeffingen, en Wurtemberg (Allemagne du Sud), on a trouvé un ornement en bronze tout à fait pareil aux ornements scandinaves de la 4ᵉ période de l'âge du bronze (fig. 174) ; il était associé à plusieurs bronzes de la 4ᵉ période de l'âge du bronze de l'Europe centrale (1).

Cette association d'un bronze provenant du Nord et datant de notre 4ᵉ période avec des bronzes fabriqués dans l'Allemagne du Sud pendant la 4ᵉ période de l'Europe centrale est d'autant plus importante que l'on a trouvé plusieurs fois, comme nous l'avons vu, des bronzes scandinaves de notre 5ᵉ période avec des bronzes appartenant à la 5ᵉ période de l'Europe centrale. Ceci prouve que le parallélisme des périodes dans l'Europe centrale et l'Europe septentrionale est parfait.

PÉRIODE 3 : Dans une tourbière près d'Ystad, en Scanie (Suède), on a trouvé un petit chariot en bronze qui avait porté autrefois un vase de même métal (fig. 175) (2).

Un petit chariot en bronze identique, qui porte encore un vase, fut découvert dans un tumulus à Peccatel, en Mecklembourg (Allemagne du Nord), avec des bronzes datant de la 3ᵉ période de notre âge du bronze (3). Le vase est décoré de quelques séries horizontales de petites bosses au repoussé. Toutes les bosses sont de la même grandeur ; il n'y en a pas, comme sur les vases plus récents, de grandes alternant avec de plus petites.

Un petit chariot semblable avec un vase en bronze (fig. 176) a été exhumé d'un tumulus à Skallerup en Seeland (Danemark), avec des objets de la 3ᵉ période de l'âge du bronze (4). La décoration du vase consiste en des séries horizontales de petites bosses au repoussé qui sont toutes de la même grandeur.

(1) Musée de Stuttgart.
(2) *Antiquités suédoises*, fig. 255.
(3) LISCH, dans les *Jahrbücher*, IX, p. 369.
(4) CHR. BLINKENBERG, *Chaudron étrusque sur roulettes, trouvé à Skallerup*, dans les *Mémoires de la Société Royale des Antiquaires du Nord* (Copenhague), 1896-1901, p. 70.

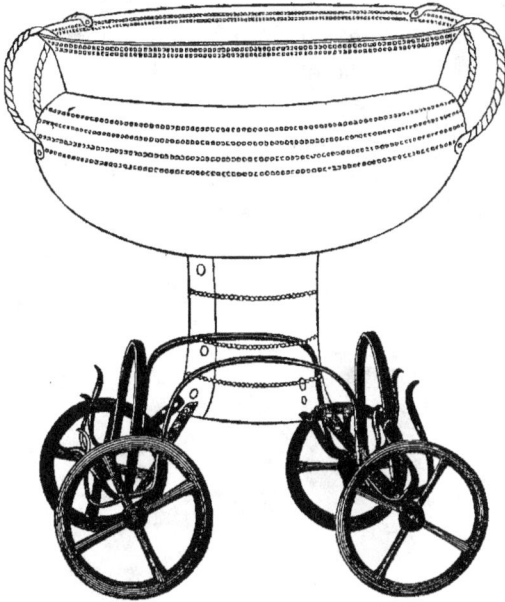

FIG. 175. — Ystad (Suède).

FIG. 176. — Skallerup (Danemark).

Ces chariots ont été évidemment importés du Sud. Leur forme et leur technique sont différentes de celles que montrent les bronzes scandinaves.

Dans la tourbière de « Simonsmose » en Jutland (Danemark), dix coupes et un grand bracelet en bronze furent découverts (1). Le bracelet date du commencement de la 3ᵉ période (ou de la fin de la 2ᵉ). La plupart des coupes sont de la même forme que la fig. 177. Quelques-unes sont ornées au repoussé, comme

Fig. 177. — Simonsmose (Danemark).

nous voyons sur cette figure ; toutes les petites bosses sont pareilles (il n'y en a pas plus grandes).

Des coupes en bronze de la même forme que la fig. 177, mais sans ornements repoussés, ont été trouvées en Mecklembourg (Allemagne) dans deux tombes de la 3ᵉ période.

Période 2 : Avant la fin de la 2ᵉ période, apparaît en Suède la fibule (fig. 179). C'est une copie modifiée de la fibule italienne, appelée « la fibule de Peschiera » ou « la fibula ad arco di violino » (fig. 178). Les différences sont :

Que l'épingle de la fibule scandinave est formée d'une pièce

(1) Montelius, dans la *Svenska Fornminnesföreningens tidskrift*, vol. 11, p. 32.

séparée, tandis que dans l'original italien l'épingle n'est que la continuation directe du corps de la fibule ;

Et que la fibule scandinave est symétrique, ayant un *disque*

FIG. 178. — Italie.

FIG. 179. — Suède.

FIG. 181. — Grèce.

FIG. 182. — Suède.

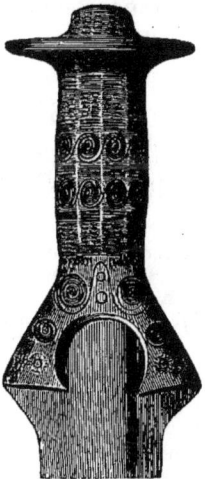

FIG. 180. — Autriche.

FIG. 183. — Danemark.

spiraliforme à chaque extrémité ; l'original italien en a seulement à l'une des extrémités.

L'apparition de la fibule dans le Nord, à cette époque, indique

que les relations avec le Sud étaient déjà très actives. Si quelques objets fabriqués en Italie ont été importés dans la Scandinavie pendant l'âge du bronze, cela prouve l'existence de relations commerciales entre les deux pays, directes ou indirectes. Mais, que l'on ait copié chez nous les objets étrangers, cela constate une influence beaucoup plus efficace.

Un autre type qui, pendant la 2ᵉ période, est commun au Nord et à l'Europe centrale, c'est la poignée à section octogonale ; la poignée, comme la lame, est en bronze (fig. 183). Ce type, qui est très commun dans la Scandinavie, se retrouve aussi dans l'Allemagne du Sud et l'Autriche (fig. 180) où il représente une période très ancienne de l'âge du bronze (1). Dans ces contrées-ci, comme chez nous, il a donné naissance à des formes très variées (2).

L'ornementation en spirale qui décore tant de bronzes scandinaves (fig. 182) est due à une influence de l'Europe méridionale. Cependant, ces ornements ne sont pas italiens ; ils sont venus de Grèce où les spirales sont très communes pendant la période prémycénienne et la première partie de l'époque mycénienne (fig. 181) (3).

D'autres indications de relations entre le Nord et le Sud-Est de l'Europe sont quelques haches en bronze hongroises trouvées dans l'Allemagne du Nord. Elles ont été déposées avec des objets indigènes de notre 2ᵉ période.

A Crüssow, en Poméranie (Allemagne), on trouva une hache

(1) J. NAUE, *Die vorrömischen Schwerter aus Kupfer, Bronze und Eisen* (München, 1903), p. 66, pl. xxv et xxvi ; M. Naue a appelé ce type D. — C'est une erreur de placer ces épées dans une période récente de l'âge du bronze. Les objets avec lesquels on l'a trouvé (couteaux, épingles, etc.) dénotent, au contraire, une époque très ancienne qui a succédé immédiatement à celle des haches à bords droits (NAUE, l. c., pl. xlii et xliii).

(2) MONTELIUS, *Sur les poignées des épées et des poignards en bronze*, dans le *Compte rendu du Congrès de Stockholm 1874*, p. 886 et 899. — Les épées en bronze à pommeau ovale (fig. 153) et à antennes (fig. 158) sont des types dérivés de celui à poignée octogonale (fig. 180).

(3) Des ornements spiraliformes plus anciens que ceux de la Grèce existent en Égypte. MONTELIUS, *Die Chronologie der ältesten Bronzezeit*, p. 146.

hongroise (fig. 184) avec deux colliers pareils à la fig. 190 et d'autres bronzes de la 2ᵉ période (1).

Une autre hache hongroise (fig. 185) fut découverte à Spandau près de Berlin, avec plusieurs bronzes indigènes de la même période (2).

FIG. 184. — Bronze.
Crüssow (Allemagne du Nord).

FIG. 185. — Bronze.
Spandau (Allemagne du Nord).

Les haches de ces types datent d'une période très ancienne de l'âge du bronze hongroise (3).

(1) H. SCHUMANN, *Pommersche Depot-und Gräberfunde*, dans les *Baltische Studien*, nouvelle série, v (Stettin 1901), p. 1 et pl. 1.

(2) *Verhandlungen der Berliner Anthropologischen Gesellschaft*, p. 112 (et 378), pl. XII et XIII.

(3) J. HAMPEL, *Antiquités préhistoriques de la Hongrie*, pl. X, fig. 1. — Le même, *Trouvailles de l'âge de bronze en Hongrie*, dans le *Compte rendu du Congrès de Budapest 1876*, pl. LXXXI, fig. 4, pl. XCIV, CXII.

Deux découvertes faites en Grèce, à Mycènes, nous donnent aussi des renseignements très importants sur la chronologie de la 2ᵉ période de notre âge du bronze. Dans les ruines d'une maison, on trouva, à Mycènes, une épée en bronze (fig. 186) d'un type qui se retrouve chez nous pendant la 2ᵉ période (1). Un dépôt de bronze, déterré à Mycènes, renfermait une autre épée du même type et plusieurs bronzes grecs de l'époque mycénienne (2).

Le type n'étant pas indigène en Grèce, ces deux épées sont évidemment importées. Des épées identiques abondent dans l'Europe centrale et dans la Scandinavie (3).

Pendant la 2ᵉ période, les femmes suédoises portaient des colliers pareils à la fig. 190. Vers la fin de la 2ᵉ période, ces ornements deviennent larges et plats; très souvent les nervures longitudinales manquent. Des colliers semblables étaient encore en usage après le commencement de la 3ᵉ période (4).

Même avant la fin de la 1ʳᵉ période, on portait des colliers de ce type (5), qui n'étaient pas encore décorés de spirales.

Le type n'est que l'imitation de colliers composés de plusieurs anneaux (fig. 188 et 189) qui se trouvent en Allemagne du Nord et du Sud, comme dans l'Italie septentrionale : en copiant les anneaux, on les a coulés ensemble, de la même manière que

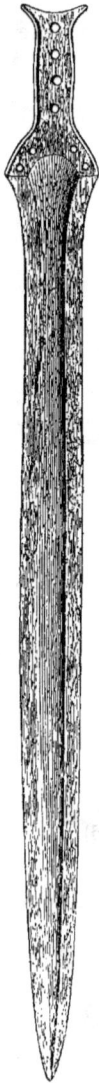

FIG. 187.
Bronze.
Knossos
(Crète).

FIG. 186.
Bronze.
Mycènes
(Grèce).

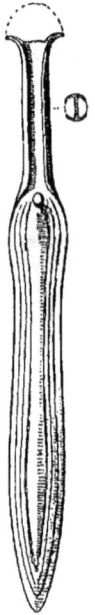

(1) *Die Chronologie der ältesten Bronzezeit*, p. 172, fig. 405.
(2) Tsountas, dans l'Εφημερὶς ἀρχαιολογική, 1891, p. 25.
(3) Naue, *Die vorrömischen Schwerter aus Kupfer, Bronze und Eisen*, p. 15 suiv.
(4) *Om tidsbestämning inom bronsåldern*, pl. 2 et 3.
(5) *Die Chronologie der ältesten Bronzezeit*, p. 33.

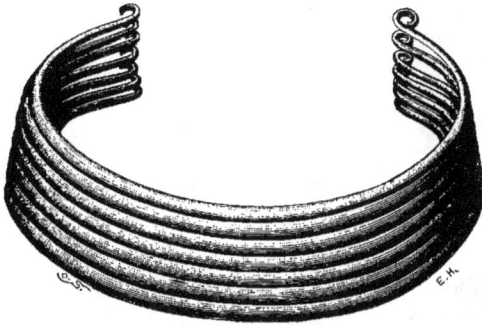

FIG. 188. — Holstein.

FIG. 189. — Wurtemberg.

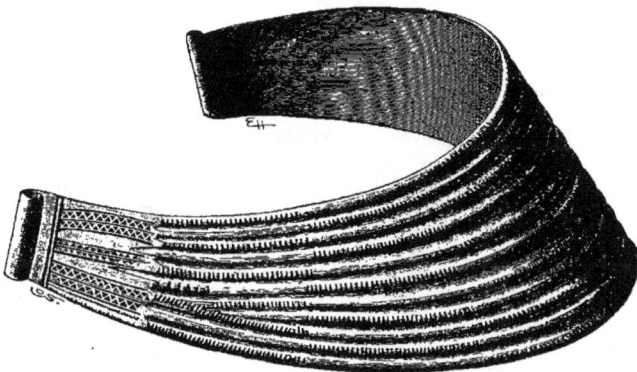

FIG. 190. — Suède.

les bracelets en spirale ont été transformés en bracelets larges, ornés de nervures longitudinales (1).

Période I : Ceci indique que l'influence de l'Europe méridionale était très sensible déjà pendant la première période.

Dans l'Europe centrale et dans l'Allemagne du Nord, on a trouvé des poignards italiens à lame triangulaire et à poignée en bronze (fig. 193) (2). Les peuples germaniques ont copié ces poignards importés, comme le prouvent la forme et la décoration des armes en bronze fabriquées en Allemagne et dans les pays scandinaves (fig. 192) (3).

Quelques-unes des lames de ce genre n'étaient pas emmanchées de la même manière que celles des poignards, mais fixées à angle droit dans un manche très long : « Schwertstäbe » (fig. 194 et 196). Ce manche était le plus souvent en bois, plus rarement — dans l'Allemagne du Nord — en bronze (4). Des armes semblables n'ont pas été seulement en usage au Nord des Alpes ; on les retrouve aussi en Italie et en Espagne (5).

L'influence italienne dans le Nord, à cette époque, est aussi prouvée par la forme des haches scandinaves et allemandes. Elles ont des bords droits (fig. 197), plus ou moins élevés, comme les haches italiennes (6). Cette particularité ne se retrouve pas partout : les haches orientales et grecques sont plates, sans bords droits (7). Mais comme les haches italiennes,

(1) L. c., p. 33 ; cf. fig. 254.

(2) L. c., p. 49, 106.

(3) L. c., p. 27, 31, 131. — Les copies germaniques sont en bronze, pas en silex. Nos poignards en silex ne sont pas des imitations de ces poignards en bronze italiens ; ils sont plus anciens et leur forme est due à un développement indigène. Cf. S. Müller, *Flintdolkene i den nordiske stenalder*, dans les *Nordiske Fortidsminder*, 1 (Copenhague, 1890-1903), p. 132. — Seul, le poignard en silex figuré par M. Müller, (fig. 4) est copié d'après les poignards en bronze ; mais celui-là est un *unicum*.

(4) *Die Chronologie der ältesten Bronzezeit*, p. 27-30.

(5) Montelius, *La civilisation primitive en Italie*, pl. 127 (gravures rupestres en Ligurie ; voir ci-dessous, fig. 195). — *Die Chronologie der ältesten Bronzezeit*, p. 219 (Espagne ; manches en bois).

(6) Montelius, *Die typologische Methode*, p. 22 et 27.

(7) *Die Chronologie der ältesten Bronzezeit*, p. 138. — Une hache à

celles de l'Europe centrale et septentrionale présentent cette
particularité. Il est évident qu'une telle ressemblance est due à

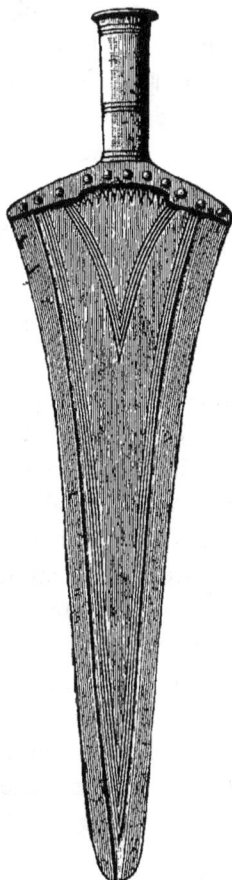

FIG. 191. — Bronze.   FIG. 192. — Bronze.   FIG. 193. — Bronze.
     Italie.   Allemagne du Nord.   Malchin
                                                    (Allemagne du Nord).

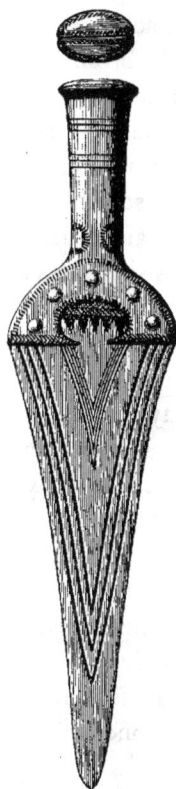

une influence italienne qui s'est exercée de très bonne heure
au Nord des Alpes.

Un dépôt découvert à Fjälkinge, en Scanie (Suède), était

bords droits, figurée par M. DE MORTILLET dans le *Musée préhistorique*
(fig. 674) comme provenant d'Athènes, est évidemment italienne ; en Grèce,
des haches de cette forme n'ont jamais été trouvées.

composé de quatre haches en bronze, à bords droits, et de
deux spirales en or (1). Deux haches, tout à fait pareilles (fig.
200), ont été importées d'Angleterre, ce qui est prouvé par leur
forme et leurs ornements (2). Une hache est importée
d'Italie (fig. 199) (3). La quatrième est suédoise (fig. 201). Les
deux haches anglaises appartiennent à la fin de la 1re période de
l'âge du bronze anglais (4), et la hache italienne appartient à la
fin de la 1re période de l'âge du bronze italien. C'est alors avec
une certaine surprise que l'on peut constater que la hache suédoise date également de la *fin* de la 1re période de l'âge du
bronze scandinave.

Un autre dépôt scanien, celui de Pile, contenait plusieurs
haches suédoises à bords droits, très peu élevés (fig. 197), et une
hache anglaise plate semblable à la fig. 198, toutes en bronze (5).
Les haches suédoises trouvées à Pile sont plus anciennes que
l'original de la fig. 201, et la hache anglaise trouvée à Pile est
d'un type plus ancien que celle de Fjälkinge (fig. 200).

A Skifvarp, en Scanie, on a également exhumé un dépôt
composé de deux haches suédoises semblables à la fig. 197 et
d'une hache anglaise plate (fig. 198) (6).

Ces trois découvertes prouvent :

Qu'une partie relativement ancienne de la 1re période de l'âge
du bronze suédois correspond à une partie relativement ancienne de la 1re période de l'âge du bronze anglais ;

Que la fin de la 1re période de l'âge du bronze suédois
correspond, d'un côté, à la fin de la 1re période de l'âge du

---

(1) Musée National de Stockholm.

(2) J. Evans, *The ancient Bronze Implements, Weapons, and Ornaments
of Great Britain and Ireland* (London, 1881), p. 49 suiv. et 65 ; voir pour
les ornements fig. 14.

(3) Voir *La civilisation primitive en Italie*, pl. 27, fig. 8, 11 et 12.

(4) En Angleterre, comme ailleurs, il y a une première période de l'âge
des métaux où l'on n'employait que le cuivre pur (ou presque pur). La
période dont je parle dans le texte est la première période de l'âge du
bronze proprement dit, avec l'alliage d'étain (10 % environ).

(5) Montelius, dans le *Månadsblad*, 1880, p. 129. — Le même, *Die
Chronologie der ältesten Bronzezeit*, p. 54. — Pour la forme des haches
plates d'Angleterre, voir J. Evans, l. c., p. 46-65.

(6) *Die Chronologie der ältesten Bronzezeit*, p. 56 et 122.

bronze anglais, de l'autre côté, à la fin de la 1re période de l'âge du bronze italien ;

Et, en conséquence, que *le commencement de l'âge du bronze*

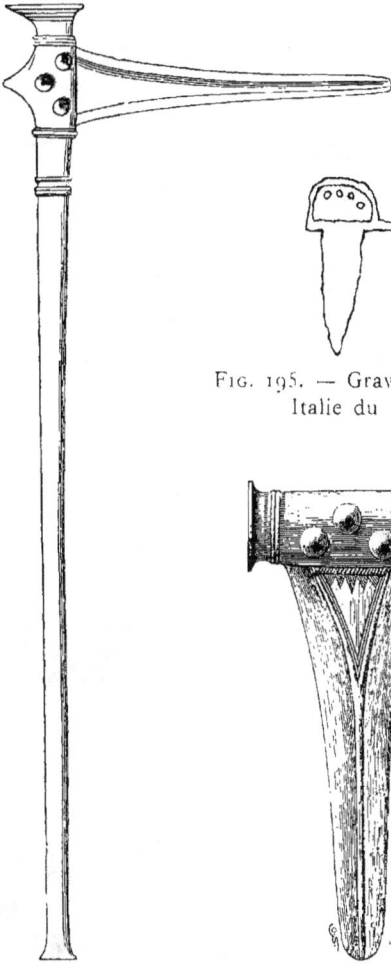

Fig. 195. — Gravure rupestre.
Italie du Nord.

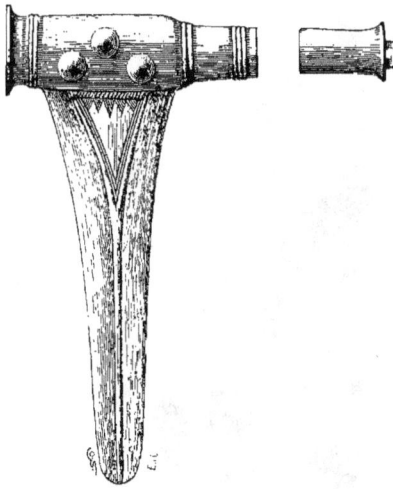

Fig. 194. — Bronze.
Allemagne du Nord.

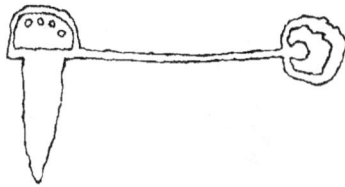

Fig. 196. — Bronze.
Allemagne du Nord.

en Suède, en Angleterre et en Italie a été beaucoup plus contemporain qu'on ne l'avait supposé jusqu'ici.

Les souvenirs de la 1re période de l'âge du bronze italien qui ont été importés dans le Nord ne se trouvent pas associés à des souvenirs de l'âge de la pierre en Suède, mais à ceux de l'âge du bronze.

* *
*

Nous avons étudié la chronologie relative de l'âge

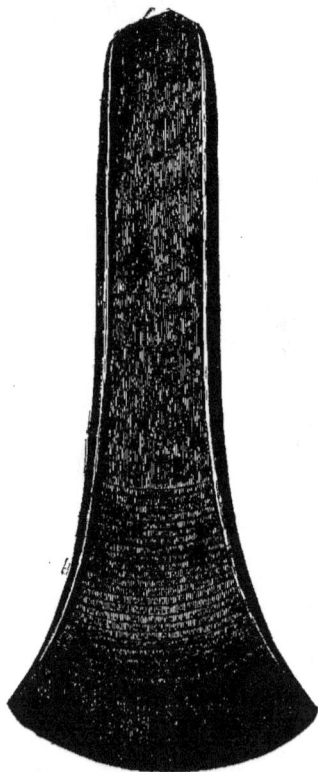

FIG. 197. — Bronze.
Pile (Suède).

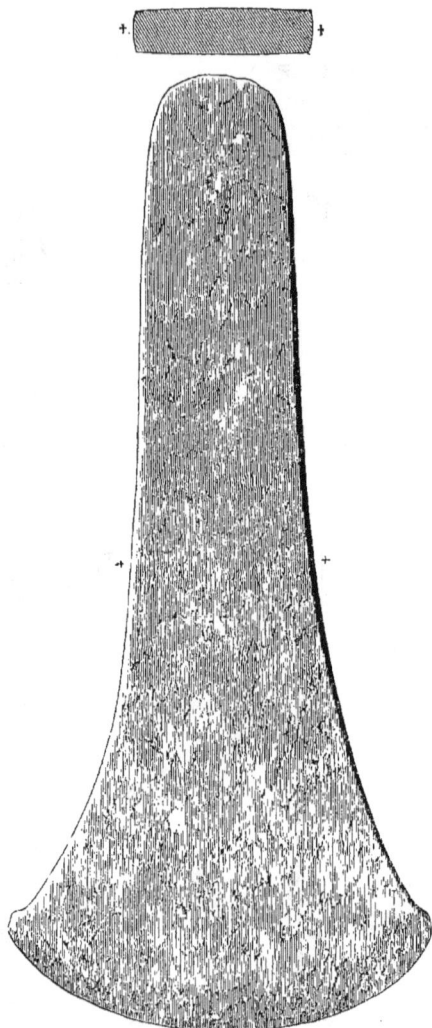

FIG. 198. — Bronze.
Skifvarp (Suède).

du bronze suédois, et nous avons examiné un grand nombre de découvertes qui nous montrent comment les périodes de l'âge

du bronze en Suède sont contemporaines des périodes de l'âge
du bronze en Angleterre, dans l'Europe centrale et en Italie.

Il nous faut examiner, maintenant, quels renseignements

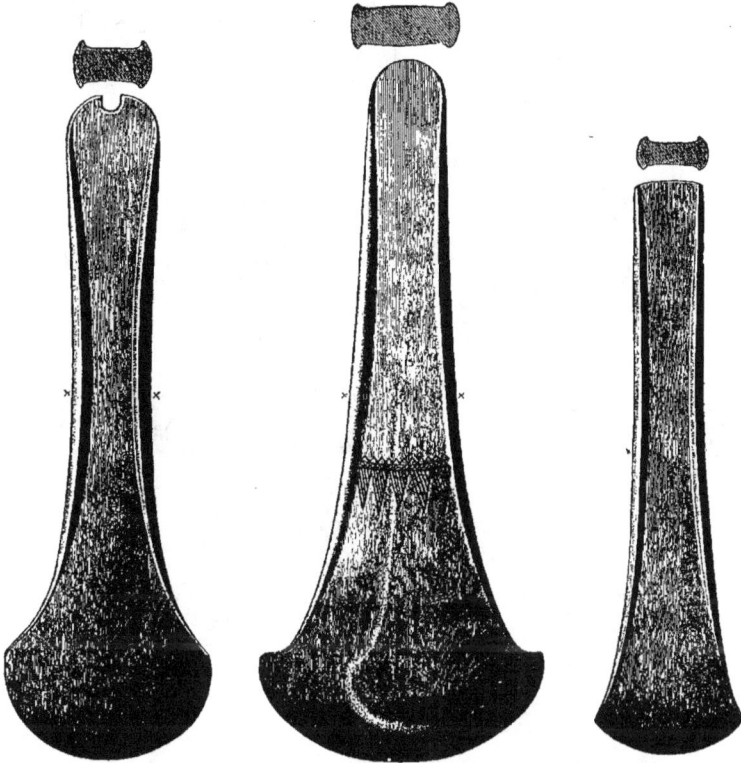

Fig. 199, 200 et 201. — Bronze. Fjälkinge (Suède).

ces découvertes pourraient nous donner sur la *chronologie
absolue* des différentes périodes de notre âge du bronze.

*   *
*

Avant de le faire, nous devons cependant considérer une
question très importante.

On suppose, généralement, qu'un très long temps — on

parle quelquefois de siècles — a été nécessaire pour transporter les objets fabriqués dans l'Europe méridionale ou centrale jusqu'à l'Allemagne du Nord ou à la Scandinavie.

Mais ceci est une erreur. Un ou deux ans suffisent pour ce transport, parce que les voies de commerce entre le Sud et le Nord de l'Europe, à travers du continent, étaient connues et pratiquées déjà avant le commencement de l'âge du bronze.

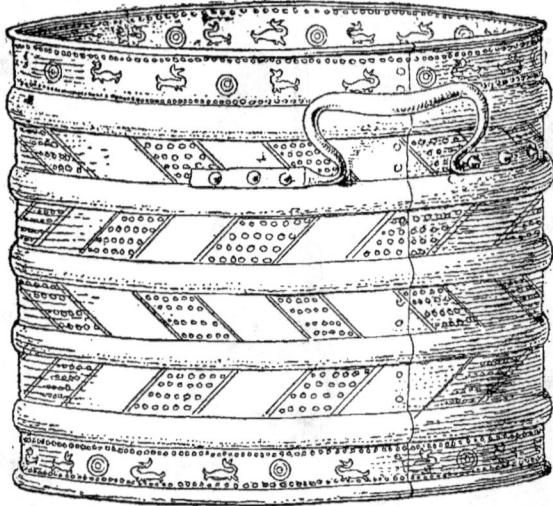

FIG. 202. — Hallstatt (Autriche).

C'était sur ces voies que l'ambre jaune fut exporté des pays baltiques et que le bronze fut importé dans ces pays. Il nous faut nous souvenir que *tout le bronze* employé dans la Scandinavie durant l'âge du bronze a été importé, puisqu'il n'existe pas de mines d'étain chez nous et que nos mines de cuivre ne furent connues que longtemps après la fin de l'âge du bronze. Tous les bronzes indigènes sont fabriqués de métal acheté au dehors.

Tout ça prouve que le commerce était déjà d'une grande importance.

L'un des types étrangers qui caractérisent la 6e période est la ciste à cordons munie de deux anses mobiles (fig. 150). Ce

type est plus ancien que celui de la ciste à deux manches fixes,
latéraux (fig. 202) (1). La patrie de ces deux types de cistes est
l'Italie du Nord (2).

Les cistes à manches fixes (fig. 202) étant les seules que l'on
ait découvertes dans les tombes étrusques de Bologne — celles
de la Certosa (3) — qui datent du vi^e et du ve siècle avant J.-C.,
le type à anses mobiles (fig. 150) doit être plus ancien que le
vi^e siècle. Que les cistes à anses mobiles datent en effet du
viiie et du viie siècle, cela est constaté par les découvertes faites à
Hallstatt, à Santa-Lucia, près de Trieste (4), et dans d'autres
tombes de la même époque (5).

L'épée en bronze du type de Hallstatt (fig. 151) appartient
à la période qui succédait immédiatement à la 5e période
de l'âge du bronze de l'Europe centrale. Cette période étant

(1) Montelius, dans la *Svenska Fornminnesföreningens tidskrift*, vol. xi,
p. 49. — Il y a vingt ans (*Om tidsbestämning inom bronsåldern*, p. 153),
je considérais les cistes à manches fixes comme plus anciennes que celles
à anses mobiles. J'ai trouvé, cependant, que la plupart de celles-ci sont
plus anciennes que les cistes à manches fixes. Les exceptions sont extrêmement rares (voir par exemple la découverte d'Eygenbilsen en Belgique ;
Schuermans, dans le *Bulletin des Commissions royales d'art et d'archéologie*,
xi, Bruxelles, 1872, p. 239).

(2) Les cistes en bronze sont des copies de seaux en bois. L'un des
exemplaires en bronze les plus anciens est celui déterré à Rivoli dans
l'Italie du Nord, dans une tombe de l'époque de la transition de l'âge du
bronze à celui du fer ; cette ciste a une anse mobile *(La civilisation primitive en Italie*, pl. 48). — C'est une erreur de considérer les cistes à cordons comme provenant de l'Italie du Sud, parce que l'on en a trouvé là
deux exemplaires ; la grande majorité provient de l'Italie du Nord et de
l'Europe centrale

(3) Montelius, *La civilisation primitive en Italie*, pl. 104, fig. 10 (voir
le texte : « On a trouvé 14 cistes à cordons en bronze dans les sépultures
de la Certosa Elles avaient toutes deux anses latérales). »

(4) E. von Sacken, *Das Grabfeld von Hallstatt* (Wien, 1868), p. 98.
L'original de notre figure 202 est la seule ciste à manches fixes trouvée à
Hallstatt ; elle est beaucoup plus grande que les autres. — Marchesetti,
Scavi nella necropoli di S. Lucia presso Tolmino, dans le *Bullettino della
Società Adriatica di Scienze naturali in Trieste*, xv (Trieste, 1893).

(5) Dans quelques tombes à Bologne qui sont plus anciennes que celles
de la Certosa, on a trouvé des vases en terre cuite de la même forme que
les cistes à anses mobiles. *La civilisation primitive en Italie*, pl. 81, fig. 1 ;
cf. pl. 190, fig. 5.

contemporaine de la 5ᵉ période de l'âge du bronze scandinave, il est naturel qu'une épée de ce type se trouve dans un dépôt de la 6ᵉ période de notre âge du bronze (à Holbæk Ladegaard).

Les épées en *bronze* du type de Hallstatt sont, en général, plus anciennes que celles du fer, lesquelles apparaissent pendant le ixᵉ siècle avant J.-C. (1). Alors, les objets trouvés à Holbæk Ladegaard, qui appartiennent au commencement de la 6ᵉ période, sont sans doute plus anciens que la fin du viiiᵉ siècle.

Les épées en bronze du même type que la fig. 153 appartiennent à la 5ᵉ période de l'âge du bronze dans l'Europe centrale, c'est-à-dire à la dernière période de l'âge du bronze proprement dit. Le fer est encore extrêmement rare. Les lames des épées de cette période sont presque toujours en bronze, comme les poignées, mais le bronze est quelquefois *incrusté* de fer (2).

Cette période correspond, comme je l'ai montré au Congrès de Paris en 1900 (3), à un intervalle de temps allant du xiᵉ jusqu'au ixᵉ siècle avant J.-C.

Les épées en bronze à antennes (fig. 158) n'étant pas toutes du même siècle, forment plutôt un groupe qu'un type. Une épée de la forme la plus ancienne fut découverte à Corneto, en Etrurie, avec d'autres objets de la période de transition de l'âge du bronze à celui du fer, datant du xiᵉ siècle avant J.-C. (4). Les formes représentées dans le Nord sont plus récentes et

---

(1) *La Chronologie préhistorique en France*, p. 353.

(2) KELLER, *Pfahlbauten, Siebenter Bericht* (Zürich, 1876), p. 11, pl. iv, fig. 3 et 4 (deux épées trouvées dans la station de Mörigen ; la lame de l'une est en bronze, celle de l'autre est en fer). — GROSS, *Les protohelvètes* (Berlin, 1883), p. 34, pl. xi, fig. 1 et pl. xii, fig. 4. — LINDENSCHMIT, *Alterthümer unserer heidnischen Vorzeit*, 1 : 8, pl. 3, fig. 1 et 3 ; iii : 8, pl. 1, fig. 6. — *Baltische Studien.*, xxxiii, p. 340, pl. 1, fig. 11 (lames en fer ; poignées, à antennes, en bronze). — Dans le Musée de Francfort, j'ai observé une épée en bronze dont le pommeau ovale est orné d'une incrustation en fer formant une grande étoile.

(3) *Compte rendu du Congrès de Paris 1900*, p. 353. — Ici, comme toujours, j'ai donné les résultats de mes recherches sur la chronologie absolue. Je sais très bien que ces résultats ne sont pas encore généralement acceptés.

(4) *La civilisation primitive en Italie*, pl. 277. — Le grand dépôt de San-Francesco à Bologne contenait une autre épée de ce groupe laquelle paraît être un peu plus moderne. L. c., pl. 70.

datent du xe siècle ; les plus modernes peut-être du commencement du ixe siècle.

Des découvertes faites en Italie prouvent que les vases en bronze du même type que les fig. 163 et 164 étaient en usage pendant le ixe siècle, les plus anciens déjà avant la fin du xe siècle.

L'une des sépultures de Benacci, à Bologna, contenait un vase de ce type et plusieurs objets qui ne sont pas postérieurs au ixe siècle (1).

Dans une tombe à Vetulonia, en Étrurie, se trouvaient un vase du même type et plusieurs objets qui datent du ixe siècle (2).

Parce que des vases de cette forme ont été trouvés cinq fois dans le Nord avec des bronzes indigènes de notre 5e période, il est évident qu'une partie de cette période correspond au ixe siècle.

Que la 5e période a commencé avant ce siècle, est prouvé par les vases en bronze du même type que la fig. 166 qui sont contemporains du commencement de la 5e période et de la transition de la 4e à la 5e période.

Des vases de cette forme furent découverts dans des tombes italiennes qui datent du xie siècle (3), et les ornements au repoussé des fig. 166 et 171 se retrouvent en Italie au même temps (4).

Une tombe de Corneto contenait une coupe en bronze pareille à la fig. 173 et d'autres objets du xie siècle (5). L'original de la fig. 173 appartenant à la 4e période de l'âge du bronze scandinave, cette période doit être antérieure au xe siècle. Un dépôt à Tolfa, dans l'Italie centrale, lequel est encore plus ancien, contenait des coupes en bronze de la même forme (les manches sont différents) et ornées de la même manière (6).

Des vases en bronze de la même forme que celui de Skallerup (fig. 176 ; 3e période de l'âge du bronze scandinave) ont été

(1) Loc. cit., pl. 81, fig. 7.
(2) Musée de Florence.
(3) *La civilisation primitive en Italie*, pl. 282, fig. 17.
(4) L. c., pl. 74, fig. 4. — *Bullettino di Paletnologia italiana*, xxvii (Parma, 1901), pl. xii.
(5) *La civilisation primitive en Italie*, pl. 277, fig. 10.
(6) L. c., pl. 119.

trouvés en Italie. L'original de la fig. 2o3, qui date du xie siècle, est plus récent que celui de la fig. 176, comme le prouvent l'ornementation et la forme des anses. Le vase de Skallerup n'est orné que de petits points repoussés, tandis que nous voyons sur la fig. 2o3 des séries alternantes de petites et de grandes bosses. Le vase fig. 176 doit remonter jusqu'au commencement du xiie siècle, au moins.

Fig. 2o3. — Corneto (Italie).

Vers la fin de la 2e période, la fibule apparaît en Suède. Son affinité intime avec la fibule la plus ancienne en Italie (la *fibula ad arco di violino*, fig. 178) est visible. Quelques exemplaires de ce type-ci furent importés en Grèce où on les a trouvés avec des poteries datant de 1400 ans environ avant notre ère. Ceci est prouvé par le fait que des poteries de la même espèce (des *vases à étrier, Bügelkannen*) ont été trouvées en Grèce et en Egypte avec des cartouches portant le nom du roi Amenhotep III et celui de sa femme, qui vivaient à la même époque (1).

Que les fibules *ad arco di violino* sont en effet contemporaines des *vases à étrier*, est prouvé aussi par une découverte très intéressante que M. Arthur Evans vient de faire en Crète. Dans une chambre sépulcrale de Knossos qui était de la même espèce que celles qui contiennent les vases à étrier, il trouva

(1) *Die Chronologie der ältesten Bronzezeit*, p. 171. — Des fibules de types plus modernes (à peu près comme Montelius, *Die typologische Methode*, p. 52, fig. 174) ont été trouvées en Grèce avec des poteries plus modernes, mais toujours mycéniennes. Ceci prouve que les fibules « ad arco di violino » sont en effet plus anciennes que la fin de la période mycénienne.

un poignard en bronze, importé d'Italie (fig. 187) et datant de la 3e période de l'âge du bronze, celle à laquelle appartiennent les dites fibules (1).

La fibule *ad arco di violino* existait donc au xve siècle, et la plus ancienne fibule scandinave (fig. 179) doit remonter au commencement du xive siècle, ou à la fin du xve.

Le dépôt exhumé à Mycènes, dont j'ai parlé, contenait une épée importée, pareille à la fig. 186, et des bronzes grecs qui sont un peu plus récents que les objets découvers par M. Schliemann dans les sépultures royales de l'acropole de Mycènes. Le dépôt — et, en conséquence, l'épée importée — date de 1400 ans environ avant notre ère (2). Mais des épées du même type étaient en usage chez nous pendant la 2e période de notre âge du bronze.

Les ornements en spirale (fig. 182), qui apparaissent en Suède pendant la première moitié de la 2e période, sont plus anciens encore. Des spirales identiques se retrouvent en Grèce avant le milieu du 2e millénaire. Pendant le xve siècle, ils deviennent de plus en plus rares dans ce pays (3).

La trouvaille faite à Fjälkinge (fig. 199-201) contenait, comme nous l'avons vu, une hache italienne et une hache suédoise, toutes les deux à bords droits ; celle-là est fabriquée à la fin de la 1re période de l'âge du bronze italien, celle-ci à la fin de la 1re période de l'âge du bronze suédois. La 1re période finissant en Italie avant le xve siècle, la 1re période a fini aussi en Suède, évidemment, avant le même siècle.

Plusieurs autres haches en bronze italiennes à bords droits ont été découvertes dans l'Europe centrale et dans la Scandinavie où on les a imitées de très bonne heure, ce qui est prouvé

(1) A. Evans, *The prehistoric tombs of Knossos*, dans l'*Archæologia*, LIX (London, 1905), p. 472, fig. 90.

(2) Dans *Die Chronologie der ältesten Bronzezeit*, je n'ai pas daté ce type « environ 1200 ans avant J.-C. », comme on a supposé. (Naue, *Die vorrömischen Schwerter*, p. 15, note). J'ai dit qu'il est contemporain des chambres sépulcrales, c'est-à-dire du « xve (et xive) siècle » avant notre ère.

(3) *Die Chronologie der ältester Bronzezeit*, p. 169. — Cf. Montelius, *Die Bronzezeit im Orient und in Griechenland*, dans l'*Archiv für Anthropologie*, xxi (1892-93), p. 26.

par les haches indigènes à bords droits (fig. 197) qui abondent dans tous ces pays durant la 1re période de l'âge du bronze. Les bords droits sont d'abord, au Nord des Alpes comme en Italie, très peu prononcés ; ils deviennent peu à peu plus élevés.

Nous observons le même fait si nous étudions les poignards à lame triangulaire et à poignée de bronze (fig. 191).

Au Nord des Alpes, même dans les pays baltiques, on a trouvé des poignards de ce genre importés d'Italie, et l'on a constaté, comme nous l'avons vu, que ces poignards italiens avaient été imités sur les lieux. Ces imitations sont associées à des objets en bronze de la 1re période de l'âge du bronze.

Un poignard de ce type (fig. 193), importé d'Italie, fut trouvé à Malchin en Mecklembourg (Allemagne du Nord) avec des bronzes indigènes de la 1re période (1).

Tous les faits que je viens de mentionner prouvent, d'une manière évidente, que cette période n'a pas commencé beaucoup plus tard dans la Scandinavie qu'en Italie.

L'âge du bronze a commencé en Scandinavie *très longtemps* avant le milieu du 2e millénaire préchrétien.

* * *

Voici les résultats des recherches sur la chronologie de l'âge du bronze en Suède que je viens de faire :

Période 1 : Commençant environ 1800 ans avant notre ère et finissant vers la fin du xvie siècle.

Période 2 : De la fin du xvie à la fin du xive siècle.

Période 3 : De la fin du xive à la fin du xiie siècle.

Période 4 : De la fin du xiie au commencement du xe siècle.

Période 5 : Du commencement du xe au milieu du viiie siècle.

Période 6 : Du milieu du viiie au commencement du vi^e siècle.

Il est possible que l'une ou l'autre de ces périodes ait commencé plus tôt, mais il n'est pas probable qu'elles aient commencé plus tard.

(1) *Die Chronologie der ältesten Bronzezeit*, p. 48.

Fouilles dans la Nécropole de Timmari (Basilicate)

par M. L. PIGORINI

MM. le prof. Ridola de Matera et le prof. Quagliati, directeur du Musée Archéologique de Tarante, ont fouillé magis-
tralement la nécropole à incinération, de la fin de l'âge du
bronze, découverte à Timmari, dans la Basilicate. Ils l'ont complètement illustrée dans la publication qui vient d'être présentée
au Congrès. La nécropole de Timmari se rapporte au même
âge et à la même civilisation que la terramare découverte déjà
près de Tarante. Il n'y a plus de doute que les populations
qui ont laissé les terramares dans la vallée du Pô ne soient
descendues jusqu'à la mer Ionienne.

Considérations sur le cuivre et le bronze en Normandie

par M. L. COUTIL

L'inventaire général des découvertes de l'âge du bronze dans les cinq départements de la Normandie porte sur 270 localités, comprenant 19.716 objets ; dans ce nombre figurent 52 cachettes importantes, ayant donné au moins 20 objets.

Les instruments en cuivre sont très rares (3 dans l'Eure, 2 dans la Seine-Inférieure, 1 dans la Manche), ainsi que les haches à bords droits, dont il n'existe que 41 exemplaires. Pour les haches à ailerons, la Manche (34), le Calvados (55), l'emportent sur la Seine-Inférieure (6), et l'Eure (3). Quant aux haches à talon dont le total et de 1517, l'Eure arrive le premier avec 617 ; la Seine-Inférieure en fournit 375, et le Calvados 436, tandis que l'Orne ne donne que 49 et la Manche 40. La proportion est inverse pour les haches à douille : c'est la Manche qui arrive en premier avec 16.661 exemplaires (dont beaucoup ont été fondus à Villedieu), puis le Calvados avec 192, l'Orne avec 49, la Seine-Inférieure avec 22, et l'Eure avec un nombre insignifiant (9).

On peut presque dire que la hache à douille manque totalement dans l'Eure, qui a fourni le plus d'exemplaires de haches à talon.

Pour les autres objets trouvés en plus petit nombre, la statistique est moins concluante.

Discussion
*sur la Distribution géographique des cachettes
de l'âge du bronze en France.*

M. Déchelette parle de la *Distribution géographique des cachettes de l'âge du bronze en France* et se sert des données qu'elle fournit pour esquisser l'évolution de l'industrie du bronze dans notre pays.

M. S. Reinach se demande si M. Déchelette tient un compte suffisant des objets trouvés dans les stations lacustres de la Suisse, où nous pouvons suivre toute l'évolution de l'industrie du métal, depuis la fabrication des haches plates en cuivre jusqu'à celle des épées de bronze les plus parfaites.

M. Déchelette répond que les objets en étain des palafittes n'appartiennent pas au début, mais à la dernière période de l'âge du bronze.

M. L. Pigorini — En Italie, aussi, les cachettes de bronze commencent seulement avec la période des haches à rebords droits, et il n'existe pas de liaison entre cette période et celle, antérieure, des haches plates. L'opinion qui consiste à regarder les cachettes de bronze comme des fonderies n'a pas, en général, une grande valeur, et l'autre opinion qui les considère comme des dépôts de marchands doit être presque un roman. Les observations auxquelles donnent lieu plusieurs particularités de deux grandes cachettes de bronze de l'Italie (Saint-François dans la ville de Bologne et Piediluco dans l'Ombrie) prouvent qu'il faut accepter l'opinion de feu M. Worsaae qui considérait les cachettes comme des ex-voto.

M. Déchelette reconnaît qu'en France on rencontre également des dépôts votifs d'objets de bronze, ainsi qu'il l'a indiqué dans son mémoire, dont il n'a pu présenter qu'un résumé succinct.

Antiques sphéroïdes en bronze
à ouvertures polaires

par M. J. DE SAINT-VENANT

———

Plusieurs auteurs ont été amenés accessoirement (1) à s'occuper de rares et curieux globes métalliques creux, rencontrés dans des milieux de l'âge du bronze, et ils n'ont guère été d'accord que sur une conclusion, la quasi impossibilité d'expliquer leur destination de manière à prévenir toutes les objections.

Comme à peu près toutes les autres reliques que nous a laissées la belle civilisation du bronze ont livré leurs secrets, il nous a paru intéressant de grouper, au profit du Congrès, tous les exemplaires connus de ce modèle et d'assez nombreux autres que nous avons patiemment relevés, pensant que de ce rapprochement, fait ainsi pour la première fois, pourrait jaillir quelque lumière.

Dans notre inventaire, nous avons admis tout candidat dont le signalement peut être ainsi donné :

Globe aplati et creux en bronze mince, en forme d'ellipsoïde de révolution, foré aux deux pôles de larges ouvertures circulaires égales, ouvertures renforcées à leurs pourtours d'un ourlet plus ou moins saillant.

Beaucoup d'exemplaires sont en outre munis d'un tube creux, fixé à l'équateur, normalement à l'axe ; d'autres sont percés d'un petit orifice équatorial, qui a pu correspondre au

---

(1) Seul Flouest s'est occupé de façon spéciale des quelques exemplaires de lui connus. (*Matériaux. Trois bronzes de la haute antiquité...*, 1887). Voir plus loin.

point d'insertion d'une douille disparue ou jouer un rôle analogue : peu d'entre ceux demeurés intacts sont dépourvus d'une
de ces deux particularités.

Nous avons tenté d'établir une espèce de classification basée
tant sur ces derniers détails que sur la nature du travail dont
ces sphéroïdes ont été l'objet :

Série A. — Grandes pièces en bronze très mince, formées
de deux hémisphères ou calottes obtenues par martelage, s'emboîtant et rivées l'une à l'autre.

Ornements perlés estampés et disposés en rangs circulaires
concentriques.

Il n'en a été relevé que trois spécimens bien certains ;
aucun n'est complètement intact, ce qu'explique leur extrême
fragilité (1).

Série B. — Pièces grosses *fondues*, décorées de gravures
disposées en zones que séparent de petites bandes unies, simples,
doubles ou triples, limitées elles-mêmes par des sillons assez
profondément incisés. Les décorations sont géométriques,
variées et caractéristiques de l'âge du bronze : chevrons et dents,
losanges, sautoirs, échiquiers droits ou obliques, le tout hachuré
ou se détachant sur des fonds hachurés ; faisceaux de traits rectilignes dans toutes les directions, rangs juxtaposés de feuilles
de fougère, etc., tous dessins prodigués et d'un riche effet
décoratif.

Un seul des cinq exemplaires entiers, B^5, est muni d'une
douille latérale.

Série C. — Objets moyens ou petits, fondus et ornés seulement de nervures périphériques, celles de l'équateur interrom-
pues à une certaine distance des deux côtés du point d'insertion
d'une douille latérale.

Sur 13 sphéroïdes classés dans cette série, 9 entiers ont
encore cette douille adhérente ; les autres sont représentés par

(1) Cette fragilité explique également leur actuelle rareté. Dans certains
musées, notamment en Suisse au musée de Bienne, il nous a semblé reconnaître
des restes analogues en bronze, froissés et repliés, qui ont dû très vraisemblablement appartenir à des monuments semblables.

de simples morceaux très analogues, mais l'ancienne existence d'une douille n'y est que probable.

Série D. — Nous y avons réuni sept pièces non classables dans les groupes précédents ; elles sont petites, sans douille, plusieurs exemplaires même n'ont pas d'orifices équatoriaux : deux d'entre ces derniers sont de types anormaux, D^6 d'Alençon avec son appendice plat lunulé et D^5 de Réallon qui est massif comme un pommeau d'épée très largement perforé : on ne l'a fait figurer que parce qu'il a été trouvé avec deux autres D^3 et D^4 rentrant franchement dans notre cadre.

Il y a des caractères communs à ces séries et même des types intermédiaires les relient les unes aux autres ; c'est ainsi que B^5 de la Vienne sert de transition entre les groupes B et C, car, à la dimension près, il rappelle beaucoup le grand globe B^3 de Normandie par sa forme aplatie carénée comme par ses décorations chevronnées et en feuilles de fougère : mais il se rattache au groupe C par sa douille, simplement plus côtelée et ornée que les autres. Les sphéroïdes classés A et B ne diffèrent guère que par le travail et le mode de décoration qui en est le corollaire obligé, etc.

Jetons un coup d'œil rapide sur les principaux de ces curieux objets.

Série A. — Nous avions remarqué, il y a longtemps déjà, dans un coin obscur de vitrine au Musée Calvet à Avignon, des débris de tôle de bronze mince, irrégulièrement fixés sur des cartons, en société de neuf bracelets de même métal, entiers ou fragmentés. En rapprochant les morceaux de tôle bombés, nous eûmes la satisfaction de reconstituer deux calottes suffisamment complètes pour en bien apprécier la forme et les dimensions ; en s'emboîtant exactement, elles donnèrent le beau globe A^1 de 140 millimètres sur 75, inédit. Le catalogue porte que ces objets ont été trouvés réunis à Buoux, dans un vallon sauvage à quelques kilomètres au sud d'Apt (Vaucluse), en plein Luberon.

A^2 est une calotte qui s'emboîtait certainement aussi dans une semblable ; elle vient de Mœringen, lac de Bienne, et est connue par les publications de Gross et le *Bel âge du bronze* de Desoret Fabre.

A³ devait être fort beau, ce qui fait regretter davantage de le voir réduit en morceaux aplatis, déchiquetés, repliés, qu'il faudrait bien du soin pour restaurer. Son simple examen impose un rapprochement avec les précédents : il rappelle surtout A¹ par ses dimensions. Il a été recueilli avec nombre d'autres objets, en 1880, à Deville-les-Rouen, (Seine-Inférieure) et figure au musée des Antiquités de Rouen (1).

Toutes ces calottes sont ornées de six rangs circulaires perlés ; dans A² ils sont équidistants, dans A³ ils sont groupés en zones formées de deux rangs. Il en est de même dans l'hémisphère inférieur de A¹ : dans le supérieur, les groupes sont respectivement constitués par 3, 1 et 2 rangs. Un rang médian de perles plus grosses ou cabochons, d'un bel effet ornemental, occupe l'équateur.

Série B. — Dans cette série figurent les exemplaires B¹ de la Ferté-Hauterive (Allier) et B² de Rochetaillée (Drôme), représentés déjà par Flouest et complétés par nous ; le dessin réduit du premier a été corrigé sur l'original que possède le musée de Moulins. Le sphéroïde aplati B⁴ de Grésine a été également publié. L'exemplaire le plus intéressant en tant qu'inédit est B³, le plus large de ceux connus (145 millimètres). Sa surface est divisée en trois zones par des groupes de trois bandes minces délimitées par des sillons. La zone équatoriale est ornée de faisceaux de traits courts incisés et disposés en damier dans plusieurs sens, ou imitant un parquet en feuilles de fougère, dessins dont la monotonie est un peu corrigée par des chevrons ou dents sur fonds hachurés occupant les registres supérieur et inférieur ; le profil est caréné et assez aplati.

Nous l'avons relevé dans les collections de la Société Archéologique de Tours, où il est inventorié comme bâton de com-

---

(1) M. Coutil en a donné une reproduction photographique réduite (*Age du bronze dans la Seine-Inférieure*, Pl. IIbis) ; M. Gouellain l'avait déjà signalé. Aucun de ces auteurs n'a fait le rapprochement de ces débris avec les objets déjà connus du type qui nous occupe.

mandement de l'époque *franque*, venant de Normandie : son donateur étant d'Avranches, il est probable qu'il vient des environs de cette ville, en tous cas de la Manche.

Nous avons déjà parlé du sphéroïde à douille B⁵ qu'on ne peut se dispenser de classer à côté du précédent B³ : même travail, même dessin, forme semblable, mais plus carénée et aplatie. Il a été recueilli, avec nombre d'objets de bronze, à Notre-Dame-d'Or, en Poitou (1) ; il est connu, c'est même le premier qui ait été découvert, et dès 1847. B. Fillon l'a décrit et figuré, mais sans les hachures obliques alternées qui décorent cinq zones circulaires gravées sur chaque face, et encadrées par deux zones extrèmes qui sont lisses : décor demeuré assez net, qu'on est surpris de ne trouver reproduit dans aucun des dessins qui ont été publiés. Quelques dents de loup hachurées ornent la courbe d'insertion de la douille, dont le corps, transversalement côtelé, porte les même motifs de hachures contrariées que les faces.

Des morceaux de bronze fondus et ornés au trait, trouvés à Choussy (Loir-et-Cher) ont été décrits par M. l'Abbé Breuil (2). Quand nous eûmes depuis appelé son attention sur la question, l'auteur a convenu que ces morceaux devaient avoir appartenu à des objets de même nature que ceux qui nous intéressent (B⁶ et C¹¹).

Série C. — Ceux qui ne redoutent pas les rapprochements un peu vulgaires reconnaîtront qu'on est fort tenté de comparer le type de cette série à une petite bassinoire sans fond ni couvercle.

C¹, le plus grand des exemplaires, mesure 0 m. 075 de diamètre sans la douille et 0 m. 062 de hauteur ; il a été trouvé à Casteljau (Ardèche) en société de haches à ailerons et à douilles, tubes spirale, bracelets à petites oreillettes, flèches etc., objets inédits qui figurent au Musée d'Avignon où nous les avons relevés. La douille, la plus grosse connue, mesure 20 millimètres sur 14, et 10 environ pour le diamètre du vide intérieur.

---

(1) Orignal au musée des Antiquaires de l'Ouest à Poitiers, moulage à Saint-Germain.

(2) *Revue Archéologique*, 1900, II, p. 125.

Comme dans tous les autres exemplaires que nous avons pu examiner, ce vide *communique avec l'intérieur du globe,* par un orifice percé dans sa paroi : nous reviendrons sur cette constatation.

Les autres sphéroïdes C^2 à C^5, C^7 et C^8 rappellent ce premier, avec de moindres dimensions ; ils ont été publiés. Seuls C^3 de l'Ardèche et C^5 du Cher portent des ornements incisés : le premier, quelques chevrons hachurés, le second, de petits cercles pointillés peu visibles. L'unique C^8 a sa surface lisse et ne présente de bourrelets qu'aux ouvertures.

Les nᵒˢ C^6 et C^{10}, comme C^1, sont inédits. Nous avons relevé le premier au musée d'Avallon : il provient d'une cachette d'Arcy-sur-Cure (Yonne) (1). Il est fort exigu ainsi que C^{10} relevé au Musée départemental de Nantes. Ce dernier porte, à l'opposé de la douille, une annexe en forme de croissant pédiculé, à pointes brisées, que nous n'avons rencontrée sur aucun autre exemplaire et dont la destination est assez mystérieuse : intacte, cette annexe pouvait former un anneau complet, une large bélière faisant pendant à la douille(?) Cet objet curieux a été trouvé à Nantes même, en société de plus de 500 autres objets également inédits (haches à ailerons ou douille, disque pendeloque, tube spirale, pièces de harnachement, rasoirs doubles, épée à soie plate ajourée.....) (2).

D'autres objets rattachés à cette série sont fort mutilés ou même en morceaux. L'un classé C^{12}, appartient à un second sphéroïde trouvé avec B^1 à la Ferté-Hauterive : il rappellerait en plus grand l'exemplaire C^2 de Grésine, sans la nervure centrale. Il n'en reste guère plus de la moitié et il ne subsiste rien de la douille, attestée par la seule présence d'un trou dans la paroi.

Les morceaux classés C^{11}, trouvés au même endroit que

---

(1) Cette cachette contenait nombre d'objets, figurant aujourd'hui au même musée, parmi lesquels le morceau perlé par estampage et désigné par A^4, qui appartenait très vraisemblablement aussi à un spéroïde. Ce musée est en voie de complète réorganisation par les soins entendus de M. l'abbé Parat, et ces reliques, qui étaient pêle-mêle et à peine en vue, vont être enfin mises en valeur.

(2) M. de Lisle du Dreneuc nous a écrit son intention de publier un jour cette intéressante trouvaille.

ceux désignés par B[6], semblent bien appartenir à un objet analogue au plus grand de cette série C.

Série D. — Il y a peu à ajouter à ce qu'apprennent les figures ; D[6] et D[7], relevés par nous dans les musées d'Alençon et de Semur-en-Auxois, sont inédits. Le premier porte une languette annexe insérée près d'un des orifices, comme un petit manche ; même s'il existait un fond, on aurait encore de la peine à y voir une lampe en raison de son extrême exiguité, bien que cette idée vienne d'abord à la pensée.

Du reste, on l'a dit, cette série D comprend des objets qui peuvent avoir eu des destinations très différentes.

Tous ces curieux sphéroïdes métalliques, fort dissemblables par leurs dimensions absolues, par les procédés de leur fabrication et par leur mode d'ornementation, sont par contre assez peu variés de forme et possèdent un incontestable air de famille. L'examen des croquis qui les reproduisent à la même échelle et rapprochent à peu près tous ceux connus, ne laisse aucun doute à cet égard ; il est même assez malaisé de créer des lignes de démarcation bien nettes entre les séries que nous avons surtout établies en vue de la simplification et de la clarté de l'exposé.

Douille latérale. — Le seul vrai caractère qui semble mettre bien à part l'une de ces séries désignée par la lettre C, est la présence d'une douille latérale cylindrique : mais il n'est pas impossible que des exemplaires figurant dans d'autres séries aient été munies originairement de cet accessoire.

On a remarqué combien le sphéroïde de Tours, catalogué B[3], offre d'analogie avec celui du Musée de Poitiers, B[5], qui a une douille. Ces ajutages, on l'a fait observer, ont leur canal en communication avec l'intérieur du globe, par un trou ouvert en son flanc. Si donc, par accident, la douille disparaît, cet orifice doit se montrer béant à l'équateur : or B[3] en porte un ainsi placé, et il en est du reste de *même pour tous les exemplaires intacts de cette série B* et même quelques-uns d'autres séries (D[1], D[3], D[4]...) ; il n'y aurait rien d'absurde à y voir les souvenirs de douilles disparues, bien qu'il n'y ait là qu'une simple hypothèse (1). S'il en était ainsi, leur disparition sur les gros exemplaires s'expliquerait bien par la fragilité de la surface d'adhérence, la paroi métallique étant relativement plus mince que dans les petits, et le levier plus grand. On peut observer que ces ouvertures latérales ont souvent leur contours irréguliers et comme déchirés par arrachement ; parfois aussi on voit aux abords comme de petites plaques de tôle rapportées pour les réparer après accident ou pour les consolider (B^1 B^2).

On n'observe pas de ces perforations équatoriales sur les objets travaillés au repoussé de la série A ; mais encore n'est-ce là qu'une preuve négative, car ils sont tous incomplets et on peut même remarquer que les parties manquantes se trouvent plus spécialement dans la zone périphérique, où, dans les autres séries, se rencontrent ces trous. Il y a plus ; dans la trouvaille de Buoux (Vaucluse) les reliques, fragmentaires ou non, se classent nettement en deux catégories bien distinctes : des morceaux de tôle mince incurvée ornés de perles au repoussé, et des bracelets décorés de dessins géométriques incisés (2). Les premiers ont tous pu entrer dans la reconstitution des deux calottes du sphéroïde A^1, sauf un seul. Ce dernier est un petit morceau de tôle identique aux autres comme épaisseur et ornementation, mais ayant la forme d'un petit cylindre de 20 millimètres de hauteur, nettement terminé suivant une de ses bases et présentant des irrégularités de déchirures sur l'autre, ainsi que sur les cassures longitudinales ; ce cylindre est en effet incomplet et sa section ne donne guère qu'une demi-circonférence : complet, son diamètre pouvait être de 20 millimètres, en admettant qu'il n'y ait pas eu élargissement ou compression. L'ornementation de cette petite pièce prouve également qu'elle n'appartenait pas

(1) On a émis l'idée que ces petites ouvertures centrales pouvaient servir à introduire des chevilles, par exemple pour fixer l'objet à une hampe ; ces trous sont d'ordinaire bien grands pour cet usage et puis ces goupilles ne tenant que dans une seule des minces parois, leur solidité eût été bien faible : pour offrir de la résistance elles auraient dû traverser la paroi opposée, et on n'en observe pas de traces.

(2) Plusieurs ovales à oreillettes, rappelant ceux de Réallon ; d'autres grands, ronds, creux, formés de deux moitiés séparées s'emboîtant et ornés au dos de gravures du même style.

aux parties manquantes des hémisphères ; si elle comprend des lignes perlées parallèles dans la direction des génératrices, elle est constituée au centre par des perles identiques mais disposées en *cercle autour d'une perle centrale*, motif qui ne pourrait se raccorder avec ceux de la grosse pièce. Il est assez difficile d'y voir autre chose que les restes d'une douille latérale.

On conçoit qu'avec une épaisseur de métal de un demi-millimètre, un semblable accessoire, qui était certainement fixé par des rivets, comme ceux qu'on voit encore aux bords des calottes, devait enlever un fort morceau de celles-ci, quand un accident l'arrachait.

Ainsi donc on peut dire que sur 29 objets ou débris inventoriés comme pouvant rentrer dans notre cadre, 10 ont des douilles adhérentes ; une douille détachée existante ; 7 des orifices équatoriaux qui peuvent marquer le point d'insertion, plus ou moins dégradé, d'un tube latéral disparu ; 7 sont mutilés ou trop incomplets pour fournir un renseignement, mais rien ne prouve qu'ils n'avaient pas un orifice latéral ; enfin 4 seulement, de ceux demeurés complets, en sont dépourvus : parmi ces derniers D^5 a très vraisemblablement une destination différente de celle des autres, et D^6 a un petit appendice, mais non creux, qui peut-être jouait un rôle analogue (?)

Destination. — Quel pouvait être l'usage de ces singuliers objets, ou *leurs usages*, car on ne saurait affirmer, malgré leur air de parenté qu'ils aient eu tous la même destination ? Là commence réellement la difficulté, et on peut avancer que les quelques archéologues qui ont eu à s'occuper de la question n'ont pu présenter aucune explication pouvant donner satisfaction complète à l'esprit, même au leur.

Le premier en date, Benjamin Fillon, évite de s'étendre sur l'usage du sphéroïde B^5, qu'il désigne simplement comme un ornement de bride (1).

Le Dr Gross, en 1873, puis en 1883 (2) signalant les exem-

(1) *Cachette à N. D. d'Or*. Mém. Soc. Antiq. de l'Ouest, 1844.
(2) *Habitations lacustres du lac de Bienne*, Délemont, 1873. — *Les Protohètes*, 1883.

plaires A², C⁷, D¹ et D², trouvés dans des palafittes suisses, appelle le grand A² « ornement pour tête de cheval », C⁷ « hochet ou jouet d'enfant », de même D¹, qu'il rapproche aussi, avec vraisemblance, de certaines boules de terre cuite creuses trouvées dans les mêmes palafittes, et contenant de petits corps durs qui en faisaient des grelots ; il estime aussi que ce dernier a pu servir de pommeau à un bâton.

Desor et Fabre, décrivant la grande calotte estampée A², renoncent à donner des attributions fermes et se contentent de dire qu'elle a pu compléter un costume de gala (1).

M. Chantre, dans son grand ouvrage (2), avoue son impuissance à expliquer nettement l'emploi de deux exemplaires C² et B⁴ de la station de Grésine. Pour lui, à la rigueur C² pouvait avoir sa douille fixée à une hampe et ses grandes ouvertures auraient alors livré passage à des étoffes, à des crins flottants, à des plumes formant panache, à moins qu'il n'ait couronné un sceptre ? Quant à B⁴, dépourvu de douille, il le rapprocherait volontiers des sistres bruissants et en ferait un grelot, comme Gross.

M. Ollier de Marichard, en décrivant les objets du trésor de la grotte de Louoï près Vallon (Ardèche) (3), qui ornent le musée de Nîmes, a émis l'idée que ceux ici représentés par C³ et C⁴ étaient des *cornets d'appel* et il serait arrivé effectivement à en tirer des sons en bouchant les grandes ouvertures : on se demande pourquoi on les aurait ouvertes, si c'était pour les boucher à l'usage ?

M. G. Carrière, ancien conservateur des musées de Nîmes, qui s'est occupé de la même trouvaille (4), s'abstient volontairement de parler de la destination.

M. P. de Goy, en décrivant la cachette du Petit-Villatte (Cher), qui comprenait l'exemplaire C⁵, imite ce prudent silence (5).

(1) *Le Bel Age du Bronze*, 1874, p. 7 et Pl. IV fig. 3.
(2) *Age du Bronze dans le bassin du Rhône*, 1875-76, 1ʳᵉ pⁱᵉ p. 207, 2ᵐᵉ pⁱᵉ, p. 192.
(3) *Matériaux*, 1884, pp. 211-15 et 143-4.
(4) *Cachette de l'âge du bronze dans l'Ardèche*, Journal L'Homme, 1884.
(5) *Mémoires des Antiquaires du Centre*, Tome 13, 1885, p. 55.

Il faut arriver à 1887 pour voir, avec Flouest, aborder la question de façon un peu générale (1).

En décrivant la découverte du beau sphéroïde B^2, trouvé dans la Drôme avec un sistre bruissant, il le compare à quelques autres, alors seuls connus, comme celui de la Ferté-Hauterive et les deux de Grésine, dont l'un a une douille : à ce sujet il émet déjà l'hypothèse que les orifices médians des autres pouvaient attester l'ancienne existence de douilles disparues.

Comme M. Chantre, il suppose que ces douilles s'inséraient au bout d'une hampe et que par les grands orifices passaient des flots d'étoffes, ou de crins formant étendard.

Il admet aussi, au moins pour les gros, qu'ils pouvaient être les insignes révélateurs de quelque prééminence et traversés par la tige d'un bâton de commandement, suivant leurs ouvertures centrales ; il cite à l'appui le grand bas relief rupestre de Boghaz-Keni, l'ancienne Pterium de Cappadoce, où l'on voit des chefs de grande taille, foulant aux pieds des ennemis fort petits, brandir d'une main un court bâton terminé par une grosse sphère. Il reproduit aussi un personnage représenté au repoussé sur le fond d'une coupe de Petrossa, qui tenait semblable sceptre, dont la boule est même partagée en zones parallèles, comme nos grands spécimens de la série B.

M. Salomon Reinach dans son *Mirage oriental* (2) approuve le rapprochement avec des monuments de l'Asie où sont figurés des masses d'armes analogues, et verrait là volontiers le résultat d'une influence chaldéenne.

M. G. Chauvet, en décrivant avec sa scrupuleuse précision habituelle, de nombreux objets de bronze rencontrés entassés dans un vase d'argile à Venat, près Angoulême (3), s'occupe incidemment de la question en parlant de l'un d'eux en forme de petit sphéroïde uni, muni d'une douille relativement grosse (C^8). Mais il conclut à la quasi impossibilité de fixer sûrement

---

(1) *Matériaux. Trois Bronzes de la haute antiquité...* Tome 21, 1887, pp. 311 et s.

(2) *L'Anthropologie*, 1893, t. IV. p. 721.

(3) *Bull. Soc. Archéol. de la Charente*, 1895.

l'usage de ces instruments, dont il passe plusieurs autres en
revue ; une récente lettre de lui nous apprend qu'il est demeuré
aussi prudent pour conclure, qu'en 1895.

Passons sur d'autres explications, telles que celles du catalogue du musée Calvet d'Avignon, qui définit un de ces objets
« vase à goulot, sans fond ni couvercle », et concluons que la
question de la destination est loin de trouver les savants
d'accord.

Aussi nous avons pensé bien faire de la porter devant le
Congrès international de 1906, et c'est à cet effet que nous avons
groupé et classé tous nos relevés pour faciliter les jugements
généraux.

Pour tout dire, nous avions un peu l'espoir, en serrant
d'aussi près cette question avec nombre de documents nouveaux, d'apporter à ce congrès quelques conclusions neuves et
fermes ; mais, nous devons l'avouer, la contribution que nous
pouvons actuellement fournir à la solution est modeste et très
au-dessous de nos espérances.

Un fait nouveau, négatif il est vrai, semble pourtant résulter
de cette étude : c'est qu'il paraît très difficile de maintenir certaines explications de M. Chantre et de Flouest, entre autres,
et de voir dans certains de nos globes des étendards emman-
chés dans des hampes *par la douille* ; le plus gros de ces tubes
encore intact (exemplaire C¹ de l'Ardèche) ne mesure, en effet,
pas *plus d'un centimètre de diamètre intérieur*, les autres
moins encore (5 à 6^{mm}).

Aucune hampe d'étendard d'aussi faible grosseur, qui est à
peine celle d'une tige de flèche, n'aurait résisté aux chocs qui
eussent brisé de suite l'extrémité entrant dans la douille, surtout
si des étoffes ou panaches avaient augmenté les vibrations causées par le vent.

Les ouvertures polaires au contraire, toujours égales dans un
même sphéroïde, sont relativement assez grandes et à peu près
proportionnelles à la grandeur des exemplaires : dans les gros
elles atteignent jusqu'à 40 et 45 millimètres de diamètre. Ces

dimensions permettaient à de solides hampes de les traverser, comme on en voit à des époques plus récentes, figurées sur des stèles de légionnaires romains (1).

Il en est de même pour les bâtons de commandement ; sauf le cas où leurs tiges auraient été en métal ou ivoire, elles ne pouvaient être introduites que dans les grandes ouvertures : les manches de ceux figurés dans le bas relief de Cappadoce ou dans la coupe de Petrossa sont relativement fort gros.

Avec ce mode d'emmanchement, la douille, quand elle existe, devait faire latéralement saillie, il est vrai, mais saillie faible puisque la plus longue de celles relevées n'a que 20 millimètres. Ce tube faisant potence pouvait recevoir des accessoires mobiles, chaînes, anneaux ou pendeloques, par exemple pour produire du bruit, à l'instar des sistres bruissants rencontrés parfois dans leur proche voisinage (Rochetaillée, Grésine).

Peut-être des pièces fixées dans cette douille en faisaient-elles des chasse-mouches ; ou bien des plumes ainsi reliées constituaient-elles des parasols ou des éventails de luxe qu'on tenait ou agitait au-dessus de la tête des personnages éminents comme cela s'est pratiqué de tout temps et encore de nos jours en Orient ?

Maintenant l'opinion qui veut faire de ces objets soignés et ornés des pièces de harnachement est également fort soutenable.

De tout temps les grands ont tenu au luxe pour tout ce qui concernait leurs montures et attelages, et le cheval lui-même semble y puiser un supplément de fierté, comme le dit Buffon.

Les sphéroïdes, tout au moins les petits, pouvaient décorer agréablement le sommet d'une bride, dûment agrémentés de corps flottants, de panaches ou d'aigrettes passés dans leurs ouvertures ; les gros eux-mêmes n'auraient pas déparé le haut d'un collier (2) ou une sellette, fixés en son milieu ou bien symé-

---

(1) *Montfaucon, Antiquité expliquée*, t. IV, pl. IX, fig. 1 et 2 ; Pl. X, fig. 1 et pl. XII.

(2) C'est assez l'opinion aussi de M. l'Abbé Breuil qui nous a écrit à ce sujet.

triquement par paires sur les côtés, pour y passer des rênes de cordes par exemple. Il est à remarquer qu'on a trouvé plusieurs fois, en société de nos sphéroïdes, de ces curieux tubes côtelés et terminés en entonnoirs globulaires ou en forme de fruit de pavot (1) ; même d'après B. Fillon, l'instrument catalogué ici B⁵ de N. D. d'Or, aurait été recueilli en union intime avec un de ces petits tubes de bronze. Or on semble assez s'accorder aujourd'hui pour voir en eux des poignées où venaient se terminer les rênes, un peu comme dans les poignées de bois viennent se fixer les nœuds qui terminent les cordes à sauter des enfants, et l'entonnoir avec l'élargissement sphérique de son canal se prêtait admirablement à ce service.

La grosseur de quelques-uns des sphéroïdes n'est pas un motif qui les ferait exclure de l'emploi hypothétique que nous venons de leur attribuer : on sait combien de nos jours encore les harnais populaires, si pittoresques en certaines régions comme à Naples, sont surchargés d'ornements de cuivre des plus volumineux.

Peut-être que des grenailles métalliques logées dans l'intérieur en faisaient en même temps des grelots, comme pour nombre de harnais de tous les temps (2).

Age. — L'âge de ces instruments peut être à peu près fixé, au moins relativement, et tous semblent remonter à la même

---

(1) On sait que le musée de Saint-Germain possède de ces tubes rencontrés à Vaudrevanges avec nombre d'autres objets de harnachement ; outre ceux trouvés avec nos sphéroïdes de cachettes (B1, B5, C8) on en connait encore provenant de palafittes et on en voit d'autres dans les musées de Nancy, Moulins, Poitiers, etc.

(2) Lors de la discussion qui suivit la lecture de ce travail, à une séance du Congrès, notre éminent confrère Sir John Evans, après avoir reconnu qu'il n'avait pas encore eu l'occasion de s'occuper de ces objets, demanda s'ils n'auraient pas été destinés à maintenir ou orner des coiffures, en livrant passage par les grandes ouvertures à des nattes, fixées elles-mêmes à ce coulant par des épingles d'arrêt introduites dans les douilles ou les orifices latéraux : application ingénieuse et neuve, plausible pour certains sphéroïdes ; mais nombre d'entre eux, les petits, ont des orifices trop étroits pour cet emploi, Et puis, comme il a été déjà remarqué, les chevilles d'arrêt, ne traversant qu'une des parois, eussent sans doute assuré bien imparfaitement la solidité de l'ensemble, d'autant que les plus grosses sphères seules pouvaient servir à cet usage, et il en est d'assez lourdes. ·

époque : dans plusieurs milieux, on en a trouvé côte à côte,
que nous avons dû classer dans des séries différentes, ce qui
n'exclut pas l'idée de contemporanéité (à Grésine, à Mœringen, à la Ferté-Hauterive, à Nantes, à Choussy, à Arcy-sur-
Cure...)

Sans exception de nous connue, les reliques qui ont été leurs
compagnes de trouvailles, dans des palafittes, des cachettes, des
trésors, appartiennent à l'âge du bronze pur, même à sa dernière période, la 4e de la classification de MM. Montelius et
Déchelette (1).

Nous ne connaissons en tous cas aucune hache plate, à
rebords ou à talon trouvée en leur société ; au contraire
presque toujours s'y sont rencontrées des haches à ailerons ou
à douille, avec des rasoirs à deux tranchants, des bracelets typiques, aucun perlé ni crénelé, etc. En outre, on peut signaler
quelques rares fibules à grand arc, beaucoup de pendeloques,
de phalères, des montants de mors tubulaires et autres objets
semblant avoir appartenu à des harnachements, etc. Leur
emploi aurait donc précédé d'assez peu. l'usage du fer dans
l'industrie, sans empiéter sur la période hallstattienne et pourrait remonter à un millier d'années avant notre ère.

Répartition. — Les lieux de découverte, de 24 sphéroïdes
dont nous avons pu préciser la provenance, sont compris dans
une large zone traversant la France du Nord-Ouest au Sud-Est
et limitée approximativement par deux lignes droites à peu près
parallèles, l'une joignant Dieppe au Nord du lac de Bienne,
l'autre unissant Angoulême à Marseille. C'est dire que le Nord
et le Nord-Est, ainsi que tout le Sud-Ouest n'en ont pas fourni
à notre connaissance, non plus que la presqu'île Armoricaine,
l'Angleterre, l'Allemagne, l'Italie. Nous pouvons affirmer que
nos recherches dans ces derniers pays ont été jusqu'ici sans

---

(1) Montelius. — *Chronologie préhistorique en pays celtiques*, C. R. du Congrès
international, Paris 1900. pp. 339 s. J. Déchelette. *Manuel d'Archéologie préhistorique*, tome II, qui va bientôt paraître. L'auteur réduit de 5 à 4 les périodes de
l'âge du bronze de Montelius en réunissant les périodes 4 et 5, qui ne présente-
raient pas de caractères distincts assez tranchés, au moins en France.

succès et nous avons reconnu que les deux exemplaires d'Allemagne (1), entre autres, signalés par MM. Chantre et Gross
étaient de type tout différent.

Sir John Evans a hasardé l'hypothèse que ces objets fort
curieux pourraient peut-être avoir été employés comme parures
de tête par les femmes : les cheveux auraient passé par les ouvertures les plus grandes, peut-être dressés en un chignon quelconque.

M. Issel. — Je désire simplement signaler une coïncidence.
Parmi les gravures sur roche calquées par M. Bicknell dans
la vallée de Fontanalba, on remarque plusieurs figurines humaines qui portent une arme ou un ustensile ayant la forme
d'une longue hampe au bout de laquelle est assujettie transversalement une lame en bec d'oiseau (est-ce une faux ? Est-ce
une insigne de hiérarchie ou de commandement ?). Or la hampe
porte une série de renflements plus ou moins rapprochés qui
pourraient bien représenter des sphéroïdes en bronze, percés
par deux trous polaires semblables à ceux qui ont été si bien
décrits par M. de Saint-Venant. Mais il y a encore une circonstance : l'instrument est quelquefois terminé à sa partie
inférieure par un anneau plus ou moins large qui était probablement fixé à la hampe par une douille. Cet anneau pourrait
représenter les sphéroïdes à larges trous polaires et à douille,
dont il a été question. On peut voir dans le choix de calques
exposés ici par M. Bicknell un spécimen de gravures dans lequel
est figurée la hampe à renflement.

Les gravures sur roche des hautes vallées des Alpes-Maritimes remontent, d'après toute probabilité, à l'âge du bronze.

(1) Ils se trouvent au British Museum à Londres (consulter *A Guide to anti-
quittes of the bronze âge*, p. 100), mais proviennent de Kissingen (Bavière). Tellement semblables qu'ils constituaient certainement une paire, ils affectent tous
deux la forme d'énormes et larges bracelets globulaires creux de 107^{mm} de hauteur,
avec 180^{mm} de diamètre et 96^{mm} d'ouverture. Ils sont ouverts avec bords rapprochés,
comme les nombreux grands bracelets de Vaudrevanges : mais ils rappellent bien
davantage les volumineux bracelets-turbans recueillis dans les tumulus de la
Bohême (D^r Pič, *Cechy předhistorické*. II, Pl. xxiii. fig. 2 et Pl. xxx, fig. 1-4).

Présentation d'un ornement en or trouvé récemment à Arlon (Belgique)

par le Baron A. DE LOË

J'ai l'honneur de soumettre au Congrès le dessin d'un objet en or jaune pâle, sorte de diadème ou de collier, trouvé tout récemment à Arlon (1) (province de Luxembourg). Cet objet

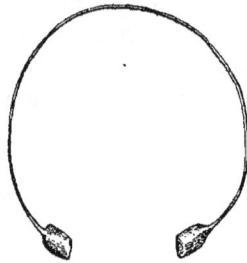

FIG. 204. — Objet en or, trouvé à Arlon,
province de Luxembourg.

remarquable a été rencontré isolément et à très peu de profondeur dans le sol.

Il est formé d'un simple fil terminé aux deux bouts par des palettes très minces et coupantes aux extrémités.

Quelle a été sa véritable destination et à quelle époque appartient-il ? J'avoue l'ignorer.

Cette trouvaille, toutefois, est à rapprocher de la découverte

(1) L'*Orolaunum vicus* de l'Itinéraire d'Antonin.

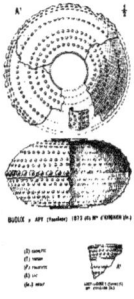

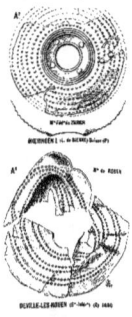

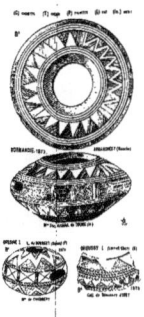

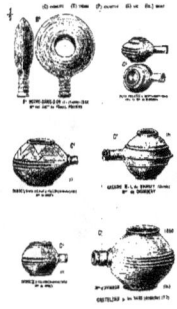

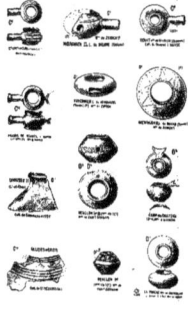

que l'on a faite en 1878, à Fauvillers, localité peu éloignée d'Arlon, d'un de ces croissants d'or plats dits *lunulæ* fréquents en Irlande et que l'on attribue généralement à l'âge du bronze.

Il existe certainement de l'or à cinq ou six lieues de l'endroit de ces deux trouvailles, mais en très minime quantité, et les essais d'exploitation qui ont été tentés il y a quelques années sur le territoire allemand, n'ont guère été rémunérateurs; mais peut-être y en avait-il davantage autrefois?

On peut donc supposer, sans trop s'aventurer, que la matière précieuse dont sont faits les deux objets que dont nous venons de parler, pourrait être de provenance locale, et cette supposition me paraît d'autant plus permise que les foyers de production de l'or employé dans les temps préhistoriques et protohistoriques sont encore inconnus.

Curieux instruments en fer

recueillis dans des sépultures antiques, au bas de l'oppidum du mont Menu, au lieu Coste Fère, près Eyguières (Bouches-du-Rhône)

par M. Gabriel CARRIÈRE

———

L'oppidum du mont Menu est installé sur un des reliefs de la chaîne des Alpilles à laquelle est adossée la petite ville d'Eyguières, distante de six kilomètres environ. Des pans de murs très ruinés sont les seuls vestiges qui subsistent de ce refuge antique défendu au Sud par une crête aiguë dominant une pente abrupte.

Deux habitants d'Eyguières qui occupaient leurs loisirs du dimanche à fouiller les grottes des environs, découvrirent au pied du mont Menu, sur le revers Nord, au lieu dit Coste Fère, une série de tombes qui contenaient des mobiliers funéraires fort intéressants.

Ces sépultures à incinération, qui sont vraisemblablement celles des occupants de l'oppidum, étaient alignées au bord d'un champ et formées de dalles en calcaire disposées de façon à ménager un espace cubique. Il y fut recueilli de nombreuses poteries que je diviserai en deux catégories :

A. — Vases ou urnes en terre grossière, noirâtre ou rougeâtre à surface rugueuse, striés de hachures ou traces d'un lissage inhabile à bord oblique.

C'est le type habituel des milieux préromains du Sud-Est qui appartiennent à l'époque marnienne.

B. — De grands plats et des écuelles à fond plat, à bord vertical court, recouverts d'une engobe luisante de couleur brune, à pâte fine habilement tournée ; des flacons avec ou sans anses, à col allongé et à pied, en terre rouge pâle.

Plusieurs *simpula* en bronze, une aiguière en même métal, des fibules en fer à ressort en double spirale, à arc aplati, d'une seule pièce (type de la Tène), un bracelet en fer formé de deux spires, accompagnaient les poteries.

Vous me pardonnerez de décrire aussi succintemement ces objet, aussi divers comme époque que comme origine. Leur facies est bien connu des archéologues qui reconnaîtraient sans peine leur attribution, les vases de la catégorie A étant de fabrication indigène et les autres poteries probablement importées. Le *simpulum* est d'époque romaine tandis que les fibules, le bracelet en fer sont préromains, comme les poteries A. Ce qui mérite surtout notre attention, et c'est là le but principal de ma note, ce sont les instruments en fer (dont j'ai l'honneur de vous présenter la photographie) qui proviennent des mêmes sépultures.

Je ne saurais mieux les comparer qu'à des fourchettes dont les dents, au lieu d'être dans le prolongement du manche comme dans le type actuellement usité, seraient courbées à angle droit avec ce manche. Vous voyez que ces fourchettes (appliquons-leur ce nom sans rien présumer de leur véritable usage, mais comme dénomination provisoire) sont à trois, à deux ou à une seule dent ; dans ce dernier cas, l'extrémité se termine en pointe de flèche à ailerons, ressemblant à un javelot dont on aurait courbé l'extrémité à angle droit.

La partie inférieure de ces outils est à douille et devait recevoir, par conséquent, une hampe ou un manche en bois.

J'ai acquis ces curieux instruments pour les collections de la ville de Nîmes ; on peut les voir dans une vitrine de la Maison Carrée avec les poteries déjà décrites (1).

_____

(1) Collections de la Maison Carrée à Nîmes.

Un spécimen similaire, à trois dents, a été découvert à Boissières (Gard) et plusieurs autres dans des tombes en pierres plates fouillées par le sieur Faure, aux environs des Baux.

Dans chaque lieu, ils étaient accompagnés de grands plats en terre fine semblables à ceux qui ont été recueillis à Eyguières.

Notre ami, M. de Saint-Venant, a signalé les sépultures des Baux dans l'instructif mémoire qu'il a publié sur les vestiges de la civilisation celtique dans la région du bas Rhône. Il décrit divers objets trouvés au quartier de la Catalane, près les Baux, notamment une fibule en fer du type de la Tène, mais ne mentionne pas les instruments en fer que j'ai vus chez le sieur Faure et dont la découverte est sans doute postérieure à la publication de l'étude précitée (*Les derniers Aréconiques, traces de la civilisation celtique dans la région du bas Rhône, spécialement dans le Gard*).

Quelle pouvait être la destination de tels outils? Aucune solution n'a satisfait mes réflexions. J'ai pensé, Messieurs, qu'en présentant ces objets au Congrès qui réunit des archéologues éminents, dont les études ont embrassé des champs plus vastes que ceux de mes modestes recherches, leur véritable origine pourrait être décelée.

On remarquera l'absence de poteries rouges en terre dite de Samos, si caractéristiques des milieux romains. La présence du *simpulum* indique cependant que certaines de ces tombes sont de l'époque romaine, tandis que celles qui contenaient les fourchettes en fer, les fibules à ressort, les grands plats à rebord droit sont manifestement antérieures. Il est fâcheux que les auteurs des fouilles aient négligé de dresser la liste du mobilier de chaque tombe.

Ce que je peux affirmer, c'est que dans aucune des sépultures romaines très nombreuses de Nîmes ou des environs on n'a rencontré des outils en fer tels que ceux que j'ai cru intéressant de vous signaler. Ils paraissent fréquents, au contraire, dans les milieux des oppida de la rive gauche du Rhône, que j'appellerai simplement « préromains » ne voulant pas employer le mot « ligure ». Bien que la présence de ce peuple soit attestée par les données historiques, il est impossible de faire la part de ce qui pourrait lui être attribué parmi les objets considérés jusqu'ici comme gaulois.

Les recherches méthodiques entreprises par MM. A. Guébhard et P. Goby pour l'étude des enceintes préhistoriques des Pré-Alpes-Maritimes, nous diront peut-être si des éléments spéciaux différencient les oppida de cette région de ceux qui ont été étudiés dans le Gard et les départements limitrophes.

En terminant, permettez-moi de vous présenter divers fragments ainsi que des fonds de vases en chlorite et d'autres en pierre ollaire, provenant de divers lieux des Bouches-du-Rhône dont la plupart sont des emplacements d'oppida. Je citerai : Lamanon, au lieu dit Calés ; Sainte-Croix-de-Salon, au lieu dit le vieux Salon ; Velaux, le Château de Roquemartine.

Sur les indications de mon ami Pranishnikoff et en sa compagnie, j'ai pu recueillir dans les eaux basses de l'étang de Valcarès, des fragments de vases en chlorite à lamelles brillantes contenant des grenats et de l'amphibole. A côté de ces débris, nous avons trouvé des monnaies romaines du Bas Empire.

L'oppidum de Sainte-Croix-de-Salon nous a fourni aussi de nombreux fragments de poteries en terre généralement grise quelquefois rouge, à décors géométriques estampés (palmettes, rosaces, cercles dentelés ou concentriques) produits de l'art barbare du ve siècle.

Une nécropole archaïque dans la ville de Gênes

par M. R. PARIBENI (présenté par M. L. PIGORINI)

————

A Gênes, et précisément sur les collines au Sud-Est, dans l'enceinte des murs romano-byzantins (collines de S. Andrea et de Piccapietra) on a retrouvé, dans ces dernières années, quatre-vingt-cinq tombeaux préromains. Ces découvertes furent faites successivement pendant les grands travaux de terrassement entrepris pour l'ouverture de la nouvelle rue Venti Settembre, et le Municipe de Gênes fit en sorte que rien de ces trouvailles ne fût perdu, et que tous les matériaux fussent réunis au *Palazzo Bianco*. Les tombeaux étaient presque au niveau de la nouvelle rue qui se trouve quatre mètres plus bas que l'ancienne *via Giulia* ; ils avaient la forme de petits puits coniques renfermant des cadavres incinérés. Les puits coupaient le terrain végétal et descendaient d'environ un mètre dans le banc de marne pliocène qui constitue l'ossature de cette colline. Une grosse dalle de pierre calcaire en fermait l'ouverture. En général, un grand cratère « a campana » couvert de figures rouges servait d'urne cinéraire ; outre l'urne cinéraire, les tombeaux renfermaient encore d'autres vases et d'autres objets : dans plusieurs on a trouvé des *kylikes* aussi à figures rouges ; dans quelques-uns, des vases grossiers ayant la forme d'*ollae* ou de tasses, des vases à vernis noir étrusco-campaniens, quelquefois aussi des vases et des objets en bronze.

Les vases peints sont à figures rouges ; ils proviennent presque tous de l'Italie méridionale, et sont en général assez grossiers. Sur le revers des lèvres des cratères, on a la décoration caractéristique

italiote de guirlandes à grandes feuilles de laurier; sous les
anses, ils sont ornés de petites palmes assez grossières. Les
scènes peintes se rapportent pour la plupart au *thiasos* Diony-
siaque. Beaucoup meilleur que les autres est le grand cratère
trouvé dans le dernier tombeau découvert ; il est orné d'un côté
d'une belle représentation de Bellérophon combattant la Chi-
mère, de l'autre côté, d'une conversation d'éphèbes. Il faut
encore noter un cratère en très mauvais état sur lequel est peint
le jugement de Pâris, ainsi qu'une grande amphore à rouelles
du type apulien, incomplète aussi, sur laquelle on voit d'un
côté le jardin des Hespérides et, de l'autre, une scène de
l'Odyssée : Ulysse reconnu par Euryclée. Les petits vases
étrusco-campaniens ont la forme de *kylikes* et d'écuelles. Les
vases grossiers à forme d'*ollæ* et de tasses cylindriques sont de
terre couleur cendrée ou rouge ; on a aussi trouvé une tasse
d'argile fine de forme nettement gauloise, couverte de légères
incisions. Quant aux vases de bronze, nous possédons quelques œnochoës et *olpai* assez grandes, ventrues ou de forme
allongée, deux situles avec deux anses mobiles, quelques *simpula* avec une longue anse verticale terminée par une ou deux
têtes d'oie ; tous ces vases semblent être de fabrication étrusque.
On a trouvé aussi un beau casque de bronze de forme haute
avec une côte médiane, semblable à ceux que l'on a rencontré si
souvent, spécialement en Étrurie. On a trouvé aussi des fibules,
dont une du type de la Certosa, et une du type de La Tène ;
les autres, semblables à celles trouvées dans d'autres nécropoles
ligures (Cenisola, Castelletto), sont à long étrier terminées par
une sphère assez grande.

Les plus anciens de ces tombeaux peuvent donc remonter
au IVe siècle avant J.-C., tandis que les autres doivent être du
IIIe siècle. L'argument regarde pourtant plutôt l'archéologie
classique que la préhistorique, cependant il touche les limites de
cette dernière à cause de la ville à laquelle il se rapporte. La plus
ancienne mention historique de Gênes se trouve dans Tite-Live
qui en parle à propos de la deuxième guerre punique (débarquement de Scipion en 218. Livre XXI-32). Les nouvelles découvertes

nous montrent que, sur l'emplacement de la ville, vivait au
ıv^e et ıı^e siècle une population relativement nombreuse et riche.
Bien que dans sa rude organisation sociale elle s'opposât à ce
qu'aucune peuplade étrangère ne vînt s'établir sur ses côtes,
et qu'avec la même obstination qu'elle devait montrer à résister
aux Romains, elle tint loin de son territoire les Grecs, les Carthaginois et les Étrusques, cependant elle importait par le
commerce de cabottage sur les côtes d'Italie, des vases peints
de la Grande Grèce, des bronzes de l'Étrurie ; elle échangeait
avec les populations gauloises établies au-delà du Pô des vases
et des fibules, et, par suite de ses relations commerciales avec
ces peuples, elle remplaçait l'originaire inhumation de ses cadavres par la crémation, et tempérait par le luxe de ses tombeaux
l'austère fierté de ses mœurs.

Les poteries usuelles, grecques et indigènes, en Provence
aux IIIᵉ et IIᵉ siècles avant notre ère

par M. le Prof. G. VASSEUR

L'origine si énigmatique de la population que les Grecs trouvèrent établis sur notre littoral méditerranéen, est restée, jusqu'à ce jour, et en dépit des recherches effectuées à ce sujet, une des questions ethnographiques les plus discutées. A l'heure actuelle, il semble que l'on ne puisse attendre une solution que des découvertes archéologiques de l'avenir, et la base essentielle du problème paraît résider dans la détermination des caractères propres à l'industrie du mystérieux peuple dont nous nous occupons. Il faut espérer, en effet, que les vestiges de cette industrie, si répandus dans les oppidums de la Provence, permettront de déterminer le pays qui fut occupé par des habitants ayant une même civilisation, et d'autre part, on peut entrevoir la possibilité, en procédant par comparaison, de retrouver en d'autres régions, des produits de fabrications semblables et susceptibles par ce fait, de révéler, parmi les populations de l'antiquité, les liens d'origine que l'on recherche.

Nous avons fait connaître en 1903 (1), les premiers résultats de nos études, entreprises dans cette direction, et depuis lors nous n'avons cessé d'exécuter des fouilles méthodiques dans les

(1) *Note préliminaire sur l'industrie ligure en Provence, au temps de la colonie grecque* (*Annales de la Faculté des Sciences de Marseille*).

habitats des Bouches-du-Rhône se rapportant à la période hellénique.

Nous croyons de notre devoir de présenter au Congrès un aperçu de nos nouvelles découvertes (1).

CONSTRUCTIONS. — Les cases que nous avons rencontrées dans nos fouilles sont rectangulaires, contiguës ou séparées par un étroit passage, et disposées en rangées parallèles. Les murs offrent une épaisseur qui varie entre o m. 35 et o m. 45 centimètres ; bàtis en pierres sèches dans la partie inférieure, ils se composaient de blocs d'argile grise (terre d'alluvion), régulièrement taillés, et devaient être protégés de la pluie, comme les murs en pisé actuels, par une large toiture.

Nous avons retrouvé des vestiges de ce toit qui était formé ou revêtu à l'intérieur, de roseaux entrelacés et enduits d'un mortier fait d'un mélange de chaux et de terre; des fragments de ce mortier, aplatis d'un côté, portent encore sur l'autre face l'empreinte des roseaux.

Ces cases furent détruites par un incendie, comme l'attestent les poutres brûlées et les débris carbonisés que l'on y rencontre constamment.

Nous pensons que la destruction de cet habitat eut lieu à la même époque que celle du Baou-Roux (2), lorsque Calvinus Sextius vint secourir la colonie grecque marseillaise et battit les Ligures à Entremont (124 ans avant J.-C.)

Les graines carbonisées (froment, orge, vesces), abondantes dans certains doliums, et des monnaies d'argent trouvées dans de petits vases, témoignent du départ précipité des habitants qui ne purent revenir à leurs anciennes demeures.

_____

(1) Nous nous proposons de décrire un jour, et dans tous ses détails, l'habitat ligure que nous fouillons depuis deux ans avec l'aide de M. Michel Doumens. Dans l'intérêt de la science, nous ne mentionnons pas encore le lieu de nos recherches, afin d'éviter la dissémination des débris de poteries qui nous permettent de faire des reconstitutions. Quant au terme de _ligure_, nous ne l'employons dans cette note qu'à _titre provisoire_ et pour plus de commodité, afin d'éviter des expressions telles que « _indigène de la période hellénique, ou indigène préromain_ ».

(2) VASSEUR, _Loc. cit._

Après l'incendie, les murs en argile s'éboulèrent rapidement sous l'effet des pluies, et ne tardèrent pas à combler les cases, recouvrant d'un épais manteau de terre les restes du mobilier, abandonné par les fugitifs ou négligé par l'ennemi.

Ce mobilier ne laisse aucun doute sur l'utilisation des constructions ; les doliums sont rangés côte à côte, encore calés par de grosses pierres, mais généralement écrasés, comme la majeure partie des poteries, sous le poids du terrain ; ils occupent un côté de la case, ou se montrent disposés sur deux ou trois rangs, suivant leur grosseur, ne laissant entre eux, dans ce cas, qu'un étroit passage.

Auprès des doliums se trouvent des amphores et des pots ligures vraisemblablement destinés à la conservation de certains aliments ; enfin ces celliers ou magasins renfermaient, en outre, des réserves de poteries et abritaient des instruments de culture, des outils et ustensiles divers.

Nous pensons que les chambres d'habitation n'étaient pas situées au-dessus des celliers, exposés au nord ; ces cases devaient être basses pour résister au mistral, mais, à quelques mètres de là et au midi, la roche offre des parois escarpées contre lesquelles les demeures pouvaient être adossées.

Cette partie de l'habitat a été malheureusement détruite par les pluies et entraînée sur la pente qui ne présente que des éboulis, ou la roche dénudée.

Poteries. — Les poteries que nous avons rencontrées dans les cases, appartiennent à deux catégories: les unes soigneusement tournées, peuvent provenir de la Grèce, de l'Italie méridionale, ou de fabriques grecques, marseillaises ; les autres, très primitives et mal cuites, ont été façonnées à la main par les indigènes.

Céramiques grecques. — Nous signalerons parmi ces poteries, des amphores de formes variées : 1° panse très renflée, col développé, anses droites ; 2° formes cylindro-coniques, très allongées, anses petites et arrondies, accolées à la partie supérieure de la panse. D'après M. Quagliati, de Tarente, ce type très particulier est répandu dans l'Italie du sud ; 3° formes tubuleuses, mais de plus grand diamètre, hémisphériques à la base, et terminées inférieurement par une saillie discoïdale, anses peu développées, tenant à la panse, pas de col ; 4° amphore très petite, à panse conique (forme de toupie), subanguleuse sur la périphérie, col long et tubuleux, anses droites et allongées, formées de deux baguettes accolées dans la longueur.

Les autres vases grecs ayant servi pour les liquides, présentent une anse coudée partant soit du col soit du bord de l'ouverture, ou une anse montante à double coude, faisant saillie au-dessus de l'ouverture (œnochoés). Le bord du col est parfois aplati et muni d'une rainure interne destinée à un couvercle (terre grisâtre ou jaunâtre, très pâle, recouverte d'une couche très mince de peinture noirâtre, brune ou rouge).

Nous remarquons encore : des formes à col très réduit, rappelant un peu celle d'un cruchon ; d'autres, très élégantes, surbaissées, à col droit sans rebord, et munies de deux anses ; enfin des petits vases, avec ou sans anse, élargis et simplement aplatis à la base ; ces pots parfois minuscules nous ont fourni quelques monnaies d'argent.

Parmi les ustensiles de ménage, nous devons mentionner : 1° *une marmite* en terre très siliceuse et sonore (fond arrondi, ouverture à rainure pour le couvercle, anses courbes ayant la forme d'une portion d'anneau, attachée à la panse par ses extrémités) ; 2° des *plats creux*, destinés à la cuisson des aliments (fond arrondi, ouverture à rainure pour le couvercle ; terre identique à celle de la marmite) ; 3° un *entonnoir*, muni inférieurement d'un long tube et, vers l'ouverture, d'une petite anse en forme de boucle oblique ; bord de l'ouverture rabattu à l'intérieur ; 4° des *terrines*, dont le bord est échancré par un canal destiné à l'écoulement du liquide ; 5° des couvercles de vases, en cônes très surbaissés, à bouton concave supérieurement ; 6° enfin de singulières poteries dont nous avons déjà décrit et figuré des fragments provenant du Baou-Roux (1).

La forme dont il s'agit, rappelle un peu celle d'une cuvette,

(1) *Loc. cit.*

munie d'un pied et régulièrement concave à l'intérieur. Elle offre un large bord se prolongeant en une sorte de bec aplati, caniculé et très élargi à l'extrémité qui se termine brusquement par un bord droit ; ce bec est concave sur les côtés. Le bord diamétralement opposé présente toujours deux perforations pratiquées par le potier. Cette disposition permet de supposer que cette poterie devait être suspendue dans une position horizontale, au moyen d'une corde passant par les trous du bord et les échancrures latérales du bec.

Notre hypothèse semble confirmée par ce fait qu'il existe en outre, sur la face supérieure du bord, à une distance égale et assez rapprochée du bec, deux bourrelets de terre surajoutés et plissés par écrasement sous le doigt, à intervalles réguliers ; ces bourrelets offrent ainsi quatre ou cinq dépressions destinées à faciliter la préhension de l'ustensile.

La position des impressions digitales montre bien que cette poterie, suspendue, pouvait être facilement, et à deux mains, inclinée du côté du canal pour l'écoulement du liquide. Nous supposons donc qu'il s'agit là d'une sorte d'égouttoir qui servait peut-être à la fabrication des fromages.

Nous avons également recueilli dans nos fouilles des coupes basses, peintes en rouge ou en noir, à bord recourbé vers l'ouverture ou déversé au dehors.

D'après la nature de la terre, plus poreuse et d'un gris verdâtre ou jaunâtre, on peut distinguer de la précédente céramique, de nombreuses coupes surbaissées, à bord courbé vers l'ouverture, et dont le fond présente parfois intérieurement des sillons concentriques très accusés.

Nous avons recueilli dans un même endroit 17 poteries de ce genre, qui, pour la plupart, montrent sur la face interne un A incisé. Nous aurons d'ailleurs l'occasion de reparler plus tard des *graffiti* assez nombreux, que nous avons découverts.

On trouve en abondance, associée à ces poteries déjà si variées, la céramique à pâte rouge ou brunâtre et à couverte noire et luisante, dont les débris sont si répandus dans le sud-est de la France.

Ces poteries fabriquées dans la Campanie et dans l'Apulie (1),
sont représentées dans les celliers que nous fouillons par des
coupes de formes variées : les unes, dépourvues d'anses et
basses sur pied, atteignent parfois un assez grand diamètre ;
elles sont ornées au fond d'une rosace ou de quatre palmettes
en relief, disposées en croix et imprimées à l'aide d'un cachet ;
autour de ces ornements, se dessine souvent une auréole formée de sillons obliques et d'un agréable effet (2). Le bord est
recourbé au dehors ou à l'intérieur.

D'autres coupes, beaucoup plus rares, sont hautes sur pied,
en forme de calice ; elles sont munies de deux anses arrondies
en boucles et généralement constituées par l'assemblage de
deux baguettes que réunit aux extrémités, un bourrelet simulant un lien (3).

Un troisième type est caractérisé par la forme anguleuse
de la base ; les anses en boucles, sont formées par un ruban
de terre, surmonté d'une oreillette aplatie et horizontale sur
laquelle le pouce se place commodément. Le fond et le bord
interne de ces coupes est ordinairement décoré de bandes peintes circulaires, blanchâtres ou jaunâtres. Enfin, c'est à cette même
céramique que se rapportent encore des poteries en forme
de coupes très surbaissées, ou de plateaux à peine concaves, et
dont le large bord retombe au-dehors verticalement. Le fond de
ces plateaux, destinés peut-être à servir des fruits, offre en son
milieu une dépression en forme de calotte sphérique (ombilic).

Poteries indigènes. — Cette céramique, faite à la main, se
distingue par une pâte très grossière, mal cuite, chargée de
grains de calcite et *identique à celle des poteries néolithiques.*

Parfois lissée à l'ébauchoir, en totalité (coupes, œnochoés)
ou en partie (cols de vases), la surface de ces poteries a été généralement égalisée à l'aide d'une sorte de peigne ou de raclette
dentée.

(1) Renseignement de M. Quagliati.
(2) L'une de ces coupes noires est peinte en rouge à l'intérieur de la zone
striée.
(3) D'après M. Quagliati, cette forme est une reproduction d'une coupe métallique et se retrouve particulièrement dans l'Apulie.

Doliums. — La plupart des doliums présentent les caractères que nous venons de mentionner. Les formes sont plus élégantes et plus variées que celles des doliums romains. Le fond est très réduit par rapport à la panse ; il est souvent orné à l'extérieur d'un ou deux bourrelets circulaires et parfois d'une cordelière figurée par des impressions obliques et rapprochées, obtenues avec le tranchant de la raclette.

La panse est généralement ovoïde, quelquefois plus ventrue, et rarement renflée en forme de globe ; elle est presque toujours ornée vers la partie supérieure d'une cordelière plus ou moins saillante. Le col est droit, lisse ou rayé verticalement, à bord aplati et très épais.

L'un de ces énormes vases, porte un ∧ imprimé dans la pâte par le potier.

Pots de conserves. — Ces vases, dépourvus d'anses, sont de dimensions très variables. La panse est presque toujours rayée par la raclette ; le col est lissé ; le bord de l'ouverture est souvent aplati et plus ou moins déversé au dehors.

A la partie supérieure de la panse, se montre une ornementation incisée :

1° ondes simples ou tracées avec le peigne et formées, dans ce cas, de courbes parallèles ; 2° zigzags ; 3° festons ; 4° rangée d'incisions horizontales, obliques ou verticales, et plus rarement rangée d'impressions digitales.

Ces poteries pouvaient servir à la conservation de certains aliments (salaisons, graisse, etc). Les vases à anse, destinés à verser les liquides, sont extrêmement rares ; les indigènes se servaient pour cet usage, des vases grecs, beaucoup mieux cuits et plus solides.

Le spécimen figuré sur nos planches (1) est une sorte d'œnochoé qui a été trouvée presque intacte. L'anse très massive est imitée de l'anse grecque et formée de trois baguettes ; le col est fortement replié vers l'intérieur à la naisssance du bec ; l'ouverture est inclinée en arrière.

---

(1) L'auteur a exposé au Congrès une série de planches représentant plus de quatre-vingt pièces photographiées et destinées à une publication détaillée.

Nous avons rencontré dans nos fouilles, les deux anses d'un assez grand vase, dont le col était droit, et dont l'ouverture présentait un bord large et aplati ; ces anses sont également formées de trois baguettes, mais ces dernières sont réunies en haut et en bas, par un bourrelet transversal (imitation de poteries de l'Apulie).

D'autres vases indigènes, non moins remarquables et d'assez grandes dimensions, offraient la forme d'une ampoule très atténuée à la base ; ils étaient dépourvus de col, resserrés parfois vers l'ouverture et pourvus de deux oreillettes, constituées par un bourrelet recourbé en un arceau plus ou moins allongé. L'une de ces poterie est ornée d'énormes zigzags, une autre présente vers le bord de l'ouverture, une rangée d'ornements très espacés, rappelant la patte d'oie.

A cette longue énumération, nous ajouterons encore des coupes assez profondes, une cuve gigantesque, en forme de haute terrine, des marmites à fond arrondi et à oreilles concaves supérieurement ou constituées par un bourrelet souvent replié à angle droit sur les côtés.

Imitant les Grecs, les Ligures de Provence confectionnaient aussi des couvercles de vases à bouton concave, et des entonnoirs. Ces dernières poteries sont en forme de cône très ouvert et dépourvues d'anse ; le tube est remplacé ici par une sorte de pied creux, dilaté inférieurement et troué dans le milieu ; l'élargissement de la base semble indiquer que ces ustensiles devaient servir au remplissage des outres.

Nous signalerons enfin : une sorte de gobelet cylindracé, un fourneau en terre très épaisse, à quatre faces percées d'un large trou et angles arrondis, et des fusaïoles, dont une ornée de zigzags sur la périphérie.

OBJETS DIVERS. — Indépendamment de la poterie, nous mentionnerons très rapidement les objets divers recueillis dans nos fouilles.

Verre. — Perle d'un bleu saphir, très foncé, semblable à celles du Baou-Roux et de Montlaurès, près Narbonne.

Bronze. — Une lampe à long rostre, formée de deux moitiés, réunies latéralement par des crochets. Deux râpes constituées par une plaque mince et rectangulaire, criblée à l'aide d'un clou, de trous anguleux dont les bords font saillie sur une face ; ces plaques étaient clouées sur un manche en bois dont il reste encore quelques vestiges.

Quatre portions de bracelets. Ces anneaux assez larges, étaient obtenus par la coulée du bronze sur un moule horizontal. La bande métallique, épaisse, était ensuite recourbée jusqu'à jonction des extrémités. L'ornementation en relief consiste en spirales très ouvertes et renflées à la terminaison interne. Ces sortes de volutes sont disposées deux à deux transversalement et offrent un enroulement inverse.

Dans l'intervalle de ces ornements, le bracelet se rétrécit brusquement et présente une saillie étroite et transverse simulant un lien.

Quelques anneaux simples ayant servi de bagues.

Fer. — Une cognée à deux tranchants ; trois serpes dont deux munies de douille ; une houe, une pique emmanchée au moyen d'une douille ; un fer de javelot, quadrangulaire.

Monnaies. — Argent. Oboles marseillaises ; tête d'Apollon, troisième type ; revers : rouelle et MA.

Bronze. Monnaies marseillaises au taureau cornupète ; un petit bronze des Cœnicenses, très analogue aux deux exemplaires du médaillier de Marseille (pièce rarissime).

Meules en basalte. — Une meule ronde semblable à celles de la période gallo-romaine ; trois molettes, de contour elliptique, très allongé. La face opposée au côté plan est très convexe et s'abaisse aux deux extrémités. La place des deux mains est parfois polie par l'usage. Le plateau en basalte qui recevait la molette, est en forme d'auge rectangulaire à fond courbe aux deux extrémités. La pièce que nous avons figurée est incomplète, mais une meule semblable, recueillie par M. Bottin au Camp de la Courtine, près Ollioules, présente vers le milieu une fente transversale de la largeur du doigt.

Corail. — Morceaux de tiges naturelles, percés dans la

longueur (éléments de colliers). Une amulette en corail représente grossièrement un bras avec la main ; les quatre doigts
sont refermés sur le pouce.

Aiguisoirs. — Plaques de grès très fin, micacé, parfois régulièrement taillées.

Hachettes en pierre polie (serpentine).

Nous avons recueilli sur la terre battue qui forme le fond des
cases, cinq hachettes identiques à celles que l'on rencontre
dans les stations néolithiques de la région.

Nous signalerons l'absence de silex taillés dans cet habitat ;
nous considérons maintenant comme néolithiques les petits
silex que nous avons trouvés associés aux poteries grecques et
indigènes dans les foyers à ossements d'animaux et coquillages
du Baou-Roux. Ce plateau avait été habité à l'époque robenhausienne, et les indigènes de l'époque hellénique ont dû utiliser
ces instruments primitifs, qu'ils recueillaient dans l'endroit
même.

CONCLUSIONS. — En ce qui concerne la céramique indigène,
les résultats de nos dernières recherches confirment et complètent les indications que nous avions déjà fournies à ce sujet (1).

Ces poteries sont aujourd'hui bien datées, et suffisamment
caractérisées pour qu'il soit facile d'en déterminer l'aire de
dispersion ; il sera donc possible désormais, de retracer d'après
ces vestiges, les limites du pays qu'occupaient les Ligures de la
Provence et de contrôler ainsi les données que nous fournit
l'histoire.

M. DÉCHELETTE estime qu'il y aurait lieu de faire un emploi
plus circonspect des expressions « art ligure et poterie ligure »
car nous ne connaissons pas mieux l'archéologie ligure qu'on
ne connaissait il y a environ un demi-siècle l'archéologie celtique.

(1) VASSEUR. *Annales de la Faculté des Sciences, de Marseille*, 1903.

Il insiste sur l'intérêt des découvertes de M. Vasseur et fait observer que les amphores, d'après leur forme, paraissent antérieures à l'époque romaine.

M. Vasseur fait observer que dans sa communication écrite, qu'il n'a pas eu le temps de lire, il a eu le soin de mentionner qu'il ne se sert du mot *ligure* qu'à titre provisoire. Il l'a employé à l'exemple des historiens de l'antiquité et pour éviter des expressions telles que *indigène de la période hellénique* ou *indigène pré-romain* ; cette dernière n'indique pas suffisamment l'époque, et toutes deux d'ailleurs sont longues et incommodes. C'est précisément parce que l'on ignore encore l'origine de la population que les Phocéens trouvèrent établie dans la Provence, que M. Vasseur a entrepris ses recherches ; il espère que les caractères de l'industrie indigène de cette période, fixés par son travail, permettront de résoudre un jour cette question si importante.

Les Osques, peuple de la Campanie, étaient-ils de race aryenne ?

par M. Basile MODESTOV

Généralement les Osques sont considérés comme les princi-paux représentants de la branche sabellique des Italiotes. Une telle opinion est basée sur la langue, dite *osque*, laquelle nous est connue par un nombre considérable d'inscriptions (plus de 200) et qui, à l'époque préromaine, a été répandue dans toute l'Italie méridionale, à l'exception de la Messapie et de la plus grande partie de l'Apulie. Comme cette langue de la Campanie ou, pour mieux dire, la langue des inscriptions osques qui seule nous est connue, a pénétré dans les différentes contrées de l'Italie méridionale avec la population, sortie directement ou non de Samnium, le plus grand centre de la race sabellique, pour Mommsen aussi bien que pour les autres historiens et philologues, on peut dire que les Osques et les Samnites sont le même peuple. Pourtant, dans ce cas comme dans beaucoup d'autres, on constate cette vérité ethnologique, qu'un peuple et sa langue peuvent bien être d'origine tout à fait différente.

C'est ce que j'ai tâché de démontrer dans une étude insérée, il y a quelque temps, dans le *Journal du Ministère de l'Instruc-tion publique de Saint-Pétersbourg* (1) et que je voudrais bien exposer rapidement à l'attention d'une assemblée aussi compé-tente.

Dans la question que j'ai l'honneur de poser devant vous, deux points sont incontestables, et, dans ces deux points, gît le

(1) Mars 1905.

nœud de la question même : 1° *les Osques sont la plus ancienne population de la Campanie que nous connaissions ;* 2° *l'invasion de l'Italie méridionale par la race sabellique,* ou spécialement par les Samnites et leurs descendants, *est le fait le plus récent de l'époque préhistorique en Italie.*

Mais considérons les choses de plus près. Quand les Grecs sont venus en Campanie pour y fonder des colonies, ils sont venus chez les Osques ou chez les *Opiques* (Opikoì), comme ils désignaient les Osques, dont le pays s'appelle, chez leurs écrivains, *Opiké* (Dionys. I. 72), ou *Opikia* (Thucyd, VI, 4). Cela est arrivé à une époque bien antérieure à l'apparition des Samnites, non seulement en Campanie, mais en Samnium même. Pour mesurer l'intervalle de temps qui sépare ces deux faits l'un de l'autre, nous n'avons pas besoin d'accepter la date traditionnelle de la fondation de Cumes, qui nous est donnée par Eusèbe et qui reporte cette fondation au xie siècle avant J.-C.; il nous suffit de prendre en considération la date admise à présent presque par tous et solidement confirmée par les données archéologiques, résultant des fouilles de M. Pellegrini (1) à Cumes, celle du viiie siècle. D'un autre côté, nous n'avons aucun témoignage historique qui nous parle d'une invasion samnite de la Campanie 420 ans avant notre ère, quand la célèbre colonie chalcidienne, la plus ancienne colonie grecque en Italie (Strabon V, 4, 4, p. 243 C) fut prise et saccagée par les Samnites, et quand la Campanie tomba sous leur domination, tandis que, dans la campagne des peuples barbares, entreprise sous le commandement des Étrusques, contre Cumes, cent ans avant cette dernière date (520 ans avant J.-C.), campagne dont nous parle Denys d'Halicarnasse (VII, 3), les Samnites ne sont pas même mentionnés. Personnellement, je suis prêt à admettre qu'il y avait aussi des Samnites parmi les « autres barbares » dont parle Denys après avoir nommé les Ombriens et les Dauniens; mais la réticence de l'historien, dont le récit un peu confus, en général, dans sa partie ethnographique suscite

(1) Voy. *Monumenti Antichi* (Académie de Lincei XIII, 1903, p. 202-294).

bien des doutes, l'omission du nom du peuple qui, en raison de
sa position géographique, aurait dû être le premier parmi ces
barbares, avides du pillage de la riche colonie grecque, est plus
ou moins significatif. Elle nous donne l'idée que, même dans
la seconde moitié du vie siècle avant notre ère, c'est-à-dire
deux siècles après la fondation de la grande colonie grecque
en Campanie, dans le pays des Osques, les Samnites n'ont
pas encore acquis une forte position, même dans la contrée
où s'est formée leur nationalité belliqueuse et d'où, plus tard,
elle s'est répandue au Midi, à l'Occident et à l'Orient, c'est-
à-dire, en Samnium. Mommsen (1) lui-même, d'après ses combinaisons historiques, ne laisse pas les Samnites, pendant
la période des rois de Rome, sortir de Samnium et reconnaît
que leurs conquêtes sur les côtes de la mer Tyrrhénienne appartiennent à la période postérieure. Les données archéologiques
que nous fournissent en abondance les fouilles de la grande
nécropole d'Alfedéna (Aufidena des Anciens) étudiées et décrites
avec beaucoup de talent par le professeur Lucio Mariani (2),
nous donnent l'assurance que les possessions des Samnites,
même en Samnium septentrional, ne remontent pas plus haut
que la fin de viie siècle avant J.-C. En tout cas, il est sûr
que les Samnites, cette avant-garde des tribus sabelliques
en Italie méridionale, n'étaient pas assez nombreux, au vie
siècle, pour pouvoir envoyer des colonies dans les pays voisins
et qu'ils ne sont descendus en masse de leurs montagnes sauvages dans les plaines fertiles et cultivées de la Campanie
que dans le dernier quart de ve siècle, quand les Osques, peuple
indigène de la Campanie, avaient déjà subi une si forte influence
de la civilisation grecque qu'elle ne pouvait plus être détruite
par l'invasion des montagnards et la chute de Cumes (3).

Ces considérations chronologiques nous conduisent inévi-
tablement vers la conclusion qu'entre les Osques, qui étaient
indigènes dans la Campanie, et les Samnites, peuple tout nou-

(1) *Histor. Rom.*, I, chap. 8 à la fin.
(2) Aufinene. *Monumenti Antichi*, X, p. 227-638.
(3) Voy. Von Dukn, *Delineazione di una storia della Campania preromana* dans
Rivista di storia antica 1895, p. 44-45.

veau dans ces contrées, où il est venu comme conquérant à
une époque avancée, il n'y avait et même ne pouvait y avoir
aucun lien ethnique.

Qu'étaient donc ces Osques ?

Nous savons déjà que la population au milieu de laquelle
les Grecs ont fondé Cumes était constituée par les Osques.
Nulle autre population, excepté les Ausones, n'est connue des
écrivains grecs qui parlent de cette fondation coloniale, la plus
ancienne de toutes, (Strab. V, 4, 4, p. 243 C.) aussi bien en
Italie qu'en Sicile. Mais en parlant des Ausones, Aurunques
des Romains, les écrivains grecs, en commençant par Antioche
de Syracuse, les identifient avec les Osques (Strab. V, 4, 3,
p. 242 C) (1). Polybe seul y voit deux peuples différents. Selon
Aristote (Polit. VII, 10, p. 139, B). le peuple de la Campanie
est unique ; c'est le peuple des *Opiques*, qui a reçu le *surnom*
d'Ausones. Mais si, sur les Ausones, dans les opinions des
Anciens, il y avait quelque peu de différence, la tradition
sur les Osques est précise : elle déclare que c'est un peuple
de la Campanie, auquel appartient le pays, le peuple indigène,
qui autrefois a pris une part dans l'expulsion des Sicules,
chassé du Latium et de la péninsule à travers la Campanie,
la Lucanie et le Brutium (Dionys. I, 22, Thucyd. VI, 2) et
qui a fait cette campagne, selon Antioche, ensemble avec les
Œnotriens, autre ancien peuple de l'Italie méridionale. De
toutes ces déclarations des anciens il suit que, selon l'idée que
s'en faisaient les Grecs, les Osques étaient un des plus anciens
peuples de l'Italie.

En effet, la population parmi laquelle s'est fondée la célèbre
colonie chalcidienne, habitait la Campanie dès les temps néolithiques. L'existence de l'âge néolithique en Campanie a été
démontrée dès le Congrès d'Anthropologie et d'Archéologie
préhistoriques de Bologne, en 1871, par Nicolucci, qui a fait
une communication sous le titre : « L'âge de la pierre dans les
provinces napolitaines » (1). Dernièrement, ont été ouvertes, par

---

(1) Voy. *Congrès intern. d'Anthrop. et d'Archéol. préhist.*, Bologne, 1873.

M. Patroni, trois grottes néolithiques dans la province de Salerne : l'une, nommée *Grotta di Pertosa*, en 1898, et deux autres, *Zachito* et *Frola*, en 1900. La première est décrite et étudiée dans les *Monumenti Antichi* de l'Académie dei Lincei, vol. IX, 1901) par M. Patroni, qui en a parlé aussi au Congrès des sciences historiques à Rome en 1903 (1).

Sur les deux autres, il a fait une communication au même Congrès, après avoir publié le matériel archéologique de ces grottes dans l'*Archivio per l'Antropologia e l'Etnologia*, vol. XXXIII, fasc. 2. Avant ces découvertes, on ne connaissait en Campanie que la grotte de Nicolucci, près de Sorrente, et la grotte *delle Felci* à Capri. La population néolithique, dont l'existence est attestée par ces grottes avec leur matériel archéologique et par une foule d'objets néolithiques dispersés dans le pays, continua à y vivre et resta aux mêmes lieux, jusqu'au temps où, au viiie siècle avant notre ère, commença en Italie la colonisation grecque.

Dans la vallée de Sarno, qui est si riche en restes anciens, ont été découvertes trois petites nécropoles du premier âge du fer, parmi lesquelles la plus ancienne est celle de Striano. Elle a été, comme celle de San Marzano, décrite par le même M. Patroni dans le *Bollettino di paletnologia italiana*, 1901 (t. XXVII, p. 49-59). Sa céramique est mauvaise, autant par la qualité de la pâte d'argile que par la technique tout à fait primitive. Mais la population qui y ensevelissait ses morts connaissait déjà des formes de la céramique grecque (scyphos, œnochoé). Bien plus, parmi cette poterie de fabrication indigène, nous voyons quelques vases faits de vraie terre figuline bien cuits, faits au tour et portant une décoration géométrique du style gréco-campanien. M. Patroni y voit, non sans raison « les produits des colonies grecques, fondées sur les côtes. » En tout cas, il est évident que nous avons ici des représentants de la population qui a vu surgir à côté d'elle les commencements de la colonisation hellénique de la Campanie. C'étaient les Osques,

_____

(1) Voy. *Atti del Congresso internazionale di scienze storiche*, vol. V, Roma, 1904.

les vrais *Opiques*, au pays desquels sont venus les Grecs pour
fonder Cumes. Mais, en même temps, il est aussi évident que
cette population est d'origine néolithique. Ni dans la nécropole
de Striano, ni dans celle de San Marzano, dont s'est occupé
M. Patroni, il n'y a trace d'un autre rite funéraire que l'inhumation, mais ce n'est rien. Ce qui est important dans notre cas,
c'est le fait que l'inhumation à Striano a conservé en partie les
traits caractéristiques du rite ligure, les squelettes aux jambes
accroupies *(parecche schelettri avevano le gambe rannichiate)*,
comme l'atteste M. Patroni, d'après le catalogue, composé par
l'auteur des fouilles. Cette position du squelette, qui persista
dans les grottes artificielles de la Sicile orientale jusqu'au premier âge du fer, a commencé à disparaître sur le continent au
début de l'époque des métaux, mais a continué à être observée
strictement jusqu'aux temps protohistoriques seulement au
Picenum, où elle se présente à nous dans toute la vaste nécropole de Novilara, ainsi que dans toutes les autres qui sont
apparentées à celle-ci dans cette région, si riche en restes de la
vie préhistorique.

Ainsi nous voyons qu'il n'y a rien, ni au point de vue chronologique, ni au point de vue des mœurs funéraires, qui puisse
attester un lien quelconque de parenté ethnique entre les
Samnites et les Osques. Ceux-là appartiennent à la race aryenne
des Italiotes, de la branche sabellique, descendue en grande
masse, comme des conquérants, de l'Apennin central dans les
plaines de la Campanie, avant le dernier quart du ve siècle avant
J.-C. Ceux-ci sont les descendants de la population néolithique,
indigène, ligurienne de race.

La question de la race à laquelle appartenaient les Osques,
résolue, il nous faut maintenant éclaircir la question de la
langue ; car c'est d'après la langue que les philologues placent
les Osques au nombre des peuples de la famille sabellique.

Pour moi, cette dernière question ne présente pas trop de
difficulté, si nous prenons en considération les rapports qui nous
sont indiqués par les écrivains grecs entre les Osques et les
Ausones (Aurunques). Nous avons vu qu'une partie des histo-

riens grecs, Antioche de Syracuse en tête, ne fait aucune différence entre les Osques et les Ausones, et que cette théorie est
soutenue par Aristote, qui, dans le nom d'*Ausones*, ne voit que
le *surnom* des Osques. D'autre part, Polybe y voit deux peuples
différents. Ces deux opinions des historiens grecs, considérées
par Strabon (V, 4, 3, p. 242, C) comme diamétralement opposées
l'une à l'autre, sont au contraire, pour nous une révélation de
la vérité.

Ethniquement, les Osques et les Ausones sont tout à fait
différents : les premiers sont les indigènes de la Campanie, et
de race ligurienne ; les autres sont un peuple du Latium, de
race ombro-latine. Le centre de diffusion des Ausones, nommés
chez les Romains les Aurunques, est le Latium méridional, où,
aux temps historiques, sans cesse opprimés par les Romains,
ils occupaient la vallée marécageuse du Liris inférieur. Mais
bien avant le commencement de la colonisation grecque, ils ont
pénétré en Campanie et même plus loin, comme cela découle
de différentes assertions des écrivains grecs et romains, d'après
lesquels le nom d'*Ausonia* s'est propagé jusqu'à la mer de
Sicile, qui, selon Polybe (Plin. 14, 10, 25 ; Strab. II, 5, 20,
p. 123 ; 5, 29, p. 128 ; V, 3, 6, p. 233 ; VII, p. 234 C), s'appelait
auparavant la mer ausonnienne.

Ce nom d'Ausonia servait autrefois chez les Grecs pour
désigner toute l'Italie (Paul Diacre, *Ausoniani*). Pour nous, les
déclarations de ce genre n'ont d'autre but que de constater que
les Ausones (Aurunques), détruits totalement par les Romains
(deleta Ausonum gens. T. Liv. IX, 25) à la fin du iv° siècle avant
J.-C., aux temps anciens étaient considérés par les Grecs comme
un peuple puissant et dominant de vastes contrées de l'Italie.
Sur leur propagation en Campanie, nous ne savons pas beaucoup
de choses. Verrius Flaccus (Paul Diacre, *Ausoniani*) disait qu'ils
occupaient d'abord le territoire où se trouvent les villes de
Benevent et de Cales. Puis nous savons que Hécatée de Milet,
voyageur et historien du vi°-v° siècle avant J.-C., appelait la ville
de Nola, qui jouait un rôle important dans le commerce de la
Campanie, auronienne (Stéph. de Byzance, Nicolas). Ce fait nous

donne un témoignage historique que les Ausones ou Aurunques, étant au ve siècle en possession d'une ville importante au cœur même de la Campanie, devaient avoir acquis déjà depuis longtemps dans le pays des Osques une position forte et dominante. Et de fait, ils ont même réussi à s'assimiler les Osques à un tel degré que les colons grecs ne savaient plus s'il y avait un seul peuple ou deux peuples différents au pays où ils sont venus. Cette assimilation fut complétée par la langue des Ausones qui, avec le temps, est devenue aussi celle des Osques.

Tout nous porte à croire que la langue que les Aurunques ont apporté en Campanie, n'était pas précisément celle qu'on parlait sur les monts Albains et sur le Palatin. Les Ausones ou les Aurunques n'étaient pas Latins, pas plus qu'un autre peuple du Latium, lui aussi ennemi acharné des Romains, les Volsques, pas plus que ne l'étaient les alliés constants de ces derniers, les Aeques. La phonétique et la morphologie des inscriptions osques nous montrent que cette langue a, en général, plus de parenté avec l'ombrien qu'avec le latin, bien qu'elle ait certaines particularités (*d* à l'ablatif, redoublement au part.), qui la rapprochent du latin le plus ancien en l'éloignant sous ce rapport de l'ombrien.

Les Aurunques sont venus en Campanie du Latium, ce qui est confirmé non seulement par les possessions qu'ils avaient encore dans ce pays aux temps historiques, non seulement par les éléments de civilisation apportés par eux dans la Campanie (la poterie de ces deux pays a des ressemblances frappantes) mais aussi par quelques noms géographiques (par exemple *Tifata*, mont de Campanie, et *Tifata*, ville du Latium (Plin. III, A, 68), *Capua* en Campanie, Porta *Capena* à Rome, comme la ville *Capena* chez les Falisques, frères germains des Latins). Mais il y a des faits montrant que les Italiotes, qui aux temps préhistoriques ont organisé la Campanie, c'est-à-dire les Ausones, avaient encore des liens plus intimes avec le pays d'au-delà du Tibre. Ce pays était le pays des Ombriens avant de devenir celui des Étrusques. Ces liens sont attestés d'abord par les noms géographiques comme *Campus Stellas* en Campanie et *Stellatinus Campus* en Étrurie, *Sabatinus lacus* en Étrurie et une commune de *Sabatini* près de Capoue, en Campanie, *Falernas ager* en Campanie et *Falerii*, la capitale des Falisques en Étrurie. Puis, dans les tombes de la Campanie préhellénique, à Cumes, à Capoue, à Suessula, comme dans les tombes sus-dites de la vallée de Sarno, nous trouvons plus de vases du type de Villanova que dans les tombes du Latium. Cette forme céramique, complètement ombrienne et répandue, au delà du Tibre, dans toute la vaste nécropole des monts Albains, n'est représentée que par deux exemplaires, conservés au musée préhistorique de Rome, et encore l'origine de ces deux exemplaires n'est-elle pas tout à fait certaine. Il est permis de supposer que si l'ossuaire de Villanova, ou plutôt sa forme céramique, se rencontre plus souvent en Campanie qu'en Latium, cela démontre qu'elle a été apportée là par un peuple auquel elle était plus familière qu'elle ne l'était aux Latins, dont les ossuaires typiques étaient tout autres. Enfin les relations toujours hostiles entre les Romains et les Aurunques ne nous disent rien en faveur d'une identité de race chez ces deux peuples, tandis que les relations intimes entre les Aurunques et les Volsques, dont l'origine ombrienne est un fait acquis par la science (Cf. Mommsen, et mon article *Les Volsques et les Aeques* (1), nous amènent, surtout si nous considérons l'ensemble des arguments indiqués plus haut, à conclure que les Aurunques devaient être aussi de la même origine.

Ainsi s'explique la parenté plus intime de l'osque avec l'ombrien qu'avec le latin, comme s'explique le fait que la langue des Samnites s'est assimilée facilement la langue des Osques qui au temps de l'invasion de la Campanie, étaient un peuple civilisé et connaissaient déjà l'écriture.

(1) Voy. *Journal du Ministère de l'Instruction publique russe*. 1904, p. 326-360.

Origine du nom de Russe

par le Dr Adolphe BLOCH

———

En parcourant la collection des historiens grecs de Byzance, ainsi que certains auteurs latins et arabes de l'époque, pour tâcher d'y trouver des renseignements sur les caractères anthropologiques des premiers Russes, nous croyons être arrivé, par la comparaison et le rapprochement de certaines descriptions, à découvrir le véritable sens du mot *Russe*, sur l'origine duquel on n'est encore pas d'accord actuellement.

Les Grecs de Constantinople se servaient du mot 'Ρώς pour désigner les premiers Russes, mais ce mot ne se rencontre pas dans la langue des Grecs anciens, et il s'agit donc de savoir d'où il provient et ce qu'il signifie.

Nombreux déjà sont les travaux publiés sur ce sujet par les historiens et les philologues russes et étrangers de notre temps, mais le point de vue principal, et pour ainsi dire unique, sur lequel on s'est basé, est le suivant : les premiers Russes étaient-ils oui ou non des Normands suédois? Or, il résulte de la discussion que les auteurs se sont divisés en deux camps, dont l'un est, comme on dit, *normaniste*, et l'autre *antinormaniste*.

Les normanistes sont ceux qui admettent l'origine suédoise des Russes, et leur principal argument est que le nom 'Ρώς proviendrait d'un mot ancien suédois *Ruotsi* que les Finnois, voisins de la côte, employaient pour dénommer les habitants de la Suède, et que les Slaves auraient emprunté aux Finnois.

Mais d'après les philologues eux-mêmes, ce n'est là qu'une simple hypothèse, et en effet, comme le faisait remarquer

Gaston Pâris, l'on ne voit pas comment la lettre *t* aurait disparue du mot Ruotsi en passant d'un peuple à l'autre.

On a aussi voulu rattacher le nom des Russes à celui des Roxolans. Ainsi, d'après Malte-Brun, « le nom de Roxolani ou Roxani répond, suivant certains manuscrits, à celui de Rhos, des Rosses, de Rossia, d'où par conception nous avons fait Russe et Russie, car, dit-il, l'*x* des Grecs se prononçait comme un double *s*. Il ajoute même que dans un manuscrit de Jornandès, conservé à la bibliothèque Ambrosienne de Milan, on lit Rossomanorum au lieu de Roxolanorum (1) ».

Mais en admettant même que ce dernier nom n'est pas une erreur de copiste, il reste toujours à savoir ce que signifie la syllabe Ross.

En réalité le mot 'Ρὼσ n'a pas de sens précis, ni en suédois, ni en finnois, ni en slave ; mais alors pourquoi ne pas en rechercher l'étymologie dans la langue même des Byzantins ?

C'est là, en effet, que nous avons retrouvé la signification de ce mot qui nous intéresse d'autant plus qu'il est d'origine anthropologique.

Nous nous sommes d'abord occupé de savoir si le mot 'Ρὼσ était la seule expression utilisée par les Byzantins pour désigner les Russes; or, nous avons remarqué qu'ils employaient tantôt ce nom, tantôt celui de Scythes ; cela nous permit déjà de reconnaître que les Russes n'étaient pas d'origine suédoise.

Quant au mot 'Ρὼς, il était généralement indéclinable, car on l'employait ainsi au pluriel ; mais un Byzantin du xiᵉ-xiiᵉ siècle (Glycas) l'a cependant écrit 'Ρωσοί.

De plus, en examinant les différents chroniqueurs de Constinople, nous avons remarqué que l'un d'eux se servait aussi du terme 'Ρούσιοί en parlant des 'Ρὼς ; c'était l'empereur Constantin Porphyrogénète au xᵉ siècle.

Or, il est facile de voir que Ρούσιος, qui lui-même appartient à la décadence de la langue, a pour racine le mot latin *russius* qui signifie *rouge*.

(1) LEVESQUE. *Histoire de Russie*, 4ᵉ édition, revue et publiée par Malte-Brun, Paris 1812.

Pourquoi donc appelait-on les Russes Ρούσιοί, ou plutôt 'Ρῶσ? Tout simplement parce qu'ils avaient *les cheveux rouges*, comme tous les hommes du Nord, qu'ils fussent de la Suède, de la Norvège ou de la Russie même.

Peut-être objectera-t-on qu'il n'est pas prouvé pour cela que le mot 'Ρῶς signifiait rouge.

Mais c'est justement un chroniqueur byzantin qui nous a lui-même montré que ce mot s'appliquait à la coloration de la chevelure, et ce chroniqueur est George Pachymère qui écrivait à la fin du XIIIe siècle (1). Le passage en question ayant passé inaperçu, je le cite en entier pour notre démonstration.

Il s'agit du portrait d'un général illyrien qui fit la guerre aux Romains sous Michel Paléologue (1261).

En voici la traduction française d'après le président Cousin : « Solymas 'Ρῶς, le plus fier de tous, avait le commandement général. Il était d'une taille avantageuse, d'un esprit élevé, d'un abord méprisant. Il avait les cheveux *roux* et branlait souvent la tête par un effet de l'ardeur de son naturel. Je me persuade qu'on lui avait donné son nom ('Ρῶς), à cause de la couleur de ses cheveux (2). »

Nous voilà donc bien renseignés sur le sens du mot 'Ρῶς et qui plus est, par un Byzantin lui-même.

Remarquons aussi que ce mot est employé ici non pas pour désigner la nationalité de Solymas, mais pour caractériser la coloration de sa chevelure.

Mais si le témoignage de G. Pachymère ne suffit pas, un autre chroniqueur byzantin, non seulement nous prouvera que les Russes avaient les cheveux rouges, mais encore nous expliquera l'origine du mot 'Ρῶς.

Cet auteur est Léon Diacre qui vivait dans la seconde moitié du Xe siècle, et qui écrivit l'histoire d'une guerre contre les Bulgares, à laquelle il assista sous l'empereur Basile II. Comme il eut l'occasion de voir les Russes qui étaient voisins des

(1) G. PACHYMERIS. *De Mich. Palaeologo.* T. Ier, L. vi, ch. 32, p. 509. Edit. de Bonn, 1835.

(2) COUSIN. *Histoire de Constantinople.* Paris 1672-1674.

Bulgares, il se trouva dans les meilleures conditions pour pouvoir les décrire.

Il commence par nous apprendre que ce sont les Tauro-Scythes qu'on appelle 'Ρῶς, puis il dit que ce dernier nom est d'origine vulgaire : *Tauroscythae quos vulgaris lingua Russos* ('Ρῶς) *nominare consuent* (1).

Et en ce qui concerne les cheveux et les yeux, il ajoute plus loin : *capillus rufus, oculi glauci* (2).

Il est donc bien démontré que les cheveux des premiers Russes étaient rouges et que leurs yeux étaient glauques (d'un vert bleuâtre). Ce sont bien là les caractères principaux de la race normande, c'est-à-dire des hommes du Nord. (La couleur des yeux pouvait varier entre le vert et le bleu).

Au reste, Léon Diacre attache si peu d'importance au mot 'Ρῶς qu'il emploie de préférence le nom de Scythes dans sa description. Cela nous prouve bien que ce mot n'était qu'un sobriquet, employé dans le langage populaire, comme il l'assure lui-même.

D'autres chroniqueurs de Constantinople se servent également ment du nom de Scythes en parlant des Russes, mais on sait qu'ils n'ont pas tous la même valeur comme historiens, car ils se copient souvent les uns les autres ; aussi est-il important de faire un choix et de s'en rapporter surtout à ceux qui ont eux-mêmes assisté aux événements qu'ils racontent. Parmi ces derniers se trouvent précisément Léon Diacre et George Pachymère.

Outre cela, nous pouvons encore invoquer, à l'appui de notre thèse, le témoignage d'un grammairien grec du xvᵉ siècle, Manuel Moschopulos qui nous explique le sens du mot 'Ρῶς en disant qu'il signifie ρούσος = rouge (3).

Mais les Grecs de Constantinople ne sont pas les seuls à nous décrire les caractères physiques des Russes, car on en trouve

---

(1) *Leonis Diaconi historiae*, lib. iv, ch. 6, p. 63. Edition gréco-latine de Bonn, 1828.

(2) *Loc. cit.* lib. ix, ch. 6. p. 150.

(3) Manuelis Moschopuli. *De ratione examinandae orationis libellos.* Lutætiae 1545, p. 200 (en grec).

aussi une courte mention dans un écrivain latin du xe siècle, Luitprand, évêque de Crémone.

Voici ce qu'il rapporte à ce sujet : *Gens quaedam est sub Aquilonis parte constituta quem* a qualitate corporis *Graeci vocant* Russos, *nos vero a positione loci vocamus Nordmannos* (1).

Les auteurs modernes ont souvent signalé ce passage de Luitprand, mais seulement pour en conclure que les Russes étaient des Normands suédois, et ils n'ont tenu aucun compte de cette partie importante de la phrase, *a qualitate corporis*, par laquelle Luitprand voulait dire que les Russes tiraient leur nom de la qualité ou de la constitution du corps.

Et de quels caractères corporels voulait-il parler, si ce n'est de la couleur des cheveux? Le mot latin *Russus*, synonyme de Ῥούσιοι ou de Ῥώς que les Byzantins employaient, n'a pas d'autre sens dans la pensée de Luitprand.

Quant à la qualification de *Normands* que Luitprand donne aux Russes, elle est toute naturelle, puisqu'il s'agit d'un peuple du Nord de l'Europe.

Du reste, à Constantinople, en France, en Espagne, comme sur les bords du Dniéper, les noms de Normand et de Russe étaient synonymes.

Remarquons aussi que le mot latin *rossus*, rouge, était employé au moyen âge, et que le mot *ros* se retrouve dans la langue provençale et dans le catalan, avec la même signification. En italien, *rosso* = rouge également.

Les Arabes ont aussi connu les premiers Russes qu'ils appelaient Rûs. Ainsi l'un d'eux, Ibn Fozlan, qui fut envoyé, en 921, chez les Bulgares du Volga, par le calife Muktadir, nous apprend qu'il n'avait jamais vu un peuple d'aussi grande taille que les Russes — hauts comme des palmiers — et il remarque qu'ils étaient couleur de chair et rouges de cheveux, (en allemand *fleischfarbig und roth*, traduction littérale de l'arabe, par Frachn) (2).

---

(1) *Luitprandis opera quae extant*. Antverpia 1640. p. 95.

(2) FRAEHN. *Ibn Fosslan's und anderer Araber Berichte über die Russen älterer Zeit*, Saint-Pétersbourg, 1823.

Mais, outre le nom de Normand, on donnait aussi aux Russes celui de *Francs*, sans doute à cause de leur ressemblance avec la race blonde dite germanique. Ajoutons cependant qu'à l'époque, les Grecs byzantins appelaient *Francia* une grande partie de l'Europe.

Le moine Nestor qui est, comme on le sait, le plus ancien historien russe (xiᵉ-xiiᵉ siècle), raconte, dans sa chronique, que les Russes, priés par les Slaves de venir les gouverner, étaient des Varègues, c'est-à-dire des habitants du littoral de la Baltique, dénommée pour cela mer des Varègues à l'époque. Mais Nestor a soin d'ajouter qu'il y avait non seulement des Varègues russes, mais aussi des Varègues suédois, des Varègues anglais, etc. (1).

L'on peut donc conclure de ce passage de Nestor que les premiers Russes n'étaient pas des Suédois, et il est probable que cet historien devait bien connaître le sens qu'on attribuait de son temps au mot 'Ρώς qu'il écrit *Rousi*.

En tout cas, tous ces Varègues étaient bien des roux ou des blonds, qui sont les uns et les autres de la même souche.

L'époque à laquelle le nom de Russe est mentionné pour la première fois par les auteurs se trouve être en l'an 839, dans les annales latines de Saint Bertin, qui furent rédigées à ce moment par l'évêque de Troyes, Prudentius (2). (Le mot employé est Rhos, mais ultérieurement les Latins se servirent aussi des mots Ruzi, Rugi, Rutheni, Ruceni, Rutzeni) (3).

Or, la fondation de l'empire russe date, comme on le sait, de l'année 862 ; l'emploi du mot Rhos est donc antérieur à l'arrivée de Rurik en Russie.

En voici encore d'autres preuves : Un auteur arabe égyptien Ahmed-el-Katib, qui écrivait vers l'an 890, raconte qu'en 1844, des païens, appelés Rùs, attaquèrent Séville, pillant et mettant tout à feu et à sang.

De plus, un géographe arabe, Ibn Kordathbeh, signale la présence des Russes, en l'année 846, dans le pays des Khazars

---

(1) *Chronique de Nestor*, trad. par Léger, Paris, 1884.
(2) PERTZ. *Monumenta germaniae historica*. Hanovre, 1826, T. i. p. 484.
(3) SCHAFARIK. *Slavische Alterthümer*. Leipzig 1844.

et sur la mer Caspienne, ainsi qu'il résulte des recherches du savant orientaliste, de Goeje, qui s'est servi, pour retrouver cette date, d'un manuscrit découvert en Egypte (1).

Il paraîtrait aussi qu'un autre écrivain arabe, Tabary, aurait parlé en 643 d'un peuple Rûs qui habitait à cette époque le nord de la mer Noire ou la mer Caspienne, mais les normanistes, dits suédois, objectent que cette date a été interpolée par un traducteur persan qui écrivait en 963.

Enfin, d'après Théophane, chroniqueur du Bas-Empire au VIIIᵉ siècle, l'on aurait déjà vu, vers l'an 774, à l'entrée du Danube, des vaisseaux russes qu'il appelle Ρουσια χελανδια, mais les normanistes remplacent le grand P par un petit ρ, et disent que c'était tout simplement des vaisseaux *rouges* de l'empereur d'Orient qui régnait à l'époque.

Quoi qu'il en soit, l'on peut toujours considérer comme certaines trois dates, précédemment signalées, comme étant antérieures à l'établissement de Rurik en Russie, c'est-à-dire les années 839, 844 et 846.

D'un autre côté, si nous consultons Hérodote, nous voyons que de son temps existait, en Russie (Scythie), une grande et nombreuse nation qu'il appelait *Budins* et qui était autochtone. Ils avaient, dit-il, les yeux bleus et des cheveux rouges.

Il semble bien que ce sont là les ancêtres des Ῥῶς.

Du reste, Galien, au IIᵉ siècle de notre ère, décrivait les Scythes de son temps comme ayant les cheveux fins, droits et roux, des yeux bleus et la peau blanche et sans poils (2).

Nous savons même que les femmes scythes avaient le visage très allongé (leptoprosope) suivant la remarque faite par Anne Comnène, chroniqueur byzantine (fille d'un empereur d'Orient du XIᵉ-XIIᵉ siècle); c'est encore là un caractère anthropologique de la race normande, rousse ou blonde.

Mais de quelle partie de la Russie venaient les Scythes russes dont parlent les auteurs byzantins? C'était bien du Nord, car

(1) DE GOEJE. *Les Russes Normands. 8ᵉ Congrès international des Orientalistes.* Stockholm 1889.
(2) GALIEN. Edit. Kühn.

si quelques-uns d'entre eux les dénomment des Scythes tout court, d'autres comme Nicetas Choniates, au xiᵉ siècle, les appellent des Scythes hyperboréens, et Cédrenus (xiᵉ siècle) ainsi que Zonaras (xiiᵉ siècle) (1) des Tauro-Scythes demeurant dans les régions arctiques.

Quant à l'anthropologie préhistorique, elle nous fournit, par l'examen des squelettes, d'autres renseignements, également précieux, qui ajoutés à ceux que donnent les historiens sur le vivant, permettent de reconnaître que les Russes étaient bien des Normands.

En effet, quels étaient les caractères anthropologiques des Normands primitifs ? Les mêmes que ceux des Celtes, des Gaulois et des Germains primitifs, qui eux aussi étaient des hommes du Nord (nous disons primitifs, parce que les caractères physiques ne restent pas invariables).

Les caractères primitifs de tous ces peuples sont bien connus : cheveux roux ou blonds, yeux bleus, crâne dolichocéphale, face leptoprosope, taille élevée. etc.

Or, on a trouvé, dans les Kourganes de la Russie centrale, des squelettes dont les caractères anthropologiques étaient absolument semblables à ceux des squelettes qu'on a rencontrés en Suède, en Norvège et en Allemagne chez les Germains des Reihengräber, ce qui prouve bien qu'une même race dolichocéphale et de grande taille occupait, dans les temps préhistoriques, non seulement la Scandinavie et la Germanie, mais encore la Russie centrale.

Dans les plus anciens Kourganes se trouvaient même des crânes exclusivement dolichocéphales, sans mélange de brachycéphales comme dans d'autres tumulus plus récents où les deux sortes de crânes étaient réunis.

Ainsi donc l'anthropologie préhistorique nous démontre que les Russes étaient autochtones et d'origine normande, dans le sens propre du mot, et elle confirme en même temps l'exactitude

_____

(1) ANNE COMNÈNE, in COUSIN. *Hist. de Constantinople*, t. IV.

des documents historiques que nous avons signalés dans le cours de ce travail, puisque les caractères anthropologiques des squelettes sont en corrélation avec la couleur des cheveux.

M. le Baron DE BAYE. — Je ferai des réserves quant aux conclusions de l'orateur. Il me semble dangereux de confondre les Varègues avec les nombreuses populations slaves de la Russie, soit du Nord, soit du Sud. Celles-ci représentent la majorité des habitants, tandis que les Varègues n'apparaissent que comme une minorité guerrière et conquérante. Les antiquités scandinaves trouvées en Russie mériteraient d'être inventoriés. Ont-elles été apportées par les Varègues ou par le commerce ? Il y a là une question fort intéressante.

M. BLOCH. — J'ai justement démontré que les Russes n'étaient pas des Varègues.

Le passage de la Figure à l'Ornement
dans la céramique peinte des couches archaïques de Moussian et de Suse

par M. l'Abbé H. BREUIL (1)

Il est difficile de trouver une plus abondante démonstration de la continuité de l'art figuré et de l'art décoratif que dans l'étude des peintures qui ornent les tessons des vases des plus antiques gisements de la Susiane. On y voit admirablement le passage d'une figure très claire à une autre plus schématique, et dont la déformation s'accentue de plus en plus, par la plus rapide dégénérescence. A cette voie de simplification, qui est prédominante, s'ajoutent d'autres tendances : le sentiment de la symétrie, qui a pour résultat de répliquer des attributs, en vue d'augmenter la régularité et la valeur décorative d'un motif ; le sentiment du rythme, qui, par multiplication en séries linéaires ou circulaires d'un même motif, crée des « zones », des frises, des rosaces, ou transforme en série indéfinie un graphique primitivement très limité.

Je n'ai l'intention que de donner trois séries d'exemples, parmi beaucoup d'autres ; elles sont tirées : 1° des figures humaines ; 2° des figures de Bovidés ; 3° des figures d'oiseaux.

---

(1) Ce travail est extrait d'un autre plus étendu que j'ai ébauché avec l'agrément bienveillant de M. de Morgan et de MM. Gautier et Lampre. Ces derniers ont même bien voulu me communiquer les épreuves de la publication qu'ils allaient faire, dans les *Publications de la Mission de Perse*, de leurs fouilles de Moussian. Pour une partie des conclusions, mon travail se rapproche forcément de celui de ces Messieurs, mais il en diffère par assez de détails et par le point de vue auquel je me suis placé.

I. — FIGURES HUMAINES.

La figure 205, n° 1 représente une figure de femme (1), peinte sur un vase polychrome à pâte épaisse (2) ; les n°s 2 et 3, sur poterie fine, manifestent déjà, par multiplication de la même figure, une tendance décorative ; dans ces diverses figures, le thorax et l'abdomen sont triangulaires ; les bras sont une ligne brisée ; en 4, une série de thorax, flanqués de leurs bras, est transformée en ornement ; en 11 et 12, les bras s'atrophient

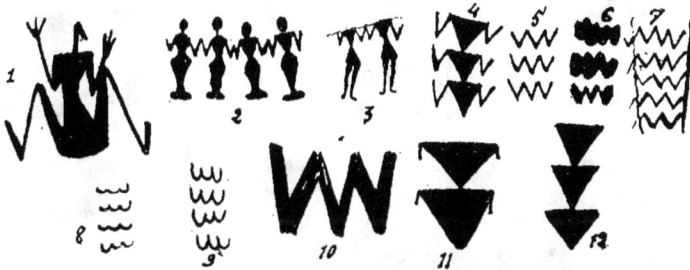

FIG. 205. — Figure humaine et dérivés.

et disparaissent, et il reste une série de triangles isocèles auxquels on pourrait sans doute trouver une autre origine non moins vraisemblable ; en 5 et 10, le triangle se transforme en un chevron semblable aux deux bras ; en 6, le pinceau s'est empâté et la décoration tend à remplacer les chevrons par de gros points ; en 7, les chevrons se multiplient transversalement en dents de loup, auxquelles d'autres origines tout aussi vraisemblables pourraient être assignées ; en 8 et 9, chaque chevron se trouve remplacé par un arceau, dont l'exécution devait être plus rapide que celle des chevrons.

(1) Dans le dessin entier, elle se livre à l'acte de la reproduction, avec un personnage masculin situé horizontalement en dessous.

(2) MM. Gautier et Lampre la considèrent comme plus récente que la poterie à pâte fine.

La figure 206 nous ramène au thorax de la figure humaine
(fig. 205, n° 1); on retrouve les bras, terminés par un trident qui
figure la main, mais le torse est représenté par trois triangles
allongés; la superposition de plusieurs torses donne un motif
de décoration assez étrange; en 3, les doigts émigrent sur le côté
de l'avant-bras, leur nombre, 5 en général, arrive à être de 6;

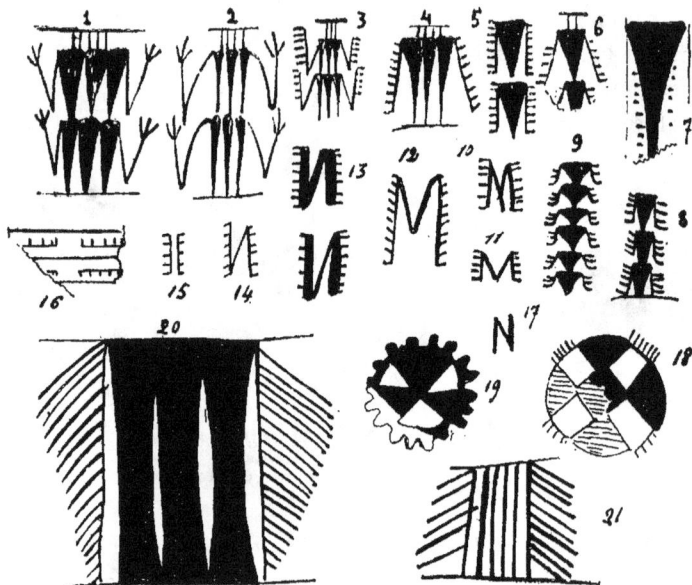

Fig. 206. — Figure humaine et dérivés.

en somme, ils tendent à couvrir toute la zone extrême de l'avant-
bras. Mais, en 4, une seule ligne remplace le chevron figurant
le bras plié; sur toute sa zone externe, 7, 9 doigts se pressent :
on dirait les deux antennes pectinées d'un insecte. En 6, le torse
est de nouveau réduit à un seul triangle, les bras divergent
toujours notablement; en 5, ils sont rigoureusement parallèles.
En 8, le raccourcissement du torse, déjà notable en 5 et 6,
s'accentue et atteint aussi les bras. Nous retrouvons, en 9, les
proportions générales de la guirlande de torses fig. 205, n° 4,
mais le bras est réduit à une petite main à trois doigts.

En 10, 11, 12, nous avons la même figure qu'en 5 et 6, mais avec substitution d'un chevron au triangle du torse.

En 13 et 14, le chevron lui-même est remplacé par une simple traverse oblique, qui se trouve omise en 15 et 16. Je considère l'enchaînement de ce qui précède comme rigoureux ; ce qui suit me paraît moins rigoureux, et seulement vraisemblable. En supprimant les « doigts » qui pectinent les bras de 10, 11, 12, 13, 14, on arrive à des graphiques en M et N, auxquels on pourrait aboutir aussi légitimement de bien d'autres points de départ, ce qui démontre le polygénisme très accentué des plus simples graphiques, qui sont le point d'aboutissement normal de la dégénérescence des figures, comme les corps simples, en chimie, sont au bout de toutes les décompositions organiques et inorganiques.

Il m'a semblé possible de rapprocher 20 et 21, motifs peints en rouge sur poterie épaisse de Suse, de certaines figures précédentes ; en partant du n° 4, on peut concevoir que les triangles du torse ont pu se modifier de manière à donner les rectangles concaves de 20, et que, les bras devenant parallèles comme en 5, les doigts ont pu se modifier également un peu. En 21, les rectangles du torse sont réduits à des lignes semblables à celles des bras. Il est assez fréquent que le motif total étant dessiné trop obliquement, les « doigts » d'un côté se trouvent omis, et l'ornement devient une décoration différente.

En 18, je serais porté à voir le motif 5, 6, *mis au rouet* par assemblage dequatre éléments semblables, les bras intermédiaires servant en même temps aux figures contiguës. Je crois aussi possible que 19 n'en soit qu'une variante, exécutée avec moins de conscience du point de départ, et avec un pinceau moins délié.

Quant à 7, je suis porté aussi à y voir un triangle-thorax enserré entre deux parallèles, qui ont gêné pour faire les bras, mais deux lignes de points indiquent les doigts qui ne sont plus supportés par rien. Certains triangles, dont les côtés latéraux sont ornés de points saillants, sont peut-être des thorax sur lesquels les doigts sont venus se coller directement, mais il faut

s'arrêter quelque part, en cette matière, car si l'esprit des artistes
décorateurs et leur imagination ne se sont pas bornés à suivre
seulement les quelques étapes que nous pouvons retracer avec
quelque clarté, on ne peut cependant les poursuivre indéfini-
ment sans tomber dans l'arbitraire. On pourrait toutefois ajouter
encore à la série que je viens d'indiquer, mais c'est inutile pour
la démonstration que je poursuis.

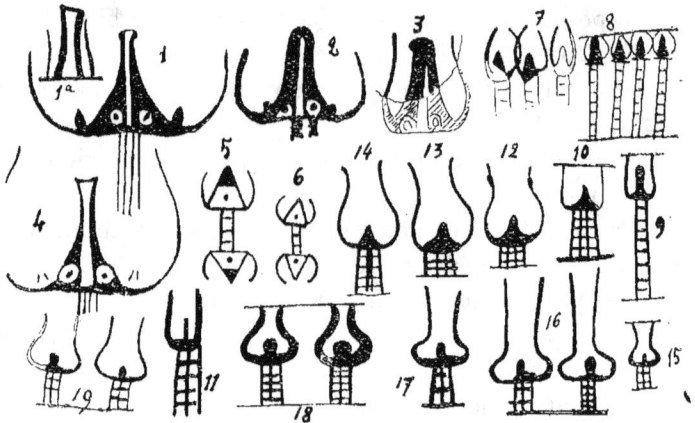

Fig. 207. — Têtes de Bovidés et ses dérivés.

II. — Têtes de Bovidés.

1. Têtes isolées. — Les nᵒˢ 1, 2, 3, 4 de la figure 207 ne
laissent aucune hésitation à l'interprète ; ce sont des têtes
de bœuf munies de longues cornes en forme de lyre, d'yeux
et d'oreilles : il n'y a pas jusqu'à la ligne blanche médiane
de la face qui ne se retrouve. Mais le nᵒ 1ᵃ est déjà moins clair : les
contours généraux, la ligne blanche médiane, les deux cornes,
c'est tout ce qui subsiste ; en 8, au sommet d'une espèce de
mat, on peut reconnaître, à une moindre échelle, des têtes de
bœuf, dont le museau s'effile et dont les deux oreilles, faites
d'un seul trait, sont discernables derrière les cornes ; en 7 et 9,
elles ont disparu. Les dessins 5 et 6 sont faits de deux têtes de

bœuf conjuguées au moyen d'une tige annelée analogue au
« mat » qui supporte les autres : un œil a subsisté, et parfois le
bout du museau est noir. Les nos 10 à 14 sont aussi des têtes de
bœuf, aux cornes en lyre ou parallèles, à la tête triangulaire en
voie de résorption supportée par un piédestal plus ou moins
élevé. En 11, la tête triangulaire n'existe plus : la base des deux
cornes fusionnées en tient lieu, avec un trait vertical médian
pour le museau. En 12, les cornes ont une tendance à se terminer par un point ; c'est aussi un gros point rond, qui, de 15

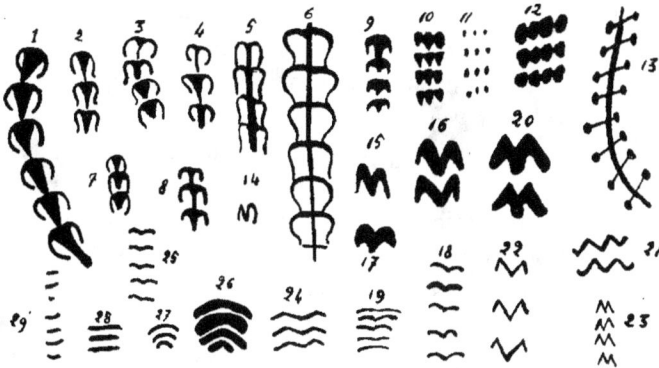

FIG. 208. — Têtes de Bovidés et ses dérivés.

à 19, remplace le museau des figures précédentes, et donne au
dessin un aspect anthropomorphe qui a trompé MM. Gauthier
et Lampre. Le souvenir des vases égyptiens de Negadah, avec
figures féminines aux bras élevés au-dessus de la tête, les a
induits en erreur : ils ont pris les cornes sinueuses des derniers
termes de la série que nous étudions, pour les bras des dan-
seuses. Je ne pense pas qu'après avoir rapproché les dessins
que je viens de passer en revue, on accepte leur hypothèse, pas
plus que leur interprétation, comme insecte, de 5 et 6.

2. Têtes en série (fig. 208). — Les décorateurs des vases en
pâte fine de Moussian ont groupé, en longues guirlandes sinueuses, de petites têtes de bœuf, souvent confluentes à leurs
extrémités (nos 1 à 9). Les têtes, primitivement triangulaires,

s'allongent extrêmement en 5 ; en 6, elles ne sont plus distinctes les unes des autres, et forment l'axe rectiligne d'une pile d'encornures, qui, comme en 5, se rejoignent toutes de manière à simuler les maillons d'une chaînette. En 8, les cornes et la face se raccourcissent ; en 9, elles ne sont plus que de simples aspérités unilatérales à une ligne transversale de petites taches rectangulaires rangées en séries ; en 10, ces trois petites pointes tendent à segmenter la tache en trois petits points triangulaires à peine confluents. Tracés plus légèrement, ils pourraient se relier aux points disposés trois par trois de 11 ; imités en ligne continue transversale, ils ont pu mener à des lignes noduleuses du genre de 12 ; traités de la même manière que les têtes, mieux définies, en 6, par l'établissement d'une ligne axiale et de traverses, ils ont *peut-être* pu donner 13.

En considérant 8, on peut voir que la tête de bœuf tend à se décomposer en deux arceaux accouplés, et il est probable que c'est la signification qu'il faut prêter aux n°ˢ 14, 15, 16, et, l'arceau se modifiant en chevron, 20, 21, 22, 23. En se tassant, en se serrant trop, ces chevrons et arceaux ont pu s'aplatir, comme en 18, 19, 24, 25, se fondre en petites lignes concentriques emboîtées, comme 26, 27, et même en simples petits traits parallèles juxtaposés, comme en 28 et 29. Je ne dissimule en rien ce que cette fin de série présente de conjectural, mais je suis fort convaincu que, si elle n'est pas réelle, c'est par des procédés analogues que, de sources différentes également complexes, sont nés les motifs les plus simples que nous venons d'énumérer.

III. — Oiseaux volants.

Fig. 209. — Les n°ˢ 1, 2, 3, montrent le type normal de l'oiseau volant ; en 1, on voit que ces oiseaux se suivaient en série. Le n° 4 montre bien le corps lozangique d'oiseaux et les ailes empennées, mais ces corps se suivent, sans queues ni têtes ; c'est un motif ornemental dérivé, à peine modifié, des figures précédentes. Le n° 5 est du même ordre, mais les ailes s'insèrent directement sur un axe linéaire. C'est aussi sans difficulté qu'on peut voir un oiseau volant, avec tête et cou, en 6 ; le cou seul existe en 7, où les ailes sont plus simplifiées qu'en 10, qui pourtant manque de tête et de cou. En 8, les ailes sont plus fournies, mais la tête est un gros point au bout

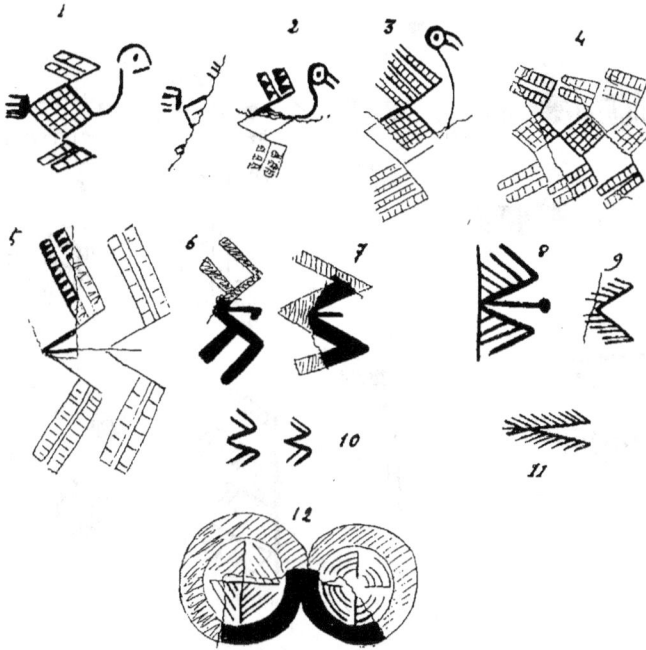

Fig. 209. — Oiseaux volants et dérivés.

d'un long cou : il n'y a plus que des ailes en 9 et 11. Il n'est pas impossible que les « Swastikas » du n° 12, qui occupent des médaillons circulaires, ne soient simplement quatre ailes d'oiseau disposées autour d'un point, et, comme je le disais pour des torses humains, « mis au rouet » (1).

_____

(1) Il est trop clair que n'importe quel motif « mis au rouet » donnera l'illusion d'un Trikètre, d'une croix, d'un swastika, alors que ce sera simplement le fruit d'un groupement décoratif ingénieux.

Fig. 210. — Le n° 1, sur poterie fine de Suse, représente bien des oiseaux aux longues ailes garnies de nombreuses petites plumes. Le n° 2 de Moussian me paraît être une modification ornementale d'une figure d'oiseau analogue à la précédente, par un procédé semblable à celui qui a été signalé pour la fig. 209, n° 4 ; comme dans cette dernière, les corps sont losan-

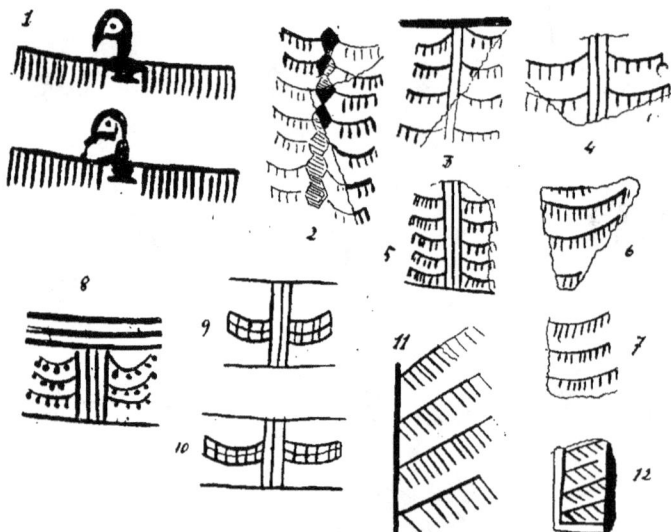

FIG. 210. — Oiseaux volants et dérivés.

giques ; mais les ailes sont dessinées comme en 1, fig. 210. La série qui s'étend de 3 à 8 est étroitement apparentée à 2, mais, comme pour fig. 209, n° 5, des lignes axiales (un faisceau au lieu d'une seule) se substituent à la chaîne noduleuse des losanges. En 8, les éléments ramiformes sont limités à trois, les petites barres sont remplacées par des points ; en 9 et 10, les trois paires d'ailes se coagulent et forment des sortes d'ailes de moulin à nombreuses petites traverses. Il n'est pas impossible, bien que ce soit douteux, que des décorations du genre de 11 et 12 soient la modification « unilatérale » de décorations du genre de 3, 4, 5.

IV. — Oiseaux posés.

Fig. 211. — Le plus grand nombre des débris figurés sur ce tableau proviennent de Suse, bien que des termes de la même série se soient rencontrés à Moussian. Il est bien facile de remarquer que les figures d'échassiers des n°s 1, 2, 3, sont assez naturelles ; la tendance géométrique s'accentue avec 5, 6, 7 ; en 8, 9, 10, 11, le cou prend des proportions extraordinaires ;

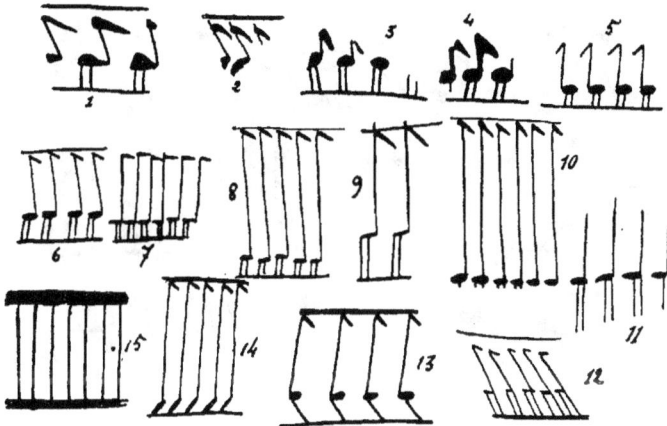

Fig. 211. — Oiseaux posés et dérivés.

12 présente une inclination considérable des oiseaux ; en 13, il n'y a plus qu'une patte ; en 14, le corps repose directement sur la ligne figurant le sol ; enfin, j'imagine que, la puissance décorative de ces files d'oiseaux résidant principalement dans la juxtaposition de nombreuses lignes verticales, on a omis, dans les dérivés extrêmes, par exemple en 15 les petits traits de la tête et du corps.

Fig. 212. — La série précédente aide facilement à saisir le n° 1, qui n'a pas de corps, et dont les jambes sont fortement écartées. Une autre série, mieux représentée à Moussian, figure

des « canards » ; le n° 2 est assez caractéristique, on peut suivre
en 3, 4, 5, sa déformation géométrique, qui aboutit à des N légèrement irréguliers, bien peu différents de ceux que nous avons
vu sortir du torse humain. Les n°s 6 et 7 sont encore des palmipèdes, mais leurs ailes repliées sont indiquées ; 6 repose sur une
seule patte ; 7 paraît nager. Les ailes sont aussi visibles en 12,
dont les deux jambes, réunies à l'extrémité, forment un rectangle ; la même particularité se remarque toutes les fois que
les oiseaux ne sont pas posés sur une ligne de sol (cf. 11, 19,
21). La série de 8 à 11 montre une tête qui forme avec le cou et

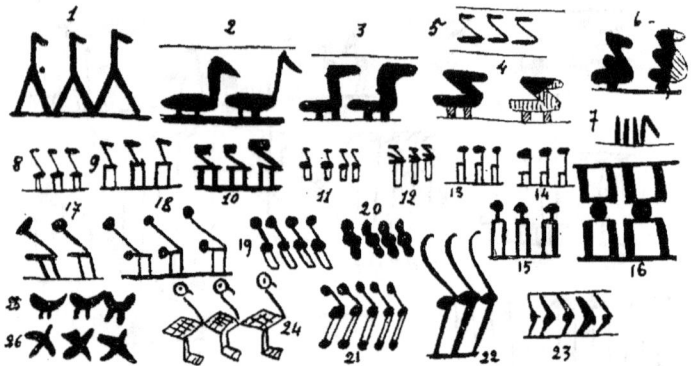

FIG. 212. — Oiseaux marchant et dérivés.

le corps une sorte de Z. Dans les types de Moussian, la tête est
le plus souvent faite d'un gros point à l'extrémité du cou ; un
point peut aussi marquer la queue (18) ; le corps est tantôt
simplement une traverse posée sur les jambes, ou un gros point ;
la traverse qui unit les pieds peut aussi se transformer en un
seul point (21). Pour l'attitude générale, tantôt le cou, vertical,
s'insère latéralement au corps et ne forme qu'une ligne avec
la patte antérieure (13 et 14) ; tantôt il s'insère obliquement, les
pattes étant verticales (17 et 18) ; ou bien le cou, très court, est
perpendiculaire au milieu du corps, l'ensemble prenant l'aspect
de « pincettes » (15) ; ou bien encore, le cou est oblique en sens
inverse des pattes qui le sont aussi (21), ou enfin, tout le dessin

est incliné dans le même sens (19). On peut rapprocher de ce
dernier dessin le n° 20, qui peut en être une variante grossièrement tracée. De 21, on doit aussi arriver facilement à 22, où les
pattes sont uniques et la tête indiquée par une légère incurva-
tion du cou, et à 23, où le tout se réduit à des chevrons
emboîtés, dont le milieu porte cependant l'indication d'un
point qui rappelle le corps. Du type 15, en forme de pincette, je
rapprocherais volontiers 16, où la tête serait directement posée
sur le corps, mais où celui-ci serait répliqué au-dessus dans un
but décoratif.

FIG. 213. — Gallinacés et leurs dérivés.

Parmi les dessins d'oiseaux posés les plus compliqués, on
peut signaler le n° 24, qui trahit les mêmes conceptions graphiques que plusieurs oiseaux volants, également de Moussian.
Au contraire, parmi les plus simples, se remarque 25, dont les
propensions à devenir une série de petites croix de Saint André,
du genre de 26, peut paraître une indication intéressante.

Fig. 213.— Les dessins qui s'y trouvent groupés sont peints
en rouge sur des tessons de poterie épaisse de Suse ; ils figurent
des gallinacés ; 1 et 2 sont assez observés : 4 montre une forte
tendance à la stylisation et à la fusion des figures juxtaposées
en une seule frise décorative qui se trouve réalisée, je crois,
en 5.

On pourrait poursuivre ce travail avec d'autres séries,

bouquetins, lévrier couché, face humaine, maison, etc. Je le ferai peut-être ailleurs, mais ce serait sans doute superflu pour la thèse que je soutiens : que le plus grand nombre des décorations dites géométriques ou linéaires, non seulement assez compliquées, mais même les plus simples, ont pris naissance par dégénérescence, simplification, stylisation de dessins de figures exclusivement zoomorphiques, je crois, dans la poterie fine (1) de la Susiane, comme dans les gravures de l'époque du Renne.

(1) Dans la poterie épaisse, à décoration polychrôme, et que MM. Gauthier et Lampre considèrent comme un peu plus récente, il y a, non seulement des végétaux, mais des représentations des astres, qui manquent aussi sur la poterie fine à peinture monochrôme.

A propos des inscriptions rupestres de l'Afrique du Nord

par M. G. FLAMAND

M. Flamand communique une note (1) résumant les constatations qu'il a faites sur les diverses sortes d'inscriptions
rupestres de la Mauritanie. Il étudie quelques figures et en tire
la conclusion que certaines inscriptions en caractères alphabé-
tiques remonteraient à un millier d'années ; ce seraient celles
en lettres *tifinagh ;* les inscriptions où l'on rencontre des caractères penchées seraient plus récentes.

M. S. REINACH fait observer que M. Flamand attribue à
l'écriture libyco-berbère une haute antiquité qui n'est pas généralement admise ; si M. Flamand a raison, il devient légitime
de rapprocher cette écriture des signes graphiques égéens, crétois,
etc. M. Arthur Evans l'a déjà fait dans son ouvrage *Cretan
Pictographs* (1897) et quelques archéologues ont pu s'en
étonner ; désormais, les comparaisons de ce genre échapperont
à toute objection chronologique.

M. ARTHUR EVANS. — J'ai déjà fait des comparaisons
entre les signes libyques et ceux de la Crète préhistorique. Mais
les découvertes de M. Flamand nous fournissent à présent une

---

(1) Nous regrettons de n'avoir pu obtenir le manuscrit de cette intéressante
communication. Le départ de M. Flamand en mission l'a empêché de nous le faire
parvenir.

base toute nouvelle pour ces recherches comparatives et un point
de départ chronologique plus en rapport avec les débuts de la
pictographie et de l'écriture crétoise. En Crète aussi, nous
avons maintenant de nouvelles preuves du contact avec la Libye
préhistorique — surtout les statuettes d'ivoire trouvées par la
mission italienne dans le *tholos* primitif de Hagia Triada appartenant au premier âge minoen, lesquelles ont la forme caractéristique de certaines statuettes de l'époque préhistorique
d'Égypte trouvées à Négadah. En confirmation des liens très
anciens entre la culture libyque et l'Egypte, je veux surtout
appeler l'attention sur le signe de la grande déesse des Libyens,
Neith (probablement *Tanit* avec l'article libyen) qui occupe une
place prééminente entre les formes relevées par M. Flamand.
J'ai eu moi-même l'occasion, pendant un voyage dans l'Algérie
saharienne, de voir beaucoup d'objets provenant des stations
néolithiques de l'Oued Rir et j'ai été surtout frappé de la ressemblance entre des pointes de lances et des bracelets de silex
de cette région et ceux de l'Égypte préhistorique.

M. Desplagnes signale l'analogie entre le monument « à
tête de chouette », découvert sur les plateaux du Tassili et présenté par M. Flamand, et les monuments mégalithiques
découverts sur les bords de la région lacustre inférieure (Tom-
bouctou), dont plusieurs pierres portent des sculptures et des
ornementations phalliques ou anthropomorphes, monuments
d'ailleurs très semblables à ceux découverts par la mission Du
Bourg de Bazas sur les plateaux éthiopiens.

Une de ces pierres provenant des monuments nigériens
découverts par le lieutenant Desplagnes, et portant en relief
une figure humaine, se trouve actuellement au musée d'ethnographie du Trocadéro.

Au sujet de l'ornement porté par les béliers des gravures
rupestres du Sahara, où M. Flamand croit retrouver un vase
renversé ou une calebasse, M. le lieutenant Desplagnes fait
remarquer que dans les tribus des montagnes de la boucle du
Niger (Hombori-Bandiagara) qui ont encore la division en tribus

mâles et tribus femelles, les tribus femelles, qui adorent le soleil et le feu comme principes fécondants, sacrifient au printemps des béliers dont la tête est recouverte d'une calebasse ornée de banderoles de cuir.

La calebasse est l'emblème des tribus femelles avec culte solaire, le soleil et le feu étant des principes féminins, tandis que le phallus, les pierres debout et le culte lunaire forment l'apanage des tribus mâles.

M. Flamand a montré d'ailleurs l'alliance fréquente de ces béliers à tête ornée avec des représentations solaires sur les rochers sahariens.

A la suite de la discussion, M. S. REINACH insiste sur la nécessité de conserver et de rendre accessibles des documents figurés d'une si grande importance. Il propose en conséquence, au Congrès, d'émettre le vœu suivant :

« Le Congrès d'anthropologie et d'archéologie préhistoriques, réuni à Monaco, émet le vœu que toutes les pierres écrites ou gravées préromaines du Nord de l'Afrique soient estampées ou moulées, et que les estampages ou moulages de ces documents soient exposés dans un dépôt public de l'Algérie. Le Congrès croit devoir soumettre ce vœu à la haute compétence de M. le Gouverneur Général de l'Algérie. » (*Adopté.*)

Les troglodytes modernes du Djebel-Aurès

par M. L. JACQUOT

(*Résumé*)

———

La région de l'Aurès est située entre les hauts plateaux de la province de Constantine et la zone saharienne. Elle est extrê- mement tourmentée, coupée de défilés et de gorges ; en certains points, les montagnes s'y élèvent jusqu'à 2000 mètres. Cette région inaccessible a servi de tous temps de refuge aux tribus berbères, fuyant le joug de l'envahisseur (Romains, Turcs). Les pasteurs kabyles y ont édifié des constructions encore habitées aujourd'hui. De ces édifices, on peut distinguer deux types : les fortins (*galaa*), qui sont juchés sur des pointes de rochers plus ou moins abrupts et sont divisés en compartiments superposés dont chacun pouvait contenir une famille ; les habitations en terrasses, qui rappellent beaucoup les « clefs-dwellings » du Colorado. Ces habitations sont pratiquées dans les stries hori- zontales de la roche, à l'endroit où celle-ci est tendre ; la roche est creusée, et l'espace entre le plafond et le sol de rocher dur est muré. On accède à ces habitations soit par des échelles, soit par des treuils, que des gardiens (*assès*), qui résident en perma- nence sur la terrasse, font mouvoir.

La navigation primitive
et les procédés de fabrication des pirogues monoxyles

par M. TABARIÈS DE GRANDSAIGNES

Après avoir présenté au Congrès préhistorique de Périgueux un premier Mémoire concernant les pirogues monoxyles et en attendant un ensemble plus complet de documents pour tenter d'apprécier l'âge respectif de ces curieux vestiges de l'industrie humaine, je voudrais essayer de rechercher au moyen de quels engins de navigation l'homme, à l'âge de la pierre, a pu gagner, en partant du continent européen ou africain, les îles qui avoisinent la France et l'Italie (1), par quels stades industriels il avait dû déjà passer, à quel degré d'habileté, d'intelligence et de sociabilité on peut en déduire qu'il se trouvait élevé.

Pour cela, il convient non seulement de considérer ce que nous connaissons d'engins de navigation trouvés au fond des lacs, dans les marais, les tourbières, les alluvions fluviales, les rivages de la mer, mais encore de scruter les auteurs de l'antiquité, et surtout d'étudier la navigation primitive telle qu'elle a été observée d'abord chez les peuples ignorant encore l'usage des métaux, de noter aussi les procédés encore utilisés par

---

(1) Sardaigne, Sicile, île d'Elbe, etc. On sait que, notamment, M. Raffaello Foresi, il y a plus de quarante ans, en 1865, a découvert dans les îles d'Elbe, de Pianosa et de Giglio, un grand nombre d'objets en pierre, dont plus de douze cents ont figuré, en 1867, à l'Exposition universelle de Paris. — V. *Dell'età della pietra all'isola d'Elba*. Florence 1865 ; *Matériaux pour l'histoire de l'Homme*, 1re série, t. II et III ; *Origine de la Navigation et de la Pêche* par G. DE MORTILLET, Paris, 1867.

l'homme, lorsqu'il doit recourir à des moyens simples et primitifs pour se soutenir et se diriger sur les eaux.

Il importe de bien distinguer la navigation fluviale ou lacustre de la navigation maritime, et, dans celle-ci, son exercice dans des baies ou en haute mer, sur des mers pacifiques ou sur des mers turbulentes.

Quel a été le premier engin de navigation? Il serait bien téméraire de le préciser, mais on peut affirmer que ce n'est pas l'embarcation creusée dans un tronc d'arbre.

Quant aux barques monoxyles anciennes, découvertes en France, en Suisse, en Italie, en Belgique, en Écosse, en Irlande, au Danemark, au nombre d'une centaine peut-être, elles sont très variables de forme, de détails et de longueur (depuis 2 mètres jusqu'à 15 mètres au moins), mais presque toutes en chêne, parfois en bois d'orme ou de pin ; on retrouve sur quelques-unes des chevilles en bois plus tendre, sur d'autres des pièces en bronze ; une quinzaine à peine peuvent se rapporter à l'âge de la pierre ; tout le reste appartient aux âges anciens du bronze et du fer, ou même à des temps voisins de notre ère. Presque toutes étaient destinées à la navigation fluviale ou lacustre ; telles qu'elles apparaissent, elles semblent impropres à voguer sur une mer agitée, à quelque distance du rivage. Il ne semble donc pas, tout d'abord, que des appareils semblables aient pu servir au transport réitéré des hommes des âges de la pierre — même en descendant à l'époque néolithique — dans nos îles de la Méditerranée. Il faut chercher autre chose.

La réflexion montre que les barques monoxyles ainsi conservées, grâce surtout à la dureté et à la composition de leur bois, ne peuvent être que l'infime proportion de celles construites aux temps préhistoriques, l'homme devant travailler de préférence des bois tendres, que le temps a consommés.

Une inconnue à dégager serait la question de savoir si l'homme a été nageur avant de se hasarder sur l'eau. Dans l'affirmative (qui semble très probable) il a pu débuter par des engins fragiles et peu stables.

Mais a-t-il commencé à se risquer sur l'eau courante, ou sur la surface d'un lac, ou bien sur les bords d'une plage maritime?

L'homme primitif était nomade ; il devait chercher à franchir les obstacles qu'il rencontrait sur sa route ; les plus fréquents et les plus gênants étaient les cours d'eau qui lui barraient le passage.

En Égypte, actuellement encore, on voit des indigènes passer d'une rive à l'autre du Nil en enfourchant un tronc de palmier abattu et en le dirigeant par le mouvement des jambes et des mains. Dans l'Afrique centrale, les naturels circulent sur les rivières et les lacs, en eau peu profonde, au moyen de longues perches qu'ils manient du haut de leur engin de navigation (1).

Le tronc d'arbre, les membres humains ou la longue branche servant de perche ont dû constituer l'engin de navigation primitif et ses propulseurs ; cet appareil rudimentaire a sans doute servi d'abord à descendre ou à couper les cours d'eau.

Un autre dispositif, moins primitif, consista à réunir, au moyen de liens végétaux, des amas de roseaux, de joncs, d'herbes sèches, servant de soutien. C'est ce que l'on voit sur les lacs et même sur les rivières calmes, en Afrique (2), en Amérique, en Asie.

Voici ce que disait, à cet égard, Garcilaso de la Vega, à l'époque de la conquête du Pérou. « Ils se servent, au lieu de « barques, d'une invention fort plaisante, car ils prennent « un faisceau de joncs de la grosseur d'un bœuf, qu'ils « attachent le plus fortement possible, et le disposent de telle « sorte que, depuis le milieu jusqu'au bout, il est fait en pointe, « comme si c'était la proue d'une barque, afin de mieux couper « l'eau ; par ce moyen il va toujours en s'élargissant des deux « tiers en arrière, et le dessus, où ils mettent telle charge qu'ils « veulent, est plat. Pour conduire une de ces barques, il ne faut

---

(1) *La mission de Jean Dybowski vers le Tchad. Le Tour du Monde,* 1893, 1ᵉʳ septembre.

(2) Par exemple sur le Bahr Afadé, avec des nageurs comme propulseurs. V. *La grande route du Tchad*, par le Commandant LENFANT. *Le Tour du Monde,* 1904.

« qu'un seul homme qui se met au bout de la poupe, et, se
« laissant porter au fil de l'eau, ses bras et ses cuisses lui
« servent de rames. »

Au lac Tchad, on navigue encore sur des sortes de pirogues
construites en bottes de roseaux desséchés, solidement reliés
par des cordes. Ces flotteurs, très lourds, ne peuvent porter la
voile et se manient à la perche (1).

L'utilité de la pêche a dû bientôt porter l'homme à améliorer
et à multiplier les appareils de navigation.

Le radeau en bois, qui demande plus de choix dans les matériaux, plus de solidité dans les liens, plus de régularité dans la
forme et qui présente une résistance et souvent une surface plus
grandes, dût être le mode suivant de transport sur les eaux.

Les Péruviens, avant la conquête (2), faisaient des radeaux
de toute grandeur avec des fragments d'un bois extrêmement
léger, en ayant soin que le morceau du milieu fût le plus long
et que les autres allassent en diminuant de chaque côté, de
façon à donner à l'appareil la forme d'un losange. Notons que
ces peuples formaient parfois des radeaux au moyen de grandes
calebasses vides fixées l'une contre l'autre. Un indien, nageant en
avant, tirait l'embarcation qu'un autre poussait par derrière. Les
habitants, bien arriérés, des îles Andaman, dans le golfe du
Bengale, se servaient notamment de radeaux de bambous. En
Tasmanie, les indigènes, pour traverser les rivières et les bras
de mer, fabriquaient des radeaux formés de troncs d'arbres
assemblés et solidement réunis au moyen de petites traverses
qu'ils assujettissaient avec des écorces d'arbres.

L'écorce en morceaux leur servait à former de petites pirogues. « Nous aperçûmes, dit le naturaliste Péron, qui explora
l'Océanie de 1800 à 1804, « trois pirogues formées chacune de
« trois rouleaux d'écorces grossièrement réunies et maintenues
« par des lanières de même nature. » Quelques années plus tard,
le capitaine de corvette, Edmond Pàris, voyait à la Nouvelle-

---

(1) Travaux de la mission de délimitation franco-anglaise du Niger-Tchad.
Conférence du capitaine Tilho à la Société de Géographie, le 16 mars 1906.
(2) Garcilaso de la Vega.

Hollande, au midi du port Jackson, sur le sable, « une pirogue de
« 4 ou 5 mètres de long, si toutefois on peut donner ce nom à
« un morceau d'écorce noué à ses extrémités et écarté au
« milieu par des tiges flexibles courbées par une corde comme
« un arc ; ce faible esquif n'avait aucune forme et ne pouvait
« aller loin (1) ».

Ces dispositifs rappellent les frêles barques en peaux cou-
sues sur une carcasse en bois flexible employées dans l'antiquité
et dans des temps plus modernes en Grande-Bretagne et dans
d'autres régions de l'Europe ; on a retrouvé ces *curraghs* ou
coracles de l'Irlande chez les Mandans de l'Amérique du Nord.

« Vanikoro (2), dit encore Pâris, est le seul pays du grand
« Océan où nous ayons trouvé des radeaux (à balancier). Celui
« dont nous parlons est formé de pièces de bois rondes unies
« par des chevilles sans le secours d'un amarrage. Ils ne portent
« que deux hommes et ne sortent guère de la rade tranquille de
« Manévé. »

Avec le *Catimaron*, employé pour faire la pêche en mer dans
les Indes orientales, monté par deux ou trois hommes et conduit
à l'aide de pagaies, nous arrivons à un stade de la navigation
un peu plus élevé que le simple radeau. Cet engin est ainsi
décrit par Edmond Pâris : « Vers le Nord de Madras, les barres
« de la côte de Coromandel s'opposant au passage des chelin-
« gues, les Indiens, qui se nourissent de poissons, s'en pro-
« curent néanmoins à l'aide d'un radeau construit avec la sim-
« plicité qui leur est particulière. Il est en bois de pin très
« léger.

« Les plus petits, de six ou sept mètres de long, ne se com-
« posent que de trois pièces de bois dont la plus grande, placée
« au milieu, se relève vers l'avant. »

On peut rapprocher du Catimaron le *Cavallito* du Pérou,
petit radeau allongé, effilé et relevé à l'avant, construit avec le

---

(1) *Essai sur la construction navale des peuples extra-européens.* Paris, 1841.
Bel et important ouvrage, dont l'auteur est devenu vice-amiral.

(2) Dans l'archipel Santa-Cruz, île tristement célèbre par le naufrage de « La
Pérouse ».

jonc appelé *totora*, qui a les propriétés du liège ; il est manœuvré à la pagaie.

Au Sénégal, sur toute cette longue côte de la Guinée, entre les embouchures de la Gambie et du fleuve Sénégal, où le ressac est très violent, on débarque au moyen d'un petit radeau d'une admirable flexibilité.

Pour pêcher le long des côtes du Brésil, les indigènes se servaient, dès avant la conquête, de la *Jangada*, radeau léger, sans aucune pièce métallique, construit au moyen de l'apeiba, arbre d'un bois si tendre que quelques coups de hache en néphrite suffisaient pour l'abattre. Les *Ubiragara* étaient de grands radeaux formés avec les troncs énormes de l'*ubiragua* (1). Pâris a décrit en détail les Jangadas modernes de la côte de Pernambuco, de 7 à 8 mètres de long sur 2 m. 60 de large, et celles de Guayaquil, longues de 25 à 28 mètres, larges de 7 à 9.

Si l'homme a tenté des essais de navigation lointaine sur des eaux agitées au moyen de quelques-uns des engins qui précèdent, ou d'embarcations creuses formées de pièces de bois mal assemblées, il a dû y renoncer en constatant combien ces engins sont fragiles, submersibles et nécessitent de travail pour les vider de l'eau qui y pénètre. Il est revenu au tronc d'arbre massif pour y creuser une embarcation étanche et solide.

La pirogue monoxyle était ainsi créée, présentant des avantages tels qu'elle se répandait dans le monde entier, qu'elle traversait tous les âges et méritait encore, au xixe siècle, l'éloge suivant du marin français déjà cité par nous, qui disait de pirogues africaines : « A Mahé, on se sert de pirogues plus « petites qui naviguent au dedans des récifs ; et d'autres plus « fortes, qui portent souvent des voiles et sont employées au « transport des marchandises. Ces dernières, quoique d'une « seule pièce, sont souvent très larges...... Quelques courbes « suffisent pour maintenir le bois et le faire résister aux chocs ; « elles supportent de grandes charges, durent longtemps sans « aucune réparation, aussi dans ces contrées sont-elles préférées

(1) GABRIEL SORES. *Noticia do Brazil,* année 1587.

« aux canots européens, dont les pièces, facilement désunies, « demandent des soins continuels. »

La première barque fut sans doute de la forme la plus simple (ce qui économisait le travail), creusée en forme d'auge, avec des extrémités coupées verticalement, gardant en dessous la forme ronde de l'arbre, ce qui l'exposait à chavirer, manœuvrée probablement avec des pagaies, ou avec des avirons non fixés aux bords. Cette forme, exhumée parfois des lacs et contemporaines d'objets néolithiques (telle une pirogue du lac de Bienne figurée dans une notice de M. Ferdinand Keller et reproduite par G. de Mortillet [fig. 214]), se retrouve encore chez des peuplades très primitives ou dégénérées.

Fɪɢ. 214. — Pirogue du lac de Bienne, d'après M. Keller.

Ainsi, dans l'archipel des Moluques, sur le lac Tendano, Edmond Pâris a vu des pirogues de 8 mètres de long, o m. 60 de large, o m. 50 de creux, qui n'étaient que des arbres encore cylindriques aux extrémités bouchées avec des planches ; elles n'avaient même pas de bancs et les Malais ramaient debout en se servant de pagaies doubles. D'autres, de 5 mètres, étaient encore moins soignées.

Aux îles Andaman, les pirogues étaient taillées dans un tronc d'arbre, dont on évidait l'intérieur ; la forme extérieure du tronc était complètement respectée, même dans ses irrégularités ; l'embarcation avait, par suite, la forme d'un cylindre dont il manquait à peine, à la partie supérieure, un quart de la surface ; les deux bouts étaient coupés presque carrément. L'avant portait une plate-forme en plein bois au niveau des bords. Ces embarcations, aussi instables que légères, originairement sans balancier, portaient 12 à 15 individus.

Au Sénégal, les pirogues de 7 à 8 mètres de long sur 1 mètre de large, gardent par dessous la forme exacte de l'arbre.

A Unata (Mariannes) dans l'île de Guam, peuplée de lépreux, de gens paresseux et tombés dans un état misérable, Edmond Pâris a observé une pirogue qui n'était qu'un arbre creusé et arrondi à l'extérieur, maintenu en équilibre par un balancier simple, sans emploi de la voile.

Un autre stade, qui nécessitait pour l'homme un surcroît de

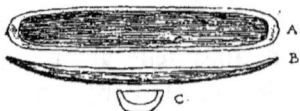

FIG. 215. — Pirogue de l'époque de la pierre polie, de Robenhausen, d'après M. Keller. (Échelle de 20mm par mètre.)

A. Vue de face. — B. Vue de profil. — C. Coupe au milieu.

travail, consista à rendre plus maniables, plus rapides et plus stables ces barques primitives. On élargit la courbe extérieure du fond ou l'on aplatit complètement celui-ci. On arrondit aussi les extrémités ; on les effila, en les taillant en biseau par dessous.

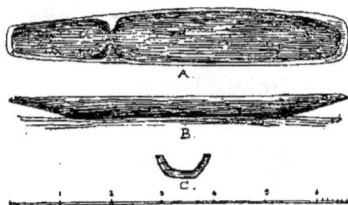

FIG. 216. — Pirogue de Saint-Jean-des-Prés, à Abbeville.
(Échelle de 15mm par mètre.)

A. Vue de face. — B. Vue de profil. — C. Coupe au milieu.

Puis par un supplément de travail, on ménagea des contreforts transversaux à l'intérieur, pouvant servir à s'asseoir, ou à appuyer les pieds ou les reins, en même temps qu'ils consolidaient l'embarcation.

Mais il fallait, pour se risquer sur les vagues de la mer, dans une véritable traversée, assurer davantage la stabilité de l'appareil et en défendre le creux contre l'invasion des paquets d'eau.

L'homme préhistorique dut recourir à quelques-uns des procédés que nous voyons employés chez les peuples primitifs.

Sur la rivière et dans la rade de Manille, les indigènes se servaient du *Banka*, barque monoxyle, à extrémités un peu effilées et relevées, de 5 à 7 mètres de long, o m. 72 de large, o m. 55 de creux, portant attachés le long des côtés, en haut des bords, deux gros bambous. Les Indiens de Choco (Colombie) font des voyages en pleine mer sur des canots monoxyles en cèdre, longs d'une douzaine de mètres, bordés et soutenus par des troncs légers d'hibiscus (1). Sur la rivière de Sourabaya (à Java), les bateaux de transport n'étaient souvent, au temps des

FIG. 217. — Pirogue trouvée dans les marais de Carentan,
conservée au musée de Saint-Lô.

voyages d'Edmond Pâris, que de très gros troncs d'arbres creusés, de près de 15 mètres de long, soutenus sur les deux côtés par de véritables radeaux de bambous, ceux-ci assez larges pour y placer des marchandises et pour que des hommes pussent y circuler.

D'autres procédés plus ingénieux et sans doute d'invention postérieure, consistèrent soit dans la réunion de deux pirogues, conjuguées par une plate-forme intermédiaire, soit dans l'établissement du balancier simple ou du balancier double (2), comportant la construction de cadres et de contre-poids, tels ou'on en a observé dans diverses parties du monde et notamment en Océanie.

---

(1) *Histoire de l'homme des âges primitifs*, par le Dr Saffray.

(2) Le balancier double a un effet inverse de celui du balancier simple, car il résiste par la difficulté qu'il éprouve à enfoncer dans l'eau, et non par son poids; l'un a la partie qui agit sous le vent, l'autre est toujours au vent; dans le premier cas il doit être aussi léger que possible, dans le second il faut qu'il soit d'un bois lourd.

Le navigateur réalisa un immense progrès lorsqu'il inventa
la voile (de jonc sans doute), le mât qui la soutenait, les attaches qui la manœuvraient. Ce jour-là il conquit l'empire de la
mer ; les forces très limitées de ses muscles étaient remplacées
par le souffle puissant des vents. L'aile de l'oiseau put lui ins-
pirer l'idée et lui tracer la forme de la voile, généralement
triangulaire, usitée chez beaucoup d'insulaires.

Pour se défendre contre l'invasion des vagues, on suréleva
les bords au moyen de fargues, de planches épousant les contours de la barque ; pontée, au moins en partie, à l'aide de peaux
ou de planches mobiles, posées de préférence aux extrémités.

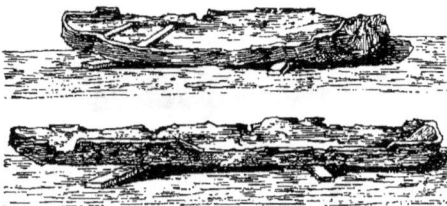

Fig. 218. — Pirogues trouvées en Grande-Bretagne.

Tacite, parlant des *camarae*, barques monoxyles sans aucune
pièce de métal, employées sur le Pont-Euxin, dit que les
barbares qui les montaient savaient au besoin les couvrir avec
des planches pour résister aux vagues, de sorte qu'ils semblaient
naviguer entre deux eaux.

A Ticopia, petite île un peu au nord des Nouvelles-Hébrides,
les indigènes naviguaient fort loin sur une embarcation très
imparfaite. C'était un tronc d'arbre (portant, d'ailleurs, d'un
côté un balancier, de l'autre une plate-forme, avec une voile en
forme de cœur très échancré), creusé d'une rainure dans
laquelle les pieds ne pouvaient se placer qu'en les présentant
dans le sens de leur longueur. Les hommes qui montaient, au
nombre de trois à six, une de ces pirogues, fermaient, lorsqu'ils
allaient en pleine mer, le dessus de l'embarcation, qui ressem-
blait alors à un morceau de bois creux.

« A Vanikoro, dit Edmond Pàris, le corps de la pirogue
« est formé d'une seule pièce presque cylindrique ; sa partie
« supérieure est arrondie ; ses extrémités sont un peu relevées
« en pointes, plates en dessus où se trouvent quelques rainures.
« Il est percé par une longue fente, tellement étroite que les
« hommes qui s'y placent pour pagayer sont obligés de croiser
« les jambes, et lorsque la pirogue doit prendre la mer, cette

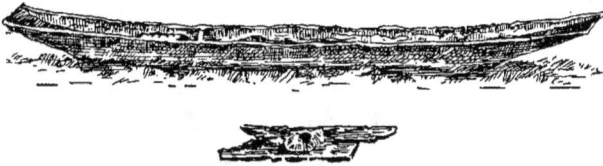

Fig. 219. — Pirogue gauloise trouvée à Estrebœuf.
En bas, partie du fond destinée à recevoir le mât.

« fente est couverte par des plaques tenues par un amarrage
« qui les perce..... Elles empêchent l'eau d'entrer. »

Chez les indigènes qui ont fait l'objet d'observations, les fargues protectrices sont liées au corps de l'embarcation et soute-

Fig. 220. — Bateau trouvé à Paris, en construisant
le pont d'Iéna, en 1806.

nues par des systèmes fort variés : amarrages, bourrelets d'étoupe
de coco, coutures, chevilles, clous, etc.

D'après ces diverses constatations, il semble rationnel
d'admettre que, pour se hasarder à naviguer sur les flots,
souvent agités, de la Méditerranée et à aborder habituellement aux îles qu'elle renferme, l'homme de l'âge de la pierre
devait savoir faire des pirogues plus grandes que la plupart
de celles que l'on a exhumées, les exhausser au moyen de
planches qu'il fabriquait déjà, percer le bois, réunir solidement

au corps les pièces détachées par des liens et des chevilles, user de matières propres à assurer l'étanchéité, employer le mât et la voile, établir des appareils accessoires de soutien ou d'équilibre.

Voyons maintenant si les instruments en pierre ou en os qu'il possédait pouvaient lui permettre, en s'aidant parfois de l'action du feu, d'exécuter ces travaux, déjà compliqués.

Parmi les essences d'arbres employés à la fabrication des pirogues ou des corps de pirogues en usage aux temps modernes ou historiques, on peut noter :

En Océanie, l'arbre à pain ou fromager (*Bombax, Artocarpus, Ceiba* dans l'Amérique du Sud), un arbre d'un bois moins spongieux ressemblant à un grand pommier, un faux acajou (*Cedrela*), tous bois de faible ou de moyenne dureté. En Afrique, suivant les indications qu'a bien voulu me fournir M. Jean Dybowski, les pirogues sont « tantôt d'un bois plus léger « que l'eau, et alors c'est souvent le fromager (*Bombax infrac-* « *tuosum*) ou l'acajou (*Klaya, Klanie, Bursera*, etc.) qui sont « employés. Ces pirogues, qui ont jusqu'à un mètre de diamètre « et peuvent porter une ou deux tonnes de marchandises, exis- « tent à la Côte et aussi sur le Congo, l'Oubanghi, la Sangha, « etc. Dans le haut Oubanghi, les indigènes qui franchissent « les rapides emploient les pirogues d'un bois plus lourd « que l'eau ; ce sont alors des arbres divers, d'essences non dé- « terminées, qui servent. » Dans l'Amérique du Nord on voit employer les cèdres ; sur les bords de la Savannah, on a trouvé, en 1845, une barque creusée dans le tronc d'un cyprès ; le musée de Washington possède deux barques anciennes des Caraïbes des Antilles (de 60 et 12 pieds de longueur), excavées dans des troncs de *Thuya gigantea* (1).

En Afrique, où l'emploi du fer est très ancien, on n'a guère vu construire de pirogues monoxyles qu'avec des outils métal- liques. Il en est de même dans l'Asie continentale où l'usage

---

(1) *La Guadeloupe préhistorique,* par le Marquis DE NADAILLAC. *Matériaux pour l'histoire de l'homme*, 1886.

des métaux remonte à une haute antiquité. Mais des observations d'un travail fait avec un outillage semblable à celui de nos ancêtres de l'âge de pierre ont pu avoir lieu en Océanie et en Amérique. Citons les relations même de quelques explorateurs.

Le capitaine Cook a écrit, à propos de son premier voyage, en 1768 : « Le travail le plus difficile pour les Taïtiens est « d'abattre un arbre ; c'est aussi celui où ils sentent davantage « le défaut de leurs outils, cette besogne demandant un certain « nombre d'ouvriers et le travail constant de plusieurs jours. « Lorsque l'arbre est à bas, ils le fendent par les veines, dans « toute sa longueur et toute sa largeur, en planches de trois ou « quatre pouces d'épaisseur ; il faut remarquer que la plupart « de ces arbres ont 8 pieds de circonférence dans le tronc, 4 « dans les branches. Ils appellent *Avie* celui qui leur sert habi-« tuellement de bois de construction ; la tige en est élevée et « droite ; cependant quelques-unes des plus petites pirogues « sont faites d'arbre à pain, qui est en bois léger et spongieux se « travaillant aisément ; ils aplanissent très promptement les « planches avec leurs haches et sont si adroits qu'ils en enlèvent « une surface mince dans toute la longueur sans donner un « coup mal à propos. Comme ils ne connaissent pas la manière « de plier une planche, toutes les parties creuses ou plates sont « façonnées à la main. »

Dans les Carolines, à l'île Lélé ou Lella, voisine de l'île Ualan, Dumont d'Urville a observé ce qui suit : « Nous fûmes « reçus dans une grande case publique qui servait en même « temps d'atelier de construction, car j'y remarquais une grande « pirogue que façonnaient deux ou trois ouvriers avec leurs « herminettes en fragments de tridacne acérés. Je m'étais tou-« jours imaginé qu'il fallait un temps énorme à ces sauvages « pour terminer de semblables travaux avec des outils aussi « imparfaits ; mais je vis qu'ils allaient encore assez vite : « chaque coup de leur hache de coquille faisait voler des copeaux « de bois assez gros et je remarquai même que leurs lames,

« par leur forme, convenaient beaucoup mieux à leurs travaux
« que celle de nos instruments d'acier. Aussi le maître de cet
« atelier, tout en admirant la hache que nous portions à
« l'*urosse* (chef) et surtout le pouvoir prodigieux de son tran-
« chant, essaya un moment de s'en servir, puis il nous la
« remit en disant qu'elle coupait beaucoup trop. »

Les Carolins, pour fabriquer une pirogue monoxyle, atta-
quaient le tronc d'arbre aussi près que possible de la base ; ils
l'incisaient de tous côtés en le coupant circulairement jusqu'au
cœur, précaution qu'ils jugeaient indispensable pour que l'arbre
en tombant ne se fendît pas à sa base, ce qui l'eût rendu im-
propre à la construction.

Voici des détails sur la fabrication des planches, le forage
du bois et le calfatage chez les naturels de Taïti et des îles
voisines :

« Ils fendent un arbre dans la direction des fibres en planches
« aussi minces que possible avec une hache faite d'une espèce
« de pierre dure et verdâtre, à laquelle ils adaptent fort adroi-
« tement un manche. Ils coupent ensuite le tronc suivant la
« longueur dont ils veulent tirer des planches ; ils brûlent l'un
« des bouts jusqu'à ce qu'il commence à se gercer ; ils le fendent
« ensuite avec des coins d'un bois dur. Quelques-unes de ces
« planches ont 2 pieds de largeur et 15 ou 20 de longueur. Ils
« aplanissent les côtés avec de petites haches qui sont de
« pierre. Six ou huit hommes travaillent quelquefois sur la
« même planche. Comme leurs instruments sont bientôt
« émoussés, chaque ouvrier a près de lui une coque de noix de
« coco remplie d'eau, et une pierre polie sur laquelle il aiguise
« sa hache presque toutes les minutes. Afin de joindre ces
« planches, ils font des trous avec un os attaché à un bâton qui
« leur sert de vilbrequin. Ils passent dans ces trous une corde
« tressée qui lie fortement une planche à l'autre ; les coutures
« sont calfatées avec des joncs secs, et l'extérieur du bâtiment
« est enduit d'une gomme que produisent quelques-uns de leurs
« arbres et qui remplace très bien l'usage de la poix. Le bois
« dont ils se servent pour leurs grandes pirogues est une espèce

« de grand pommier très droit et qui s'élève à une hauteur
« considérable. Les plus petites pirogues ne sont que le tronc
« creux d'un arbre à pain qui est plus léger et plus spongieux
« encore que celui du pommier, qui l'est déjà beaucoup (1) ».

En 1828, le capitaine russe Lütke remarquait, dans l'île
Ualan (Carolines), où la voile était inconnue, le travail des pirogues avec la hache en coquille.

Le capitaine américain B. Morrell, visitant le groupe de
Roug (Carolines) en 1830, écrivait, en parlant des embarcations :

« La plupart sont longues et portent de 15 à 30 hommes.
« Le fond se compose d'une seule pièce de bois, ayant généra-
« lement de 30 à 50 pieds de long et taillée en forme de pirogue
« sans autres instruments que ceux qu'ils fabriquent avec des
« coquilles. Chacun des côtés est formé par une planche de 14
« à 18 pouces de largeur ; l'un est perpendiculaire à la surface
« de l'eau, tandis que l'autre est un peu incliné par rapport à
« cette surface. Les côtés sont solidement joints avec de fortes
« cordes en écorce d'arbre, ainsi qu'à la poupe et à la proue. »

Edmond Pâris a constaté le travail du bois au moyen du
feu : en Nouvelle-Zélande, pour l'évidement du corps des pirogues monoxyles ; en Nouvelle-Calédonie, sur des pirogues
munies de chevilles en bois, pour le forage des trous pratiqués
dans les différentes pièces afin de les joindre ensemble.

A. de Quatrefages a étudié, en s'inspirant surtout des travaux
de M. Man, attaché pendant onze ans à l'établissement péniten-
tiaire des îles Andaman, l'industrie ancienne des Mincopies,
habitants aux mœurs singulièrement primitives de ces îles. Une
espèce de *Pinna* était employée pour armer les herminettes, la
Perna ephippium pour garnir les flèches, une espèce de *Cyrena*
pour des outils différents. La pierre, de diverse nature, était réservée pour servir d'enclume, de marteau, d'ustensile de chauf-
fage, d'outil à aiguiser, d'instruments pour raser et tatouer (2).

(1) *Océanie*, par G. L. Doméni de Rienzi. — *Voyage de l'Anglais Samuel Wallis
en 1867.*

(2) *L'homme tertiaire de Thenay et les îles Andaman. — Matériaux pour
l'histoire de l'homme*, 1885.

Les Caraïbes des Antilles au moment de leurs premiers rapports avec les Européens possédaient deux sortes de barques taillées dans un arbre, les *canonia* mesurant 40 à 50 pieds de longueur sur 7 à 8 de largeur, et les *coulialas* dont les dimensions étaient bien plus faibles (1). Les plus grandes pirogues étaient construites à la Jamaïque où Christophe Colomb, en 1494, en mesura une qui avait 96 pieds de longueur sur 8 de largeur. Quant à leur construction, voici ce qu'en dit un auteur espagnol, contemporain de la conquête :

« Chaque canot est d'une seule pièce ou d'un seul arbre que « les Indiens vident à grands coups de haches bien effilées. A la « longue, ils font ainsi une barque ou une petite nacelle quasi « de la forme d'une auge longue, étroite plus ou moins suivant « la longueur et la largeur de l'arbre qu'ils emploient. J'en ai « vu quelques-uns qui portaient bien 40 à 50 hommes. Ils les « appellent pirogues et se servent de *nahes* qui ne signifient « autre chose que avirons. Aucunes fois ils naviguent debout « et aucunes fois à genoux, comme il leur tient à plaisir. Ces « *nahes* sont comme des pelles longues, mais le bout par lequel « ils les tiennent est comme la potence d'un boiteux. Ces canots « se renversent de fois à autre, mais ils ne vont point à fond, « quoique pleins d'eau ; les Indiens, qui sont grands nageurs, « les redressent aussitôt (2). »

Ainsi, avec des haches, la plupart du temps en coquilles, et des outils accessoires de la même nature ou en os, parfois avec des instruments en pierre, on a vu, sur un grand nombre de points du globe, tailler et creuser des pirogues, fabriquer des planches, des mâts, établir des bordages ou fargues, couvrir en partie des embarcations, le tout en travaillant des essences de bois présentant, presque toujours, une faible ou moyenne dureté. Assurément, il a pu, il a dû en être de même aux temps préhistoriques, avec cette remarque que les grandes coquilles, la nacre manquant dans les régions tempérées ou froides, on a

(1) *La Guadeloupe préhistorique*, par le Marquis DE NADAILLAC. *Matériaux*, 1886.
(2) *Histoire générale et naturelle des Indes occidentales*, par OVIEDO, 1535.

dû surtout armer de pierre dure, de silex notamment, les herminettes et les autres outils, ce qui a permis de s'attaquer à des
essences dures et résistantes, là surtout où l'on n'avait guère
que le chêne et l'orme comme bois solides et compacts. Mais
les embarcations de cette nature, qui ont pu subsister, n'étaient
sans doute que l'exception.

Nos ancêtres des âges de la pierre, et notamment de la pierre
polie, avaient imaginé et confectionné des outils si variés que
nous ne pouvons deviner encore la destination d'un certain
nombre d'entre eux. Rien que pour ceux en pierre, on constate
qu'ils avaient la hache, l'herminette, le pic, la scie, le ciseau
simple ou à gouge, des rabots divers (1), le coin et le levier (2),
des perçoirs divers, des outils imitant la vrille et le vilbrequin (3),
etc. L'os leur donnait bien d'autres outils ; le bois ne pouvait
manquer de leur en fournir aussi. Ils devaient être de bons char-
pentiers, d'assez bons menuisiers, de très passables construc-
teurs de barques ; les spécimens de celles-ci, que nous découvrons
généralement usés, déformés, incomplets, non destinés à la
navigation de haute mer, ne donneraient qu'une faible et incomplète idée de cette industrie, si l'on ne recourait à d'autres
considérations.

Il ne s'ensuit nullement que la plupart ou même une notable
partie des bois de chêne antiques taillés, pirogues ou pilotis,
aient été travaillés à la pierre et non au métal ; il convient au
contraire d'être très réservé dans l'indication de celles des pirogues anciennes en bois de chêne qui auraient pu être taillées
et creusées avec des instruments non métalliques et se trouver
être antérieures aux âges du fer et du bronze.

Quoiqu'il en soit, je crois que l'on peut déduire des considérations précédentes qu'à l'époque néolithique l'industrie du

(1) Voir communications faites en 1905 et 1906 à la Société préhistorique de
France.

(2) M. le D* Henri Martin a montré que certains des nucléi, des « livres de
beurre » du Grand Pressigny, devaient être utilisés comme coins et leviers.

(3) Trouvailles à Samoreau de M. le D* Lenez. *L'homme préhistorique*, 15
juin 1905,

bois était fort avancée (1) et l'art de la navigation notablement plus développé que l'on ne se le représente.

Ainsi se trouvera confirmée l'opinion émise, il y a déjà près de quarante ans, par le savant et judicieux Gabriel de Mortillet, à propos des îles méditerranéennes dont nous avons parlé en commençant :

« Dès les temps les plus reculés de l'âge de la pierre, ces « îles ont été peuplées. Dès ces temps reculés existait donc une « navigation au moins rudimentaire, pourtant déjà *assez avan-* « *cée* pour transporter du continent dans les îles des hommes « et des femmes souches de la population primitive (2). »

(1) M. Piette a supposé que de gros burins en pierre pouvaient bien servir à tailler dans le bois des figures, des œuvres d'art, maintenant anéanties.

(2) *Origine de la Navigation et de la Pêche*, 1867.

Origines de la Rame

à propos de la découverte d'un de ces objets
dans les tourbières néolithiques de la Basse Normandie

par M. le Dr HAMY, président du Congrès

Un arbre entraîné par la crue des eaux, un oiseau perché dans ses branches et qui descend ainsi le cours du fleuve, c'est plus qu'il n'en a fallu pour suggérer aux premiers hommes l'idée de la *navigation*. Monté à son tour sur quelque tronc déraciné, s'aidant d'une branche cassée pour diriger le rudimentaire esquif, le sauvage des premiers temps a bien vite inventé sans doute ce *batelage à la perche* auquel se réduit l'industrie nautique des groupes les plus arriérés de l'humanité d'aujourd'hui (1).

Le plus simple des bateaux dont l'ethnographie contemporaine nous montre la forme et l'usage, c'est cette souche de bois de manglier misérablement rapiécée, que l'Australien de la terre de Witt, les jambes écartées, guide des mains et des pieds, « *cas extrême de la pauvreté*, dit Ph. King, *dans la construction navale des sauvages actuels* (2). »

Le *catamaran* du Port du Roi Georges, Australie occidentale, le *caballito* de la côte péruvienne, Huanchaco, accusent un premier progrès. Le premier, formé de cinq branches de manglier assemblées avec des cordes, le second, composé de trois bottes

---

(1) Cf. *International Archiv. für Ethnographie*, Bd. xvi, s. 744, 1903.

(2) « ... *the extreme case of the poverty of savage boat-building all round the world*, Ph. King. *Narration of a Survey of the intertropical and western Coasts of Australia, performed between the years* 1818 *and* 1822, London, 1827, in-8°, t. I, p. 44.

de roseaux relevées en avant en une sorte de proue, constituent l'un et l'autre de véritables radeaux. Assis sur le premier,
à cheval sur le second, armés d'une planchette de bambou dans
un cas, d'une plaque d'écorce dans l'autre, les bateliers peuvent
faire avancer la masse flottante, en même temps qu'ils la conduisent (1).

Le principe de l'aviron ainsi adopté par les navigateurs primitifs, quelle forme donneront-ils à ce propulseur dont ils ont
compris le rôle, afin d'en obtenir le meilleur effet utile ?

Les modèles ne leur manqueront pas dans la nature envi-
ronnante. Ils auront la feuille du rameau qui fut leur premier
auxiliaire, ils auront encore la planchette et la plaque d'écorce
qui ont dirigé le premier radeau, ils auront enfin et surtout, sur
les eaux qui les entourent, la *patte de l'oiseau nageur*, admirable
modèle naturel, dont ils ne tarderont pas à imiter de leur
mieux l'ingénieuse disposition.

La plus ancienne rame connue — la seule peut-être qui
remonte aux temps néolithiques — est, en effet, la copie atten-
tive d'une patte de palmipède, cygne, canard ou autre.

Cette précieuse pièce dont l'original appartient au Muséum
du Havre et que mon cher et regretté collègue, G. Lennier,
avait fait reproduire en bois pour le Trocadéro quelque temps
avant sa mort, a été découverte près du cap Lévi, à moitié
route, entre Barfleur et Cherbourg, dans un dépôt tourbeux
accumulé entre les roches, seuls vestiges qui subsistent encore
de l'ancien îlot de Vic. Ces tourbes, qui contiennent de gros
arbres debout ou renversés, sont du même âge que toutes celles
qui se sont amassées sur le littoral de la Manche à l'abri des
anciens cordons littoraux détruits vers la fin des temps néolithiques et renferment par ci par là des haches de pierre polie
bien caractéristiques.

Le manche et la palette de cette rame du cap Lévi sont d'un

(1) KING. *op. cit.* t. II, front. et p. 69 — E. F. SQUIER. *Incidents of Travel and
Exploration in the Land of Incas*, New-York, 1877, in-8°, p. 109. — E. T. HAMY.
Decades Americanæ, III, Paris 1884, in-8°. p. 32.

seul et même morceau de chêne (fig. 221); le manche à section
ovale (largeur 0ᵐ048, épaisseur 0ᵐ022) est fort robuste et se
prolonge en pointe sur les deux faces de la palette renforcée par
cette digitation centrale. Les bords latéraux de celle-ci sont

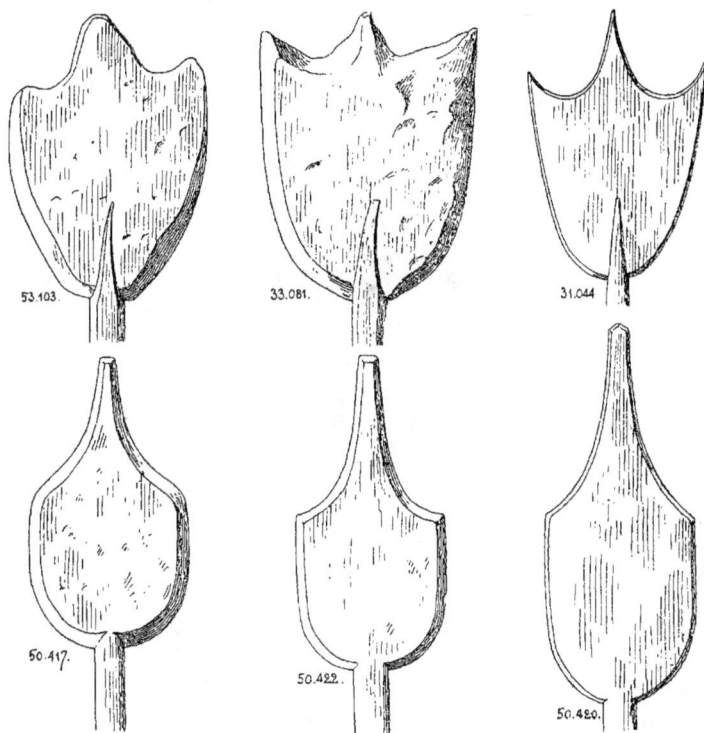

FIG. 221. — Rame néolithique du cap Lévi (n° 53103) comparée
à celles des Krous (nᵒ 33081), des Minas (n° 31044)
et des Gleboé (nᵒˢ 50417, 50420, 50422).

convexes et le bord terminal échancré des deux côtés de l'axe
complète un contour qui reproduit fidèlement la silhouette
d'une patte d'oiseau nageur (fig. 222). Il n'est pas jusqu'à la
légère asymétrie de cette dernière qui n'ait été attentivement
copié par le charpentier néolithique. Cette palette ne mesure
pas moins de 0ᵐ25 de largeur sur 0ᵐ34 de longueur.

J'ai dit plus haut que la pièce qui répond à la description
que l'on vient de lire, est jusqu'à présent unique — à ma connaissance du moins — dans les collections *préhistoriques* européennes. Mais il n'en est plus ainsi si nous élargissons notre
enquête et cherchons à nous rendre compte des formes de
rames en usage dans le monde exotique actuel. Nous consta-
terons bien vite que plusieurs peuples maritimes africains ont
eu, eux aussi, la même inspiration et s'efforcent de tirer parti

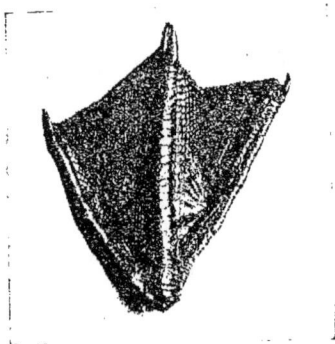

Fig. 222. — Palmure de la patte d'un canard domestique.

pour leurs engins nautiques de l'imitation de la patte de l'oiseau
nageur.

J'ai placé d'abord à côté de la figure réduite de la rame
néolithique, dans la planche ci-jointe, celle d'un engin tout
semblable qui m'a été rapporté de la côte occidentale d'Afrique
par un zélé collaborateur, M. le Dr Vincent, de l'infanterie
coloniale, récemment décédé. C'est la rame des Krows ou
Krowmans, les premiers bateliers de cette dangereuse Côte de
Guinée, dont ils franchissent si hardiment les brisants.

Cette rame, dont la longueur totale est de 1m275 et dont la
palette mesure 0m348 sur 0m280, ne diffère en rien de celle du
cap Lévi, elle a mêmes formes générales, mêmes proportions,
même renforcement basilaire.

Le troisième aviron, dessiné sur la même ligne que les deux précédents, fait partie de la collection formée à Porto-Novo par Foa. Il vient des Minas de la côte des Esclaves, émules sur mer des Krowmans, et ne se différencie que par un peu plus de saillie de la pointe centrale et un évidement plus profond des deux concavités terminales. Il mesure 1^{m}272 de longueur totale et sa palette et de 32^{cm} sur 22.

Les autres rames représentées ci-joint proviennent de l'embouchure de la Sassandra ou rivière de Saint-André, sur la côte de l'Ivoire. Les Gleboés, refoulés vers cet estuaire par l'invasion Agni, sont comme les Minas et les Krous d'intrépides canotiers qui bravent journellement les dangers de la barre du fleuve, et leurs avirons *de mer* (1) offrent le plus habituellement le *type palmipède* modifié que représentent mes trois dessins, où l'on voit s'allonger la saillie terminale médiane, en même temps que les latérales se raccourcissent et s'atténuent. Ces pagaies de la Sassandra, longues de 1^{m}12 à 1^{m}37, ont des palettes de 35 à 40 de long sur 19 à 20 de large.

J'aurais pu joindre à ces derniers croquis celui de la rame de fortune dont M. le Dr Maclaud a constaté l'usage chez les Diolas de la Casamance. Cette rame est formée d'une fourche à trois dents, dont les intervalles sont garnis d'un clayonnage serré en rotin qui forme une palmure comparable à celle des rames de la Guinée supérieure dont il vient d'être parlé (2).

Ces divers types de rames, ainsi rapprochées de la rame néolithique du cap Lévi, ne sont pas les seuls que l'ingéniosité sauvage ait emprunté à la patte des palmipèdes. Et je rappelerai

---

(1) Les avirons dits *de rivière* qui nous viennent de la Sassandra sont d'une autre forme et doivent être ceux des Agni.

(2) J'avais pensé un instant à ajouter ici la figure d'un ustensile de Nioué ou Savage Island (n° 32818) que j'avais pris pour une rame et qui rappelait dans des proportions beaucoup plus élevées les formes que je viens de décrire (long. tot. 2^{m}135, larg. 0^{m}110), mais la présence d'un renflement à 28^{cm} de l'extrémité du manche, la présence d'une nervure en relief partant de la pointe et se prolongeant sur une longueur de 1^{m}205 et surtout l'épaisseur de l'instrument vers son extrémité terminale, le rapprochent bien plus des massues des archipels voisins.

en terminant ce petit travail, ces traits que fabriquaient encore il y a une cinquantaine d'années les Bosjesmans Petits-Arcs, en insérant, en guise de palmures entre des pointes trifurquées de leurs fléchettes de bois, de petits éclats tranchants d'obsidienne assujetties avec une résine (1).

(1) L'arme ainsi confectionnée était de la catégorie de ces armes primitives dont j'ai si souvent invoqué l'exemple, pour montrer que l'outillage des premiers êtres humains est destiné à nous demeurer inconnu. Dans la fléchette du Boschiman comme dans la hache ou la scie de l'Australie, le bois du manche une fois pourri, la résine qui fixe la pierre une fois décomposée, il ne reste qu'un morceau de grès ou d'obsidienne qui ne porte aucune trace de travail apparent.

Sur l'avance du menton

par M. Albert GAUDRY

———

Depuis quelque temps, des savants emploient l'expression
de prognathisme inférieur pour indiquer l'avance du menton.
Dans mes travaux sur les singes fossiles (1) et sur la dentition
de la race de Grimaldi (2), j'ai eu occasion de rappeler que
l'avance du menton est l'indice d'un grand progrès. Chacun
pourra s'en rendre compte en regardant les croquis ci-dessous.
Je reproduis (fig. 223 à 225) les croquis de la mâchoire inférieure d'un singe fossile (le Dryopithèque), du jeune homme de
la race de Grimaldi et d'un habitant actuel de nos pays (un Français). Une ligne pointillée marque le bord postérieur des séries
dentaires des trois mâchoires, et une autre, tirée parallèlement,
marque le bord antérieur de la mâchoire du Dryopithèque ; cela
montre que la mâchoire de l'homme des Baoussé-Roussé, moins
prognathe que le singe, est plus raccourcie d'arrière en avant, et
que la mâchoire de l'homme actuel de nos pays, qui est ortho-
gnathe, est encore plus raccourcie.

La mâchoire de singe, étant longue, laisse de la place pour
un grand développement des dents et de la parie supérieure de la
langue. Mais, comme les os du menton sont fuyants et épais,
la langue en avant a peu d'épaisseur et ne peut avoir que des
mouvements très limités. Cela est sans inconvénient pour le
singe qui crie, qui hurle, mais ne parle pas.

(1) Le Dryopithèque, *Mém. de la Soc. géol. de France, Paléontologie*. mém. 1,
p. 6, avec figures dans le texte, in-4°, 1890.
(2) Contribution à l'histoire des hommes fossiles, *L'Anthropologie*, t. xiv,
figures dans le texte, in-8°, n° de janvier-février 1903.

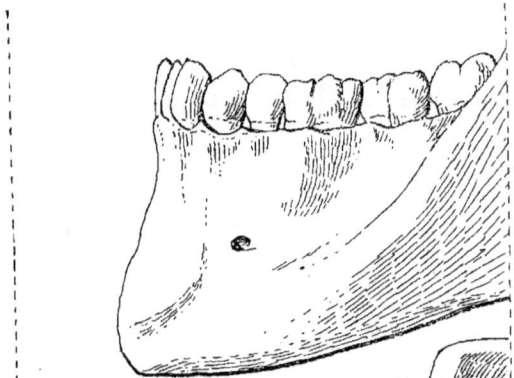

FIG. 223. — Mâchoire inférieure d'un Français moderne.

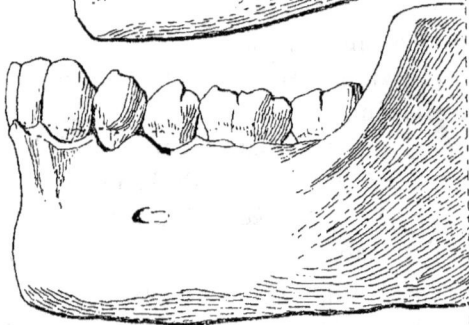

FIG. 224. — Mâchoire inférieure du jeune Négroïde fossile de Grimaldi.

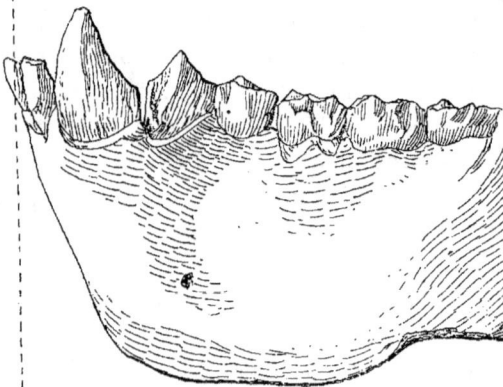

FIG. 225. — Mâchoire inférieure d'un singe fossile (*Dryopithecus*).

Puisque, chez le négroïde des Baoussé-Roussé, la mâchoire a moins de longueur que chez le singe, les dents aussi ont moins de longueur, et, si les os du menton étaient fuyants et épais ainsi que chez le singe, la langue n'aurait pas de place en avant; mais le menton devient droit, la symphyse est courte, les os sont très amincis. Ainsi l'homme de Grimaldi, comme une des races les moins élevées, devait avoir une langue susceptible de mouvements variés pour un langage articulé.

Chez l'homme blanc, où la mâchoire est encore plus raccourcie, le menton, en compensation, a une avance très proéminente, il est élevé, ses os sont si amincis qu'ils sont quelquefois translucides : la langue a ainsi de la place pour exécuter tous ses mouvements. Pendant que j'ai l'honneur de vous parler, chacun de vous peut constater qu'il loge le bout de sa langue dans l'avance du menton.

Il me semble fâcheux d'employer le mot prognathisme chez des sujets qui sont l'opposé du prognathisme.

Je ne vois pas l'utilité de créer une nouvelle expression tirée du grec pour désigner l'avance du menton ; l'expression d'avance du menton jusqu'à présent adoptée, est plus simple que celle de prognathisme inférieur ; les mots les plus simples sont les meilleurs.

De l'importance de la Pelvimétrie anthropologique

par M. le Dr VERRIER

(*Résumé*) (1)

———

Dans les pays les plus divers, en Asie Mineure, en Palestine, en Perse, en Afrique et en Amérique aussi bien que chez nous, les explorateurs pratiquent des fouilles qui ont souvent pour résultat la mise à jour d'ossements humains. Mais il peut arriver que la tête soit détruite et qu'il reste le bassin; il importe de ne pas négliger les renseignements que fournit à l'anthropologie cette partie de squelette. La pelvimétrie permet de séparer sans hésitation le bassin humain du bassin de l'anthropoïde, toutes les races humaines présentant une prédominance du diamètre transversal sur les autres diamètres, tandis que chez les anthropoïdes, c'est le diamètre antéro-postérieur qui l'emporte sur les autres.

Les indices pelviens, de même que la forme du bassin, met le savant en mesure d'arriver à des conclusions ethniques et d'établir une échelle dans l'humanité. Parmi les indices, il en est un auquel on attache une importance primordiale : c'est celui qui exprime le rapport entre la largeur bi-iliaque maxima et le diamètre antéro-postérieur maximum du bassin. Peut-être le rapport entre le diamètre sacro-pubien et la largeur bi-iliaque médiane du droit supérieur aurait-il une égale valeur? Il incombe à la Commission d'unification des mesures anthropologiques de nous dire quel est le meilleur de ces indices.

Sans vouloir tirer de ce que nous savons des conclusions fermes, on peut assurer que la pelvimétrie anthropologique fournira des données d'un intérêt indiscutable.

———

(1) La communication de M. le Dr Verrier a été publiée in-extenso dans le *Journal de Cannes* (n° du 24 mai 1906).

Entente Internationale

pour l'Unification des Mesures craniométriques et céphalométriques

par le Dr G. PAPILLAULT

————

Sur la proposition de MM. Hamy, Papillault et Verneau, le Comité du Congrès international d'Anthropologie et d'Archéologie préhistoriques avait inscrit au nombre des questions qu'il proposait tout particulièrement aux recherches de ses membres, l'unification des mesures anthropologiques.

Dans la séance d'ouverture, qui eut lieu à Monaco le 16 avril 1906, M. Hamy, président du Congrès, attira l'attention sur l'urgence d'une entente internationale dans la technique anthropométrique, sur les difficultés presque insurmontables que l'on rencontrerait à examiner en séance les mesures si nombreuses qui ont été utilisées jusqu'à présent, et sur la nécessité, pour aboutir à une solution, de nommer une commission qui travaillerait pendant la session et présenterait, dans la dernière séance, à l'approbation du Congrès, un projet d'unification.

Cette proposition fut adoptée, et la Commission, nommée immédiatement, fut composée ainsi qu'il suit :

MM. Giuffrida-Ruggeri, secrétaire de la Société romaine d'Anthropologie, assistant à la chaire d'Anthropologie. Rome.

Hamy, Professeur d'Anthropologie au Muséum d'histoire naturelle, membre de l'Institut, ancien Président de la Société d'Anthropologie. Paris.

MM. G. Hervé, Professeur d'Ethnologie à l'École d'Anthropologie, ancien Président de la Société d'Anthropologie. Paris.

Lissauer, Professeur, Président de la Société d'Anthropologie. Berlin.

Von Luschan, Professeur d'Anthropologie de l'Université. Berlin.

Papillault, Directeur adjoint du Laboratoire d'Anthropologie de l'École des Hautes-Études, Professeur à l'École d'Anthropologie. Paris.

Pittard, Privat docent à l'Université. Genève.

Pozzi, Professeur à la Faculté de médecine, ancien Président de la Société d'Anthropologie. Paris.

Sergi, Professeur d'Anthropologie, Directeur de l'Institut anthropologique de l'Université. Rome.

Verneau, Assistant à la chaire d'Anthropologie au Muséum d'histoire naturelle, Professeur temporaire à l'École d'Anthropologie, ancien Président de la Société d'Anthropologie. Paris.

Waldeyer, Professeur, secrétaire perpétuel de l'Académie des sciences de Berlin (1).

Aussitôt après sa nomination, *la Commission pour l'unification des mesures anthropologiques* se réunit afin de procéder à l'élection de son bureau et d'arrêter le programme de ses travaux.

M. Waldeyer fut élu président, M. Sergi, vice-président, et M. Papillault, secrétaire-rapporteur.

Ce dernier donna connaissance d'une lettre qu'il avait reçue de M. Chantre, en réponse à la demande qu'il lui avait faite de son rapport sur les essais d'unification des mesures anthropologiques entrepris par le Congrès international d'Anthropologie de Moscou. En voici le passage essentiel : « J'avais été, en effet, chargé de ce rapport au Congrès de Moscou pour le Congrès de Paris. La question, n'ayant pas été mise à l'ordre du jour dans

---

(1) MM. CHANTRE, sous-directeur du Muséum d'histoire naturelle, Lyon. — MINOVICI, directeur adj. de l'Institut médico-légal, Bucarest. — G. RETZIUS, professeur à l'Université, Stockholm. — SCHENK, privat docent d'anthropologie à l'Université, Lausanne, avaient été également désignés, mais ils ne sont pas venus prendre part aux travaux du Congrès.

cette session, M. Virchow, président de la Commission internationale de craniométric, de concert avec quelques-uns de nos
collègues, a demandé que le dit rapport ne soit présenté qu'à
la prochaine session; c'est pour cela que j'y songeais de nouveau, après l'avoir négligé quelque temps. Mais comme actuellement je suis surchargé de travail... je suis enchanté de vous
voir endosser cette besogne intéressante, mais lourde, si l'on
veut faire quelque chose de complet et d'utile. »

Dans le *Compte rendu*, fait par M. Chantre, *des travaux*
anthropologiques de la XIe session du Congrès international
d'Archéologie et d'Anthropologie préhistorique, réuni à Moscou,
nous lisons que deux commissions furent nommées pour unifier les mesures anthropologiques.

1° COMMISSION ANTHROPOMÉTRIQUE. — Après une communication de M. Zograff intitulée : *Note sur les méthodes anthro-*
pométriques pratiquées en Russie et sur la nécessité d'établir une
entente internationale pour les recherches anthropométriques,
une commission « qui doit s'efforcer d'unifier autant que
possible les méthodes d'observation anthropométrique, devra
présenter un rapport dans la prochaine session. Elle est
composée de MM. Anoutchine, Bogdanow, Chantre, Kollmann,
Malieff, Sergi, Tikhomiroff, Virchow, Zograff. — M. Bogdanow
a été élu président, et M. Zograff secrétaire-rapporteur. Son siège
est à la Société impériale des Sciences naturelles et d'Anthropologie de Moscou. »

2° COMMISSION CRANIOMÉTRIQUE. — « Sur la proposition de
M. le professeur Kollman, de Bâle, le Congrès a nommé une
Commission pour reviser la convention de Francfort en vue de
doter l'Anthropologie de mesures craniométriques interna-
tionales. Ont été élus membres de cette commission :
MM. Anoutchine, Bogdanow, Chantre, Kollmann, Malieff,
Sergi, Virchow, Zograff. — M. Virchow a été élu président,
M. Anoutchine secrétaire-rapporteur. »

La lettre de M. Chantre prouve qu'aucune de ces commissions n'a abouti à des résultats appréciables. La commission

anthropométrique semble ne s'être jamais réunie ; et la Commission craniométrique n'a eu que deux séances pendant la session de Moscou : une entente n'était pas possible dans ces conditions.

M. Papillault insiste sur la nécessité de se réunir au moins deux fois par jour pendant toute la session afin de faire un examen approfondi des différentes techniques employées actuellement et d'arriver à une entente. Il y a urgence. La convention de Francfort est abandonnée par la plupart des savants allemands eux-mêmes. La méthode française n'est pas plus unifiée. A Paris même, les disciples de Broca ont peut-être l'illusion d'avoir la même technique, mais une petite enquête a permis de constater des divergences qui rendent incorrecte toute comparaison entre certaines de leurs mensurations. Chaque école nationale présente donc souvent entre ses membres des divergences qui égalent et dépassent même celles qui la séparent des autres écoles. Cette simple constatation fera disparaître de nos débats toute préoccupation étrangère à la science. Aucun de nous ne songera à défendre une tradition nationale qui a été incapable de conserver son unité de doctrine, et qui, en fait, n'existe plus. Ce qui doit nous guider uniquement dans le choix d'une technique, c'est sa commodité, sa simplicité, sa précision, et la valeur biologique de la mesure ainsi déterminée.

Sur la proposition de son président, M. Waldeyer, la Commission décide de se limiter à l'étude de la tête, dont les mesures sont assez nombreuses pour que leur étude prenne tout le temps dont elle dispose. Toute mesure consacrée par un usage même limité sera soumise à l'examen de la Commission par le secrétaire, qui rappellera les principales variantes de technique. Quand l'entente se sera établie, il rédigera entre les séances la définition et la technique de la mesure, et soumettra son texte à l'approbation de la Commission.

Le samedi 21 avril, la Commission avait terminé ses travaux. Le secrétaire-rapporteur prenait la parole au début de la séance du Congrès, pour annoncer que son rapport était déposé dans une salle voisine, où chacun pourrait aller le consulter. Lui-même se tenait à la disposition des membres du Congrès prêt à leur donner les explications nécessaires. A la fin de la même séance le Congrès approuvait *à l'unanimité* le texte suivant que que M. Hamy, président, avait soumis à son approbation.

Projet d'Entente internationale
sur les Mesures craniométriques et céphalométriques.

Remarques préliminaires :

La Commission a classé sous le titre de *facultatives* certaines mesures qui lui paraissent intéressantes, mais sur lesquelles elle n'a pas de documents suffisants pour apprécier leur portée et conseiller leur usage journalier. Elle s'est donc contentée de préciser leur technique sans se prononcer sur leur emploi.

Pour chaque mesure, on a donné une indication en abrégé de l'instrument qui doit être employé.

C. G. = Compas glissière.

C. E. = Compas d'épaisseur.

R. M. Ruban métrique, toujours en matière très souple, le moins extensible possible. La toile légèrement empesée est une des meilleures.

Il est d'ailleurs indispensable de comparer souvent le ruban avec un étalon en métal.

I. — CRANIOMÉTRIE

A. — CRANE PROPREMENT DIT.

1° *Longueur maxima du crâne* ou *diamètre antéro-postérieur maximum*. C. E.

C'est le plus grand diamètre dans le plan sagittal et médian du crâne.

Points anatomiques :

en avant : le point le plus saillant de la protubérance intersourcilière (glabelle de Broca) ;

en arrière : le point le plus saillant du sus-occipital donné par le maximum d'écartement des branches du compas.

2° *Diamètre anté-postérieur iniaque.* C. E. (facultatif).

Dans le plan sagittal et médian du crâne.

Points anatomiques :

en avant : comme le précédent ;

en arrière : sur l'inion, dont les variétés individuelles devront être évitées.

3° *Largeur maxima du crâne* ou *diamètre transverse maximum.* C. E.

C'est le plus grand diamètre horizontal et transversal qu'on puisse trouver avec le compas d'épaisseur sur la boîte crânienne.

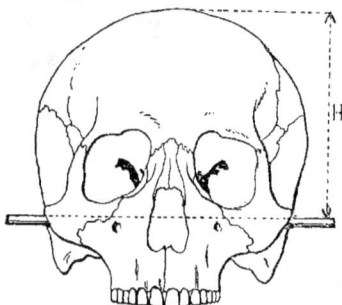

Fig. 226. — Hauteur auriculo-bregmatique (H).

Points anatomiques, déterminés seulement par le maximum ; mais si ce dernier tombait sur les crêtes sous-temporales, il faudrait éviter leur saillie, en plaçant le compas au-dessus.

4° *Hauteurs du crâne.*

a) *Hauteur basilo-bregmatique.* C. E.

Points anatomiques :

en bas : le basion ou point médian du bord antérieur du trou occipital (éviter les exostoses qui s'y rencontrent quelquefois) ;

en haut : le bregma ou point médian de la suture coronale.

b) *Hauteur auriculo-bregmatique* (H fig. 226).

C'est la différence de niveau entre le bregma et le bord supérieur du trou auditif.

Points anatomiques :

en bas : point où la ligne idéale, unissant les bords supérieurs des trous auditifs, coupe le plan médian du crâne.

en haut : bregma.

5° *Largeur frontale minima* ou *diamètre frontal minimum.*
C. G.

C'est le diamètre horizontal le plus court entre les deux
crêtes temporales du frontal.

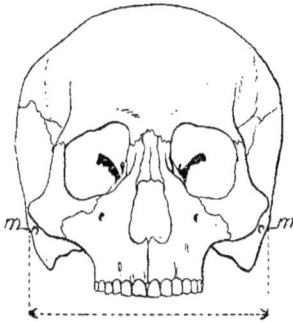

Fig. 227. — Diamètre bimastoïdien maximum (m m).

6° *Largeur frontale maxima* ou *diamètre frontal maximum.*
C. G.

C'est le diamètre horizontal le plus large de l'écaille frontale.
(Le bistéphanique de Broca est abandonné).

7° *Diamètre bimastoïdien maximum.* C. E. (m. m. fig. 227).

Point anatomique : face externe de l'apophyse mastoïde au
niveau du centre du trou auditif.

A ce niveau, chercher avec le compas d'épaisseur la ligne
transversale d'écartement maximum.

8° *Diamètre bizygomatique.* C. G.

Point anatomique : face externe des apophyses zygomatiques.

A ce niveau, chercher avec le compas la ligne transversale
d'écartement maximum.

9° *Diamètre nasio-basilaire.* C. E.

Points anatomiques :

en avant : le nasion ou point médian de la suture naso-
frontale ;

en arrière : le basion.

10° *Diamètre alvéolo-basilaire.* C. G.

Points anatomiques :

en avant : point alvéolaire ou point médian du bord antérieur de l'arcade alvéolaire ;

en arrière : basion.

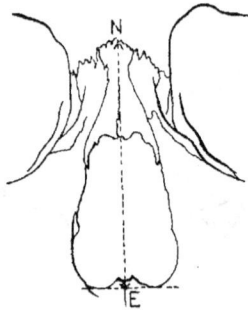

Fig. 228. — Hauteur du nez (N E).

11° *Diamètre nasio-mentonnier.* C. G.

Points anatomiques :

en haut : nasion ;

en bas : bord inférieur de la mandibule, dans le plan
médian.

Mettre préalablement la mandibule en place, les mâchoires
rapprochées, et noter l'état des dents.

12° *Diamètre nasio-alvéolaire.* C. G. (1).

Points anatomiques :

en haut : nasion ;

en bas : le point le plus inférieur du bord alvéolaire,
entre les deux incisives médianes et supérieures.

(1) L'indice facial est exprimé par le rapport $\dfrac{\text{diam. nasio-alvéolaire} \times 100}{\text{diam. bizygomatique}} = x.$

13° *Hauteur du nez*. C. G. (N E, fig. 228).

Points anatomiques :

en haut : nasion ;

en bas : point situé dans le plan médian du crâne, sur la ligne tangente aux deux échancrures de l'ouverture piriforme.

Si le bord de ces échancrures est remplacé par une gouttière, prendre le niveau du plancher des fosses nasales.

14° *Largeur du nez*. C. G.

Points anatomiques : bords latéraux de l'ouverture piriforme.

Chercher avec le compas la ligne horizontale et transversale d'écartement maximum.

15° *Largeur interorbitaire*. C. G.

Point anatomique bilatéral :

Le point où la crête lacrymale postérieure rencontre le bord inférieur du frontal.

16° *Largeur orbitaire*.

Points anatomiques :

en dedans : le dacryon, ou point de rencontre des sutures formées par le frontal, le lacrymal et la branche montante du maxillaire supérieur.

(Si le dacryon est soudé, ou s'il est dans une situation anormale, on choisira le point où la crête lacrymale postérieure rencontre le bord inférieur du frontal.)

en dehors : bord externe de l'orbite, au point où aboutit l'axe transversal de l'orbite mené par le point interne et parallèle, autant que possible, aux bords supérieur et inférieur de l'orbite.

17° *Hauteur orbitaire*. C. G.

Points anatomiques : bords supérieur et inférieur de l'orbite, en évitant les échancrures supérieure et inférieure, quand elles existent.

Prendre l'écart maximum entre les deux bords, suivant un axe perpendiculaire au précédent.

18° *Largeur du bord alvéolaire supérieur.* C. G.

Points anatomiques : Faces externes du bord avéolaire ; s'il y a des exostoses au niveau du bord libre, on les évitera en se plaçant au-dessus.

Prendre la ligne transversale mesurant le maximum d'écartement.

18° bis *Hauteur ou flèche de la courbe alvéolaire.* C. G. (F. fig. 229).

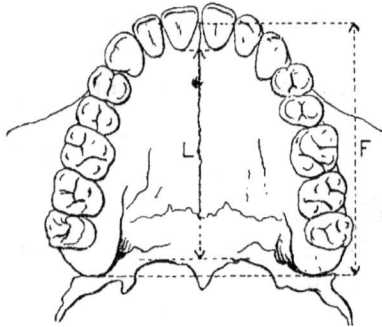

Fig. 229. — Flèche de la courbe alvéolaire (F) et longueur de la voûte palatine (L).

Points anatomiques :

    en avant : face antérieure du bord alvéolaire, entre les deux incisives médianes ;

    en arrière : point situé dans le plan médian, sur la ligne tangente aux extrémités postérieures des bords alvéolaires.

On obtient facilement cette ligne en tendant un fil placé le plus profondément possible dans l'échancrure qui sépare le bord alvéolaire de l'apophyse ptérygoïde (1).

19° *Palais osseux.* C. G. (mesures facultatives).

a) Longueur de la voûte palatine (L, fig. 229). C. G.

---

(1) L'indice maxillo-alvéolaire sera : $\dfrac{\text{largeur du bord alvéolaire} \times 100}{\text{hauteur de la courbe alvéolaire}} = x.$

Points anatomiques :

en avant : point médian, sur la ligne tangente au bord alvéolaire postérieur des incisives médianes ;

en arrière : point médian, sur la ligne tangente au fond des échancrures du bord palatin postérieur.

b) Largeur de la voûte palatine. C. G.

Distance des bords alvéolaires au niveau des deuxièmes molaires.

20° *Hauteur orbito-alvéolaire* (mesure facultative). C. G.

Prendre la distance minima entre le bord inférieur de l'orbite et le bord alvéolaire.

21° *Trou occipital.* C. G.

a) Longueur.

Points anatomiques :

en avant : basion.

en arrière : opisthion, ou point médian du bord postérieur.

b) Largeur.

Points anatomiques : bords latéraux, sur la ligne transversale d'écartement maximum.

22° *Courbe sagittale du crâne.* R. M.

Points extrêmes :

en avant : nasion ;

en arrière : opisthion.

Points intermédiaires. Appliquer le ruban sur la voûte, dans le plan médian et sagittal du crâne.

Cette courbe se subdivise en trois parties principales qu'on relèvera séparément et qui répondent aux trois os de la voûte, frontal, pariétal, occipital.

23° *Courbe transversale.* R. M.

Points extrêmes bilatéraux : sur la crête la plus saillante de la racine zygomatique postérieure, exactement au-dessus du trou auditif.

Points intermédiaires : sur la voûte, dans le plan transversal déterminé par les deux points précédents et le bregma.

23° bis *Courbe dite horizontale.* R. M.

Points anatomiques :

en avant, au-dessus des arcs sourciliers ;

en arrière, sur le sus-occipital, de façon à obtenir la courbe maxima, en ayant bien soin que cette courbe soit à la même hauteur de chaque côté et soit tout entière contenue dans un même plan.

24° *Capacité crânienne.*

Sans choisir entre les méthodes, et tout en reconnaissant la valeur du cubage de Broca, la Commission conseille d'avoir toujours quelques crânes de contrôle, de capacités très différentes, auxquels on devra se reporter pour vérifier l'exactitude des cubages exécutés ; mais elle conseille aussi d'utiliser, toutes les fois qu'il sera possible, le cubage direct par l'eau au moyen d'une vessie en caoutchouc.

B. — MANDIBULE.

25° *Largeur bicondylienne.* C. G.

Points anatomiques : extrémité externe de chaque condyle, dont on mesure l'écartement.

26° *Largeur bigoniaque* C. G.

Points anatomiques : gonions ou sommet des angles que forment les branches montantes avec le corps de la mandibule.

Mesurer leur écartement en appliquant le compas sur la face externe.

27° *Longueur de la branche montante* (L, fig. 230) C. G.

Points anatomiques :

en haut : bord supérieur du condyle ;

en bas le gonion ; mais comme ce point est souvent très difficile à déterminer sur le bord mandibulaire, prendre l'intersection des deux lignes prolongeant les deux bords inférieur et postérieur.

On l'obtient en faisant reposer la mandibule sur son bord inférieur et en plaçant la tige du compas le long de son bord postérieur.

28° *Largeur de la branche montante.* C. G.

a) Largeur minima (*m*, fig. 231).

Chercher l'écartement minimum entre les deux bords antérieur et postérieur.

b) Largeur maxima (M, fig. 231) (facultatif).

Points anatomiques :

> en avant : point le plus saillant du bord antérieur de l'apophyse coronoïde ;
> en arrière : point le plus reculé du bord postérieur de la mandibule.

Mesurer cet écartement maximum en appuyant une branche

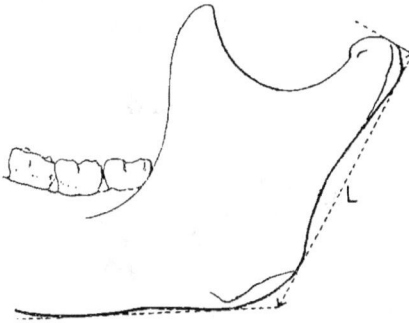

Fig. 230. — Longueur de la branche montante de la mandibule (L).

du compas tangentiellement au bord postérieur de la mandibule et en mettant l'autre branche en contact avec le bord antérieur de l'apophyse coronoïde.

29° *Hauteur symphysienne.* C. G.

Points anatomiques, dans le plan médian :

> en haut : point le plus élevé du bord alvéolaire ;
> en bas : bord inférieur de la symphyse.

Mesurer leur écartement réel, et non leur distance en projection.

30° *Hauteur du corps mandibulaire.* C. G.

Même technique, mais dans un plan vertical passant entre la première et la deuxième molaire.

31° *Epaisseur maxima du corps mandibulaire* (facultatif).

Dans le plan passant entre première et deuxième molaire, chercher l'écartement maximum des deux faces.

32° *Angle mandibulaire.*

Mesurer avec le goniomètre de Broca et avec la technique que conseille cet auteur, l'inclinaison du bord postérieur de la branche sur le bord inférieur.

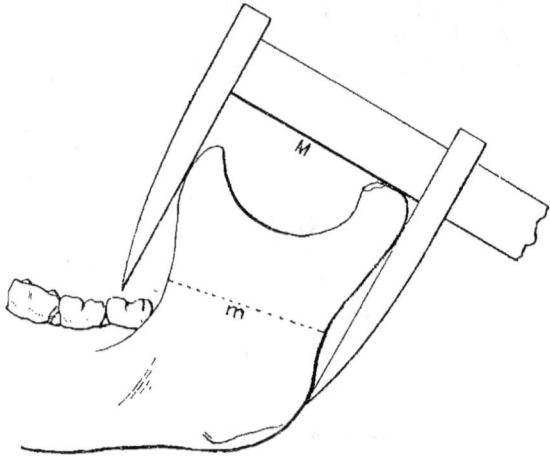

Fig. 231. — Largeur maxima de la branche montante de la mandibule (M).

II. — CÉPHALOMÉTRIE.

1° *Longueur maxima de la tête ou diamètre antéro-postérieur maximum.* C. E. (1).

Même technique que pour le crâne, ne pas presser.

2° *Largeur maxima de la tête ou diamètre transverse maximum.* C. E.

Même technique que pour le crâne.

_____

(1) Dans toutes les mesures où on cherche sur le vivant avec le compas d'épaisseur un maximum d'écartement, il est indispensable de chercher d'abord le plus grand écart des branches, puis de *fixer* ces dernières dans cette position avec la vis, et de repasser pour vérifier si l'écartement obtenu est bien le maximum.

3º *Hauteur de la tête* (placée bien d'aplomb sur ses condyles). Instrument : toise anthropométrique.

Points anatomiques :

en haut : vertex ;

en bas : bord supérieur du trou auditif, dont le point de repère (toujours à vérifier) est ordinairement le fond de l'échancrure comprise entre le tragus et l'hélix.

4º *Largeur frontale minima.* C. E.
Même technique que pour le crâne.

5º *Diamètre bimastoïdien maximum.* C. E.
Même technique que pour le crâne.

6º *Diamètre bizygomatique.* C. E.
Même technique que pour le crâne. Chercher avec soin le maximum qui est souvent plus en arrière qu'on ne le suppose.

7º *Diamètre bigoniaque.* C. E.
Même technique que pour le squelette. Eviter avec soin la partie charnue du masséter.

8º *Hauteur totale du visage* (facultatif). C. G.
Points anatomiques dans le plan médian :

en haut : naissance des cheveux ;

en bas : bord inférieur de la mandibule, en pressant un peu pour ne pas tenir compte des épaisseurs adipeuses.

9º *Diamètre nasio-mentonnier.* C. G.
Même technique que sur le squelette, en pressant un peu comme pour le précédent.

Chercher le nasion en remontant avec l'ongle le dos du nez jusqu'au léger ressaut que fait le bord inférieur du frontal.

10º *Diamètre nasio-buccal.* C. G.
Points anatomiques dans le plan médian :

en haut : nasion ;
en bas : interligne des lèvres.

11º *Diamètre nasio-alvéolaire.* C. G.
Même technique que sur le squelette. Il est toujours facile

de faire retrousser les lèvres au sujet pour qu'on puisse apercevoir le bord libre des gencives.

12° *Hauteur du nez*. C. G.

Points anatomiques :

en haut : nasion ;

en bas : sous cloison du nez, au niveau de son union avec la lèvre supérieure.

Ne pas presser.

13° *Largeur du nez*. C. G.

Points anatomiques : face externe des ailes du nez.

Chercher, sans exercer aucune pression, la ligne transversale d'écartement maximum.

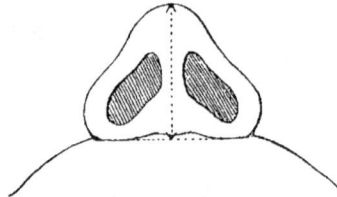

Fig. 232. — Saillie de la base du nez.

14° *Saillie de la base du nez* (fig. 232).

Points anatomiques :

en avant : le point le plus saillant du lobule nasal ;

en arrière : le point où le plan médian est coupé par la ligne transversale joignant le point le plus reculé de chacun des plis naso-labiaux.

Prendre la distance en projection de ces deux points avec un instrument approprié.

15° *Largeur bipalpébrale externe*. C. G. (E, fig. 233).

Points anatomiques : angle externe de chaque œil, dans sa région profonde, en contact immédiat avec le globe de l'œil.

Les yeux du sujet étant bien ouverts, le regard un peu au-dessus de l'horizon, viser ce point avec les branches du compas appuyé sur les joues du sujet.

16° *Largeur bipalpébrale interne.* C. G. (I, fig. 233).

Points anatomiques : angle interne de chaque œil, sans s'occuper de la caroncule.

17° *Largeur de la bouche.* C. G.

Points anatomiques : commissures des lèvres, au point où la muqueuse se continue avec la peau.

18° *Hauteur bilabiale.* C. G.

Points anatomiques :

en haut : sommets des courbes de l'arc labial supérieur ;
en bas : sommet de la courbe labiale inférieure.

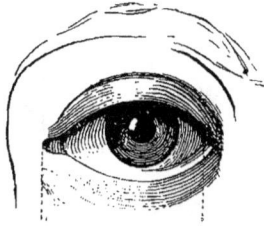

Fig. 233. — Largeur bipalpébrale externe (E)
et largeur bipalpébrale interne (I).

Placer la tige du compas bien verticale et ses branche tangentes aux sommets des deux courbes.

19° *Oreille.* C. G.

a) Longueur maxima (fig. 234, trait plein).

Points anatomiques :

en haut : le point le plus élevé du bord de l'hélix ;
en bas : extrémité inférieure du lobule.

Placer la tige du compas parallèle au grand axe de l'oreille et ses branches tangentes aux points indiqués, sans presser.

b) Longueur de l'oreille cartilagineuse (fig. 234, trait pointillé).

Points anatomiques :

en haut, comme précédemment.
en bas : bord inférieur de la conque cartilagineuse.

Appliquer le compas comme précédemment, mais en déprimant légèrement le lobule avec la branche inférieure afin de ne prendre que la portion cartilagineuse du pavillon.

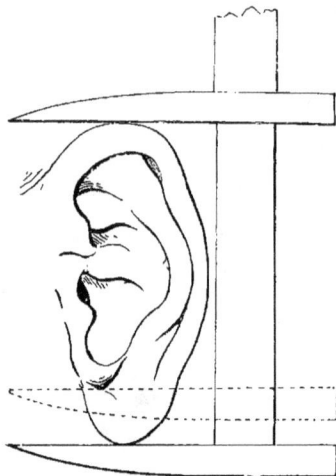

FIG. 234. — Longueurs de l'oreille.

c) *Largeur*.

Distance entre deux lignes parallèles au grand axe de l'oreille, dont l'une est tangente au bord antérieur de l'hélix, et l'autre tangente à son bord postérieur.

La technique de chacune de ces mesures a été, après discussion, adoptée à l'unanimité.

Ont signé :

Le président, WALDEYER ; Le vice-président, G. SERGI ;
Les membres de la Commission : GIUFFRIDA RUGGERI,
E. T. HAMY, G. HERVÉ, LISSAUER, VON LUSCHAN,
PITTARD, POZZI, VERNEAU ; G. PAPILLAULT, rapporteur.

La Toise horizontale en Anthropométrie

par le Dr G. PAPILLAULT

La présentation que j'ai l'honneur de vous faire est un complément utile aux travaux que votre *commission pour l'unification des mesures anthropométriques* vient de soumettre à votre approbation. Vous avez établi une méthode uniforme dans le choix des points anatomiques les plus importants. Il serait désirable maintenant de diminuer le plus possible les erreurs dues au facteur personnel ou à des causes que nous pouvons faire disparaître. Or, depuis longtemps j'avais été frappé des écarts considérables que présentaient les mêmes mesures prises sur un sujet unique par plusieurs observateurs. Mes meilleurs élèves, les plus expérimentés, n'arrivaient pas, avec la toise verticale, à se mettre d'accord entr'eux. Ils connaissaient parfaitement le point anatomique qu'il fallait viser avec le curseur, la toise était bien verticale, la mesure relevée avec soin. Le sujet était en apparence dans la même position ; mais ce n'était qu'une apparence. Un manque d'attention du sujet, un relâchement des muscles, un peu de fatigue, suffisaient à modifier l'attitude. La colonne vertébrale se courbait, une épaule s'abaissait, une hanche devenait plus saillante, la tête s'inclinait un peu, un tassement général se produisait, puis brusquement le sujet se réveillait, et par un acte de volonté plus tendue, remettait le tout en place correcte. Ce sont des mouvements qui échappent forcément à l'opérateur, mais que la toise enregistre fidèlement, ajoutant au bras ce qu'elle enlève à l'avant bras, raccourcissant la main de l'oscillation imprimée à l'épaule ; et cependant les sujets étaient des modèles dressés à prendre la pose dans les ateliers, choisis par moi et pleins de bonne volonté. On peut juger par là des erreurs qu'on commet en mesurant des individus qui comprennent à peine ce qu'on leur demande, accordent de mauvaise grâce le peu qu'ils comprennent, et sont incapables de réaliser la même attitude soit par habitude acquise, soit par différence congénitale dans la tonicité musculaire, dans la souplesse des ligaments, etc. On range parmi les troncs courts un individu qui ne sait pas ou ne veut pas redresser sa colonne vertébrale, et on a, dans la longueur relative du segment des membres, des variations sur la nature desquelles on disserte à perte de vue, comme nos scolastiques raisonnaient autrefois sur celle du phlogistique : ils ont encore des continuateurs parmi nous dont ils pourraient être fiers.

Frappé de ces nombreux inconvénients, convaincu qu'on ne pourrait arriver à des résultats précis qu'en immobilisant le sujet dans le décubitus dorsal, j'appliquai au vivant une toise horizontale que j'avais fait construire pour mesurer des cadavres. L'expérience confirma mes prévisions. Les écarts entre mes élèves diminuèrent dans des proportions inespérées ; et, en 1902, je concluais déjà ainsi : « il me semble donc tout à fait nécessaire d'appliquer désormais une méthode uniforme à toutes les observations et de faire coucher toujours les sujets sur un plan horizontal ».

Mon collègue et ami le Dʳ Lapicque comprit immédiatement tous les avantages de cette nouvelle technique, et avant d'entreprendre son voyage d'exploration dans l'Inde, il résolut de se faire construire une toise horizontale plus portative que la mienne. Voici en quels termes il l'a présentée à son retour devant la Société d'Anthropologie de Paris ; je ne saurais exposer plus clairement son fonctionnement :

« Le principe de cet appareil m'a été suggéré par M. Papillault qui, dans ses recherches anthropométriques sur le cadavre, avait été frappé des avantages offerts par la toise horizontale, de rigueur en ce cas (1). Pour ma part, j'avais, dans un voyage

(1) G. Papillault. — L'homme moyen à Paris. *Bulletins et mémoires de la Société d'Anthropologie de Paris*, 1902, p. 406.

précédent, rencontré des difficultés parfois insurmontables à l'emploi en campagne de l'instrument classique, la toise verticale à pédale. Il est difficile en effet d'obtenir ces deux conditions essentielles : 1° sol horizontal et résistant, nécessaire à la manœuvre de la toise à pédale ; 2° immobilité du sujet dans la position correcte. J'avais donc résolu d'essayer de mesurer mes sujets couchés, et j'ai fait construire au laboratoire de physiologie de la Sorbonne le présent appareil.

« La toise proprement dite (fig. 235) est constituée par un arbre d'acier creux cylindrique de 2 mètres de longueur, d'un diamètre de 3 centimètres environ avec une épaisseur de paroi de 8 dixièmes de millimètres (T). Cette toise est divisée dans sa longueur, pour la commodité du transport, en deux parties égales ; l'assemblage se fait au moyen d'un manchon de cuivre qui pénètre d'environ 15 centimètres dans chacune des deux moitiés et forme raccord à baïonnette ; le joint se ferme d'une façon très juste et la rigidité de l'ensemble est largement suffisante.

« A l'une de ses extrémités, la toise porte un fort écrou (E) en bronze qui permet de fixer perpendiculairement à l'axe une plaque de tôle émaillée dont la rigidité est assurée par deux équerres amovibles et pliantes disposées sur la face opposée à la toise. Une autre plaque de tôle de même forme et de même dimension porte au lieu du simple trou de la plaque précédente un manchon de cuivre qui peut coulisser à frottement doux sur la toise et se termine par un écrou fendu : la rigidé de cette deuxième plaque est assurée par un contrefort de bronze solidaire du manchon et boulonné dans l'axe de la plaque (V V'). La toise est supportée par ces deux plaques horizontalement à trente centimètres au-dessus du plan sur lequel elles reposent par leur base.

« La graduation qui comprend seulement centimètres et demi-centimètres a pour zéro le plan de la plaque fixe. Un manchon curseur (C) en cuivre, de sept centimètres de long, glisse à frottement demi-dur sur la toise ; il porte une réglette d'acier (R), large d'un centimètre et longue de quarante cinq centimètres assujettie à rester perpendiculaire à l'axe de la toise et pouvant

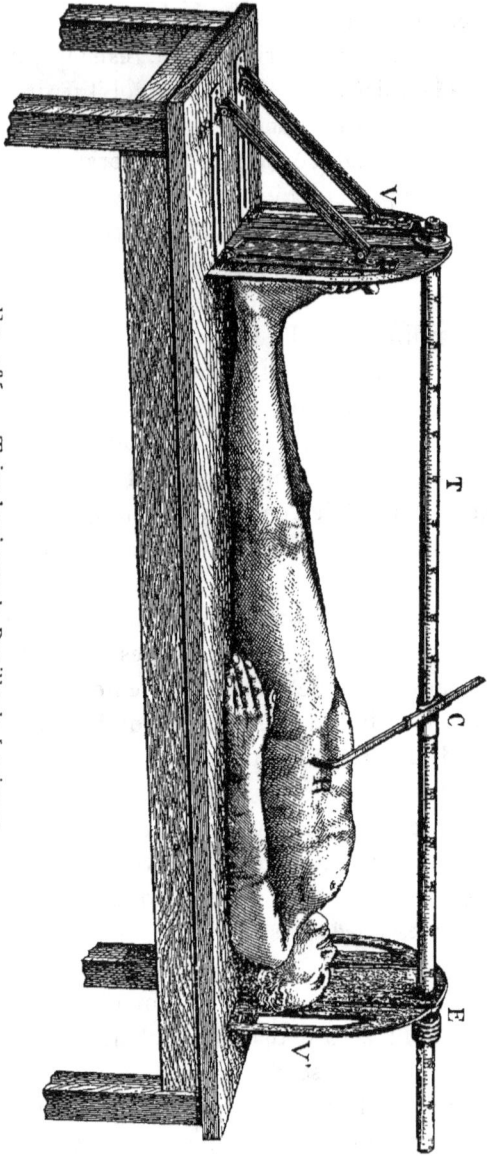

Fig. 235. — Toise horizontale Papillault-Lapicque.

(Leune, constructeur.)

glisser transversalement : à ses deux extrémités, la règle est taillée en biseau ; la pointe correspond exactement à l'une des bases du manchon. Par les mouvements combinés du curseur (glissement transversal), on peut mettre une pointe de celle-ci (glissement longitudinal et rotation sur l'axe) et de la réglette sur un point quelconque de l'espace voisin de la toise, et sur le bord correspondant du manchon curseur on lira la distance en projection de ce point au plan initial passant par la plaque fixe.

« Mais avec une règle rectiligne, dans la pratique anthropométrique, il y a des cas où l'on ne peut mettre l'extrémité de la règle en contact avec un point anatomique donné. Soit, par exemple, le bord supérieur du grand trochanter, le sujet étant dans le décubitus dorsal avec la toise à 30 centimètres au-dessus du plan de substentation ; quand on abaisse la réglette par rotation, elle vient tangenter la région iliaque et reste à plusieurs centimètres au-dessus du point anatomique cherché. On aurait pu relever la toise, mais en même temps que c'était augmenter le poids de l'instrument en accroissant la dimension des plaques, c'était augmenter les chances d'erreur par fausse équerre. Il m'a paru plus simple de donner à l'une des extrémités de la règle une courbure dans le plan que lui fait décrire la rotation du manchon ; un quart de circonférence d'environ 10 centimètres de rayon a suffi pour que je pusse atteindre tous les points anatomiques dont j'avais besoin : suivant la mesure que l'on prend, on emploie l'une ou l'autre des extrémités de la règle.

« Pour le voyage, les deux moitiés de la toise sont placées parallèlement dans une boîte capitonnée ; la règle courbe prend place à côté d'elles ; pour les plaques je n'ai point fait d'emballage spécial ; elles ont voyagé avec une partie quelconque de mon matériel.

« Pour procéder à des mesures, il faut avoir un emplacement bien plan, mais qui n'a besoin d'être ni rigoureusement horizontal ni bien résistant sur toute son étendue ; il est naturellement très avantageux pour l'opérateur que cet emplacement soit à peu près à hauteur d'appui. Je me proposais de le constituer

quand la nécessité s'en ferait sentir par une banquette de terre.
Pratiquement, dans les campements où j'ai eu à me servir de
l'instrument, j'ai toujours disposé de bungalowis en maçonnerie ;
quelquefois, j'ai eu deux tables de même hauteur, comme dans
un laboratoire ; dans d'autres cas, j'ai opéré sur la murette à
hauteur d'appui qui faisait le tour de la vérandah, ou sur la
plate-forme de cette vérandah elle-même, élevée généralement de
trois ou quatre marches au-dessus du sol.

« Dans ces conditions confortables, j'aurais pu sans aucune
difficulté employer la toise verticale. Néanmoins, je me félicite
d'avoir emporté une toise horizontale, que j'ai trouvée supérieure
au triple point de vue de la commodité, de la rapidité, et de la
sécurité des lectures.

« Je n'ai éprouvé aucune résistance de la part des sujets. Sur
ce point encore, j'ai bénéficié des conditions exceptionnelles que
fournit une colonie anglaise ancienne et bien stylée. Les sujets
des tribus les plus sauvages m'étaient amenés par les gardes
forestiers, et s'ils ont éprouvé des sentiments de crainte, ils n'ont
même point osé les manifester.

« Pour opérer, on fait coucher le sujet sur le plan choisi ;
rien sous la tête ; l'occiput repose sur le même plan que le reste
du corps ; la position est moins confortable, mais elle est plus correcte qu'avec aucun oreiller. On le dispose bien droit en dépla-
çant au besoin les jambes saisies par les chevilles ; on place les
bras en saisissant les poignets et en les tirant un peu vers les
pieds ; puis on pose la toise dont les plaques ont été préalablement écartées bien au-delà de la taille du sujet, la plaque fixe
du côté des pieds, la plaque mobile du côté de la tête ; un aide
saisit les deux pieds, joint les talons, écarte un peu les
pointes, et les fléchit de façon à mettre la plante des pieds verticale ; on tire la toise de façon à établir franchement le contact
avec les talons, puis, redressant au besoin la tête si elle s'est
inclinée sur une épaule ou sur l'autre, on fait glisser la plaque
fixe jusqu'à ce qu'elle vienne toucher le vertex et on serre l'écrou
fendu. Le sujet est dès lors parfaitement immobilisé. En visant
longitudinalement, avec la toise comme axe de repère, on juge

très facilement si la position est correcte ; on lit la *longueur couché* au contact de la plaque mobile, et on procède aux autres mesures avec le curseur et la réglette. »

Je crois inutile d'insister plus longuement sur les avantages de cette méthode anthropométrique ; ils sont évidents. Pfitzner, de Strasbourg, l'avait conseillée avant sa mort prématurée. Le Dr Giacinto Viola, de Padoue, dans ses remarquables travaux d'anthropométrie appliqués à la clinique, l'emploie depuis quelques années ; elle est appelée à s'étendre et à remplacer l'ancienne, malgré les regrets de quelques esprits timorés que le moindre changement effraie.

On a objecté que les nouvelles observations ne pourront se comparer aux anciennes. C'est évident et c'est fort heureux puisque ces dernières sont inexactes. Chaque science renouvelle ses méthodes sans s'embarrasser du passé ; les analyses chimiques, par exemple, ne sont plus comparables à celles qu'on faisait il y a un siècle. L'anthropologie doit imiter ses devancières, si elle veut sortir de la période des hypothèses invérifiables, des théories philosophiques et des dissertations littéraires et métaphysiques, pour devenir une science exacte.

Note additionnelle à la communication

de M. Louis SIRET

SUR LES

Origines de la Civilisation néolithique

Pendant l'impression du Compte rendu, j'ai continué à réaliser des découvertes qui permettent de préciser bien des points touchés dans mon mémoire : celui-ci ne se trouvant donc plus au courant de l'état actuel des questions qu'il soulève, je crois être utile aux lecteurs de ce volume en présentant un court résumé des dernières conclusions auxquelles je suis arrivé (1).

NÉOLITHIQUE ANCIEN ET MOYEN. — Ces deux périodes se distinguent de plus en plus nettement de la suivante, notamment par l'emploi général de la pierre aiguisée ou polie et la taille encore primitive du silex. Les rapports avec l'Est méditerranéen sont positifs.

NÉOLITHIQUE RÉCENT. — Caractérisé entr'autres choses par la belle taille du silex, le cuivre, la grande extension des idées religieuses, les vases peints, l'intensité d'un commerce maritime

(1) On les trouvera développées dans les mémoires suivants : Orientaux et Occidentaux en Espagne aux temps préhistoriques (*Revue des questions scientifiques*, octobre 1906, janvier 1907). — A propos de poteries pseudo-mycéniennes (*L'Anthropologie*, 1907, p. 277-299). — Essai sur la chronologie protohistorique de l'Espagne (*Revue archéologique*, 1907, II, p. 373-395). — Les Cassitérides et l'empire colonial des Phéniciens, 1ʳᵉ partie (*L'Anthropologie*, 1908, p. 129-165). — Religions néolithiques de l'Ibérie (*Revue préhistorique*, 1908, nᵒˢ 7 et 8).

très étendu, la présence de substances exotiques et des raffinements propres aux races orientales, étrangers à celles de l'Occident. J'attribue le développement de cette civilisation à la fréquentation des Sidoniens exploitant l'argent d'Espagne et l'étain des Cassitérides à l'époque où les Occidentaux se trouvaient en plein âge de la pierre. Les Phéniciens avaient intérêt à les maintenir à ce niveau inférieur, et à leur laisser ignorer l'usage du bronze et de l'argent : ce n'est donc pas leur civilisation que nous devons retrouver dans les pays qu'ils exploitaient. Il faut aussi remarquer que leurs arts et industries, malgré l'usage des métaux, étaient encore primitifs, inférieurs à ceux des autres peuples de l'Est méditerranéen, et tout à fait différents de ceux de la Phénicie historique et de Carthage. Ces circonstances, dont il n'a pas été tenu suffisamment compte, ont empêché jusqu'à présent de reconnaître l'action des Phéniciens primitifs en Occident.

Ils exportaient l'étain sous forme de minerai, l'argent à l'état soit de minerai, soit de plomb ou de cuivre argentifère. On retrouve comme témoins de leur commerce dans les sépultures du Sud de la Péninsule, tout ensemble l'ambre baltique, le jais probablement anglais, la turquoise occidentale (callaïs) provenant sans doute des gisements d'étain, la coquille de l'œuf d'autruche, importée d'Afrique, l'ivoire de l'éléphant, celui de l'hippopotame, acheté probablement en Egypte, des flacons servant à contenir des parfums préparés en Orient. La religion du Néolithique récent, celle des monuments mégalithiques, est orientale, phénicienne.

LES CASSITÉRIDES. — Je les identifie avec les îles du Morbraz, dont les grèves étaient autrefois très riches en étain et contenaient aussi de l'or. Le lavage des sables à la recherche de celui-ci a pu faire découvrir le minerai d'étain par les indigènes, mais ils ne pouvaient se rendre compte de sa valeur. Les explorateurs phéniciens comprirent à première vue l'importance des gisements et les exploitèrent activement. D'une valeur considérable, faciles à exploiter, les alluvions furent épuisées avant

l'époque historique : l'affaissement du sol accéléra leur décadence et le souvenir de leur richesse se perdit à tel point que
plus tard on n'y reconnut pas les fameuses Cassitérides.

Le commerce de l'étain par les Sidoniens apporta au pays
une prospérité extraordinaire ; à elle, et aux idées religieuses
des exploitants, est due la magnificence des monuments mégalithiques armoricains.

Vers le xiiᵉ siècle, une puissante poussée de peuples du
centre européen envahit les trois péninsules méridionales et
l'ouest du continent. En Grèce, les races se mélangèrent ; en
Occident de même, mais les Phéniciens furent expulsés, tandis
que leurs rivaux, les Grecs, plus ou moins alliés aux envahis-
seurs, purent pénétrer en Espagne et en France : ils ouvrirent,
par le Rhône et la Loire, la route Marseille-Corbilo vers les
Cassitérides. Les Tyriens, succédant aux Sidoniens, réussirent à
conserver le monopole de la route océanique de l'étain ; pour la
garder, ils fondèrent Gadir, non loin des colonnes d'Hercule.

Au viᵉ siècle, la chute de Tyr amena un nouveau désastre
pour les Phéniciens. Carthage reprit les affaires et assura pour
quelques siècles encore leur suprématie commerciale.

Vers le ivᵉ ou le iiiᵉ siècle, l'épuisement des Cassitérides et
la décadence du commerce grec firent déserter la route terrestre
qui y conduisait ; au temps des Romains elle était oubliée. Par
la conquête de l'Armorique et de l'Aquitaine, Publius Crassus
montra un nouveau chemin pour y arriver ; mais les gisements
n'avait plus d'importance et la découverte ne dissipa pas le
mystère de la situation des Cassitérides.

RELIGIONS NÉOLITHIQUES. — *Néolithique ancien.* Les idoles,
par leur profil, sont identiques à celles d'Hissarlik, mais n'ont
pas comme elles, le dessin rudimentaire d'une face.

Néolithique moyen. Les idoles ont le même profil que celles
de Mycènes et de Tirynthe, mais non les ornements peints qui
font de celles-ci des figures féminines. Par contre, leur caractère
plus primitif permet d'y reconnaître l'intention première de
représenter une hache polie, plus exactement, une herminette,

fixée sur un support qui figure sans doute le manche. La forme de celui-ci varie dans certaines limites : parfois il suggère l'idée d'une tête de taureau avec des cornes, et en effet ce type d'idole, pénétrant en Grèce, et subissant l'influence artistique du milieu, s'est transformé en un protome de taureau portant une hache bipenne entre les cornes. Cette image avec l'histoire même de son culte ont donné naissance au mythe de Jupiter sous forme de taureau enlevant Europe des côtes de Phénicie et l'amenant en Crète.

J'attribue le caractère sacré de l'herminette à sa forme, qui est celle du triangle sexuel sur les figures féminines des îles et sur beaucoup d'autres. La hache double, figurant l'union des sexes, a un sens analogue. La hache est donc le symbole de la génération, et a continué à l'être à travers toutes les transformations zoomorphiques et anthropomorphiques qu'elle a subies : c'est à elle qu'on rendait le culte dans les palais de Mycènes et de Knossos : c'est elle qui, prenant la forme humaine, s'appela Artemis, Astarté, Aphrodite.

Néolithique récent. Les objets de culte sont infiniment variés. L'herminette continue à être adorée sous des formes diverses, notamment sous celle de statuettes en albâtre auxquelles on a parfois sculpté des seins. A côté de ce culte apparaissent ceux du poulpe stylisé, des bétyles et du palmier. Sur des idoles en os et des plaques de schiste sont gravés divers symboles dont le groupement a créé de nouveaux types, d'aspect étrange, avec tendance vers un anthropomorphisme mystérieux, conventionnel ou rituel, très différent de celui des Grecs.

Les caractères de cette religion parlent hautement en faveur de son origine orientale ou phénicienne, et confirment le témoignage des objets de pacotille constituant les spécialités du commerce phénicien.

CHRONOLOGIE PROTOHISTORIQUE DE L'ESPAGNE. — Sur les débuts du Néolithique nous ne possédons aucune donnée positive ; les calculs basés sur l'épaisseur des débris accumulés exposent à de graves erreurs. La dernière phase du Néolithique,

avec les beaux silex, le cuivre et les nombreux vestiges d'influence
phénicienne, va approximativement du xviiiᵉ au xiiᵉ siècle.

Elle prit fin par l'invasion de peuples du centre de l'Europe,
qui en Espagne formèrent la nation celtibère, détruisant l'empire
phénicien et inaugurant l'âge du bronze ; vers le ixᵉ siècle, la
civilisation de l'âge du fer, à caractères hallstattiens, pénètre
jusqu'au sud de la Péninsule.

Sous l'hégémonie de Tyr, les Phéniciens dépossédés fondèrent Gadir et ensuite diverses colonies sur les côtes d'Espagne
et d'Afrique. J'ai retrouvé des nécropoles tyriennes, contemporaines de sépultures celtibères à facies hallstattien. Les produits
des deux civilisations se trouvent souvent juxtaposés dans les
mobiliers funéraires.

J'ai aussi constaté la destruction des nécropoles tyriennes
par les indigènes à l'époque de la chute de Tyr et leur restaura-
tion par les Carthaginois.

Poteries pseudo-mycéniennes. — Les vases peints néolithiques
ne sont ni mycéniens, ni chypriotes : leur art rudimentaire
révèle la présence d'un peuple connaissant la peinture céramique
en usage dans le bassin oriental de la Méditerranée, mais il est
trop primitif pour permettre aujourd'hui une attribution précise ; rien ne s'oppose à y voir l'œuvre des Phéniciens.

Pendant les âges du bronze et du fer, correspondant à la
domination de peuples celtiques, la peinture céramique est
inconnue en Espagne.

Avec les Tyriens apparaissent des vases avec peintures sobres,
généralement de simples bandes horizontales. Ces produits sont
contemporains des vases indigènes en terre lissée, de couleur
sombre.

Vers la fin du vᵉ siècle, apparaissent des ornements plus
abondants, et c'est au ivᵉ que correspond le grand épanouissement de l'art soi-disant ibérique : il persiste jusque pendant les
premiers temps de l'occupation romaine.

Si l'initiative des vases peints est due en Espagne aux Tyriens
et aux Carthaginois, et si certains motifs gardent les traces de

leur influence, celle des produits grecs n'est pas moins importante : il y a des dessins copiés de vases italo-grecs qu'on
importait en grande quantité. Ces copies dénotent une grande
infériorité, autant dans le sentiment artistique que dans les procédés industriels : il en résulte une dégénerescence qui, comme
dans tant d'autres cas, constitue un recul et donne une illusion
d'archaïsme. C'est ce qui explique l'aspect *mycénien* des œuvres
espagnoles.

On trouve des peintures céramiques analogues à Carthage,
mais vraisemblablement les principaux centres de fabrication
étaient en Espagne : on y distingue même des différences de
style régionales, comme l'ont montré les fouilles de Numance.

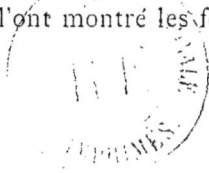

FIN

ERRATA

T. I, p. 259, lignes 13 et 14 : au lieu de « *sur la montagne de Cordes, aux environs d'Arles* », lire « *auprès de Gordes, Vaucluse* ».

T. I, p. 259, ligne 19 : après « *et de M. Bouchinot de Marseille* », ajouter : « *C'est ce dernier, d'ailleurs, qui a fourni à M. Pranishnikof quelques données sur les constructions dont il s'agit.* »

⁎ ⁎

Je crois inutile de signaler quelques erreurs typographiques, assez rares en somme, qui ne modifient en rien le sens de certaines phrases et que le lecteur corrigera lui-même avec la plus grande facilité.

Parfois, j'ai dû faire d'office les corrections nécessaires après avoir vainement attendu, pendant de longues semaines, le retour des placards envoyés aux auteurs. L'Imprimerie de Monaco ne disposant que d'un matériel restreint, je me suis trouvé dans l'obligation de donner des *bons à tirer* pour lui permettre de continuer la composition du *Compte rendu.*

A tous les congressistes qui, par leur empressement à me renvoyer leurs épreuves corrigées, ont facilité ma tâche, j'adresse de sincères remerciments. A ceux qui m'ont laissé le soin de faire moi-même leurs corrections, je puis donner l'assurance que j'ai scrupuleusement respecté les textes qu'ils m'avaient remis ; mais je ne saurais assumer la responsabilité des erreurs qui auraient pu se glisser dans leurs rédactions primitives.

Le Secrétaire Général.

TABLE DES MATIÈRES

DU TOME II

COMMUNICATIONS ET DISCUSSIONS

Questions générales (suite et fin).

Origine de la civilisation néolithique.— Les premières céramiques.

Pages

Origines de la Civilisation néolithique (Turdétans et Égéens), par M. L. Siret 5

Discussion 3o

Note additionnelle à la communication précédente, par M. L. Siret 402

Sur la chronologie absolue de l'époque néolithique, par M. O. Montelius 32

Discussion... 3₂

Les premières Céramiques en Europe centrale (Essai pour établir deux grandes périodes de l'âge néolithique par la distinction de deux styles de l'art décoratif), par M. le Dʳ Maurice Hoernes... 34

Les civilisations protohistoriques dans les deux bassins de la Méditerranée (Égéen, Minoen, Mycénien).

Sur les termes Égéen, Minoen, Mycénien, par M. Arthur Evans.. 6ɪ

Géographie des civilisations de Hallstatt et de La Tène.

La répartition locale des monuments de l'âge du fer en Hongrie, par M. le Dʳ Louis de Marton 64

Répartition des objets de Hallstatt et de La Tène dans la vallée de l'Yonne, par M. l'abbé A. Parat 72

Les objets d'or préromains de la Gaule, par le Comte Olivier Costa de Beauregard... 74

Pages

La nécropole de Hallstatt (Essai de division systématique), par M. le
     Dʳ Maurice Hoernes..   75
Cuirasses et Cnémides de l'époque de Hallstatt, par le Comte Olivier
     Costa de Beauregard   97
     Discussion...   97
Considérations générales sur les pénétrations hallstattiennes et de
     La Tène en Côte-d'Or et spécialement dans le Châtillonnais,
     par M. Ferdinand Rey.................................   99
Présentation d'anciennes épées supposées boïennes, par M. de Saint-
     Venant   107

3°. Questions non inscrites au programme.

A) Le Préhistorique en Asie, en Afrique et en Amérique.

Silex d'Asie Mineure importés à Marseille, par M. H. de Gérin-Ricard   108
     Discussion...   111
Le Laos (Silex et bronzes), par M. Alfred Raquez....   113
Le Préhistorique dans le Sud Tunisien, par MM. le Dʳ Capitan et
     Boudy...................................   114
Pointes de flèche et de lance du Sahara, par M. V. Arnon   119
L'Homme de Sancti Spiritus (Ile de Cuba), par M. le Dʳ Louis
     Montané   141
Note sur des sceptres de pierre en forme de hache emmanchée usités
     chez les anciens habitants des Antilles, par M. le Dʳ E. T. Hamy.   153

B) Le Préhistorique en Europe.

Sur l'origine et l'importance des cartes de types préhistoriques, par
     M. A. Lissauer...   163

Époque paléolithique.

Instruments paléolithiques découverts à Capri, par M. L. Pigorini..   167
Superposition de deux tailles, d'âges différents, sur un même silex,
     par M. le Dʳ Henri Martin   169
     Discussion   171
La grotte de la Font-Robert (Corrèze), par les abbés L. Bardon,
     A. Bouyssonie et J. Bouyssonie.............................   172
Coup d'œil général sur le Préhistorique des environs de Grenoble,
     par M. Muller...   185

Époque néolithique.

Sur quelques monuments mégalithiques trouvés dans la région des
     Marais, entre Sissonne et Marchais, par M. le Dʳ Frœhlicher..   189

Pages

Objets préhistoriques de la vallée de la Saône et de Gevrey-Chambertin, par M. Bidault de Grésigny.............. 199
Discussion 202
Recherches archéologiques récentes dans les Cévennes, par M. Car-
rière 203
Contribution à l'étude des populations néolithiques du Bas-Médoc,
par M. le Dr G. Lalanne................................. 204
Le Néolithique dans la Provence centrale et dans la Provence
occidentale, par M. Ch. Cotte............................ . 207
Les Statues-Menhirs de l'Aveyron et du Tarn (quatrième série), par
M. l'abbé Hermet...................................... 210
La Grotte des Fées à Tharaux (Gard), par M. Ulysse Dumas....... 221

Age du Bronze.

L'âge du Bronze en Belgique, par le Baron de Loë.............. 233
L'âge du Bronze en Suède, par M. O. Montelius................. 235
Fouilles dans la Nécropole de Timmari (Basilicate) par M. L. Pigorini 275
Considérations sur le cuivre et le bronze en Normandie, par
M. L. Coutil.. 276
Discussion.. 277
Antiques sphéroïdes en bronze à ouvertures polaires, par M. J. de
Saint-Venant...... 278
Discussion........... 293

Époque préromaine.

Présentation d'un ornement en or trouvé récemment à Arlon
(Belgique), par le Baron A. de Loë........................ 294
Curieux instruments en fer recueillis dans des sépultures antiques,
au bas de l'oppidum du mont Menu, au lieu Coste Fère, près
Eyguières (Bouches-du-Rhône), par M. Gabriel Carrière...... 296
Une nécropole archaïque dans la ville de Gênes, par M. R. Paribeni. 300
Les poteries usuelles, grecques et indigènes, en Provence aux IIIe et
IIe siècles avant notre ère, par M. G. Vasseur.................. 303
Discussion................................. 312
Les Osques, peuple de la Campanie, étaient-ils de race aryenne ?
par M. Basile Modestov...................................... 314

Origine du nom de Russe, par M. le Dr Adolphe Bloch............ 323
Discussion 331

Le passage de la Figure à l'Ornement dans la céramique peinte des
couches archaïques de Moussian et de Suse, par M. l'abbé
H. Breuil... 332
A propos des inscriptions rupestres de l'Afrique du Nord, par
M. G. Flamand 345
Discussion 345

Les troglodytes modernes du Djebel-Aurès, par M. L. Jacquot.... 348

Pages

Ethnographie comparée.

La navigation primitive et les procédés de fabrication des pirogues
monoxyles, par M. Tabariès de Grandsaignes.................. 349
Origines de la Rame (à propos de la découverte d'un de ces objets
dans les tourbières néolithiques de la Basse-Normandie), par
M. le Dr Hamy....... 367

4°. Questions anatomiques.

Sur l'avance du menton, par M. Albert Gaudry.................. 373
De l'importance de la Pelvimétrie anthropologique, par M. le
Dr Verrier...... 376
Entente internationale pour l'Unification des Mesures craniomé-
triques et céphalométriques, par le Dr G. Papillault.......... 377
La Toise horizontale en Anthropométrie, par le Dr G. Papillault. 395

Note additionnelle à la communication de M. Louis Siret sur les
Origines de la Civilisation néolithique..................... 402

Errata......... 408

TABLE DES AUTEURS

	Pages
Arnon (V.)	119
Bardon (Abbé L.)	172
Baye (Baron J. de)	202, 331
Bidault de Grésigny	199
Bloch (Dr A.)	323
Boudy	114
Bouyssonie (Abbé A.)	172
Bouyssonie (Abbé J.)	172
Breuil (Abbé H.)	332
Capitan (Dr L.)	114
Carrière (G.)	203, 296
Costa de Beauregard (Cte Olivier)	74, 97
Cotte (Ch.)	207
Coutil (L.)	276
Déchelette (J.)	98, 277, 312
Desplagnes (Lieutenant)	346
Dumas (Ulysse)	221
Evans (Arthur)	30, 32, 61, 97, 345
Evans (Sir John)	293
Flamand (G.)	345
Frœhlicher (Dr)	189
Gaudry (Albert)	373
Gérin-Ricard (H. de)	108
Hamy (Dr E. T.)	112, 153, 367
Hermet (Abbé)	210
Hoernes (M.)	34, 75, 97
Issel (A.)	111, 293
Jacquot (L.)	348
Lalanne (Dr G.)	204
Lissauer (Dr A.)	163
Loë (Baron A. de)	233, 294
Martin (Dr H.)	169
Marton (L. de)	64
Modestov (B.)	314
Montané (Dr L.)	141
Montelius (O.)	32, 98, 235

Pages

MULLER.. 185
PAPILLAULT (Dr G.)... 377, 395
PARAT (Abbé A.)... 72
PARIBENI (R.)... 300
PIGORINI (L.).................................... 31, 167, 275, 277, 300
RAQUEZ (A.).. 113
REINACH (S.)... 277, 345
REY (F.).. 99
RUTOT (A.) 111
SAINT-VENANT (J. DE)..................................... 107, 278
SIRET (L..)... 5, 402
TABARIÈS DE GRANDSAIGNES 349
TATÉ 171
VASSEUR (G.).. 30, 303, 313
VERRIER (Dr)... 376

LISTE GÉNÉRALE
DES COMMUNICATIONS

PUBLIÉES DANS LES DEUX VOLUMES

par ordre alphabétique des noms d'auteurs

	Tomes	Pages
ARNON (V.). — Pointes de flèche et de lance du Sahara	II,	119
BARDON (Abbé L.), BOUYSSONIE (Abbés A. et J.). — La Grotte de la Font-Robert (Corrèze)	II,	172
BIDAULT DE GRÉSIGNY. — Objets préhistoriques de la vallée de la Saône et de Gevrey-Chambertin	II,	199
BLOCH (Dr A.). — Origine du nom de Russe	II,	323
BOUDY. — Voy. CAPITAN (Dr L.).		
BOULE (M.). — Notions générales sur les Grottes de Grimaldi	I,	58
— Stratigraphie et Paléontologie de la Grotte du Prince	I,	67
— Stratigraphie et Paléontologie de la Grotte des Enfants	I,	79
— La Stratigraphie et la Paléontologie des Grottes de Grimaldi.	I,	111
BOURLON (M.). — L'Industrie moustérienne au Moustier	I,	287
BOUYSSONIE (Abbé A.). — Voy. BARDON (Abbé L.).		
BOUYSSONIE (Abbé J.). — Voy. BARDON (Abbé L.).		
BREUIL (Abbé H.). — Les gisements Présolutréens du type d'Aurignac (Coup d'œil sur le plus ancien âge du Renne)	I,	323
— L'Évolution de l'Art pariétal des cavernes de l'âge du Renne.	I,	367
— Exemples de Figures dégénérées et stylisées à l'époque du Renne	I,	394
— Le passage de la Figure à l'Ornement dans la céramique peinte des couches archaïques de Moussian et de Suse	II,	332
— Voy. CAPITAN (Dr L.)		
CAPITAN (Dr L.). — Le débitage de l'os, de la corne et de l'ivoire à l'époque magdalénienne	I,	404
CAPITAN (Dr L.), BREUIL (Abbé) et PEYRONY. — Carnassiers, Rhinocéros figurés dans les cavernes du Périgord	I,	387
— Figures anthropomorphes ou humaines de la caverne des Combarelles	I,	408
CAPITAN (Dr L.), BREUIL (Abbé), CLERGEAU et PEYRONY. — Les graveurs magdaléniens de la grotte des Eyzies	I,	406

	Tomes	Pages
Capitan (Dr L.) et Boudy. — Le Préhistorique dans le Sud Tunisien..	II,	114
Cardon (Abbé). — Le gisement du Cap Roux..	I,	173
Carrière (G.). — Recherches archéologiques récentes dans les Cévennes.	II,	203
— Curieux instruments en fer recueillis dans des sépultures antiques au bas de l'oppidum du mont Menu, au lieu Coste Fère, près Eyguières (Bouches-du-Rhône).	II,	296
Cartailhac (E.). — L'industrie de la Grotte des Enfants.	I,	83
— Le moustérien et le pré-solutréen ou aurignacien des Grottes de Grimaldi.	I,	135
Clergeau. — Voy. Capitan (Dr L.).		
Costa de Beauregard (Cte Olivier). — Les objets d'or préromains de la Gaule.	II,	74
— Cuirasses et Cnémides de l'époque de Hallstatt.	II,	97
Cotte (Ch.). — Les Enceintes dites « ligures ».	I,	222
— Le Néolithique dans la Provence centrale et dans la Provence occidentale.	II,	207
Coutil (L.). — Le passage du Paléolithique au Néolithique en Normandie.	I,	449
— Considérations sur le cuivre et le bronze en Normandie.	II,	276
Debruge (A.). — La station quaternaire d'Ali-Bacha à Bougie (Algérie).	I,	351
Delisle (Dr F.). — Deuxième note sur les ossements humains préhistoriques de la grotte Ali-Bacha, près Bougie.	I,	360
Dumas (Ulysse). — La Grotte des Fées, à Tharaux (Gard).	II,	221
Evans (Arthur). — Sur les termes « Egéen, Minoen, Mycénien »..	II,	61
Flamand (G.). — A propos des inscriptions rupestres de l'Afrique du Nord.	II,	345
Frœhlicher (Dr). — Sur quelques monuments mégalithiques trouvés dans la région des Marais, entre Sissonne et Marchais.	II,	189
Gaudry (Albert). — Sur le berceau de l'Humanité.	I,	162
— Sur l'avance du menton.	II,	373
Gérin-Ricard (H. de). — Liste des « Castella » des environs de Marseille, d'Aix et de Saint-Maximin.	I,	242
— Silex d'Asie Mineure importés à Marseille.	II,	108
Goby (P.). — Sur deux grottes sépulcrales préhistoriques des environs de Vence (Alpes-Maritimes).	I,	165
— Que sont les Enceintes à gros blocs dans l'arrondissement de Grasse (Alpes-Maritimes) ?.	I,	194
— Deuxièmes recherches au Camp du Bois du Rouret (Alpes-Maritimes).	I,	230
Guébhard (Dr A.). — Sur la nécessité et les moyens d'organiser une enquête internationale sur les enceintes préhistoriques.	I,	247
Hamy (Dr E. T.). — Note sur des sceptres de pierre en forme de hache emmanchée usités chez les anciens habitants des Antilles.	II,	153

Tomes Pages

— Origines de la Rame, à propos de la découverte d'un de ces objets dans les tourbières néolithiques de la Basse-Normandie.. II, 367

HERMET (Abbé). — Les Statues Menhirs de l'Aveyron et du Tarn (quatrième série).. II, 210

HOERNES (Prof. M.). — Les premières Céramiques en Europe centrale. (Essai pour établir deux grandes périodes de l'âge néolithique par la distinction de deux styles de l'art décoratif) .... II, 34

— La nécropole de Hallstatt (Essai de division systématique)... II, 75

IMBERT (M.). — Des pierres dites utilisées.................... I, 270

ISSEL (Prof. A.). — Un exemple de survivance préhistorique..... I, 250

JACQUOT (L.). — Les troglodytes modernes du Djebel-Aurès..... II, 348

LALANNE (Dr G.). — Contribution à l'étude des populations néolithiques du Bas-Médoc... II, 204

LAVIS (Dr Johnston). — Sur une plate-forme néolithique à Beaulieu (Alpes-Maritimes).. .... I, 174

LISSAUER (Dr A.). — Sur l'origine et l'importance des cartes de types préhistoriques...................................... II, 163

LOË (Baron A. DE). — Contribution à l'étude des temps intermédiaires entre le Paléolithique et le Néolithique .... I, 422

— L'âge du Bronze en Belgique .... II, 233

— Présentation d'un ornement en or trouvé récemment à Arlon (Belgique) .... II, 294

MARTIN (Dr H.). — Superposition de deux tailles, d'âges différents, sur un même silex..... .... II, 169

MARTON (L. DE). — La répartition locale des monuments de l'âge du Fer en Hongrie.. II, 64

MODESTOV (B.). — Les Osques, peuple de la Campanie, étaient-ils de race aryenne ?.. II, 314

MONTANÉ (Dr L.). — L'homme de Sancti Spiritus (Ile de Cuba)... II, 141

MONTELIUS (O.). — Sur la chronologie absolue de l'époque néolithique .... II, 32

— L'âge du Bronze en Suède................................. II, 235

MULLER. — Coup d'œil général sur le Préhistorique des environs de Grenoble.. II, 185

NÜESCH. — Stratigraphie du Schweizersbild et l'âge des différentes couches de cette station................................ I, 416

OBERMAÏER (Dr H.). — A propos des Éolithes...... .... I, 261

PAPILLAULT (Dr G.). — Entente internationale pour l'Unification des Mesures craniométriques et céphalométriques .... II, 377

— La Toise horizontale en Anthropométrie.................. II, 395

PARAT (Abbé A.). — Matériaux pour l'établissement d'une chronologie des temps quaternaires............................. I, 280

— Le Quaternaire des grottes des vallées de l'Yonne et de la Cure. I, 284

Tomes Pages

— Répartition des objets de Hallstatt et de La Tène dans la vallée
de l'Yonne,............................. .... II,   72

PARIBENI (R.). — Une nécropole archaïque dans la ville de Gênes. II,   300

PEYRONY. — Voy. CAPITAN (Dr L.).

PIGORINI (L.). — Instruments paléolithiques découverts à Capri.. II,   167

— Fouilles dans la nécropole de Timmari (Basilicate)........... II,   275

PILHARD D'ARKAÏ (L.). — Synchronismes archéologiques sur les
Enceintes dites ligures................................. I,   228

POULAIN (G.). — Fouilles sous l'abri du « Mammouth » à Métreville (Eure). Théorie sur le Néolithique A................. I,   430

RAQUEZ (A.). — Le Laos. (Silex et bronzes)..... .... II,   113

REY (F.). — Considérations générales sur les pénétrations hallstattiennes et de La Tène en Côte-d'Or et spécialement dans
le Châtillonnais... II,   99

RUTOT (A.). — A propos des Éolithes...................... I,   265

— Le Présolutréen en Belgique........... .... I,   347

SAINT-VENANT (J. DE). — Présentation d'anciennes épées supposées boïennes... II,   107

— Antiques sphéroïdes en bronze à ouvertures polaires......... II,   278

SCHMIDT (Valdemar). — Les dernières découvertes Danoises..... I,   424

SIRET (L.). — Origines de la Civilisation néolithique (Turdétans
et Égéens)... II,   5

— Note additionnelle à la communication sur les Origines de la
Civilisation néolithique............................... II,   402

TABARIÈS DE GRANDSAIGNES. — La navigation primitive et les
procédés de fabrication des pirogues monoxyles.......... II,   349

VASSEUR (G.). — Les poteries usuelles, grecques et indigènes, en
Provence aux IIIe et IIe siècles avant notre ère............. II,   303

VERNEAU (Dr R.). — Les découvertes dans la Barma Grande
(Baoussé-Roussé)..................................... I,   72

— Les restes humains de la Grotte des Enfants................. I,   82

— L'Anthropologie des Grottes de Grimaldi.................. I,   114

VERRIER (Dr). — De l'importance de la Pelvimétrie anthropologique.. II,   376

VILLE-D'AVRAY (T. DE). — Les découvertes préhistoriques de la
région Cannoise....................................... I,   178

VILLENEUVE (Chanoine L. DE). — Fouilles et Stratigraphie de la
Grotte du Prince .... I,   61

— Fouilles et Stratigraphie de la Grotte des Enfants........... I,   76

— Note sur les Enceintes préhistoriques des environs de Monaco. I,   185

LISTE DES FIGURES DANS LE TEXTE

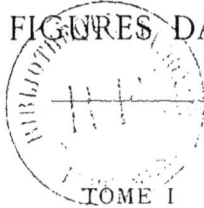

TOME I

Fig.   Pages

1. Plan d'ensemble des Grottes de Grimaldi 59
2. Coupe longitudinale de la Grotte du Prince......................... 69
3. Coupe de la Grotte des Enfants et de la Grotte du Cavillon.......... 81
4. Dolmen sous tumulus des Puades, au-dessus de Saint-Cézaire (Alp.-Mar.). 92
5. Bassin du grand sujet masculin de la Grotte des Enfants (type de Cro-Magnon), vu de face.......... 120
6. Le même Bassin vu d'en haut 121
7. Crâne du jeune Négroïde de la Grotte des Enfants, vu de face......... 124
8. Le même Crâne vu de profil 125
9. Crâne de la vieille Négroïde de la Grotte des Enfants, vu de face....... 126
10. Le même Crâne vu de profil 127
11. Dents supérieures du jeune Négroïde de la Grotte des Enfants.......... 128
12. Crâne néolithique de Conguel (type négroïde), vu de face............. 130
13. Le même Crâne vu de profil 131
14. Crâne de femme moderne de Bologne (type négroïde), vu de face..... 132
15. Le même Crâne vu de profil 133
16. Le *Baou des Blancs*, au nord de Vence 166
17. Coupe de la Grotte de l'Ibis, près de Vence (Alp.-Mar.)............... 167
18. Plan de la même Grotte.. 168
19. Vase en terre, à fond rond, trouvé dans la grotte de l'Ibis............ 170
20. Plan de la Grotte de l'Aigle, près de Vence (Alp.-Mar.)............... 171
21. Poids Massaliote découvert dans l'Estérel 183
22. Mur Ouest du *Castellaras* de la Malle, à Saint-Vallier (Alp.-Mar.)... 197
23. Mur Ouest du Camp de la Malle à Saint-Vallier-de-Thiey (Alp.-Mar.).. 198
24. Mur du Camp du Baou de la Gaude, à Saint-Jeannet (Alp.-Mar.)....... 199
25. Mur du Camp du Bois (Le Rouret, Alp.-Mar.)........................ 200
26. Le Camp du Bois du Rouret, Plan et coupe 201
27. Castéou-Assout (Saint-Vallier, Alp.-Mar.). Plan et coupe 202
28. Camp du Mounjoun ou Conrouan, à Escragnolles (Alp.-Mar.) 203
29. Vue d'ensemble du Camp de Colle Basse, à Gourdon (Alp.-Mar.)...... 204
30. Castellaras de la Malle (Saint-Vallier-de-Thiey, Alp.-Mar.).......... 205
31. Castellar de Mauvans (Saint-Cézaire, Alp.-Mar.). Plan et coupe.. 206
32. Murs Nord et Ouest, vus de l'Est, du Camp de l'Adrech, à Caussols (Alp.-Mar.).. 207
33. Ensemble du mur doublé du Castellaras de la Malle, à Saint-Vallier-de-Thiey (Alp.-Mar.).. 208
34. Mur triplé du Collet de l'Adrech, à Caussols (Alp.-Mar.)............. 209
35. Coupe de l'Enceinte intérieure du Camp du Bois du Rouret (Alp.-Mar.). 210

LISTE DES FIGURES.

Fig.   Pages
36. Petit mur doublé *intérieur* du Camp du Baou de la Gaude, à Saint-
Jeannet (Alp.-Mar.) 211
37. Porte d'un des Camps de la Combe, à Caille (Alp.-Mar.) 212
38. Mur Ouest sur à-pic du Camp de la Combe à Gourdon, près Grasse
(Alp.-Mar.)...... 213
39. Une des poternes du mur Ouest du Castellaras de la Malle, à Saint-
Vallier-de-Thiey 214
40. Castel Abram, à Saint-Vallier-de-Thiey (Alp.-Mar.) 215
41. Vue d'ensemble de l'Enceinte à gros blocs du Baou de la Gaude, à
Saint-Jeannet... 216
42. Mur Ouest du Camp du Baou de la Gaude 217
43. Mur Sud du Castel Assout, à Saint-Vallier-de-Thiey................. 219
44. Mur Sud du Camp de Colle Basse, à Gourdon (Alp.-Mar.)............ 220
45. Plans de « Castella » des environs de Marseille...................... 243
46. Plans et coupes de murs de « Castella » des environs de Marseille..... 244
47. *Casella* typique du Mont Settepani................................. 251
48. *Casella* du Pizzo d'Evigno... 252
49. *Cabanons* du Col Ferrier.. 253
50. *Behive house* de l'île de Lewis.................................... 254
51. *Casella* du territoire de Diano San Pietro......................... 255
52. *Trullo* des Pouilles... 256
53. Grattoir double en silex 272
54. Coupe du Moustier et résultat des fouilles exécutées par le lieutenant
Bourlon... 288
55, 56. Éclat et racloir en silex portant des étoilures (Le Moustier)........ 292
57. Racloir, type moustérien 293
58-60. Racloirs moustériens.. 294
61, 62. Racloirs doubles moustériens 295
63, 64. Racloir concave et instrument avec coche (Le Moustier)........... 296
65-68. Scies moustériennes... 298
69, 70. Coupoirs moustériens... 299
71-73. Grattoirs moustériens... 300
74-76. Instruments d'usage en silex (Le Moustier)...................... 301
77-79. Perçoirs moustériens.. 302
80, 81. Disques moustériens.. 305
82. Éclat d'os (Le Moustier).. 306
83. Pointe moustérienne à base retouchée et conchoïde abattu............ 308
84-89. Pointes moustériennes et transitions du racloir à la pointe... 310
90-92. Emmanchures possibles des pointes du Moustier 314
93-98. Instruments en silex des foyers supérieurs du Moustier........... 316
99,100. Coups de poing moustériens..................................... 318
101. Types de silex amygdaloïdes, de pointes et racloirs de type moustérien,
de divers gisements aurignaciens.................................. 329
102. Lames aurignaciennes à retouches unilatérales 330
103. Lames à coches latérales du gisement aurignacien des Cottés (Vienne). 332
104. Lames à coche et burins latéraux sur angle de lame (niveaux anciens
de Solutré)... 333
105. Types de burins aurignaciens....................................... 334
106. Grattoirs aurignaciens... 336
107. Divers types de grattoirs carénés.................................. 337
108. Grattoirs se rapprochant des types carénés (couches anciennes de
Solutré).. 338

Fig.   Pages
109. Os travaillés aurignaciens 339
110. Pointes aplaties aurignaciennes, en os, à base non fendue ou fendue.... 341
111. Coupe transversale de la station quaternaire d'Ali-Bacha, à Bougie 352
112. Calcaire et Quartzite à taille chelléenne de la station d'Ali-Bacha...... 353
113. Pointe droite de la station d'Ali-Bacha............................... 354
114. Lames moustériennes de la station d'Ali-Bacha..................... 354
115. Coupe transversale de la grotte sépulcrale d'Ali-Bacha 356
116. Crâne de la grotte Ali-Bacha, vu de profil............ 362
117. *Norma verticalis* du même crâne 363
118. Maxillaires supérieur et inférieur du même crâne................... 365
119. Figures incisées très profondément sur les parois des grottes de Pair-
     non-Pair et de la Grèze (1re phase)................................. 369
120. Dessins ou peintures primitives de diverses cavernes (1re phase)........ 370
121. Images peintes de Font-de-Gaume et d'Altamira (transition entre la 1re
     et la 2e phase)... 371
122. Bison et Cheval gravés profondément (2e phase). Les Combarelles...... 373
123. Mammouth et petit Bison gravés (2e phase). Les Combarelles.......... 373
124. Bison noir très modelé (fin de la 2e phase). Altamira 375
125. Dessin gravé de la 3e phase. Altamira................................ 375
126. Peintures en teintes plates rouges et noires (3e phase). Altamira et
     Font-de-Gaume... 376
127. Graffiti légers (4e phase). Font-de-Gaume, Altamira et Marsoulas..... 378
128. Bison polychrome (début de la 4e phase). Font-de-Gaume............. 379
129. Peinture polychrome (4e phase). Font-de-Gaume..................... 380
130. Biche polychrome (4e phase). Altamira.............................. 381
131. Bison polychrome couché (4e phase). Altamira...................... 383
132. Bison polychrome, brun et noir (4e phase). Altamira................. 384
133. Signes aziliens et plus anciens (4e et 5e phase). Marsoulas............ 385
134. Félin de la grotte des Combarelles................................. 387
135. Félin de la grotte de Font-de-Gaume 388
136. Canidé de la grotte des Combarelles 388
137. Canidé (Loup) de la grotte des Combarelles 389
138. Loup, peinture de Font-de-Gaume 390
139. Ours de la grotte des Combarelles................................. 390
140, 141. Ours de la grotte de Teyjat.................................... 391
142. Rhinocéros, peinture de Font-de-Gaume............................ 392
143. Têtes de Cheval sculptées, en pleine dégénérescence................. 395
144. Têtes de Cheval gravées et stylisées............................... 396
145. Têtes de Capridés et de Cervidés stylisées.......................... 398
146. Têtes de Bovidés stylisées.. 400
147. Figures anthropomorphes de la grotte des Combarelles.............. 409
148. Jambe humaine de la même grotte.................................. 410
149. Figures humaines et anthropomorphes de la même grotte............ 411
150, 151. Figures anthropomorphes de la même grotte.................. 412
152. Profil humain de la même grotte................................... 413
153. Figures anthropomorphes de la même grotte........................ 414
154. Coupe longitudinale du dépôt archéologique de l'abri du « Mam-
     mouth », à Métreville (Eure) 432
155-159. Instruments en silex de la couche supérieure de l'abri du
     « Mammouth » 434
160. Tranchet, du même abri... 435
161. Spatule en os, du même abri...................................... 435

Fig.   Pages

162. Couteau à soie, du même abri 435
163-165. Instruments en silex, du même abri 436
166-168. Grattoirs, du même abri 437
169. Lame, du même abri 438
170. Grattoir double, du même abri 438
171-173. Instruments en silex de l'atelier néolithique ancien de Métreville 445
174-176. Instruments en silex du même atelier 446

TOME II

1. Fragments de poteries de style périphérique trouvés à Butmir (Bosnie) 35
2. Vase de Butmir (style périphérique à chevrons) 36
3, 4. Poteries de Butmir (style périphérique à spirales et à chevrons) ... 37
5. Poteries de Lengyel (Hongrie) 38
6. Poterie de Znaim (Moravie) 39
7. Poterie de Troppau (Silésie) 39
8-10. Poteries du Nord de la Bohême 40
11-15. Poteries de l'Ouest de l'Allemagne 40
16, 17. Figurines en terre cuite de Moravie et de Pologne 41
18. Figurines en terre cuite de Roumanie 41
19. Figurines en terre cuite de Transylvanie 41
20-23. Fragments de vases de style tectonique trouvés à Attersee (Autriche) 42
24-27. Vases de style tectonique trouvés à Grossgartach (Wurtemberg) ... 43
28, 29. Vases du marais de Laybach 44
30-34. Poteries du Nord de la Bohême 45
35. Hache en pierre de la Bohême 46
36. Tesson de poterie du marais de Laybach 47
37-39. Poteries de Laybach 48
40, 41. Poteries de Mondsee 49
42-45. Poteries du Nord de la Bohême (Céramique dite « à cordons ») ... 49
46. Gobelet du Nord de la Bohême 50
47. Hache en cuivre de la Moravie 50
48. Gobelet en forme de cloche (Moravie) 51
49, 50. Poteries de Chypre 52
51. Poterie de Mondsee 52
52, 53. Poteries du marais de Laybach 53
54. Poterie de la Grèce mycénienne (Ialysos) 53
55. Tesson de poterie de Laybach 54
56. Tesson de poterie du Centre de la Bohême 54
57. Tesson de poterie de Laybach 54
58-60. Tessons de poteries de Slavonie 55
61. Tesson de poterie de la Grèce mycénienne 55
62, 63. Vases du Danemark 55
64. Poterie de Wollishofen 56
65. Vase du Danemark 56
66. Vase de Mondsee (Autriche) 56
67. Vase de Mecklenbourg 57
68. Vase de Hongrie 57
69. Vase du Danemark 57
70. Vase de Suède 57

Fig.		Pages
71.	Vase de Slavonie	57
72.	Tesson de poterie de Wollishofen (Suisse)	57
73.	Tesson de poterie de Sarvas (Slavonie)	57
74.	Tesson de poterie du Danemark	58
75.	Vase de Mondsee (Autriche)	58
76.	Tesson de poterie de Mondsee	59
77, 78.	Tesson de poteries de la Grèce mycénienne	59
79.	Tesson de poterie du Danemark	59
80.	Tesson de poterie de Grèce	59
81.	Vase de Laybach (Carniole)	60
82.	Vase de Grèce	60
83.	Tombe d'homme, à incinération. Hallstatt (période I)	78
84.	Double tombe d'hommes, à incinération. Hallstatt (période I)	79
85.	Tombe d'homme, à incinération. Hallstatt (période I)	80
86.	Tombe d'homme, à incinération. Hallstatt (période I)	82
87.	Tombes d'hommes, à incinération et à inhumation. Hallstatt (période I).	83
88.	Tombes d'hommes juxtaposées, à inhumation. Hallstatt (période II)	84
89.	Squelettes d'homme et de femme de tombes de Hallstatt	88
90.	Deux tombes de femmes. l'une à incinération, l'autre à inhumation. Hallstatt (période II)	89
91.	Deux tombes de femmes, l'une à incinération, l'autre à inhumation. Hallstatt (période II)	90
92.	Tombe de femme, à incinération. Hallstatt (période II)	91
93, 94.	Fragments de silex pour fabriquer des pointes de flèche. Sahara	123
95, 96.	Pointes de flèche de taille irrégulière. Sahara	124
97.	Flèche à base incurvée. Sahara	125
98.	Flèche à pédoncule court. Sahara	125
99.	Flèche à pédoncule cylindrique et à base arrondie. Sahara	125
100.	Pointe de flèche à barbelures évasées, plus longues que le pédoncule. Sahara	127
101.	Flèche à ailes éployées. Sahara	127
102.	Flèche à côtés droits. Sahara	129
103.	Flèche à côtés crénelés. Sahara	129
104.	Grosse flèche taillée sur une seule face. Sahara	133
105.	Pointe en forme de feuille de laurier. Sahara	134
106, 107.	Pointes de flèche, taillées en forme de V. Sahara	137
108.	Statuette en pierre. Halguin (Cuba)	142
109.	Statuette en pierre. Manzanillo (Cuba)	142
110.	Statuette en pierre. Maisi (Cuba)	143
111.	Statuette en bois. Sancti Spiritus (Cuba)	143
112, 113.	Idole en bois de gaïac. Maisi (Cuba)	144
114, 115.	Haches en pierre polie. Cuba	145
116.	Sceptre de pierre en forme de hache emmanchée. Cuba	146
117.	Pilon de pierre. Cuba	146
118, 119.	Sculptures de pierre. Cuba	147
120.	Peson de filet (?) en pierre. Cuba	147
121, 122.	Crânes d'une grotte de Cuba	150
123.	Hache-sceptre en jadéite. Ile Caïcos (Arch. des Bahamas)	154
124.	Hache-sceptre de Haïti	155
125, 126.	Haches-sceptres de Haïti	156
127, 128.	Haches-sceptres en jadéite. Janico (San Domingue)	157
129.	Hache-sceptre. Musée du Cinquantenaire	159

Fig.   Pages

130. Pendeloque en quartz, percée artificiellement. La Font-Robert (Corrèze).   173
131. Grattoirs. Grotte de la Font-Robert.................................... 174
132. Burins divers. Grotte de la Font-Robert............................. 175
133. Nucléi utilisés et grattoirs nucléiformes. Grotte de la Font-Robert.... 176
134. Lames retouchées. La Font-Robert................................... 177
135. Pointes à pédoncule. La Font-Robert............................... 178
136. Lames à dos rabattu. La Font-Robert.............................. 181
137. Statue-menhir de Lucoste (Aveyron)............................... 212
138. Statue-menhir de Frescaty (Tarn)................................. 214
139. Statue-menhir du Mas d'Azaïs.................................... 217
140. Statue-menhir des Arribats...................................... 219
141. Plan de la grotte des Fées, à Tharaux (Gard)..................... 222
142. Coupe de la grotte des Fées, avec les murs élevés par ses habitants.... 223
143. Support de vase en terre cuite de la grotte des Fées................ 229
144. Étui en terre de la grotte des Fées............................... 230
145. Objet en terre cuite avec trou central et double rangée de trous périphériques de la grotte des Fées.................................. 231
146. Torques de Suède.. 240
147. Fibule de Hallstatt (Autriche).................................... 240
148. Fibule de l'Allemagne du Nord................................... 240
149. Fibule de Suède.. 240
150. Ciste à cordons en bronze de Primentdorf (Allemagne du Nord)...... 241
151. Épée en bronze du Danemark.................................... 241
152. Bracelet en bronze du Danemark................................. 241
153. Épée en bronze de Finlande...................................... 242
154. Couteau à douille, en bronze, de l'Allemagne du Nord.............. 242
155. Moule de poignée d'épée en bronze. Bavière....................... 242
156. Couteau en bronze. Danemark.................................... 242
157. Couteau en bronze. Suède....................................... 242
158. Épée en bronze. Långsjon (Suède)................................ 242
159. Vase en bronze. Corcelettes (Suisse).............................. 243
160. Fibule en bronze. Corcelettes (Suisse)............................ 243
161, 162. Fragments de vases en bronze. Petit-Villatte (France).......... 243
163. Vase en bronze. Hjernapp (Suède)................................ 244
164. Vase en bronze. Birkendegaard (Danemark)........................ 245
165. Vase en bronze. Rorbæk (Danemark).............................. 246
166. Vase en bronze. Bjersjoholm (Suède).............................. 247
167, 168. Coupe en or. Lavindsgaard (Danemark)....................... 248
169, 170. Vase en bronze. Egitslevmagle (Danemark).................... 250
171. Vase en bronze. Siem (Danemark)................................. 253
172. Épée en bronze. Hongrie... 253
173. Coupe en bronze. Ogemose (Danemark)........................... 253
174. Ornement en bronze. Suède...................................... 253
175. Petit chariot en bronze. Ystad (Suède)............................ 255
176. Petit chariot avec vase en bronze. Skallerup (Danemark)........... 255
177. Coupe en bronze. Simonsmose (Danemark)........................ 256
178. Fibule en bronze. Italie.. 257
179. Fibule en bronze. Suède... 257
180. Poignée d'épée en bronze. Autriche............................... 257
181. Ornementation en spirale. Grèce.................................. 257
182. Ornementation en spirale. Suède................................. 257
183. Poignée d'épée en bronze. Danemark............................. 257

Fig.   Pages

184, 185. Haches hongroises en bronze trouvées dans l'Allemagne du Nord.. 259
186. Épée en bronze. Mycènes (Grèce)..................................... 260
187. Épée en bronze. Knossos (Crète)..................................... 260
188. Collier en bronze. Holstein.. 261
189. Collier en bronze. Wurtemberg....................................... 261
190. Collier en bronze. Suède... 261
191. Poignard en bronze. Italie... 263
192, 193. Poignard en bronze. Allemagne du Nord 263
194. Lame triangulaire en bronze, montée à angle droit. Allemagne du Nord. 265
195. Hache emmanchée. Gravure rupestre de l'Italie du Nord............. 265
196. Lame en bronze, montée à angle droit. Allemagne du Nord.......... 265
197. Hache en bronze à bords droits. Pile (Suède)........................ 266
198. Hache plate en bronze. Skifvarp (Suède)............................. 266
199-201. Haches en bronze à bords droits. Fjalkinge (Suède) 267
202. Ciste à cordons. Hallstatt (Autriche)................................ 268
203. Vase en bronze. Corneto (Italie).................................... 272
204. Objet en or trouvé à Arlon (Belgique).............................. 294
205. Figure humaine et dérivés sur d'anciens vases de la Susiane.......... 333
206. Figure humaine et dérivés. Susiane................................. 334
207. Têtes de Bovidés et dérivés. Susiane ....·............ 336
208. Têtes de Bovidés et dérivés. Susiane......................... 337
209. Oiseaux volants et dérivés. Susiane................................ 339
210. Oiseaux volants et dérivés. Susiane 340
211. Oiseaux posés et dérivés. Susiane................................... 341
212. Oiseaux marchant et dérivés. Susiane.............................. 342
213. Gallinacés et dérivés. Susiane...................................... 343
214. Pirogue du lac de Bienne.. 355
215. Pirogue de l'époque de la pierre polie. Robenhausen................. 356
216. Pirogue de Saint-Jean-des-Prés, à Abbeville 356
217. Pirogue trouvée dans les marais de Carentan 357
218. Pirogues trouvées en Grande-Bretagne 358
219. Pirogue gauloise trouvée à Estrebœuf................................ 359
220. Bateau trouvé à Paris en construisant le pont d'Iéna 359
221. Rame néolithique du cap Lévi comparée à celle des Krows, des Minas
        et des Gleboé 369
222. Palmure de la patte d'un canard domestique 370
223. Mâchoire inférieure d'un singe fossile (Dryopithecus)................. 374
224. Mâchoire inférieure du jeune Négroïde fossile de Grimaldi 374
225. Mâchoire inférieure d'un Français moderne......................... 374
226. Mesure de la hauteur auriculo-bregmatique du crâne........... 382
227. Mesure du diamètre bimastoïdien maximum 383
228. Mesure de la hauteur du nez....................................... 384
229. Mesure de la flèche de la courbe alvéolaire et de la longueur de la
        voûte palatine... 386
230. Mesure de la longueur de la branche montante de la mandibule....... 389
231. Mesure de la largeur maxima de la branche montante de la mandibule. 390
232. Mesure de la saillie de la base du nez 392
233. Mesure des largeurs bipalpébrales interne et externe 393
234. Mesure des longueurs de l'oreille 394
235. Toise horizontale Papillault-Lapicque 398

PLANCHES HORS TEXTE

Fig.

   I. Sphéroïde en bronze à ouverture polaire. Apt (Vaucluse).

  II. Sphéroïdes en bronze à ouvertures polaires. Suisse et Seine-Inférieure.

 III. Sphéroïdes en bronze à ouvertures polaires. Allier et Drôme.

 IV. Sphéroïdes en bronze à ouvertures polaires. Normandie, Touraine, Loir-et-Cher et Savoie.

  V. Sphéroïdes en bronze à ouvertures polaires. Vienne, Cher, Ardèche et Savoie.

 VI. Sphéroïdes en bronze à ouvertures polaires. Localités diverses de France et de Suisse.

VII. Carte de la répartition en France et en Suisse des sphéroïdes en bronze à ouvertures polaires.

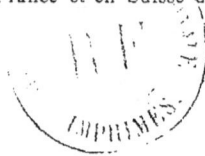

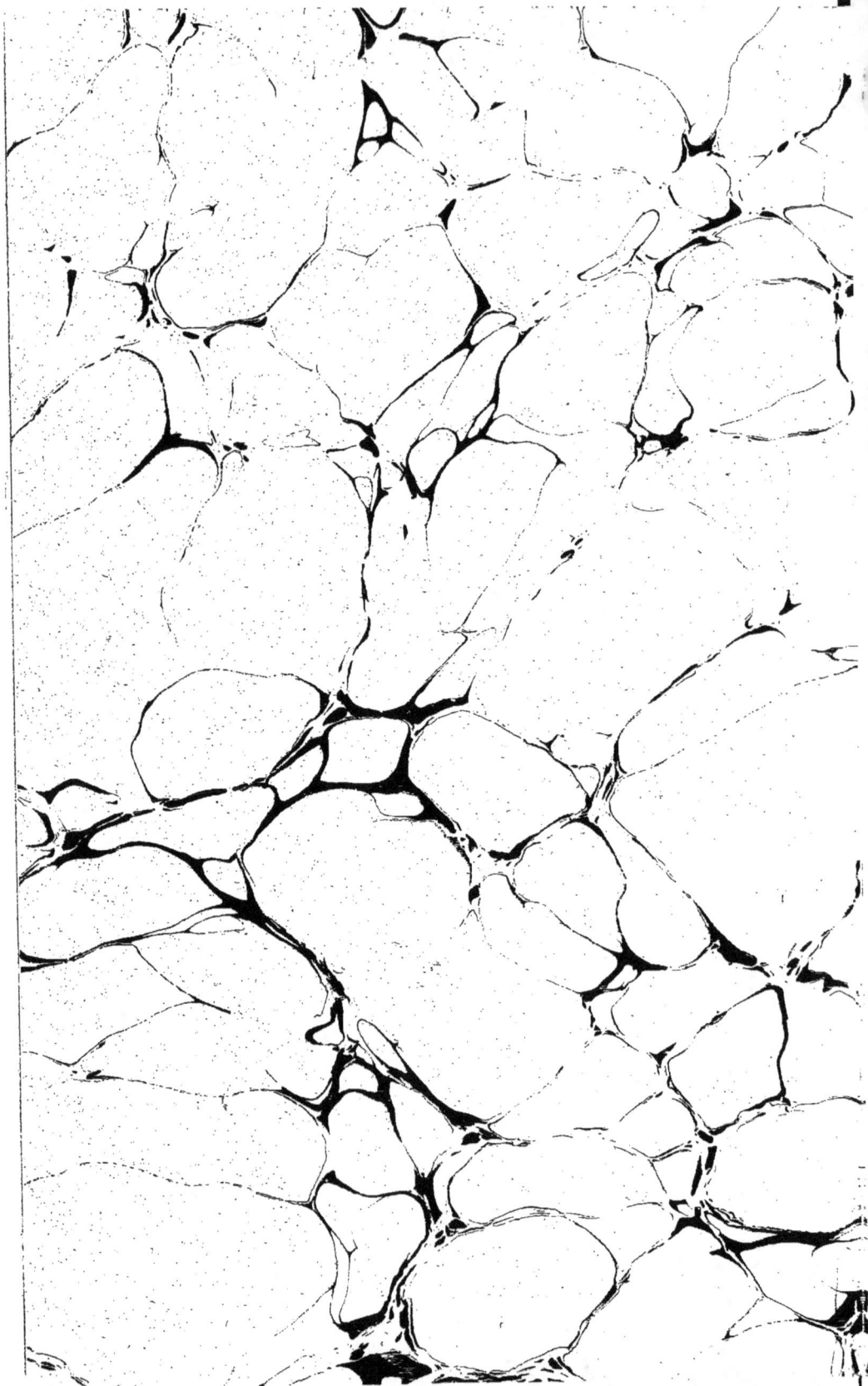

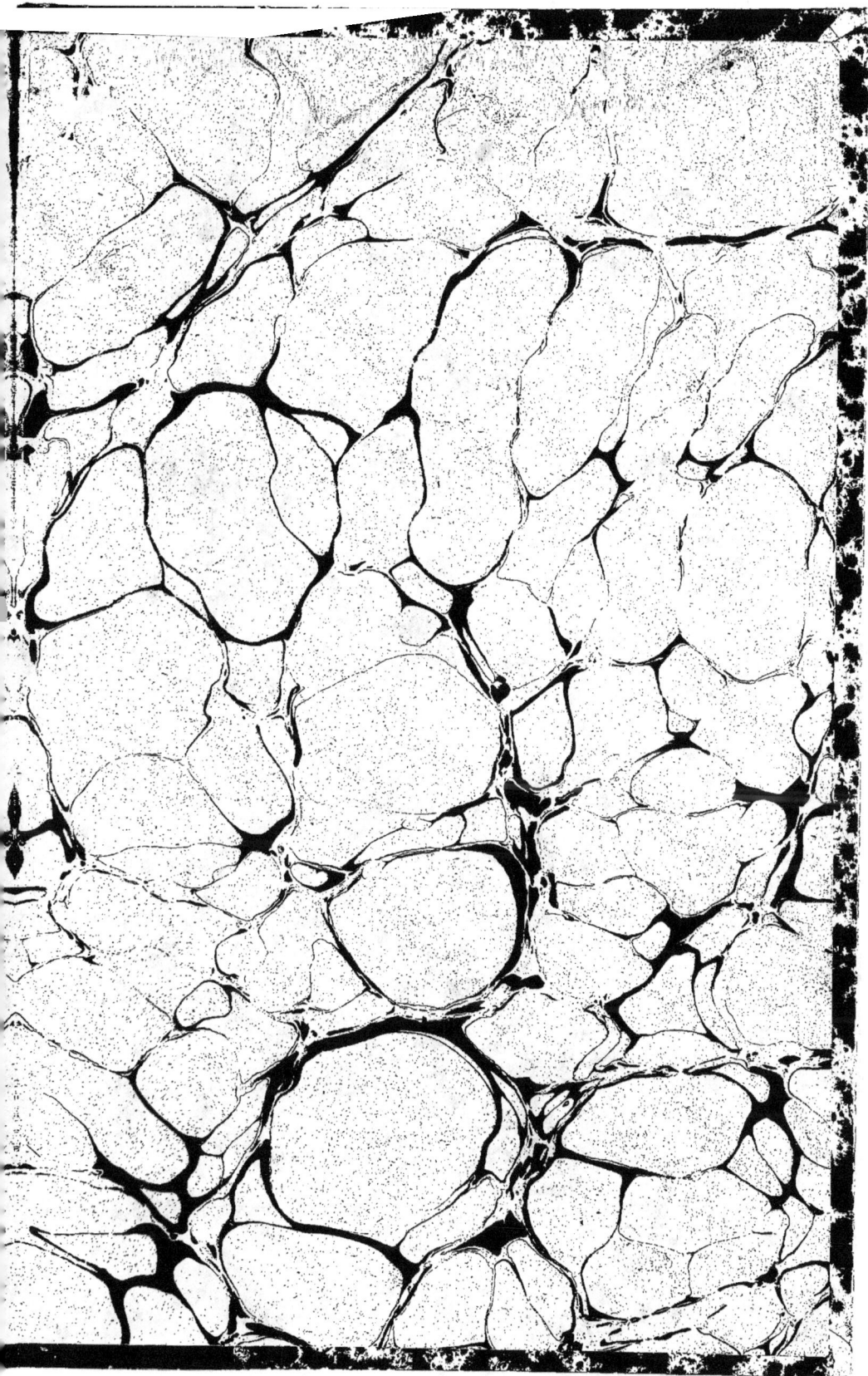